Anonymus

Epistolae

Anonymus

Epistolae

ISBN/EAN: 9783741178870

Manufactured in Europe, USA, Canada, Australia, Japa

Cover: Foto ©Andreas Hilbeck / pixelio.de

Manufactured and distributed by brebook publishing software (www.brebook.com)

Anonymus

Epistolae

JACOBI SADOLETI
S. R. E. CARDINALIS
EPISTOLÆ
QUOTQUOT EXTANT
PROPRIO NOMINE SCRIPTÆ
NUNC PRIMUM
DUPLO AUCTIORES
IN LUCEM EDITÆ.
PARS SECUNDA.

ROMÆ, CIƆIƆCCLX.

EXCUDEBAT GENEROSUS SALOMONIUS
PRÆSIDUM FACULTATE.

SERIES
EPISTOLARUM
QUÆ IN HAC SECUNDA PARTE CONTINENTUR.

Epistolæ nunc primum collectæ, quæ scilicet reliquis cum seorsum, tum Veronæ cum ceteris Sadoleti operibus editis accesserunt, hac nota ✝ obsignantur.

ANNO M. D. XXXII.

Epistola CXLV. Jac. Sadoletus Joan. Bellajo Episc. Parisien. *Pag.* 1
CXLVI. Idem Gulielmo Langeo. 5
CXLVII. Idem Joan. Lotharingio Card. 8
✝ CXLVIII. Des. Eras. Roterodamus Jac. Sadoleto. VIII. *Cal. Mart.* 11
CXLIX. Jac. Sadoletus Des. Eras. Roterodamo. VIII. *Id. Maii.* 21
CL. Idem eidem. VII. *Idus Junias.* 25
CLI. Idem Augustino Trivultio Card. III. *Nonas Martias.* 26
CLII. Idem eidem. III. *Nonas Maii.* 28
CLIII. Idem Lazaro Bonamico. VI. *Idus Martii.* 32
CLIV. Idem eidem. VI. *Idus Maii.* 35
✝ CLV. Lazarus Bonamicus Jac. Sadoleto. XII. *Cal. Jun.* 39
CLVI. Jac. Sadoletus Laz. Bonamico. III. *Non. Septemb.* 41
✝ CLVII.

† CLVII. Petrus Bembus Paulo Sadoleto. vi.
Idus April. Pag. 44
CLVIII. Jac. Sadoletus Petro Bembo. vi. *Id.*
Martias. 45
CLIX. Idem eidem. vi. *Idus Maii.* 48
† CLX. Petrus Bembus Jac. Sadoleto. v. *Id.*
Aug. 52
CLXI. Jac. Sadoletus Pet. Bembo. iii. *Non.*
Septembr. 57
† CLXII. Petrus Bembus Jac. Sadoleto. vii.
Cal. Novembr. 60
CLXIII. Jac. Sadoletus Bened. Accolto Card.
v. *Id. Martii.* 65
CLXIV. Idem eidem. xi. *Cal. Junii.* 68
CCLXV. Idem Joan. Bellajo Card. 72
CLXVI. Hieron. Niger Jac. Sadoleto. iv. *Calend. Maii.* 75
CLXVII. Jac. Sadoletus Joan. Mat. Giberto. iii. *Non. Maii.* 79
CLXVIII. Idem eidem. iii. *Non. Septembr.* 81
CLXIX. Idem Bonifacio Amerbachio. viii. *Idus Maii.* 83
CLXX. Idem Germano Brixio. x. *Cal. Julii.* 86
CLXXI. Idem Joan. Lotharingio Card. xii. *Cal. Septembr.* 89
CLXXII. Idem N. Acramontio Card. xvii. *Cal. Septembr.* 91
CLXXIII. Idem Ant. Prato Card. *Prid. Cal. Octobr.* 93
CLXXIV. Reginaldus Polus Jac. Sadoleto. iii. *Cal. Nov.* 96
CLXXV. Jac. Sadoletus Reg. Polo. iii. *Non. Decembr.* 106
CLXXVI. Idem Franc. Turnonio Card. 112

AN-

EPISTOLARUM.
ANNO M. D. XXXIII.
CLXXVII. Idem eidem. xii. Cal. Februar. P. 116
† CLXXVIII. Pietro Bembo a M. Jac. Sad.
A' 28. di Gennajo. 119
CLXXIX. Jac. Sadoletus Petro Bembo. vi. *Idus
Martiales*. 122
† CLXXX. Petrus Bembus Jac. Sadoleto. vii.
Cal. Majas. 126
CLXXXI. Jac. Sadoletus Benedicto Accolto.
Card. xii. *Cal. Febr*. 129
CLXXXII. Idem Laur. Campegio Card. xii.
Cal. Febr. 134
† CLXXXIII. Idem Clementi VII. Pont. Max.
xi. *Martii*. 139
† CLXXXIV. Idem Blosio Palladio. v. *Idus
Martii*. 141
CLXXXV. Idem Francisco Guicciardino. xiii.
Cal. Aprilis. 144
CLXXXVI. Idem Federico Fregosio. iii. *Nonas Aprilis*. 148
CLXXXVII. Idem eidem. *Idib. Novembr*. 161
CLXXXVIII. Idem Hieron. Nigro. 167
CLXXXIX. Idem Des. Eras. Roterodamo. v.
Idus Junii. 171
CXC. Idem Antonio Prato. v. *Idus Jul*. 176
CXCI. Idem Jo. Lotharingio Card. v. *Id. Jul*. 180
CXCII. Idem Reginaldo Polo. *Prid. Idus Jul*. 182
† CXCIII. Petrus Bembus Jac. Sadoleto. iv.
Calend. Octobr. 185
CXCIV. Jac. Sadoletus Ubaldino Bandinello.
xii. *Calend. Decembr*. 188
CXCV. Idem Blosio Palladio. viii. *Calend.
Decembr*. 191
CXCVI. Idem Paulo Jovio. 194
† CXCVII. Hieronymus Niger Jac. Sadoleto.
Idib. Septembr. 197

ANNO M. D. XXXIV.

† CXCVIII. Jac. Sadoletus Clementi VII. Pont. Max. VI. *Id. Aprilis.* Pag. 199
CXCIX. Idem Hippolyto Medici Card. 202
CC. Hippolytus Medices Card. Jac. Sadoleto. *Idib. Junii.* 206
CCI. Jac. Sadoletus Lazaro Bonamico. *Nonis Junii.* 209
CCII. Laz. Bonamicus Jac. Sadoleto. VII. Cal. Septembr. 215
CCIII. Jac. Sadoletus Lazaro Bonamico. IX. Cal. Decembr. 218
† CCIV. Reg. Polus Jac. Sadoleto. XV. Calend. Octobr. 221
CCV. Jac. Sadoletus Reginaldo Polo. IX. Cal. Decembr. 236
CCVI. Idem Germano Brixio. *Prid. Calend. Julias.* 243
CCVII. Idem Def. Erasmo Roterodamo. *Cal. Novembr.* 250
CCVIII. Idem eidem. *v. Idus Decembr.* 252
† CCIX. Idem Francisco Galliæ regi Christianissimo. 255
CCX. Idem Ludovico Parisetto juniori. XVII. Cal. Decembr. 260
CCXI. Idem Paulo III. Pont. Max. *Prid. Id. Decembr.* 262
† CCXII. Idem Lazaro Bonamico. 267
† CCXIII. Petrus Bunellus Jac. Sadoleto. 270
† CCXIV. Jac. Sadoletus Hieron. Leoni. 273

ANNO M. D. XXXV.

† CCXV. Petrus Bembus Jac. Sadoleto. *v. Idus Januarias.* 275
CCXVI. Jacobo Sadoleto al Card. Trivultio. *A' XVI. di Febraro.* 277
CCXVII.

EPISTOLARUM. v
CCXVII. Idem Rodulpho Pio. Prid. Idus
 Aprilis. 279
CCXVIII. Idem Germano Brixio. 282
† CCXIX. Hieronymus Niger Jacobo Sado-
 leto. 286
CCXX. Jac. Sadoletus Federico Fregosio. vi.
 Cal. Junii. 292
† CCXXI. Petrus Bembus Jac. Sadoleto. x.
 Cal. Quintiles. 296
CCXXII. Giac. Sadoleto a M.Gio.Franc. Bini.
 A' xx. d'Agosto. 298
CCXXIII. Idem Paulo III. Pont. Max. vi. Id.
 Septembr. 302
CCXXIV. Idem Paulo Sadoleto. vi. Cal.
 Octobris. 308
CCXXV. Idem eidem. 313
CCXXVI. Idem eidem. viii. & vii. Idus No-
 vembris. 314
CCXXVII. Idem eidem. vi.Cal.Decembr. 321
CCXXVIII. Idem eidem. 325
CCXXIX. Idem eidem. v. Cal. Januar. 327
CCXXX. Idem Gasparo Contareno Card..vii.
 Id. Novembris. 339
CCXXXI. Idem eidem. vi.Cal.Decembr. 342
CCXXXII. Idem Alex. Farnesio Card. vi. Cal.
 Decembr. 350
CCXXXIII. Joan. Petr.Crassus Jac.Sadoleto.
 Prid. Id. Decembr. 355

ANNO M. D. XXXVI.
CCXXXIV. Jac. Sadoletus Joan. Petro Crasso.
 xiii. Cal. Febr. 358
CCXXXV. Alex. Farnesius Card. Jac. Sadole-
 to. xv.Cal.Febr. 361
† CCXXXVI. Aonius Palearius Jac.Sadoleto.
 iii. Id. Februar. 363
CCXXXVII.

CCXXXVII. Jac. Sadoletus Aonio Paleario.
vi. Cal. Junii. Pag. 369
CCXXXVIII. Idem Laz. Bonamico. vi. Cal.
Junii. 372
† CCXXXIX. Aonius Palearius Jac. Sado-
leto. 375
CCXL. Jac. Sadoletus Sebaſtiano Gryphio.
ıI. Cal. Julii. 377
CCXLI. Idem Joan. Bellajo Card. iiI. Idus
CCXLII. Idem Joan. Lotharingio Card. 383
CCXLIII. Idem Paulo III. P. M. iiI. Idus Mar-
tii. 386
CCXLIV. Idem Gaſp. Contareno Card. iiI. Id.
Martii. 390
CCXLV. Idem Nic. a Schomberg Card. iiI. Id.
Martii. 393
CCXLVI. Idem Mario Maffæo Volaterrano.
iv. Cal. Aprilis. 401
CCXLVII. Idem Joan. Salviato Card. iv. Cal.
Aprilis. 404
CCXLVIII. Idem Hieron. Nigro. iv. Nonas
Junii. 407
CCXLIX. Idem Antonio Florebello. iv. Non.
Junii. 408
† CCL. Idem Joan. de Lopis. 410
† CCLI. Petrus Bembus Jac. Sadoleto. vii. Ca-
lend. Novembr. 413
CCLII. Jac. Sadoletus Laurentio Granz, Si-
gniæ, & Mario Aligero Rheatis, Epiſcopis.
vi. Non. Novembris. 415
CCLIII. Idem Mario Maffæo Volaterrano. v.
Non. Novembr. 418
CCLIV. Idem Antonio Suriano. iv. Non. No-
vembris. 422
CCLV. Idem Ant. Pulleoni. Idib. Novem-
bris. 424

CCLVI.

EPISTOLARUM. vii

CCLVI. Idem Benedicto Accolto - xii. Cal. Decembris. Pag. 431
CCLVII. Idem Cosmo Gerio. iii. Cal. Decembr. 431
CCLVIII. Idem Herculi II. Duci Ferrariæ. x. Cal. Januar. 334
CCLIX. Idem Rodulpho Pio Card. v. Cal. Januacii. 436
CCLX. Idem Mario Aligero & Laurentio Granæ. 438
CCLXI. Idem Alex. Farnesio Card. 449
† CCLXII. Lazarus Bonamicus Jac. Sadoleto Card., iii. Cal. Jan. 442
† CCLXIII. Petrus Bembus Jac. Sadoleto Card. iv. Cal. Januarii. 444

ANNO M. D. XXXVII.

CCLXIV. Jac. Sadoletus Card. Petro Bembo. Calend. Januarii. 446
† CCLXV. Petrus Bembus Jac. Sadoleto. Prid. Non. Januar. 448
CCLXVI. Jac. Sadoletus Card. Petro Bembo. xv. Cal. Febr. 450
† CCLXVII. Petrus Bembus Jac. Sadoleto. v. Id. Februar. 452
† CCLXVIII. Hieronym. Niger Jac. Sadoleto Card. 454
† CCLXIX. Jac. Sadoletus Card. Hieron. Nigero. 456
CCLXX. Idem Paulo III. Pont. Max. 458
CCLXXI. Idem Mario Maffæo Volaterrano. v. Non. Januar. 462
CCLXXII. Idem Claudio Rangono. iii. Idus Januarii. 463
CCLXXIII. Idem Achilli Bocchio. Idib. Januar. 464

CCLXIV.

CCLXXIV. Idem Augustino Beatiano. *Pag.* 466
CCLXXV. Idem Lilio Greg. Gyraldo. 467
CCLXXVI. Idem Joan. Bellajo Card. 469
CCLXXVII. Idem Lazaro Bonamico. xv.*Cal.* Februar. 471
CCLXXVIII. Idem Andreæ Gritto Duci Venetorum. xv.*Cal.Febr.* 474
CCLXXIX. Idem Andreæ Alciato. xv. *Cal.* Febr. 476
CCLXXX. Idem Romulo Amaseo. 478
CCLXXXI. Idem Hier. Vidæ. iii. *Idus Februarii.* 486
CCLXXXII. Idem Germano Brixio. 483
CCLXXXIII. Idem Friderico Nauseæ. viii.*Cal.* Martias. 488
CCLXXXIV. Idem Franc. Bellencino. xii.*Cal.* April. 490
CCLXXXV. Idem Rodulpho Pio Card. xii.*Cal.* April. 492
CCLXXXVI. Idem Joan. Salviato Card. 494
† CCLXXXVII. Idem N.N. xv.*Cal.Julii.* 497
CCLXXXVIII. Idem Georgio Duci Saxoniæ. xiv.*Cal.Julii.* 500
CCLXXXIX. Idem Reg. Polo Card. iv. *Nonas Julii.* 506
† CCXC. Hieron. Niger Jac. Sadoleto Card. 508
CCXCI. Jac. Sadoletus Card. Friderico Nauseæ. x.*Cal.Decembr.* 509
† CCXCII. Pietro Bembo a M. Jac. Card. Sadoleto. *A 26. di Dicembre.* 511
CCXCIII. Jac. Sadoletus Card. Georgio Duci Saxoniæ. iv.*Cal.Jan.* 513
† CCXCIV. Cælius Calcagninus Jac. Sadoleto Card. iii.*Cal.Jan.* 514

AP-

APPROBATIO.

Quod sane optandum erat, ut eximii Cardinalis Jacobi Sadoleti locupletissima Epistolarum collectio pararetur, id præstitit vir clarissimus Vincentius Alexander Constantius, qui novo eas ordine dispositas, duplo auctiores, notisque eruditissimis adornatas edidit bonarum artium studiosis hominibus. En eiusmodi Epistolarum pars altera, quæ, perinde ac præcedentia hujus argumenti volumina, dilucidum quoddam, purum, elegans, & ut ita dicamus Atticum dicendi genus præfefert, atque ad historiam XVI. Ecclesiæ seculi illustrandam plurima, eaque gravissima suppeditat monumenta. Hanc nos partem Jussu Rmi P. Thomæ Augustini Ricchinii S. Palatii Apostolici Magistri attente perlegimus, nihilque in ea invenimus, quod vel orthodoxæ Fidei, vel honestis moribus officiat aut repugnet. Quare ipsam quoque dignam censemus, quæ literatorum commodo typis excudatur atque evulgetur. Romæ pridie Nonas Maii M. DCC. LX.

Philippus Laurentius Dionisi.
Raymundus Alberici.

IMPRIMATUR,

Si videbitur Reverendissimo Patri Magistro Sacri Palatii Apostolici.

D.G.Archiep.Nicomed.Vicesg.

IMPRIMATUR.

Fr. Thomas Augustinus Ricchinius Ordinis Prædicatorum Sac. Pal. Apost. Magister.

JACOBI SADOLETI
EPISTOLARUM FAMILIARIUM
PARS SECUNDA.

ANNO M. D. XXXII.
EPISTOLA CXLV.

JAC. SADOLETUS EPISC. CARPENTORACTEN.
Joanni Bellajo Epifc. Parifienfi
S. P. D. (a)   *Parif.*

Paulum Sadoletum fratris patruelis filium ei etiam atque etiam commendat.

MOR meus erga Langæum fratrem tuum eximius & singularis, (quem ego propter ejus multas & magnas virtutes diu ante fufceptum, fanctiffime fideliffimeque confervo) fecit, ut fimili in te quoque voluntate femper fuerim, eam-

Ep. Fam. Pars II. A

───────────────────────────────
(a) Joannes Bellajus Gallus, anno 1492. nobili genere natus, omnibufque difciplinis, quibus puerilis ætas

JACOBI SADOLETI

eamque tibi benevolentiam præstiterim, quam & fratris tui mihi perspecta, & tua sæpe audita, omniumque in primis probata testimonio, virtus postulabat. Sed accidit in hac conjunctione nostræ amicitiæ, ut vos essetis, quam ego multo fortunatiores. Cum enim nihil sit, neque natura ipsa præstantius aut clarius, nec bono viro jucundius, quam benefacere; vos omnia vestræ liberalitatis exponendæ occasionem in me sæpe habuistis: ego autem ne semel quidem facultatem sum nactus, quo fratris tui merita erga me paribus officiis compensare possem, & ostendere utrique

---

Impertiri debet in Parisiensi Academia egregie liberaliterque institutus, non exlmiis modo opibus, magnaque apud Franciscum Galliæ regem gratia, sed etiam eruditione, eloquentia ac poetica facultate maxime valuit. Anno enim 1532. primum Bajonensi, postea Parisiensi, Lemovicensi, ac Cenomanensi Episcopatibus auctus, mox Burdigalensi *Archiepiscopali* Ecclesiæ præfectus, ac Orator, primum ad Henricum VIII. Anglorum Regem, inde ad Romanum Pontificem missus, dum Romæ eo munere summa nominis sui laude fungeretur, ejusdem Francisci Regis precibus a Paulo III. Pont. Max. anno 1555. S. R. E. Cardinalis factus est, eamque de sua pietate, doctrina, atque prudentia in Collegarum mentibus opinionem excitavit, ut post inopinatum Marcelli II. obitum nonnulli Cardinales eum evehendum putaverint ad fastigium summæ dignitatis. Obiit Romæ die xvi. Februarii an. 1560. annos natus LXVIII. sepultusque est in Æde SS. Trinitatis de Monte Pincio. Scripsit Carminum libros tres, orationes aliquot, & Epistolas Galliarum regis nomine ad Imperii Ordines Spiræ convocatos: Laudarunt eum præter Sadoletum, Paulus Jovius Epifc. Nucerinus In Elogiis, Michael Hofpitalis in Epistolis, aliique illius ætatis viri clarissimi. Vid. Ciaccon. tom. 3. col. 568.

que vestrum, concedere me homini profecto nemini, qui majore animo & ad promerendam & ad referendam gratiam, aut propensiore ad benefaciendum natura sit paratus. Sed tamen quoniam vos quoque imprimis digni estis, quibus instrumentum fortuna suppeditet vestræ declarandæ virtutis & bonitatis: sit sane in hoc sors vestra felicior, ego ad cæteras causas diligendi tui, hanc quoque habeo non minorem cæteris, quod in ejusdem collegii munus atque officium a Deo pariter vocati, hujus sacri honoris societate conjuncti sumus: quem & tu summa cum laude geris, & ego id adnitor, ut ne omnino improbandus sim. Hæc cum ita se habeant, nulla jam apud me residet dubitatio, quin ego vicissim abs te diligar, quod tu quidem facere debes, vel fratris ejusdem tui causa, vel etiam tua. Convenit enim naturæ & humanitati tuæ, ut in amore respondeas his a quibus diligare. Quod cum ita esse mihi persuaserim, id a te institui petere, quod mihi hoc tempore maximum esset, maximeque necessarium. Paulus Sadoletus mei filius fratris, adolescens institutus sane quam liberaliter, mihi jampridem a patre traditus, a me pro filio educatus est. Is affectus cupiditate visendæ aulæ Regiæ, & ejus cognoscendi, ac meo etiam nomine venerandi Regis, de cujus plurimis ac maximis virtutibus quotidie & a me permulta, & a multis sæpe audit, istuc venit: quædam illi etiam expositurus, quæ a me mandata sunt. Eum ego & tibi, & Langeo fratri tuo potissimum commendo. Quanquam enim non egeo aliorum amicorum & benevolentium copia, vel abundo etiam potius;

tius ; tamen omnium hominum nemo est, quem ego malim adhibere in meis negotiis atque rebus, quam alterutrum vestrum. In quibus mea omnis reposita est fiducia, vos fraterne & amanter curaturos, ut ea quæ ego volo; quemadmodum quidem volo, ita maxime fiant. Quid autem velim, & quamobrem istuc miserim, ex Paulo ipso cognosces. Ei porro mandavi, ut nihil omnino agere aggrederetur, nisi convento prius Langæo: quem forte in aula si non offendisset, ad te adiret, omniaque gereret de vestra potissimum autoritate ac sententia. Quapropter peto a te, ut hunc adolescentem, mihi & charum admodum, & probatum, omni humanitate tua excipias. Ego si ea abs te officia expecto, quæ tibi vicissim si casus ita ferret, libentissime tributurus essem; non tibi id mirum videri aut novum debet, siquidem ex illis artibus literisque liberalissimis, in quibus instituti ambo atque educati sumus, sic didicimus, inter bonos agi libere omnia, & familiariter oportere. Quorum verborum vim si attenderis, hoc profecto statues, & tuam mihi paratam benevolentiam semper præsto esse debere, & meam tibi : quod a parte tua sperare, & mea polliceri tibi possum. Vale, & nos dilige tui amantissimos. Carpentoracti, M. D. XXXII.

EPI-

EPISTOLA CXLVI.

JAC. SADOLETUS EPISC. CARPENTORACTEN.

Gulielmo Bellajo Langæo
S. P. D. (a)   *Parif.*

Idem argumentum.

NON puto te mei oblitum esse, id enim humanitas tua mihi perspecta & cognita, & mea constans erga te voluntas suspicari vetat. Cum enim ego tantum te diligam, quantum literis exprimere non possum, quod meus in te amor omnem verborum vim, & orationis copiam longe vincit; non duco posse hoc accidere in natura ingenua, & liberali, cujusmodi tua est, ut posteriores in amando ferre partes velis. Quamobrem certus sum me tibi esse cordi, quemadmodum quidem antea semper fui. Quod autem lacessitus a me toties per literas, nullas mihi adhuc rescripseris, id occupationibus tuis totum attribuo: etsi vel versiculis abs te duobus, ut alias tibi scripsi, poteram esse contentus: qui mihi amanti, cupienti, de te multum cogitanti, maximi muneris loco accidissent. Siquidem in il-

---

(a) Fuit hic Taurinensis Provinciæ Præfectus, fratresque habuit Joannem Bellajum Episc. Parisien. de quo paullo superius dictum est, & Martinum Normandiæ Progubernatorem, qui Francisci I. res gestas ornate conscripsit. Vide quæ de Gulielmo diximus in notis ad Epist. LXIX. pag. 186. Partis primæ.

JACOBI SADOLETI
in illis imaginem & animi, & amoris erga me
tui, complecti & osculari mihi licuisset. Sed
quando id præteriit, adest nova occasio, qua
navare mihi benevolentiam tuam possis. Paulus Sadoletus fratris mei filius, is qui tibi
has literas reddidit, adolescens est apprime
institutus artibus honestissimis, a meque in
filii loco diligitur. Is jampridem flagrans cupiditate visendæ Aulæ Regiæ, & ipsius Regis
Lilutandi venerandique tam suo, quam meo
nomine, hoc tempore a me potissimum dimissus est, quo mea quoque intererat, aliqua
perferri ad Regem meis verbis, ex quibus ille
pluribus suis beneficiis in me jam collatis,
animum meum erga se & memorem & gratum
cognoscere posset. Etenim jam dudum vereor
mi Langæe, ne me rusticum hominem jam
quemdam, & parum urbanum esse existimetis,
qui officium justum mehercule & debitum, ad
vos isthuc veniendi, & coram memet Regi offerendi tamdiu distulerim. Sed ejus me mei
facti oppido quam puderet, si aliqua in me resideret culpa, ac non totum hoc crimen fortuna sustineret. Quibus autem de causis usque
adhuc retardatus sim, & quid potissimum velim in hoc tempore, cuncta ex ipso Paulo cognosces. Quem peto a te, Langæe mi suavissime, teque magnopere rogo, ut omni tua humanitate, tua inquam illa præstante atque
egregia, complectare. Nihil mihi omnino facere gratius potes, quam si in hoc adolescente
quanti tu me facias, & quid mea causa cupias,
ostenderis. Is a me habuit in mandatis, ut
nihil omnino ageret, nisi de consilio tuo.
Quamobrem eum totum suscipias oportet; &
non solum illi introductor, sed monstrator
etiam

etiam sis, & monitor, quomodo, & quando, aut ad Regem adire, aut reliquas eum res agere & tractare conveniat. Hoc cum mihi feceris (ut dixi) gratissimum; tum tu virtuti & humanitati tuæ servieris, quemadmodum quidem solitus es: ipsumque adolescentem dignum & fida & benevolentia tua etiam experiere. Nos hic de nuptiis tuis nescio quid audivimus, easque plenissimas dignitatis esse intelleximus. Id si ita est, quod quidem cupio esse, tibi eam rem feliciter & prospere evenire opto: ac Deum quæso, ut eos ex te gignas liberos, qui tibi & voluptati, & generi tuo sempiternæ laudi esse possint. Vale mi Langæe, & me ut soles dilige. Carpentoracti.

JACOBI SADOLETI
EPISTOLA CXLVII.

JAC. SADOLETUS EPISC. CARPENTORACTEN.

Joanni Lotharingio Cardinali
S. P. D. (*a*) *Parif.*

Idem argumentum.

EX quo tempore primum Romæ te cognovi, tecumque aliquoties locutus, perfpexi plane & virtutem tuam, & humanitatem non inferiorem effe, neque nobilitate generis neque fortuna; amavi femper te plurimum, amplitudinemque tuam fingulari obfervantia fum profecutus (*b*). Sed non contigit

---

(*a*) Hic ex Renato Hierufalem & Siciliæ rege, nec non duce Lotharingiæ & Calabriæ, ac Philippa Gueldria anno 1498. ortus eft. Optimis difciplinis ac moribus inftitutus, plurimifque in Gallia facerdotiis auctus, anno 1518. Galliarum regis precibus a Leone X. in Cardinalium fenatum eft relatus. Multarum literarum cognitione præftitit, literatofque viros & coluit femper, & maximis præmiis ornavit. Ejus autem liberalitatem magnopere celebrat Petrus Aretinus eidemque Lazerus Bayfius opus de re Vefliaria, Hieronymus vero Perboni, Marchio Incifæ & Olivarum dominus, Tractatum de Juftitia, dedicavit. Anno 1550. Neviaci e vita difceffit, funebremque ipfius pompam defcripfit Edmundus Lotharingus. Vid. Ciaccon. tom. 3. col. 418.

* (b) Romam primum venit Card. Lotharingius anno 1521. ac fubfequentibus temporibus diutius in eadem urbe moratus, ufque ad an. 1550. Galliarum in ea regis negotia procuravit.

tigit mihi ante hoc tempus, ut redigerem tibi in memoriam illa initia noſtræ familiaritatis, quod utrique noſtrum & locorum diſjunctio, & occupationum ac negociorum diſſimilitudo, alias curas attulit. Et tamen non dubito, quin ſicut mihi hæſit in animo perpetua recordatio tui, cum inſigni benevolentia conjuncta: ita & tu aliquod veſtigium eiam nunc tuæ erga me priſtinæ voluntatis retineas. Hoc ſi ita eſt, quod confido eſſe, tua animi nobilitate & ingenuitate fretus: peto a te, ut has literas eo animo legas, quo legendæ ſunt ab homine ampliſſimo ſimul atque humaniſſimo, hominis amantiſſimi ac deditiſſimi literæ. Paulus Sadoletus adoleſcens eruditus ſane quam liberaliter, mei qui fratris filius a me in filii loco diligitur, iſthuc profectus eſt & viſendæ aulæ Regiæ, & Regis ipſius meis quoque verbis conveniendi ac venerandi cauſa. Ei ego dedi in mandatis, ut ad te adiret potiſſimum, tuaque imprimis gratia atque autoritate uteretur. Eum igitur tuæ fidei humanitatique commendo: primum, ut eum ipſe comiter excipias, deinde ſi ita opus eſſe cognoveris, ut præbeas illi faciles ad ſummum Regem aditus. Quanquam hoc fortaſſis per alios poterit conſequi; veruntamen omnis tua amoris erga me ſignificatio, magno mihi honori poterit eſſe: quam ego abs te vehementer mediusfidius expeto: nec tam ut apud cæteros honeſtus, quam ut tibi ipſi charus eſſe intelligar. Summæ enim mihi futurum eſt voluptati, ſi intellexero, a tali viro, tantis ornato & ingenii & fortunæ bonis, eodemque in omni dignitate principe, ſtudium atque obſervantiam meam er-

ga se parvi non æstimari. Quæ etsi per se
non valde expetenda sit, propter tenuitatem
videlicet fortunæ nostræ, tamen quoniam nos
ex eo genere hominum sumus, qui nunquam
amicis solent esse dedecori; susceptamque
semel amicitiæ & necessitudinis fidem summa
cum religione retinemus, poterit tua quandoque amplitudo aliquantum etiam de me
sibi polliceri, qui eo animo sum, ut & nobilitati tuæ honorem, & virtutibus laudem,
& dignitati cultum, & humanitati ac benevolentiæ erga me gratiam semper sim habiturus. Tu si hanc meam voluntatem gratam
tibi esse acceptamque ostenderis, libenterque
mihi aliquod tui amoris impartiveris testimonium; & studium meum augebis colendi
perpetuo atque observandi tui, & hoc dignum ipso tuo genere, & majorum tuorum,
ac tua virtute efficies. Vale, Carpentoracti.

EPISTOLA CXLVIII. (a)

DES. ERASMUS ROTERODAMUS.(b)

Jac. Sadoleto Epifc. Carpentoractenfi
S. D.   *Carpent.*

In Bafilium Græci.

PRorſus obfirmaram animum, hujus ævi decus Sadolete, ſtatueramque Typographorum quamlibet importunis flagitationibus obſequium præfandi in alienas lucubrationes in poſterum omnino pernegare: ſed ab hac adamantina, ut mihi quidem videbatur, ſententia me tranſverſum abripuit Divus Baſilius, vir optimo jure dictus Magnus, ſed Maximi cognomine dignior. Ex his quæ verſa legeram, veluti per nebulam, ſuſpiciebam ingenii dotes plane divinas, ac pectus humana conditione majus. Verum ſimulatque contigit audire Chriſtianum Demoſthenem, imo cœleſtem oratorem ſua lingua loquentem, ſic animum meum totum perculit inflammavitque, vere flexanima divinitus afflati Præſulis eloquentia, ut mihi nihil prius curandum duxerim, quam ut ineſtimabilis hic theſaurus in publicam utilitatem typis evulgare-

---

(a) Exſtat inter Eraſmi Epiſt. lib. XXVIII. Epiſt. 7. col. 1626. edit. Lundinens.
(b) Vide quæ de Eraſmo diximus Epiſtolar. Famil. Parte I. in notis ad Epiſtolas XXXVI. XLIV. LXXXVI, CXIII. CXXI. pagg. 118. 127. 247. 336. & 370.

garetur (a). Etenim si me lusciosum ac frigidulum sic ad pietatis amorem accendit, quanto magis rapiet eos, qui pro ingenii felicitate proque copiosiore doctrina, quum perspicaciores habent oculos, tum ad pietatis studium suapte sponte sunt propensiores. Neque enim hunc ut arbitror, affectum in me genuit arcana quædam ingeniorum cognatio, quemadmodum puerum rapuit olim Horatius, quum ipse nondum scirem quæ res me tantopere delectaret: quid enim affinitatis huic mortalium infimo, cum incomparabili heroe? Sed omnipotens ille spiritus per organum electum suam exercens *ἐνέργειαν*; sic afficit animos nostros. Hæc est enim illa, cujus somnium modo vidit Plato, vere pulcherrima rerum sapientia, quæ spiritualibus oculis conspecta, incredibiles excitat amores sui. Equidem contumeliam esse judico, Basilii facundiam cum quoquam eorum comparare, quorum eloquentiam supra modum admirata est Græcia, juxta modum emulata

Ita-

(a) Et sane, Erasmo curante, hoc ipso anno 1532. S. Basilii opera prodierunt Basileæ apud Hieronymum Frobenium. Eadem sæpius deinceps edita sunt tum Græce tum Latine, nimirum Venetiis an. 1535. Basileæ anno 1551. Parif. an. 1618. & an. 1638. Sed omnium hac in re diligentiam superavit vir clariss. D. Julianus Garnier Monachus Benedictinus e Congregatione S. Mauri, qui eadem S. Basilii opera Græce ac Latine, multis aucta, nova interpretatione, criticis Præfationibus, notis, variis lectionibus illustrata, nova sancti Doctoris Vita & copiosissimis Indicibus locupletata; ac in tres tomos distributa, Lutetiæ Parisiorum typis Jo. Bapt. Coignard emisit in manus hominum an. 1721.

Italia. Quis enim inter illos sic omnibus dicendi virtutibus excelluit, ut in eo non aliquid vel desideretur vel offendat? Tonat ac fulgurat Pericles, sed sine arte. Attica subtilitate propemodum friget Lysias. Phalereo suavitatem tribuunt, gravitatem adimunt. Isocrates umbratilis orator, affectatis structuræ numeris, ac periodis orationis, perdidit illam nativæ dictionis gratiam. Demostheni, quem velut omnibus numeris absolutum eloquentiæ exemplum producit M. Tullius, objectum est quod orationes illius olerent lucernam, nec desunt qui in eo affectus, & urbanitatem requirunt. Sed ut maxime aliquis extiterit, in quo neque naturam, neque artem neque exercitationem desideres; quem mihi dabis, qui divi Basilii pectus numine plenum, non dicam æquarit, sed vel mediocri consequatur intervallo? Quem qui tantum philosophiæ, qui omnium disciplinarum circulum cum summa dicendi facultate conjunxerit? Sed, ut dixi contumeliæ genus est virum divinitus afflatum cum prophanis ac nihil aliud quam hominibus conferre. Decentius est divum cum divis componere. Tulit eadem ferme ætas aliquot summa facundia parique doctrina, ac pietate viros, Athanasium Alexandrinum Episcopum, Gregorium Nazianzenum Basilii Pyladem, ac studiorum sodalem, Joannem Chrysostomum, & ipsum Basilio familiarem, ac fratrem Gregorium Nyssenum Episcopum. Horum suis quisque dotibus summus erat. Athanasius ad docendum accommodatissimus: Nazianzenus floridum, & argutum orationis genus amplexus videtur: Chrysostomus, licet pulchre suo cognomini respondens, alicubi verbis redundat, & in digressionibus videtur immodicus: Nysseno placuit pia simplicitas. At Philostorgius in tantum praetulit Athanasio Basilium, ut virum alioqui summum cum Basilio collatum, scripserit videri puerum. Nazianzenus videbatur cum Basilio paria facturus, ni inter tot ornamenta naevos aliquot interdum haberet insperfos. Argutiarum, & extremae sapientiae affectatio, dictionisque structura ab Isocratis exemplo non abhorrens, nonnihil resipiunt scholam Rhetoricam. Cujus rei si quis fidem requirat, in Monodia, quam ab se summa cura elaboratam non dissimulat ipse: videbit multum fabularum e Poetis ascitum, videbit, & collationem qua Basilium cum veteri Testamenti claris heroibus committit, duriusculam esse. At in Basilio nescio, quid morosulus etiam lector possit desiderare. Manat e sanctissimo pectore cunctisque humanis cupiditatibus defecato simplex ac naturalis oratio. Praestantur omnia quae potest ars, nec ulla tamen usquam artis significatio: agnoscas ibi summam mundanae philosophiae cognitionem, sed nullam prorsus ostentationem. Sentias illum callere disciplinas liberales, & in his mathematicas omnes, sed sic adhiberi, ut nihil aliud, quam ancillentur pietati. Divinarum scripturarum testimonia tam concinne admiscet orationi perpetuae, ut gemmas purpurae non assutas, sed ibi natas dicas. Nec in uno tantum genere excellit. Tanta erit ingenii dexteritas, ut quocunque intendisset, felicissime rem gereret. In enarrandis sacrorum voluminum mysteriis mire industrius, diligens, cautus, aper-

apertus, minimeque violentus. Ad genus panegyricum putatur maxime natura fuisse compositus, in quo sic orationem attemperat ad animos auresque multitudinis, ut & imperitis sit perspicuus, & eruditis admirandus. In disputando adversus Eunomium, quum admirabilem habeat subtilitatem, nusquam tamen ab orationis perspicuitate recedit: atque intra catholici dogmatis defensionem se se continens, nusquam evagatur in convitia nihil ad causam facentia. Nec sui dissimilis est in opere ad Amphilochium de Spiritu Sancto; sed quodcumque tractat argumentum, nusquam illum destituit perpetua dictionis sanitas ac jucunditas, eaque non adscita sed nativa. Adest ubique juxta nomen illius regia quædam majestas, cum admirabili quadam humanitate conjuncta: sic invehitur in mores hominum, ut objurgantem etiam possis amare. Qualis erat oratio, talis erat & vita. Hac ingenii dexteritate Eusebium Episcopum ambitione tendentem ad seditionem, ex æmulo reddidit amicissimum. Hac Modestum Cæsaris Præfectum sic contemsit, ut hominem impium virtutis fulgore raperet in sui admirationem. Hac Eusebium Ponti Præfectum devicit dejecitque, ac mox dejecto tulit opem. Hac ipsum Imperatorem Valentem, quum ingressus esset ecclesiam, primum in stuporem adegit; mox sapienti colloquio a concepta crudelitate deterruit; atque etiam ab Ariana factione revocavit, nisi quod hujus amabilis libertas construxerat, aliorum pertinax improbitas destruxisset. Animus erat adeo paratus ad martyrium, ut illud muneris etiam exoptaret loco. In scripta ptis illius nihil usquam obstrepit humani affectus, nusquam suam agit causam. Postremo inest quiddam quod quo nomine sit appellandum, nondum inveni. Adest peculiaris gratia, quæ nunquam satiat legentem, sed semper sitientem dimittit. Itaque quum mihi persuasissem haud mediocrem utilitatem & sactis studiis & christianæ pietati accessuram, si non umbra Basilii, sed ipse Basilius in manibus omnium versaretur, persuasi Hieronymo Frobenio, atque hujus socio Nicolao Episcopio, ut quidquid ejus perveligari posset, typis evulgarent. In his enim quæ Basilii titulo Latine versa tenemus, Basilii maxima pars abest. Georgius Trapezuntius (*a*) homo doctus, ingenue fatetur se se imparem suscepto negotio, quod neque tanta Romani sermonis adesset facultas, quæ Græci sermonis gratiam elegantiamque referret, nec rei Theologicæ tanta peritia, ut ubique rerum quæ tractantur subtilitatem assequeretur. Ruffinus nusquam nec elegantem nec bonæ fidei interpretem præstitit. Ut autem de his quæ vertit Raphael Volaterranus (*b*) aliquod experimentum

---

(*a*) De eo hæc scribit laudatus Garnier in Præfat. ad S. Basilii opera pag. v. „ Multo pauciora (Jano Cornario) vertit Georgius Trapezuntius, videlicet celeberrimos quinque in Eunomium libros: quem interpretem multis aliis anteponendum puto „ :

(*b*) Præter Volaterranum in Basilii operibus latine reddendis elaborarunt Joan. quoque Argyropilus, Godfridus Tilmannus, Ambrosius Camaldulensis, Furnanus, Montacutius, Janus Cornarius, aliique bene multi, de quibus Joannes Albertus Fabricius tom. VIII. Biblioth. suæ.

tum caperem, visum est cum Græcis conferre, quicquid primum occurrisset. Occurrit autem Homilia de Jejunio materiam tractans popularem, nullis difficultatibus involutam. Omitto nunc elegantiam, qua fide rem gesserit, vide. In primo statim versu, quod est in Græcis, ἐν νουμηνίαις, idest *in initiis mensium* omisit: sed id pensans, mox addidit de suo, *quia præceptum in Israel est*: idque parum concinne, quum mox sequatur, τοῦτο πρόσταγμα ἐςὶ προςτικόν. Dein quod Græce est, τὴν προάγουσαν ἢ ἱερῶν ἑορτῶν, id est *antecellentem cæteris diebus festivitatem*, vertit, *hanc horum dierum celebritatem*. At Basilius allusit ad insignem diem qui præcessit. Rursus quod Græce est ὑποσημαίνω τὰ ἀναγνώσματα, id est, *indicant lectiones*, reddit, *significare videntur*: diminuens, quod auctum voluit Basilius, quum ante dixerit, omni tuba vocalius, omnique musico instrumento significantius. Prætereo minutula, quod pro ἐγνωρίσαμεν, id est *didicimus*, vertit *novimus*, proque ῥιπτουμένου, id est *rejiciente*, dixit *vituperante*. Atque hic rursus ex Esaia adjecit interpres: *In die*, inquit, *jejunii convenitis debitores vestros, fora contentionesque exercitis*; quum Græca sic habeant: μὴ ὡς κρίσεις κỳ μάχαις νηςεύετε, ἀλλὰ λύε, &c. id est, *nolite jejunare ad lites, & contentiones*. Paulo post, quod est, μὴ σκυθρωπάσης θεραπευόμενος, id est *ne tristis sis dum curaris*, vertit, *nemo curatus liberatusque mæret*. Rursus εὐθύμησον, id est *bono sis animo*, vertit, *gaude si sapis*. Paulo post ἄξιε ὡς ἀληθῶς ταύτης τῆς προσηγορίας ἀξία, prorsus omisit, quod ut opinor non intellexit illum alludere ad etymologiam Græcæ vocis νηςίις, quod idem mox facit in his, ὁ ἀλυψάμενος ἐχρί-

ἐχρίσατο, ὁ ἰχθὺς ἀπεκλύσατο. Dehinc quod est, ἐπὶ τὸ ἔνδον λαμβάνει τῶν μελῶν τὴν ποιότητα, id est, *præceptum ad interna membra accommoda*, sic vertit *intus intus unge sancto oleo caput*. Item quod est ἵνα μίνοχος γῆς χρίστου, perdidit allusionem a chrismate ad Christum. Mox ἢ ὅτα πρόσελθε τῇ νηστείᾳ, id est, *ita accede ad jejunium*, vertit, *hoc modo jejunio appareas*. Multa sciens transilio, ne molestus sim lectori. Πρόδραμε, id est *accurre*, vertit *prodi*. Paulo post, πατρικὸς διὶ κεφαλαίων τῶν τὰ ἀρχαιότατι δικαίων ἐπὶ ἀλλέοντα, id est *a majoribus traditus thesaurus est*: *quicquid excellit antiquitate venerabile est*: priorem partem omisit, posteriorem sic reddidit: *proverbiam est, omne per antiquitatem fieri nobilius*. Jam quod continenter sequitur, δυσωπήθητι τὴν πολιὰν τῆς νηστείας, id est *reverere canitiem jejunii*, vertit, *jejunii canitiem diligenter perscrutare*. Rursum post versus aliquot, οὐδεὶ τῆς σαρκὸς τὴν ῥῶσιν ὑποτιθέντος *in carnis indulgentiam cibum suggerentem*; refertur enim ad serpentem, qui præcessit: ille separavit atque ita vertit: *parce carni cibum subministrare*, ratus μηδὲν verbum esse, quum sit nomen dandi casu, alioqui esset μηδέν. Reliqua quid attinet persequi, quum ex his abunde liqueat, tantum interesse inter Basilium versum, & sua lingua loquentem, quantum inter lusciniam modulantem, & corvum crocitantem. Equidem fateor & Raphaelis, & Francisci Aretini, & Aniani, aliorumque hujus notæ scriptorum industriæ nos nonnullam debere gratiam: sed quid futurum conjectamus, quum ex ad hunc modum versis autoribus graves Theologi serio proferunt testimonia, ac de catholicæ
fidei

fidei dogmatibus pronunciant? Proinde quum omni professioni, tum in primis Theologicæ necessarium arbitror, ut aut e fontibus haurire malint, quam e lacunis, aut eorum qui vertere, fidem exploratam habeant. Quanquam inter innumeros, qui hoc opus susceperunt, quotusquisque est qui non plurimis in locis vel imperitia vel oscitantia lapsus sit (*a*)? Quo sane nomine studiosorum omnium favorem meo judicio prometetur officina Frobeniana, quæ prima apud Germanos ansa est Græcum autorem antea non evulgatum excudere formulis, ab omnium laudatissimo Basilio rem auspicata. Quod si successerit, ut successorum spero, decretum est quotannis huic negotio prælum unum dicare. Dein quod in vitis Plutarchi tentatum est a quodam utriusque linguæ peritissimo, idem curabitur in Basilio, Chrysostomo, Athanasio, Cyrillo, Gregorio Nazianzeno, & horum similibus autori-

---

(*a*) Hinc D. Julianus Garnier in citata Præfat. pag. v. „ Vulgatas (inquit) illas tot hominum interpretationes plus minus omnes vitiis propemodum innumeris laborare, jam alii notarunt. Et vero sæpius aberrant a Græco; & si quando Græca sententia exprimitur, minus latine est eloquutio. Sed tamen priscos hos interpretes valde excusatos volo; eam Græca sæpissime ita effunt corrupta, ut nemo quamlibet peritus recte interpretari potuisset. Quod si quæratur quid quis alteri præstet, dicam Erasmum reliquis elocutione quidem antecellere & latinitate: sed, qua erat hominis in scribendo celeritas, sæpe & fæde labitur & ipse. Pauca interpretatus est, homilias duas in Jejunium, librum de Spiritu Sancto, & proœmium Commentarii in Isaiam „.

toribus, licet quædam ita versa videantur, ut appareat minus negotii futurum ei qui denuo vertat ab integro, quam qui depravata restituat. An non igitur publico omnium bonorum favore digni sunt, qui ad tantam studiorum ac religionis utilitatem, & facultates omnes expendunt, & curam vigilantiamque summam impendent? Verum hic quoque videtur haudquaquam dormire Ate homerica, quæ per Eridem malum contentiosum inter Italos, Gallos, ac Germanos immittere conatur. At quanto consultius erat nos invicem mutuis officiis adjuvare: ut qui posterior sit, præcedenti non invideat; sed applaudat: qui prior sequi conanti manum porrigat? Hac admonitione nihil erat opus, si cunctis adesset is animi candor, eaque synceritas, quæ tibi. Nihil enim dubito, quin huic honestissimo instituto sis utroque fauturus pollice, aut, ut melius dicam, toto pectore. Atque hac potissimum de causa visum est curare, ut Basilius ille Magnus tui nominis auspicio prodeat in publicum, qui tam admirabili facundia tractas arcana volumina, ut non immerito Latinus Basilius appellari possis. Propitia sit mihi tua modestia, si quod sentio reticere non valeo. Verum hæc scribenti mihi recrudescit dolor, quem gravissimum ex bibliothecæ tuæ panolethria pridem conceperam (a). Poterat enim illa ad hoc institutum, quod absque Græcorum voluminum copia geri non potest, magno esse adjumen-

---

(a) Vide quæ de hac Sadoleti Bibliothecæ jactura, diximus in notis ad ejus vitam Pontificiis Epistolis præfixam, pag. xxvi. & xxvii.

mento. Nunc si tua forte bibliotheca Basilium, Græcum non habet, hujus saltem accessione supellectilem tuam literariam augemus. Atque utinam totum Basilium dare licuisset. Libros enim quos divinitus scripsit in Eunomium, multum vestigatos nancisci non quivimus. Precor ut Dominus R. amplitudinem tuam studiorum, ac rei Christianæ commodis diu servet incolumem. Datum apud Friburgum octavo Cal. Martias, Anno a Christo nato, Millesimo quingentesimo trigesimo secundo.

EPISTOLA CXLIX.

JAC. SADOLETUS EPISC. CARPENTORACT.

Des. Erasmo Roterodamo
S. P. D.   *Friburg.*

Primum de suo in Epistolam D. Pauli ad Romanos Commentario scribit, postea hominem hortatur, ut omni ejus de Catholica fide sensu palam exposito, quæ liberius scripsit, modeste prudenterque retractet.

Quod literæ meæ ad te tardissime perferantur, plane molestum mihi est. Cuperem illas mature reddi: nec tam ut delectarent, quod tu humanissime atque amicissime fieri scribis, quam ut meum tibi officium celeriter esset cognitum. Tuas quidem tertio Calend. Martii datas, ineunte Majo accepi. In quibus quod mihi de valetudine prospera gratularis, equidem libenter accipio hanc gratulationem tuam tui amoris eximii erga me me testem. Veruntamen scito a medio Novembri, usque ad Aprilem extremum minus me commode valuisse. Itaque toto hoc tempore & intermissa nostra studia conticuerunt, & ego nihil dignum viro potui exequi. Ad meam nunc tamen pristinam provinciam sum reversus, de qua ante ad te scripseram, ut commentarios in Pauli epistolam ad Romanos conscribam (*a*). Quod opus etsi difficillimum omnium est, sicuti & tu sentis, & ego re ipsa experior, tamen animo non deficio. Utinam sic eventum meorum consiliorum fortunet Deus, quemadmodum a mea parte nihil neque laboris deerit, nec studii. Accidit autem mihi peropportune, ut nanciscerer Divi Chrysostomi Commentarios in omnes Pauli epistolas Græca lingua impressos: qui mihi dono ab Episcopo Veronæ (*b*) missi sunt: quorum ego famam, vel volumen etiam ipsum ad te puto pervenisse. Cupio quidem certe, ut quod tunc tibi defuisse scribis, cum hoc idem opus esses aggressus, id nunc suppetat, si forte tibi libeat quæ jamdiu exorsus fueras, ea nunc pertexere. Frobenianam operam non repudiabimus, cum tempus erit excudendi; præsertim te tanto auctore, ut res recte geratur, curam adhibente. Sed mihi magis, mi Erasme, tuo judicio erit opus, quod ego semper maximi feci, & facturus sum. Res ardua est, ego difficiliter & tarde scribo.

No-

(*a*) De hoc opere vide quæ diximus in notis ad Sadoleti vitam pag. xxxv. & xxxvi.

(*b*) Nimirum a Joan. Matthæo Giberto, de quo diximus in notis ad Epist. xxv. Par. 1. pag. 170.

Novos enim, neque eos paucos invenio sensus: qui boni sint, an secus (ego enim mihi ipsi non satis fido) talium virorum qualis es tu (si tamen aliqui tales) judicium exquirendum mihi est. Tuum certe in primis, qui aut unus, aut praecipue in hoc genere scribendi non doctrinam modo, quae in te summa est, sed copiam etiam & dignitatem orationis adhibuisti. Basilium magnum sua loquentem lingua exisse a te, & in manus hominum divulgatum esse, vehementer gaudeo. Nam quod mihi a te sit inscriptus, id majus est tui de me judicii testimonium, quam ego expectassem, aut quam me dignum esse arbitrer. Sed tua humanitas, & benevolentia ejusmodi, ut non quid me accipere, sed quid te dare oporteat, potius expendas. Equidem maximas tibi de eo gratias habeo agoque, etiam relaturus si occasio fuerit. Te ita crebro, & tam a multis peti, & mirum sane mihi, & permolestum est: nec video quae sit causa, nisi forte ea, de qua jampridem ad te scripsi: existimatio tua videlicet, quae in tam alto sita est loco, ut omnibus statibus invidiae proposita esse videatur. Nam qui in hanc Theologiae palaestram nomen suum profitentur, quo sibi de principio commendationis aliquid in vulgus quaerant; nomen eligunt clarissimum, in quod invehantur: auget deinde rixam ipsa contentio. Sed ego si isto loco essem, una semel defensione in universum omnibus responderem: partim juventae factaque consiliaque excusans, si quid forte esset a me in illa aetate liberius scriptum; partim etiam modeste prudenterque retractans, quae ejusmodi essent, ut etiam si non vere, at saltem verisimiliter

ansam

ansam aliquam possent præbere obtrectantibus, quod summos doctores sanctissimos homines cernimus fecisse. Postremo vero, omnem sensum meum de fide Catholica ita exponens, ut non posset cuiquam esse dubium quid sentirem. Hoc opere edito, perenne mihi silentium susciperem adversus malevolos, quorum Insolentiam iniquasque calumnias, cum res ipsa & veritas, tum tua excellens fama virtusque refutaret. Sed ego hæc non tam monendi tui causa loquor (non enim tu eges monitore) quam testificandi sensus animi mei. Oecolampadium extinctum, utinam possem dolere jure. Sic enim literæ & doctrina hominis postulabant, nisi extitisset ille in alio genere perniciosus. Psalmum tuum avide expecto eumque perlegere cupio. Epistolarum tuarum volumen audio exiisse (a),Lugdunique haberi: eo ego misi qui mihi emerent. Tu interea, mi Erasme, si nos diligis, da operam ut valeas, & sustentes ætatem istam tuam iis, quibus soles, optimarum artium studiis, & conscientia rectorum consiliorum. Nos qui te plurimum amamus, nullo unquam loco deerimus, nec famæ, nec laudi, nec voluntati etiam tuæ. Vale, Carpentoracti, VIII. Idus Maii M. D. XXXII.

(a) Ft exierat quidem jam ab anno M.D.XXIX. a Hieronymo Frobenio impressam, cum perbrevi ipsius Erasmi Præfatione, quæ etiam præfixa legitur editioni Londinensi anni M. DC. XLII.

EPI-

EPISTOLA CL.

JAC. SADOLETUS EPISC. CARPENTORACT.

Des. Erasmo Roterodamo
S. P. D.   *Friburg.*

Ei hominem nescio quem commendat, deque Basilio sibi inscripto iterum gratias agit.

IS qui tibi has literas reddidit, minus mihi sane cognitus est: neque ego hominis mores naturamque perspexi. Sed cum adiisset ad me diceretque se celebritate famæ, & amore quodam nominis tui commotum, velle ad te proficisci, ut sub te magistro lautioribus literis operam daret; non potui non probare hoc ejus constitutum. Nam & rem pulcherrimam, & doctorem præstantissimum appetere mihi visus est. Proinde petenti a me commendatitias literas, libenter conservavi consuetudinem meam: & in his, quæ ad humanitatem pertinent, facilem ei me præbui. Commendo tibi eum igitur, sed ita, ut cum ipse de eo feceris judicium, dignumque statueris, quem in amicitiam tuam recipias; tum eum sic adhibeas, & benignitate tua complectare, ut quod sine ullo tuo incommodo fiat, aliquem ipse fructum sui hujus rectissimi studii consequatur. Ego posteaquam ad te proxime rescripseram, biduo illo aut triduo accepi libellos tuos, quorum jam bonam perlegi partem: inprimisque sum tuis defensionibus adversus illos obtrectatores tuos mirabiliter delectatus. Summam enim illæ doctrinam, & Illam, quam ego maxime probo, egregie redolent animi moderationem. De Basilio iterum ago tibi etiam atque etiam gratias, quod me ad eorum numerum, quos tui ingenii monumentis illustrare voluisti, aggregare dignatus es. In quo si tibi non par operâ rependetur a me, at mea æque certe tuæ isti præstanti erga me voluntati reddetur voluntas. Vale, mi Erasme, & Amerbachium nostrum meis verbis saluta. Iterum vale. Carpentoracti, VII. Idus Junias, M.D.XXXII.

EPISTOLA CLI.

JAC. SADOLETUS EPISC. CARPENTORACT.

Augustino Trivultio Cardinali
S. P D. (*a*) *Romam.*

Quod suorum populorum causam apud Pontificem egerit, ei gratias agit.

Accepi literas tuas, quas ex Urbe ad me dedisti: in quibus recognovi animum suum pristinum propensum in rem & dignitatem ecclesiasticam, tuamque erga me plenam amicissimi studii voluntatem: pro qua tibi me vehementer obstrictum esse sentio. Sed accidit mihi perincommode, ut molestissimo morbo impedirer, quominus, quod maxime cupiebam, crebrius ad te scriberem. Nihil enim fieri potest amore in te meo, & voluntate tecum per literas quasi colloquendi, ardentius. Quo e morbo si emersero, nullum a me officium

---

(*a*) Vide notas ad Epist. CXLI. pag. 433. Par. 1.

cium benevolentissimi hominis requires. Nunc ut se res habet, quanquam spem propinquam optatæ salutis jam habeamus; sumus tamen admodum imbecilli. Quod cum summo Pontifice diligenter egeris, populosque illi hosce commendaris, qui etiam sua sponte plurimum debent esse commendati, pertinuit hoc ad fidem quoque tuam, & ad amplissimi hominis autoritatem, quæ tum maxime gravis est, cum utilitati publicæ suffragatur: in qua quod te video & animo & cogitatione esse intentum, majorem in modum tibi gratulor. Vera enim est laus, & meo quidem judicio omnium maxima, dignitatem qua quis plurimum potest, & sapientiam qua est præditus, ad alienum commodum potissimum, & ad utilitatem Reipublicæ conferre. In qua procuranda cum & mihi, & cunctis qui ad commune bonum contendunt, proposita sit & opera & prudentia tua; jure & tu magnus, & nos qui tua amicitia fruimur, florentes per te, atque honesti sumus. Sed quid in his locis nunc agatur, quod quidem cognitione dignum sit, quoniam & legatus missus est dedita opera, qui Pontificem de omnibus rebus edoceat, & idem meas literas meaque mandata ad te pertulit, si modo isthuc pervenit, nunc non est commemorare necesse. Illud tibi non dubium esse volo: in omnibus quæ gerentur, quæque contingent, tam publicis, quam privatis meis & propriis, me semper in tua fide, patrocinio, benevolentia, autoritate, plurimum esse præsidii atque opis mihi constitutum arbitrari. Vale, III. Nonas Martias, M.D.XXXII. Carpentoracti.

JACOBI SADOLETI

EPISTOLA CLII.

JAC. SADOLETUS EPISC. CARPENTORACTEN.

Auguftino Trivultio S.R.E. Cardinali
S. P. D. (*a*) *Romam.*

Narrat quædam de publicis negotiis, petitque ab eo, ut de iisdem rebus cum Pontifice agat.

Nihil mihi accidere poteft tua erga me benevolentia gratius, quæ quidem quotidie magis apparet ex iis, quæ mea caufa dicis, aut facis. In quibus etfi patrocinium hominis ampliffimi, atque omni honore laudeque digniffimi mihi peroptatum eft: amor tamen tuus multo eft jucundior. Sed quod ad poftulata illa attinet, quorum tu exemplum mihi mittendum curafti, res mihi ipfa jampridem fuerat nota. Nam & ille qui illas res petebat, diu ante mecum communicaverat; egoque illi vehemens diffuafor fueram: non minus hercule quietis & utilitatis ipfius, quam publici boni caufa. Videbam enim, id quod certe contigiffet, fi hæc oppida permutaffet Pontifex, non fine magno tumultu rem futuram. Sed etfi minime illius hominis confilia mihi probabantur; tamen quod cogitationes fuas commiferat mihi, fidemque imprimis habuerat; cujufdam religione officii

---

(a) Vide quæ de eo diximus in notis ad Epift. CXLI. Par. I. pag. 453.

cii impediri me arbitrabar, quo illi minus obstarem. Atque ita etiam nunc interpretor: neque existimo posse me fide integra quippiam adversus eum moliri, aut scribere. Illud mihi quidem novum & mirabile visum est, eum ipsum Regem, qui illum hominem alieno beneficio ornare conabatur; suis & majorum suorum beneficiis, quæ ab regia liberalitate jam diu erant profecta, eum spoliasse, & privavisse. Scito enim duo vel præcipua oppida fuisse illi adempta, & ad Regiam ditionem revocata, quæ ipse & majores sui tenuerant. Quanquam hæc lex non illi soli proposita est, sed omnibus ad quos quoquo modo Regum beneficia ejusmodi his ducentis annis pervenerunt: ut cogantur cuncta restituere, & quicquid illud est, quod jus aut nomen obtineat oppidi, id remittere regi. Quod utinam hactenus tentatum sit, neque transeat ad sacerdotes. Quod si acciderit, non mirabor, quando qui istic regnant, nomen fortunasque sacerdotum omnibus modis dilacerandas præbent. Qui enim sancti apud cæteros, & venerabiles esse possunt, si a tutoribus suis sic despiciuntur? Quod repugnantiam epistolarum mearum, fidemque testimonii, quod ego unius hominis reprehensioni primum, deinde laudi præbui, excusaris apud summum Pontificem, veramque rationem in excusando adjunxeris; non dici potest, quam mihi feceris gratum. Nec in eo tamen humanitate solum & benevolentia erga me usus es, sed summa etiam & singulari sapientia. Nam aut necesse est, si hæc permittitur testimonii mutatio, eos qui aliquando peccarent, nunquam recte facere; aut eos qui semel

semel accusando scripserunt, non rebus, sed hominibus semper inimicos esse. Ego hominem quenquam odisse, nunquam duxi esse sacerdotis. Rebus autem amicum aut inimicum esse, prout illæ res bonæ malæve sint, arbitror esse hominis, & Reipublicæ commodo, & suo officio consulentis. Itaque si (quod nolim) aliquid accidat ejusmodi, quo mihi denuo testimonium mutandum sit, non id facere verebor: neque aliquam extimescam culpam, ubi veritas mecum steterit. Quapropter te vehementer rogo, ut repetito cum summo Pontifice de his rebus sermone, sensum hunc animi mei totum illi aperias. Glaucerium nostrum, hominem tua benevolentia dignum; quod benigne honorificeque tractaris; facis tu quidem semper quod virtus postulat tua, naturaque plena humanitatis ac comitatis. Sed ego totum illud tributum mihi intelligo, maximasque tibi de eo habeo agoque gratias: quanquam hoc officio mihi sæpius utendum est, ita de me assidue insigniterque mereris. Solum ex omnibus tuis dictis ac factis aliquantum mihi molestum illud fuit, quod meis familiaribus affirmasti, nescio quid te de me, & de honore meo cogitare. Quæso humanissime atque optime Trivulti, an nondum cognosti mentem meam, qua ab omni mutatione fortunæ atque status nihil est abhorrentius? Utinam mihi incolumitas hæc aliquandiu maneat, qua nunc divino beneficio fruor: cæteris rebus omnibus sum beatissimus. Nec de beatitudine illa, quæ maxime meæ professioni conveniret, si essem is, qui esse deberem; sed de hac humana felicitate loquor. Quid enim mihi abesse potest jucunditatis ac læti-

lætitiæ, qui hac conditione fortunæ in qua sum positus summe contentus sum ? quin & in animo meo pacem, & in populis mihi creditis benevolentiam, & in studiis meis admirabilem voluptatem, & in omni parte actioneque vitæ auream illam mediocritatem & consecutus sum, & quoad licet conservo. Noli me, oro, in illos fluctus ex hoc portu revocare, neque mihi injicere hujusmodi scrupulos, qui me (mihi crede) admodum stimulant. Demus potius operam, ut illis præclarissimis honestissimisque artibus, in quibus elaboravimus usque à puero, dignum laborum præmium immortalitatem consequamur. In quibus ego te absentem cogitatione mea complector; habeoque jam paratum locum, ubi fidem illam citò præstem, quam cum Carpentoracte discederes tibi dedi. Ad hæc tu me adjuva, & suscipe causam hanc multo accommodatiorem mihi. Quod facies si me amaris, & rebus omnibus tuebere, & quod præcipuum omnium est, meæ tranquillitatis fueris patronus. Vale, Carpentoracti, III. Nonas Maii, M. D. XXXII.

JACOBI SADOLETI

EPISTOLA CLIII. (a)

JACOBUS SADOLETUS

Lazaro Bonamico
S. D. (b) *Patavium*.

De morbo quo per quatuor fere menses vexa-
tus fuerat, eum certiorem facit, rogatque
ut sibi crebro literas det.

Literis tuis XVIII. Cal. Octobris datis (c), quæ me summa jucunditate affecerunt, nunc demum respondeo, postquam longo, ac difficili morbo, qui in his populis creber sane est, menses quatuor fere impeditus, incipio modo convalescere: qui quidem morbus bis jam me arripuit, ex quo in his habito regionibus, vacuus ille periculo, sed refertus molestia, quæ hoc mihi odiosior est, quod cum dolore, & prurigine corporis immunditia quoque adjuncta est, cujus morbi nomen indignum est mehercule proferre. Sed sive in vinis harum regionum quæ valentia, & ignea quodammodo sunt, sive intus in jecinore, quod est mihi præcalidum, vitium insit; bis jam sum minutis ulceribus toto corpore vexatus;

(a) Extat inter Epistolas clarorum virorum pag. 16. a ter. edit. Venetæ an. 1568.
(b) De Lazaro Bonamico, vide quæ habentur Part. 1. in notis ad Epist. LXVI. pag. 174.
(c) Has Bonamici ad Sadoletum literas, haud reperias.

xatus, quæ ut dico, nihil mihi periculi, plurimum autem attulerunt molestiæ, hoc magis, quod a suavissimis studiis nostris omni illo tempore necessario distractus fui; verum posthac erimus in conservanda valetudine accuratiores: etsi enim & dilutissime bibo, & a noxiis esculentis, mihi ut videor, admodum temperans sum, tamen in eo culpam meam agnosco, quod principiis ire obviam neglexi. Sed de his ridiculum est fortassis me ad te scribere. Quod de me bene atque honorifice sentis, & tua sponte, & Francisco Odrisio (*a*), de me tibi indicante, alterum est tuæ perpetuæ erga me voluntatis, alterum illius amoris, quo inductus, ut arbitror, plus mihi tribuis, quam ego dignus sim. Amorem tuum in me nunquam diminutum esse credidi, neque est fas de tali viro hoc suspicari: in desiderio quidem certe tuarum sui litterarum; quæ quotiescunque mihi redduntur, toties nova delectatione afficior ex memoria veteris nostræ suavissimæ, & conjunctissimæ familiaritatis, in qua cognovi te cum amantissimum mei, tum ipsum dignum, qui a nobis summe amarere. Non enim neque in naturæ simplicitate, ac ingenuitate, neque in amicitiæ fide, neque in omni laude virtutis, ac litterarum habeo quemquam, quem tibi anteponam. Illud mihi magno dolori est, quod ita egit

---

(*a*) Est hic Franciscus Audritius Avenionensis, Sadoleti perfamiliaris, qui Patavium profectus erat hoc tempore, de quo Bembus in Epistola ad Sadoletum, quæ est ordine CLX. pag. 32.

fortuna nobiscum, ut in uno loco esse non possemus, & qui est fructus veræ amicitiæ potissimus, una convivere. Sed hoc Deus aliquis aliquando viderit. Tu si me amas, mi Lazare, cura obsecro, ut valeas, & ad nos cum erit facultas, aliquid semper des litterarum. Hoc mihi gratius facere nil potes. Vale, & Petro Bembo meo plurimam dic verbis meis salutem. Carpentoracti, vi. Idus Mart. M. D. XXXII.

(a) His litteris respondet Bonamicus, Epistola quæ est ordine CLV. pag. 39.

EPISTOLA CLIV. (a)

JACOBUS SADOLETUS

Lazaro Bonamico
S. D. (b) *Patavium.*

Ejus ac Bembi litteras sibi ab Avila redditas significat, rationemque tradit, qua ea deinceps facilius reddantur, deque suo opere qui Hortensius inscribitur, nonnulla habet.

AVila ad me fuit: tuas, & Bembi mihi reddidit litteras; deque omni vestro statu ipse est suo sermone subsecutus, nihil prætermisit, quod aut illi commemorare, aut mihi percontari venerit in mentem: prorsus omnia ejusmodi, ut utrique vestrum gratuler, & pro amicitia gaudeam: studium omne in litteris, animum in quiete, nomen in honore vestrum apud omnes esse intelligo: neque hoc adeo mirum: ita instituti ambo, & meriti estis: utinam ego majoribus vinculis non detinerer, quo possem vobiscum esse tertius, fruique optatissima consuetudine, & suavitate vestra. Sed posteaquam id non licitum est, unicum mutui desiderii levamentum sunt litteræ: de quibus cognovi querelam tuam, testem illam quidem tui erga me amoris, sed tamen

---

(a) Extat inter Epist. claror. viror. pag. 27. a terg.
(b) Consule quæ de Bonamico diximus Part. I. ad Epist. LXVI. pag. 174.

tamen ego nullas tuas accepi, quin semper rescripserim, & meas misi complures, ad quas nunquam est rescriptum, ita vitio fit eorum quibus committuntur, ut ne reddantur litteræ, via autem dandi, & accipiendi illa est tutior ac certior, ut mittantur utrinque Romam. Ibi Antonius Cornazanus familiaris meus, qui apud Cardinalem Raveonatem (*a*), nunc habitat, curam capiet, fideliter eas transmittendi, quando & facultas illic paratior, & commeatus litterarum frequentior sane est. Ad ipsum quoque Ravennatem suadeo tibi ut scribas, quem tu Romæ dudum cognosse potuisti, jam tum non sine egregia laude ingenii deditum optimis artibus: is post discessum nostrum tantus effectus est in omni genere doctrinæ, ac præsertim in hac ratione ornandæ, excolendæque orationis, ut illius sermone, ac stilo quicquam vix fieri possit elegantius: cum eo si te familiaritate conjunxeris, ea scilicet, quæ per epistolas contrahi potest, non dubito, quin te ille omni sua humanitate, & benevolentia sit complexurus. Ego cum has dabam, alteras tibi jam redditas esse arbitrabar, quas his scripseram diebus

---

(*a*) Benedictum scilicet Accoltum de quo vide quæ diximus in notis ad Epist.xcvi. pag.181. Part. 1. Hic autem Antonius Cornazanus Romæ Sadoleti negotia procurabat, eratque vir probus & fidelis, & in omni officio retinendo diligens. Extat Sadoleti Epist. ad Card.Accoltum, quæ est ordine xcix. (Part.1. pag.288.) In qua eum etiam atque etiam rogat, ut Cornazanum istum in suorum familiarium numero recipiat, quod quidem Accoltum præstitisse, patet ex hac Epistola.

bus (*a*) ad tuas longe ante a me acceptas litteras, sero videlicet, sed valetudo in caussa fuit, qua eram incommoda per menses quinque conflictatus; atque illæ ad urbem missæ prius fuerunt, & inde ad te, ut ego suspicor, allatæ: quare si tibi eadem placuerit mittendi ratio, crebrius inter nos quamvis absentes colloquemur. Hortensium (*b*) de quo ad Paulum scribis, ante hyemem proximam attingere non possum: verum ad id tempus, statutum mihi est librum illum absolvere, & ad vos quam primum mittere, ut vestro judicio fiat melior. Vale mi Lazare, & Episcopum Bononiensem (*c*), hominem dignum parente,

& ma-

(a) Hoc est vi. Idus Martii, estque Epistola superior ordine CLIII. pag. 32.

(b) Est hoc præclarum Sadoleti opus de Philosophia, de quo vide notas ad ejus vitam pag. xxxiv. Illud ante annum M. D. xxxv. non est absolutum.

(c) Episcopus Bononiensis erat hoc tempore Alexander Campegius, Laurentii Campegii Cardinalis filius legitimus (tres enim Laurentius antequam ad eum honoris gradum eveheretur, ex vera uxore filios susceperat). Natus est autem Alexander Bononiæ postridie Cal. Aprilis an. 1504. Optimis disciplinis ac moribus excultus, primum Apostolicæ Cameræ Clericus, postea Bononiensis Antistes usque ab an. 1526. designatus, non ante illius Ecclesiæ possessionem iniit, quam Laurentius pater, ex cujus cessione eam obtinuerat, e vita discessisset, nimirum an. 1541. pridie Calend. Augusti. Præterea Avenionensem ditionem Prolegatus & administravit prudenter, & ab hæreticis quibusdam, qui Pauperes de Lugduno dicebantur, provinciam liberavit. Tandem an. 1551. xiii. Calend. Januarii a Julio III. Pont. Max. Cardinalis factus, mortem obiit Romæ an. 1554. xi. Calend.

& majoribus suis, summis viris, quem ego valde mehercule amo, & in honore habeo, meis verbis saluta, dicque me rogare, ut institutæ amicitiæ nostræ, si forte ejus cogitationibus irrepserit, ne repellat memoriam. Iterum vale. Carpentoracti, VI. Idus Maii, M. D. XXXII.

---

lend. Octobris, sepultusque est in æde S. Mariæ Transtyberim. Scripsit de auctoritate Romani Pontificis librum unum. Extant ad eum gratulatoriæ Pauli Sadoleti literæ de adepta purpura etrusce scriptæ, plurefque ad eumdem Epistolas dedit cum suo, tum Jacobi Salviati nomine Joan. Baptista Sanga, qui fuerat Clementis VII. Pont. Max. a secretis. Vid. Ughellium in Ital. Sacr. tom II. col. 49. & Ciaccon. tom. III. col. 774.

EPI-

EPISTOLA CLV. (a)

LAZARUS BONAMICUS (b)

Jacobo Sadoleto S. D. *Carpent.*

Sadoleti Epistolæ, quæ est ordine CLIII. *respondet; rationemque explicat, qua citius tutiusque mutuas literas accipere possint.*

OExpectatas literas tuas, hoc vero tempore expectatissimas! Jam enim desiderio pene conficiebar aliquid de te audiendi: nec satis mirari poteram, quam ob causam nihil tandiu litterarum daretur ad me; qui tam crebro ad te scripsissem: ut vel tibi, vel fortunæ, vel improbitati eorum, quibus litteræ committerentur, interdum subirascerer. Fortunam quidem proxime accusavi. Nam Avila, Bembi, ut scis, familiaris, cum ad te cum meis litteris proficisceretur, ratione itineris commutata, quod alter ex equis ferendo itineri non esset, Genuæ conscendit, ut in Hispaniam ad suos transmitteret. De litteris non curasse arbitror, ut ad te perferantur (c); nisi forte ejus nos fides cum diligentia fefellerit. Quæ in mandatis habebat, nihil opus esse video. Hoc enim ipso die, quo mihi litteræ

(a) Extat inter Epistolas claror. virorum pag. 4.
(b) De Bonamico, vide quæ habentur Par. I. in notis ad Epist. LXVI. pag. 174.
(c) Atqui Avilam Bonamici literas Sadoleto reddidisse, patet ex Epist. superiore.

teræ abs te redditæ fuerunt, certum rationem cognovi, qua percommode & tuæ ad
me, & meæ invicem ad te litteræ perveniant.
Quo mihi quidem nihil esse potuit optatius.
Avinione Ernius est Remiliasius, vir sane
nobilis, & clarus. Joannem filium habet;
qui Patavii in studiis bonarum artium ita versatur, ut jam excellat (a); & eam ipsam ob
causam mihi est conjunctissimus: peropportu-
na utrique occasio: tu patri, ego filio litteras dabimus. Illis pro fide, & officio maximæ
curæ erit, ut, quod fieri poterit, quàm ce-
lerrime perferantur. In quibus, si fides erit,
quam mihi dederunt; multo, mihi crede, crebriores a me epistolas accipies. Vale. Patavii, XII. Cal. Jun. M. D. XXXII.

(a) Nihil de Joan. isto Remiliasio apud Papadopolum, in libro, quem de Gymnasii Patavini professoribus
atque alumnis confecit.

EPI-

EPISTOLA CLVI. (a)

JACOBUS SADOLETUS

Lazaro Bonamico
S. D.   *Patavium*.

Ejus literis respondet, mittitque Dialogum de liberis recte instituendis, ut una cum Petro Bembo illum legat corrigatque.

Omnem benevolentiam tuam mihi ostendis, cum non solum crebrius ad me scribis, quam solebas, verum etiam cum tantum sumis operæ ac laboris, ut ineatur ratio, qua facile inter nos commeare litteræ possint: quanquam ego nec de amore tuo unquam secus sensi, quam tua summa humanitate, & nostra confirmata amicitia fuit dignum, & de meo erga te mihi ipse sum testis. Iis quidem diebus, cum nulla esset causa mittendarum litterarum, nisi forte ista scribere inter nos velimus, quæ de bellis, & de apparatibus hostium vulgo circumferuntur, quorum est communicatio inter doctos minime liberalis; cumque ego in studiis vehementissime essem occupatus, non tam quærebam, quam expectabam tempus idoneum scribendi: cujus nunc adest occasio, cum vir clarissimus eximia virtute nobilitateque præcellens Reginal-

---

(a) Extat inter Epistolas clarorum viror. pag. 28. a terg.

naldus Polus (*a*) ifthuc ad vos revertatur, cui ego non modo litteras ad Bembum meum, & ad te, verum dialogum etiam dedi de liberis recte inftituendis (*b*), ut is veftro in primis judicio expenderetur. Non enim ante eum miffurus fum ei, cui eft infcriptus (*c*), quam vobis cognovero auctoribus, poffe me id fine ullo periculo facere: in quo te quidem oro mi Lazare, ut operam mihi, & amicam & fidelem præbeas, hoc eft ut laborem quidem lectionis mea caufa libenter fufcipias; feveritatem autem in reprehendendo, & corrigendo eam adhibeas, quæ & fidei tuæ lectiffimæ, & meæ famæ conveniat. Quid enim ego fum, aut vero effe poffum fine vobis? aut fine veftra ope ac confilio? In quorum præftante eximiaque virtute mea fpes, in amore erga me fiducia tota collocata eft. Sed non arbitror ifta tibi opus effe, ubi eft conjunctio maxima familiaritatis. Illud peto, ut me primo quoque tempore de omni tuo fenfu, quod ad lucubratiunculam meam attinet certiorem facias. Ego (eft enim tibi aliqua quoque ftudiorum meorum reddenda ratio), opus habeo nunc in manibus ex eo genere quod eft in fa-

---

(*a*) De Reginaldo Polo paullo inferius redibit fermo.

(*b*) Vide quæ tum de hoc opere, tum de Poli apud Sadoletum hofpitio diximus in notis ad Sadoleti vitam pag. xxxi. quæque iifdem de rebus habet eruditiffimus Cardinalis Angelus Maria Quirinus *Diatribe* ad Tom. I. Epift. Card. Poli cap. IV. pag. 275.

(*c*) Galielmo nimirum Langeo, de quo vide notas ad Epift. CXLVI. pag. 5.

in sacris litteris positum (a). Studeo enim pro mea parte ferre opem Christianæ religioni, cum ea fere ubique periclitetur, quemadmodum in primis quidem & debeo, & opto. Illud utique do operam, uti totum argumentum ita tractem, ut vobis quoque doctissimis hominibus, qui nimirum eruditas aures ad audiendum affertis, illa possit commentatio non displicere. Sed hoc res ipsa postea aut redarguet, aut probabit. Tu mi Lazare, me dilige, & valetudinem tuam, cura diligentgenter, virosque doctos, quorum istic magna copia est meis verbis salvere omnes jube. Vale, Carpentoracti, III. Non. Septembris, M. D. XXXII.

(a) Commentarios scilicet in Pauli Epistolam ad Romanos, de quibus vide notas ad Sadoleti vitam pagina XXXVI.

EPISTOLA CLVII. (a)

PETRUS BEMBUS

Paulo Sadoleto S. D. *Carpent.*

Ejus litteris respondet, hominemque ad summa quaeque hortatur.

Tuas ad me humanissimas literas superiore anno datas, & tunc eo libentius legi, quo mihi spem maximam attulerunt, fore te in bonarum artium studiis brevi eum illum, quem volumus, qui jam tum tam ampliter profecisses, quemadmodum tibi rescripsi (b); & nunc, dum est cui dem, te plane hortor, istam ipsam insistas viam, pergasque eo gressu, quo cœpisti, vel potius quo jam magnam itineris partem confecisti, atque illam quidem, quæ profecto morosior, salebrisque impedita magis est. Nam ea, quæ restant, una cum fructu, & quidem uberrimo, jucunditatis tibi plurimum sunt allatura. Habes domi, unde omnia tanquam de pleno fonte haurias, patruum scilicet tuum, hominem antiquis illis, quos tantopere laudamus, parem. Habes ætatem ad omnem industriam exercendam, laboresque perferendos, aptissimam, atque accommodatissimam. Habes ocium, præstas ingenio, quo maxi-

---

(a) Extat Epistolarum Bembi Familiarium lib. vi. Ep. 76.
(b) Epistola, quæ est ordine CLXIV. Part. 1, pagina 281.

maximo præstantissimoque uteris : ut nihil ad id, quod summum est, assequendum tibi a diis immortalibus non abunde atque largiter subministratum fuisse videatur. Hæc quia te amo equidem plurimum, non propterea, quod tu monitore egeas, scribo. Valebis igitur, nosque diliges. Sexto Idus Aprilis, M. D. XXXII. Venetiis.

EPISTOLA CLVIII. (a)

JACOBUS SADOLETUS EPISC. CARPENT.

Petro Bembo S. P. D. *Patavium.*

Capellum illum quem sibi commendaverat, ad se non adiisse narrat. Orationem suam (contra Judæos) ei placuisse gaudet, deque Fregoso & Lazaro Bonamico communibus amicis agit.

CUM haberem plus aliquantum otii quam tu, servavi vetus institutum, ut Latine ad te scriberem : tametsi quacunque lingua scribatur inter nos, neutri quicquam accidere potest jucundius. De te enim sentio, item uti de me ipso, cui omnis tua epistola incredibilem semper quandam adfert voluptatem. Capellus ille, quem tu mihi commendas, ad me ipse non adiit : literas tuas misit. Ei ego denunciari jussi, si quid opera mea vellet uti,
omnia

(a) Bembi Epistola, cui hac Sadoletus respondet, minime reperitur.

omnia me tua caufa, quæ is vellet, effe facturum. Orationem meam tibi tam placuiffe, quam fcribis, vehementer gaudeo: & fi hoc mihi præter opinionem accidit. Semper enim ego de illa faftidiofius judicavi. Sed tu amore fortaffe inductus, quo erga me, & res omneis meas afficeris, honorificentius fentis de illa, quam res ipfa ferat. Quod fi ita eft, ego tamen jacturæ nihil facio: quantum enim de fructu ingenii deperdo, tantum mihi ex amore tuo erga me voluptatis adjicitur. Fregofium noftrum futurum tecum aliquot menfes, peream, ni inviderem tibi, nifi te tantopere amarem. Sed amabo, mi Bembe fuaviffime, dato hoc mihi, ut de veftris mirificis fermonibus aliquid nos quoque qui abfumus, deguftare poffimus. Id perlepide fiet, literulis ab utroque veftrum familiariter ad me fcriptis: quas ego loco veftri exofculer, & in manibus affidue habeam, colloquarque cum iis: & quoniam in vivis capitibus non poffum, in imagine talium amicorum, amori meo in vos incredibili aliquid oblectamenti & exoptatæ voluptatis dem. Equidem qui alioquin hic libenter fum, cum fructus illos dulciffimos veftri congreffus cogito, relegatus mihi videor. Sed obdurandum eft: eft enim quiddam, quo ego afpirare conor, quod utique effe ftatuo cæteris rebus præftantius: idque etiam facit, ut tuo amantiffimo confilio, quod mihi præcipis, quas parteis in fcribendo fequi debeam, minus facile obtemperem. De tuis fcriptis atque hiftoriis, in quas ingreffus es (ut antea tibi fcripfi) mea fumma eft expectatio: neque ea tamen major ingenii tui viribus. Itaque jam videre mihi videor,

deor, patriam tuam, suis opibus florentem, tuæ vocis testimonio etiam futuram ornatiorem. A Lazaro accepi literas, illisque respondeo (*a*). Te quod delectet veteris nostræ conjunctionis memoria, haud mirandum est: nihil enim illa amantius, neque fidelius. Sane eadem mihi ita jucunda est, ut non solum fructu suavitatis, sed ornamento etiam non mediocris honoris me afficiat: quippe cum tibi me esse cordi, vim mihi in se magnam laudis, ac judicii habere videatur. Vale mi charissime atque optatissime Bembe. Carpentoracti, V. Idus Martias, M. D. XXXII. (*b*).

(*a*) Vide Epistolam CLIII. pag. 52.
(*b*) Huic & sequenti Epist. respondet Bembus Epistola CLX. pag. 52.

EPI-

EPISTOLA CLIX.

JAC. SADOLETUS EPISC. CARPENTORACT.

Petro Bembo S.P.D. *Patavium*.

Avilam ejus familiarem magnopere commendat; tum de oratione sua multis agit; eumque in Historia Veneta conscribenda procedere gaudet. Demum spondet, se absoluto Commentario in Epistolam Pauli ad Romanos, Hortensium perfecturum, communesque amicos Lampridium Cremonensem, Lazarum Bonamicum, Colam Brunum, & Marcum Ant. Michaelem salvere plurimum jubet.

CUM Avilam tuum per se libenter vidi, hominem (ut tute scribis, & ego semper cognovi) & prudentem, & probum : tum autem, quod veniebat a te, & e tuo sinu quasi erat profectus, nihil accidere potuit mihi illius adventu colloquioque optatius. Itaque noli existimare, alios sermones biduum illud, quo nobiscum mansit, cum eo mihi fuisse, praeterquam de te. Omnia sum expiscatus, quae de homine conjunctissimo, omniumque mihi longe charissimo, aut quaerere nostra diuturna jam disjunctio mihi suadebat, aut audire amor erga te meus summus expetebat. Quae quidem cuncta esse sicuti ego maxime cupio, teque eum tenere statum, qui sit maxime ad tranquillam & honoratam vitam appositus, & tibi gratulor, & mihi summopere gaudeo. Quoniam enim ii inter nos sumus, ut pro fraterna nostra necessitudine omnes no-
nostri

stri in unum conspirent & consentiant sensus: ego in bonis tuis rebus me eundem statuo esse atque te, & eadem mihi videor frui fortuna, quando eadem, qua tu, perfruor voluptate. Sed ad reliquas quam plurimas jucunditates, quas Avilæ adventus mihi attulit, permagna mihi accessio fuerunt tuæ suavissimæ ornatissimæque literæ: quibus ego sæpissime legendis, non tamen satiatus sum: tantum in illis humanitatis, tantum officii, tantum incredibilis cujusdam spirat benevolentiæ. Atque hæc præterea, sic suavitate orationis omnia condiuntur, nihil ut mihi videar unquam legisse dulcius. Me vero in illis cum valde delectavit judicii tui testimonium, quod mihi de mea oratiuncula das, plenum ut ego perspicio, & fidei & amoris; tum vero gravis illa & sapiens admonitio amicissimi mihi hominis imprimis visa est, qua a me requiris meæ pristinæ vitæ consuetudinem: eo quod tibi videar in illum hominem aliquanto acerbius esse invectus, quam moderati hominis natura postulet. Ego vero, mi Bembe, cum nil tuo judicio statuam esse gravius, facile ita esse adducor ut credam, discedo in sententiam tuam, meque duco errasse, quando is tibi videtur error. Sed ego primum in oratione illa antiquum morem dicendi imitari conatus sum. Scis enim ipse, quam aspere, quamque vehementer in improbos invehi soliti sint ii, quorum nobis ingenium atque eloquentia præcipue probatur. Sordes porro & amentia, vel feritas potius quædam hominis illius, in quem invehebamur, sustinere illiusmodi orationem videbantur, præsertim cum tractarem eum locum: nihil magis perniciosum esse Rei publicæ quam principum avaritiam, & nimiam pecuniæ coacervandæ cupiditatem. Is autem in quem scribebamus, infinitis in eo genere sordibus, non solum commaculasset famam sacerdotii: verum omnia omnino non æquitatis modo, verum etiam humanitatis jura conturbasset. Postremo, id quod mihi maxime fraudi fuit, non magis exituram orationem illam putavi, quam eas, quas nunquam scripseram. Quod quando contigit secus, si tamen contigit, (est enim illa penes amicissimos, qui sciunt me eam vulgari nolle) danda opinor nobis est opera, ut actionem alteram aliquando, hoc est corpus totum causæ conficiamus. Cujus rei cum tempus venerit, (nam, ut nunc est, aliis rebus occupatus sum) tunc te adjuvante, & suppeditante ingenium tuum lucubrationibus nostris, illa in manus hominum egredietur limatior. Verum de oratione hactenus. Te procedere in conscribenda historia, jamque octo annorum res gestas complexum esse, valde lætor: sum enim ea in expectatione, visuros nos, quod jure comparemus ac exæquemus antiquitati. Ego in eis adhuc studiis versor, quæ tibi minus probari intelligo. Sed cum jampridem opus quoddam incepissem, cui perficiendo præfinieram hyemem eam quæ jam exacta est, in hoc tempus sum valetudinis incommodo rejectus. Quare æstatis quoque hujus vacationem postulo: nam ineunte proxima hyeme constitui omnino reverti ad Hortensium, omnisque in eo absolvendo adhibere & industriæ nervos, & diligentiæ meæ. Lampridium

dium (a) tecum multum esse, hominem dignum eis studiis, in quibus semper magna cum laude versatus est, plurimum gaudeo: cui tu quod testimonium eximiæ virtutis apud me das, non fuerat id necessarium: ego enim hominem satis belle novi. Sed tamen mihi fuit jucundum: talium enim virorum mentione mirifice delector. Lazaro nostro Bonamico rescripsi (b): eas tu curabis reddendas literas, multamque addes salutem illi meis verbis: Itemque Colæ tuo, & M. Antonio Michaeli, cujus mihi assidue vivit memoria. Tuque imprimis mi Bembe, si nos amaris, curabis valetudinem tuam diligenter, atque ista animi tranquillitate ocioque perfruere. Vale etiam atque etiam. Carpentoracti, VI. Idus Maii, M. D. XXXII.

(a) Lampridius ille patria Cremonensis, Patavii illis temporibus optimarum artium scientia maxime florebat. Nam & inter doctissimos præstantissimosque viros quos Polus in ea urbe quum esset, familiaritate sibi devinxerat, in ejus vita recensetur, & ipse Bembus Torquatum filium suum ad literarum studia cohortans, de Lampridio ita loquitur (vol. II. lib. X.) ,, Hai tu più ventura ,, che tutto il rimanente de' fanciulli della Italia, anzi ,, pare di tutta l'Europa, i quali non hanno cosi eccel- ,, lente precettore, & cosi amorevole come hai tu, se- ,, ben son figliuoli di gran Prencipi, & di gran Re ,,. Qui plura de eodem Lampridio scire desiderat, adeat librum Francisci Arisii, cui tit. *Cremona literata*; & Paulum Jovium in Elogiis Doctor. viror. num. XCIX.

(b) Vide Epistolam CLIV. pag. 35. eadem die datam.

EPISTOLA CLX. (a)

PETRUS BEMBUS

Jac. Sadoleto Episc. Carpentoractensi
S. P. D.   *Carpent.*

Tribus Sadoleti Epistolis respondens, primum Federicum Fregosium, suum ad urbem Patavii adventum rejecisse in annum proximum narrat, postea de Marco Ant. Michaeli, de Avila, deque Capello sermonem instituit. Tandem ut Hortensium absolvat cum etiam atque etiam hortatur, ac de rebus Germanicis nonnulla habet.

CUM Franciscus Audritius Avenionensis ad me venisset, dixissetque se domum proficisci; mandatum autem tibi abs te fuisse, ut antequam Patavio discederet, me adiret, & si quid ei vellem ad te literarum dare, se rediturum polliceretur: sumpsi statim calamum, ut ad tuas epistolas rescriberem, quæ quidem erant duæ. Nam ad priorem illam, qua tu unis meis literis vernaculo sermone scriptis respondisti (b), quod rescriberem, nihil erat præter unum, amore illo tuo mirifico erga me, qui in omnibus epistolis tuis suavissime se ostendit, me magnopere delectari. De quo tibi gratias agerem, nisi mallem referre

---

(a) Extat Fpistolar. Bembi Familiarium lib. III. Epist. 26.
(b) Est Epistola CLVIII. legiturque pag. 451.

ferre te amando: aut si tu non idem fere de meo in te amore ad me ipsum scriberes. Quanquam est & illud, quod te scire in primis volo, Federicum Episcopum Salernitanorum adventum ad nos suum, de quo ad te scripseram, in annum proximum rejecisse: quod equidem valde dolui. Respondebo igitur ad illas novissimas duas tuarum epistolarum, atque ad antiquiorem (*a*) quidem prius. Accipio excusationem tuam, & causas, quibus te in illum hominem acerbius in oratione tua invectum ostendis fuisse: quæ mihi quidem probantur. Quare quod addis, te in meam sententiam tamen venisse, agnosco in eo humanitatem, & facilitatem tuam. Liber quidem tuus, quem ad me Cardinalis Mantuanus (*b*) misit, adhuc apud me est, neque remittam, nisi te ita velle intellexero (ille enim non reposcit) ut tibi integrum sit demere de eo, si volueris. Marcum Antonium Michaelem, post eas tuas literas non vidi: audio autem ei recte esse. Quin etiam ædificat: parat enim sibi villam amœno, & salubri loco. Brevi, ut vis, salutem ei dicam tuis verbis. Venetias enim cogito, quo illum venturum arbitror, antequam ego inde abeam. De Avila meo, gratissimum mihi quidem est, eum tibi illum visum esse quem dicis: amo enim hominem, & facio, uti debeo, plurimi. Ille vero domum reversus, fratrem, fratrisque uxorem, de qua nihil dum etiam ejusmodi audierat, in angu-

---

(*a*) Est hæc Epistola CLIX. pag. 48.
(*b*) Hercules scilicet Gonzaga, de quo vide notas Par. I. ad Epist. LXVII. pag. 180.

sta reperit vitæ spe versari, morbo implicitos, cujus curatio nulla est. Illis mortuis, ad nos redire, quemadmodum statuerat, minus poterit vir plane bonus, & suorum amantissimus. Respondi ad priorem epistolam tuam, nunc ad posteriorem venio (*a*). Capellus apud me maximas tibi gratias egit, non tam quidem quod tua opera suis in rebus usus sit: sibi enim opus non fuisse: quam quod ei liberaliter fueris pollicitus, quodque te ipsum, tuosque omnes mea commendatione cum benevolos in sese, tum singulari humanitate, atque officio præditos, & perornatos cognorit. Quod quanquam mihi antiquissimum est rerum omnium: quid enim tam notum atque perspectum habeo, quam tuam in me, meosque omnes voluntatem, constantiam, fidem? tamen ea, quæ ipse de te prope a puero sentio, cum amare inter nos cœpimus, predicari etiam ab aliis incredibiliter me delectat. Es enim tu unus propemodum e multis a fortuna mihi rejectus, his miseris, perditissimisque temporibus: in cujus amore atque benevolentia libentissime conquiesco, cum quo in otio, in negotio, complures annos conjunctissime concordissimeque vixi: cujus pene semper eadem studia, quæ mihi ipsi fuerunt, iidem mores, idem animus, idem aut non multum differens vitæ cursus. Sed hæc, & alias utrique sæpe jam diximus, & ut arbitror, dicemus: neque enim sunt pœnitenda. Amavi te de celeritate ejus ipsius epistolæ,
quam

(*a*) Posterior hæc Sadoleti Epistola, de qua heic Bembus loquitur, minime reperitur.

quam mihi Capellus reddidit manu tua scriptam, in quam tamen nihilo tu minus tuorum studiorum rationem conjecisti: te scilicet, in Pauli priore declaranda epistola occupatum nunc esse: de quo tibi etiam gratulor, propterea quod multi docti homines ei rei operam dant, ut librum illum interpretentur. Puto autem te præstiturum, ut extet laboris tui fructus, cum uberrimus ceterorum omnium, tum multo etiam suavissimus. Concursus quidem certe, atque celebritas ea legentium, cum erunt edita, tibi non deerit. Arripui autem libentissime, quod adscripsisti, eo opere confecto, te ad Hortensium tuum reversurum. Quod ut facias, neque te sinas aliis instituendis operibus ab isto consilio avocari, etiam atque etiam abs te peto. Incredibile est, quanta me cupiditas eum legendi librum teneat. Quod si tanto locorum intervallo non disjungeremur, dudum est, cum ad te venissem, ut quidquid ejus confectum est, inspicerem. Itaque si me amas, vel te ipsum potius, effice, ne ejus abs te scriptionis absolutio diutius protrahatur. Tibi nullam aliam voluptatem reliquam esse, præter literarum, studiorumque nostrorum, quod me certiorem facis, nihil miror. Ego enim, qui nonnullis aliis voluptatibus, quibus plerumque humanus animus capitur, non omnino careo, quemadmodum neque te carere arbitrarer, si tu eas esse recipiendas putares: tamen nihil habeo, quod sit cum illis ulla ex parte conferendum. Reliqua enim omnia sæpe ingrata nobis sunt, illæ nunquam: aliarumque rerum voluptatibus interdum quidem dolor, sæpius autem labor conjunctus est, sæpe ipsæ frustra conquiruntur, sæpe earum satietas nos tenet. Legendi autem, & scribendi delectatio, semper innocua, semper presto est: nulla unquam satietas eam sequitur. Itaque te vel propterea beatum existimo, quod nulla alia voluptas tua studia interpellat: in quibus quidem, cum propria tui nominis gloria, & vitæ dignitate splendoreque versaris. Quod superest, ego menses aliquot a mea scribenda historia me continui, aliis sevocatus, & impeditus curis. Sed jam ad eam me retuli, non ut omne meum tempus ei dem, distrahor enim, sed ut quicquid ocii suppetit, impertiam tamen. Habes ad omnia. Nos heic magna in expectatione rerum germanicarum eramus, cum hæc scriberem: qua mehercule angebamur. Ambigui enim rumores afferrebantur, neque dum hostes appropinquaverant. Si congredientur, magna erit strages. Nostri esse ab omnibus rebus paratissimi dicebantur, quod ut eventus comprobaret, optabam equidem magis, quam futurum confidebam. Cola meus tibi plurimam salutem dicit; ego item Paulo tuo. Vale. Quinto Idus Augusti, M.D.XXXII. Patavio.

EPI-

EPISTOLA CLXI.

JAC. SADOLETUS EPISC. CARPENTORACTEN.

Petro Bembo S. P. D. *Patavium.*

Suum de liberis recte instituendis librum et corrigendum mittit, quem Card. Gonzagæ non injucundum fore existimat, deque Hieronymo Nigro, ac Lazaro Bonamico sermonem habet.

COmmodum recognoveram librum de liberis recte instituendis, daturus illum librariis describendum, ad teque postea missurus, ut antequam exiret in manus hominum, tuo imprimis judicio penderetur, cum mihi nec opinanti nuntiari jussit, homo & laude virtutis & nobilitate præstans Reginaldus Polus (a), cras statim se Patavium proficisci, & si quid abs te vellem, me admonuit. Eum ego in crastinum diem expectabam. Sed talem hominem qui perferret nactus, quo meliorem, & certiorem ne optare quidem potui, præcipitavi libri descriptionem: neque unius manu sui contentus, totusque nunc sum in ea diligentia atque cura, ut is absolvatur, (si modo assequi potero) ad teque deferatur. Quem, oro te mi doctissime Bembe, ita legas, ut persuasum

---

(a) De Reginaldo Polo sæpe inferius redibit sermo. Vide præterea bis de rebus Epist. ad Gibertum CLXVIII. pag. 81. & Card. Quirinum in Diatriba ad tom. I. Epistolar. Card. Poli cap. 1. pag. 173. & seqq.

suasum tibi imprimis habeas, me abs te opem
expectare, non laudem. Scio quantum tribuam & doctrinæ, & judicio tuo: Jure utrunque quidem. Quis enim est hac nostra ætate
te uno dignior, cui omnium bonarum artium
studiosi primas deferant? Sed amor ille tuus
mihi perspectus & cognitus, quo me complecteris, interdum dubitare me paululum cogit,
ne indulgentius agas mecum, quam mihi fortasse expediat. Hoc ego vellem, & hoc te etiam
rogo, ut ad meam hanc lucubratiunculam per-
legendam, eo animo accedas, quasi mihi studeas obtrectare potius, quam plaudere. Non
enim dubito, si talem curam adhibueris, quin
aliquot deprehensis sublatisque erroribus, liber splendidior & limatior prodeat. Sed hoc
nimium vehementer te rogare, alienum esse
videtur a fraterna nostra necessitudine: quæ
ipsa per sese admonet utrunque nostrum, ut
ea inter nos officia tribuamus, ac expectemus
vicissim, quæ veritatem amicitiæ maxime
confirment. Equidem, si id tibi recte fieri
posse videbitur, ut aliorum quoque doctorum
hominum de eo judicia exquiras, libenter
concessero. Etiam ut describendum aliquibus
des, si quis forte extiterit, qui hanc & papy-
rum & operam velit perdere, quod non no-
let fortasse Gonzaga (a) noster vir bonarum
literarum sitientissimus. Sed ego ita tibi hoc
permitto, si menda prius sustuleris, non scri-
ptoris magis illa, quam autoris. Denique ut
tuo periculo cuncta fiant. Nam ego in tua fide,
bene-

(a) De Card. Gonzaga, vide quæ habentur in notis
ad Epist. LXVII. Par. I. p. 180.

benevolentia, humanitate, totus requiesco. Nigro (a) meo dicas velim, accepisse me ejus literas, quas dederat ad me ab urbe discedens, & eleganter & amice scriptas (b). Quibus quo minus adhuc respondeam, certa causa est, quam opportuno tempore expositurus sum. Interea quidem ut me diligat, seque a me apprime diligi sibi persuadeat, ab illo meis verbis petito. Lazaro nostro scribam aliquid (c), quanquam & parum habeam temporis, & valde sim occupatus: quæ res etiam facit, ut ad te quoque minus accurate nunc scribam. Vale, III. Nonas Septembris, M. D. XXXII.

(a) Consule de Hieronymo Nigro in Parte I. notas ad Epist. LXX & LXXII. pag. 189. & 196.

(b) Eas habes inferius num. CLXVI. pag. 73. dataeque sunt IV. Calend. Maii.

(c) Vide Epist. CLVI. pag. 41.

C 6   EPI-

JACOBI SADOLETI

EPISTOLA CLXII. (a)

PETRUS BEMBUS

Jac. Sadoleto Epifc. Carpentoractenſi
S. P. D.   *Carpent.*

Ejus librum de liberis recte inſtituendis ſibi missum atque a ſe diligenter lectum, magnopere celebrat, eumque ut ad Hortenſium abſolvendum, animum adjiciat iterum hortatur.

Librum de recte inſtituendis liberis tuum a Reginaldo Polo mihi Venetiis redditum, legi magna cum voluptate. Cognovi enim te in eo perſcribendo, ſane omnia præſtitiſſe ſummi & doctoris, & oratoris, & philoſophi hominis officia, atque partes. Nam & in tenuibus præceptis, ut ſunt multa ætatis primæ tempori conſentanea, amabilitatem, & in puerilibus diligentiam, in reliquis cum doctrinam, tum dignitatem, ita tuis ſcriptis aſperſiſti, eaſque virtutes omnibus artis, & ingenii coloribus, atque luminibus perpolita reddidiſti, nihil ut illa fieri poſſit ſplendidius, probatius, conſideratius. Multa tum quidem de Græcis ſcriptoribus ſumpſiſti, quæ percommode in tuum migraverunt: ſed ea omnia tanto intervallo feciſti meliora, ut jam non minus tua eſſe, quam illorum videan-

---

(a) Exſtat Epiſtolarum Bembi Familiarium lib. III. Epiſt. 27.

deantur. De latinis perpauca. Neque enim erat praeclarum quippiam fere quod sumeres, praeter illa Terentiana, de quibus quidem aptissime meministi. Nam Petrum Paulum Vergerium (a), qui eadem prope, qua tu, de re librum conscripsit, posthac qui legat, neminem futurum esse arbitror. Est enim nullo ordine, nulla propositione, nullis partibus, doctrina non multa, eloquentia, quam illa aetas tulit. Tuus vero ordo, tua rerum, quibus de rebus dicendum erat, capita, tum eorum

---

(a) Alius est hic ab impio apostata Petro Paulo Vergerio juniori. Natus enim Justinopoli principe Istrorum urbe, primum Venetiis, mox Patavii latinis Graecisque literis necnon Philosophiae operam dedit, praeceptoribus usus Ottonello Discalcio, Chrysolora, aliisque clarissimis viris, qui cum Francisco Petrarcha fuerant versati. A Francisco Zabarella qui Cardinalis postea factus est, in familiaritatem ac contubernium receptus, magnos optimi doctissimique illius viri studio in Juris utriusque scientia fecit progressus; cum eoque semper conjunctissime vixit, tum Bononiae in aula Joannis XXIII. tum Florentiae, tum Romae, tum in Germania, quum illius a Secretis fuit, & Constantiensi Synodo interfuit. Obiit circa an. 1428. Ejus scripta licet recenseat Papadopolus Hist. Gymnas. Patav. Tom. I. lib. I. I. sect. I. cap. 3. pag. 284. num. 2. nullam tamen de hoc instituendorum liberorum opere mentionem habet. De quo haec scribit Epistolarum lib. V. Bembus an. 1524. IV. Id. Novembris ad juniorem illum Petrum Paulum Vergerium, qui tunc temporis apud Regem Romanorum Pontificis Internuncii munere fungebatur: ,, Petri Pauli Vergerii majoris ,, tui de ingenuis moribus librum ad pueros regios erudiendos, Ubertino Carrario missum nuper legi. Cujus oratio gravis & digna Philosopho, atque (ut in ,, illo seculo) pereruditа, me magnopere delectavit &c.

eorum partes, ac sua facta loco repetitio, quam prudenter, quam docte singula? quanto monitorum, & sententiarum, quanta orationis cum dignitate? Quam multa denique in humili, ac prope jejuno scriptionis argumento atque persona copiose, subtiliterque tractas: eaque complecteris, quæ maximam secum afferunt cum ubertatem, & varietatem, tum vero etiam, atque in primis quidem gravitatem atque constantiam. Quid etiam perpetua tua illa, & continens, cum Paulo fratris tui filio, tecumque illius colloquutio quam opposita, quam suavis? Itaque gratulor lucubratiuncula isti tuæ: sic enim malo dicere, quam labori. Scio enim, quam facile, quamque celeriter soleas conscribere: sed tamen quam nullus aliorum hominum in scribendo vel labor, vel mora consequi, & æquare possit; eoque magis etiam gratulor, quod quemadmodum ipse tuo in libro suavissime scripsisti, non sine Deorum immortalium fortasse numine, hunc te librum ante Hortensium confecisse: erit hoc illius ædificationis quoddam quasi atriolum, In quo se apparent ii, qui in intimos philosophiæ thalamos, atque adyta erunt admittendi. Quare quod scribis in eo a me legendo libro opem te expectare, non laudem, eaque de causa antequam ederes, ad me misisse, ut sublatis erroribus, liber splendidior, & limatior prodeat; agnosco in eo & amorem summum erga me, & judicium honestissimum de me tuum: quorum in altero, me non decipi ego certo scio: in altero, ipse ne decipiare, tua cautio est. Quanquam quæ dico, summa fide, constantiaque dico, librum istum tuum ejusmodi

modi esse, singularem ut tibi cum doctrinæ, tum integritatis laudem apud omnes homines, omnemque posteritatem plane allaturus videatur. Feci tamen quod petiisti, notavique aliqua, quæ quanti facienda sint, statues ipse. Nam ego non tam quidem quod necesse esse ducerem, quam ut scires tuum me librum diligenter perlegisse, ea in pagellam contuli, quæ erit cum his literis. Quod autem scribis ut tuum librum mittam cum Herculi Gonzagæ (*a*), tum etiam Joanni Francisco Pico, si petierint, aut etiam aliis dem, si videbitur, describendum; ego vero exire illum in vulgus non patiar, quoad tu mihi rescripseris, velisne quid ejus immutari propter eos locos, de quibus in pagella scripsi ad te quid sentirem. Neque tamen non interea de eo doctorum judicia exquiram, ut postulas, daboque Lampridio legendum (*b*); cujus ego sensus atque judicium facio mehercule plurimi: est enim cum oratoriis in studiis sane frequens, tum in philosophia etiam frequentior, acri ipse præstantique ingenio, & doctrina prope singulari, cui recte permittas tua. Lazarus quidem noster librum etiam legit præbente me, dum Venetiis non bona valetudine uteret: quæ res fecit, ut tibi tardius rescriberem, quam volebam. Sed de tuo libro finem faciam scribendi, si unum prius addidero: me cum singulæ ejus partes libentissime tenuerunt (valde enim mihi probabantur) tum vero sum proœmio illo tuo, librique ad Bel-

lajum

(*a*) Vide notas ad Epist. LXV. Par. I. pag. 180.
(*b*) De Lampridio vide quæ diximus in notis ad Epistola CLIX. pag. 51.

laium missione incredibiliter delectatus. Est enim rei toti ita conjuncta, ita decens, ita verbis illustribus declarata, ita etiam, quod caput est, & prudens, & gravis, ut omnino nihil supra. Redeo igitur ad illud, quod superius dixi, ut ibi de eo etiam, atque etiam gratuler. Confido enim ex illo non parum laudis, & gloriæ, tuæ pristinæ dignitati, hominumque de tua doctrina, tuoque judicio, atque in primis probitate opinioni, quæ quidem certe maxima jampridem amplissimaque est, accessurum, Quod reliquum est., multa mecum Polus de te, de tuis scriptis, quæ habes nunc quidem in manibus, de Hortensio etiam tuo: de quo, deque Pauli epistolis interpretandis cum sermo esset inter nos, ut ajebat, institutus, quod tibi ille quærenti in utro potissimum scriptionis genere tuam tibi operam esse ponendam existimaret, in Paulo responderit, sane non probo. Confici enim illum abs te dialogum quamprimum, tua interesse valde puto. Nam quod magnam eis de libris priore confecto libro hominum expectationem excitasti, tot jam illam annos cum differas, neque expleas, magnum præsertim nactus ocium, vide, ne hoc aliquanto tibi minus concedatur, quam si nihildum ejus confecisses, nihil abs te homines expectarent. Sed de eo tu videris. Polus quidem ipse Venetiis hyemem conficiet. Patavium deinde cogitat. Quo si veniet, erit mihi gratum, complectarque hominem omnibus officiis. Marcus Antonius Michael tibi salutem plurimam dicit. Tu mi optime optatissimeque Sadolete, etiam atque etiam vale. Septimo Cal. Novembr. M.D.XXXII. Patavio.

EPI-

EPISTOLA CLXIII.

JAC. SADOLETUS EPISC. CARPENTORACTEN.

Benedicto Accolto S.R.E. Cardinali
S. P. D. (*a*) *Romam.*

Ejus erga se humanitatem ac benevolentiam laudat, deque Paulo nepote adjutore sibi in Ecclesia Carpentoractensi adsciscendo agit.

EGO humanitatis tuæ, & benevolentiæ erga me uberes quotidie capio fructus: velut ex his literis, quas proxime ad me ex Joan. Pisciæ sermone misisti (*b*). Quam illæ amanter scriptæ sunt! quam prolixo animo! quam (ut ita loquar) pene etiam ardenter! ut omnis tua in illis mihi gratificandi, & in omnibus morem gerendi, voluntas se ostendit! Non possum tam loqui quam sentio: sed certe, si ullo unquam tempore tuos adversum me animus benevolus atque constans, voluptati mihi fuit, his sum literis incredibiliter delectatus. E quibus illum tamen fructum vel maximum cepi, quod meam erga te benevolentiam, & singularem in omni genere observantiam, tibi perspectam & cognitam plane esse intelligo. Etsi enim peroptatum mihi est, me abs te diligi, charumque haberi; illud tamen etiam optatius, meam

---

(*a*) Vide adnotationes in Epist. xcv. pag. 281. Par. I.
(*b*) Accolti literæ, quibus hisce Sadoletus respondet, omnino desiderantur.

meam voluntatem, pari in benevolentia vicissim tibi reddenda, tibi quoque esse probatam & gratam, de qua autor sum, ut omnia ex me summa tibi polliccaris, non fallam, existimationem tuam. Non enim minor voluptas est probis & constantibus viris, amare, quam amari: præsertim cum id jure fiat: sitque in eo judicii quædam etiam laus, non amoris solum, & studii significatio. Quod quoniam mihi in te contigit; moriar, ni operam omnem dedero, ut quod te amo tantopere coloque non solum tuæ erga me benevolentiæ relatum, sed tuis multis eximiisque virtutibus etiam tributum esse videatur. De Paulo quod me hortaris, ego jampridem istud ipsum commentor, ut eum mihi socium & adjutorem in hujus ecclesiæ custodia adsciscam: qui mihi postea successurus sit. Sed veritus sum usque adhuc ætatem ejus: nam de Pontificis quidem maximi voluntate erga me, & de tua ope atque opera mihi parata, non dubito. Nunc vero cum & annorum satis sit (agit enim ætatis quartum & vigesimum) & summum ejus ingenium, optimi mores, ac singularis vitæ modestia exornet; mature jam id videor posse facere. In quo (ita Deum velim propitium) ut hoc meum de illo judicium, non tam consanguinitati, & generi, (quanquam ne id quidem non spectatum est) quam virtuti & meritis a me tribuitur. Sed de eo te ex aliis malo, quam ex me cognoscere. Illud quod mea valde interest, a te vehementer peto, ut cum nemine adhuc rem hanc communices, habeasque eam tecum occultam & tacitam, quoad paratis rebus, tua mihi opera & autoritas requiretur. Quod
con-

confidis in republica meliora fore, quam quæ pertimueramus, utinam quidem ita fit. Ego quid dicam, aut quid expectem nescio: in summo timore versor: nihil parati ad succurendum video, quod quidem validum firmumque sit. Fortunæ parum habeo fidei: nostris consiliis ut valeamus exopto. Sed hæc quoque, quando ea non sunt muneris nostri, Deo permittimus, qui unus omnia potest. Ego superioribus diebus, quanquam morbo gravi impeditus, ex quo jam tamen convalescere incipio, dedi ad te literas (*a*), quibus ad illas tuas respondebam, quæ uberrimæ atque ornatissimæ prid. Idus Decembris datæ (*b*), secundum multas & magnas amoris tui significationes, de Helveticis rebus me docebant. Quas quoniam vereor ne non tibi fint redditæ, eodem exemplo rescribi jussi, & ad te mitti: non ea me hercule gratia, quod illarum jacturam graviter ferendam putem: quippe quæ etiam scriptæ negligentius (ut ab ægroto sunt) sed ut perspiceres, nullum a me tuendi officii, neque amoris mei tibi declarandi locum prætermitti. Vale, Carpentoracti, v. Idus Martii, M. D. XXXII.

(*a*) Quas quidem literas haud reperies.
(*b*) Eas habes Par. 1. ordine CXXXVIII. pag. 458.

EPISTOLA CLXIV.

JAC. SADOLETUS EPISC. CARPENTORACTEN.

Benedicto Accolto S. R. E. Cardinali
S. P. D. (*a*) *Romam*.

Didacum Mendozam nobilissimum Hispanum adolescentem ei magnopere commendat.

CUM iter hac haberet Didacus Mendoza (*b*), qui tibi has literas reddidit; adolescens summo quidem inter Hispanos gene-

---

(a) Consule notas in Epist. xcv. pag. 181. & 182. Partis primae.
(b) Est hic est Didacus Hurtado de Mendoza, Eneci *Tendilla* Comitis, ejusdemque *Mondexarensis* Marchionis, incliti Granatensis ultimi adversus Mauros belli ducis, & Joannae Paciecae filius. Fratres habuit Ludovicum majorem natu ac familiae principem, Franciscum Giennensem Episcopum, Bernardinum triremium Hispanicarum Praefectum, Antoniumque utriusque Americae proregem. Quum Granatae ac Salamanticae linguarum Latinae, Graecae, ac Arabicae, nec non juris utriusque studiis operam dedisset, in Italiam venit, ut absolutam Philosophiae atque artium optimarum scientiam sibi compararet. Neque solum eruditionis, sed & summae in publicis muneribus obeundis prudentiae, & bellica in re virtutis laude maxime floruit. Legationibus enim variis cum Venetiis, tum Tridenti in Synodo Œcumenica, (in qua orationem habuit) sub Paulo III. ac Romae apud eumdem Pontificem egregie perfunctus, magnum & scriptis, & rebus praeclare gestis nomen sibi comparavit. Benedicto Accolto Cardinali subsequentibus tempori-

genere & loco, & summa nobilitate ; sed ingenio etiam & moribus, quam majorum suorum clarissimorum virorum splendore ornatior : accidit, ut is mecum diem unum esset, atque in sermonibus (ut fit) percontanti mihi, quo, & cujus rei gratia hoc itineris suscepisset? Romam, inquit, ut bonarum artius studiis ibi operam dem. Quæ cum responsio mihi præter opinionem meam accidisset (non enim soliti sumus videre ex illis oris ad Urbem istius rei causa venientes) admiratus, perrexi interrogare reliqua. Tum ille mihi animum suum totum aperuit, ita inflammatum ad eas artes & literas, quas nos optimas appellamus, nihil ut feri posset ardentius. Hic jam non te puto expectare, dum exponam, quo statim benevolentiæ studio in illum accensus fuerim. Sum equidem semper propensus ad ejusmodi amicos omni mea comitate complectendos. Sed tamen juvenem hunc intuens, amplissimis fortunis, nobilitate eximia, cognationibus maximis, patriam in qua prope dominaretur, & penates suos relinquentem, peregrinantemque in alie-

---

poribus, valde familiariter usum fuisse, in suamque domum, quum Venetiis moraretur, Card. ipsum Accoltum solitum fuisse secedere, patet ex quadam ad Accoltum Paulli Manutii Epistola, qua priorem partem Philosophiæ Ciceronis ejusdem nomini inscribit. Huic Mendozæ Ambrosius Morales *Antiquitates Hispaniæ* dedicavit, hominisque laudes celebrat Lazarus Bonamicus in Epistola quadam metrica, quæ extat in *Deliciis Poetarum Italorum*. Ejus opera recenset vir cl. Nicolaus Antonius in Biblioth. Scriptor. Hispan. tom. 1. pag. 334.

alienas & remotas regiones, nullius rei cupiditatis, præterquam bonarum literarum causa: crede mihi, sum non mediocriter motus. Itaque tempus ejus confirmandi & cohortandi non omisi. Laudavi consilium: hortatus sum, ut magno animo incumberet in studia, ad summa contenderet: facile eum si adniteretur, vel partes primas, vel proximas certe adepturum. Quod hoc majore cum spe faciebam, quod videbam eum sine monitore adhuc & magistro, sua ipsum sponte, solo naturæ bono, tantam jam adeptum judicandi facultatem, ut Ciceronis imprimis scripta in manibus haberet, iisque præcipue delectaretur. Sed cum ipse me rogasset, ut ad urbanum aliquem ex meis amicis hominem doctum literas darem, cujus ipse, ad Urbem cum venisset, familiaritate atque amicitia uti posset; occurristi tu continuo, vel ita doctus, ut excellens: vel ita amicus, ut tibi a me non fides solum in tuenda amicitia, sed observantia etiam debeatur. Itaque cum eo de te multa locutus sum: dixi quæ sentio: ostendi nusquam eo magis, quam apud te, voti sui futurum compotem, propterea quod domus tua talium virorum & præstantium ingeniorum conventu præcipue celebraretur. Annuit gaudens: seque ad te profecturum primo dixit. Qui cum hoc animo istuc veniat, ut tibi sit usu quam conjunctissimus, nihilque omnino aliud abs te præter benevolentiam tuam expetat; peto a te mi optime Accolte, ut hunc talem juvenem sic recipias in amicitiam tuam, ut omni ille tua humanitate, quæ profecto summa est,

est, ad arbitrium suum, & quandocunque illi fuerit commodum, perfruatur. Est omnino hoc tuum, & naturæ tuæ præstantis ac singularis, favere bonis ingeniis, eaque florentia atque honesta esse velle. Sed quod tua sponte faceres in complectendo atque extollendo hoc adolescente, ut mea quoque causa studiose magis & significantius facias, id ego te etiam atque etiam rogo, imprimisque ut illi eruditorum hominum benevolentiam concilies, quorum frequentia & copia semper abundat domus tua. Quod cum feceris, nam facturum non dubito, videor tibi posse polliceri, tantam te ex adolescentis nobilissimi atque optimi necessitudine, observantia, familiaritate, voluptatem esse capturum, ut in quo melius tuam liberalitatem comitatemque adhibeas, non sæpe sis reperturus. Vale, Carpentoracti, XI. Calend. Junii, M. D. XXXII.

JACOBI SADOLETI

EPISTOLA CLXV.

JAC. SADOLETUS EPISC. CARPENTORACT.

Joanni Bellajo S. R. E. Cardinali (*a*)
S. P. D. *Parif.*

Pro collatis in Paulum fratris patruelis filium officiis gratias agit, seque in Commentariis in Epistolam Pauli ad Romanos conficiendis versari narrat.

CUM adventus Pauli summa me lætitia affecit, propterea quod paterna illum jamdudum charitate complexus, ejus ingenio, probitate, modestia, sic delector, ut omnia quæ parentibus a bene moratis liberis jucunda accidere solent, ab illo mihi accidant; tum vero cumulatus sum maximo gaudio, cum de tua erga me atque illum voluntate, deque omnibus officiis quæ mihi absenti in illo præstitisti, ipsius testimonio & verbis sum edoctus. Quæ quidem non solum illo exponente cognita mihi sunt, sed tuis etiam humanissimis & elegantissimis literis confirmata. Ego vero (sic tua & mea salus perpetuo, mi Bellai, Deo cordi sit) ut istum animum tuum erga nos, amorem, studium, omnibus fortunæ præmiis & honoribus antepono. Non enim quicquam duco in rebus humanis esse optabilius, quam diligi ab his,
qui

(a) Vide quæ de Card. Bellajo, deque Langæo ejus fratre diximus in notis ad Epist. CXLV. pag. 1. & CXLVI; pag. 5.

qui propter virtutem & nobilitatem, dignissimi ipsi sunt ab omnibus qui diligantur. Quod quando mihi in te contigit, & tibi qui es mihi chariffimus, ego quoque viciffim (ut video) non inamabilis sum; & mihi ipse gratulor, & tibi gratias ago. Quod nobis tuam opem & operam paratam defers, si quid mihi, vel Paulo istic fuerit opus, ego promissionem tuam neque contemno, & tamen istam tuam voluntatem omnium promissionum exitu habeo chariorem. Te enim ipsum potius expeto eximiumque in te bonum, & in Langeo fratre tuo mihi constitutum est: quos habeo ambos, quibus non benevolentia solum, sed vero etiam judicio sim amiciffimus. Quod quidem latius etiam manat, & in illum fratrem vestrum, qui Lutetiæ in senatum est cooptatus, & in universam domum familiamque vestram. E qua cum videam qui exoriantur viri, quibus ingenii & animi ornamentis præditi, de generis vestri indole ac disciplina id statuo quod necesse est, esse illam in laude virtutis raram, in exemplo prope admirabilem. Quid enim vestra ista comitate, & in obsequendi studio, diligentia, sedulitateque spectatius? Sed hæc, quæ majorem copiam orationis desiderant, in aliud tempus differenda sunt. Regi isti maximo, ac præstantissimo, ego jampridem omni observantia & amore me addixi: cum aliis quidem etiam de causis, vel quod ita debeo (sum etenim illius juri potestatique subjectus) vel quod ipse humanitate, beneficentia, magnitudine animi, omnium cultum amoremque demeretur. Verum illa tamen præcipue me induxit ratio, quod ipsius animum propen-

Ep. Fam. Pars II.   D   sum

sum erga bonas literas, dignum esse arbitror, cui ab eisdem literis & artibus quas amat, honos & gratia referatur. Quarum ille artium causa cum mihi nonnihil de sua benevolentia impartiat, ut & tu scribis, & ipse multis indiciis cognovi; enitar atque contendam, quoad efficere potero, ut tanti Regis nomen per me quoque propagetur in posteritatem. Omnino opus habeo in manibus unum omnium difficillimum: de quo (ut video) ex Pauli sermonibus satis cognosti. Sed tamen in maximis conflictationibus altissimarum quæstionum, dabo operam, ut meæ diligentiæ ac laboris fructus aliquis appareat: etsi, quod mihi per quam cecidit incommode, quatuor jam mensibus valetudine adversa ab illo opere & cura sui distractus. Sed & ego incipio ex morbo recreari, & te, depulso morbi periculo, tuam pristinam valetudinem recuperasse, vehementer lætor: neque me meam sperare propinquam jam salutem, quam te tuam adeptum esse jucundius mihi est. Verum de his hactenus. Ego & tibi & Langeo fratri tuo pro vestris singularibus officiis maximas gratias ago: & par vobis studium, similemque voluntatem polliceor. Quod autem est fidelis veræque amicitiæ proprium, ut nunquam vestrorum exeat mihi ex animo memoria meritorum; id ita præstabo, ut vos nobis ejusmodi studia amorisque indicia tribuisse ne unquam pœniteat. Valete, Carpentoracti, X. Calend. April. M. D. XXXII.

EPISTOLA CLXVI.

HIERONYMUS NIGER

Jac. Sadoleto Episc. Carpentoract.
S. P. D. *Carpentoracte.*

Prolatis causis, quibus tamdiu intermiserit officium literarum, de suo ab Urbe discessu eum certiorem facit, rationesque reddit, ob quas Patavium redire cogatur.

ETsi pudet me post diuturnam cessationem nunc ad te scribere; tamen non dubito, quin pro tua in amore constantia, meæ (si qua fuit) negligentiæ benignus interpres sis futurus; præsertim cum nihil esset privati quod scriberem, publica vero omnia copiose ab aliis ad te rescribi non ignorarem. Nunc autem cum decreverim ex urbe discedere; te, quem omnium consiliorum meorum non modo conscium, sed autorem etiam semper esse volui; fas est profectionis meæ causas rationesque cognoscere. Nec vereor, ne non consilium tibi probetur meum: qui me semper non solum monitis, verum etiam exemplo ad quietem & otium invitaris: quique ex veteri meo instituto intelligas, me non opum, aut honorum cupiditate, sed officio ac benevolentia ad urbem fuisse revocatum. Cui quidem officio ac studio cum jam satis factum a me fuerit, viderer plane desipere, nisi quod reliquum est ætatis, mihi ipsi, hoc est meis studiis darem. Quamobrem constitutum habeo ad Calendas Majas Patavium proficisci;

nactus opportunam occasionem, quod eodem tempore Cornelius meus Brixianorum Pontifex (*a*) exire in provinciam suam constituit. Erit autem otiolum illud meum, tui istius veri ac solidi otii simulacrum quoddam: quod tu in oris istis pacatissimis, omni vacuus molestia, cœlestem pene in terris vitam agis; mihi multa maximo futura impedimento sunt. Mitto rei familiaris angustias, quam etsi contemsi semper, tamen labores mei atque officia paulo æquiorem facere debuissent. In quo mihi temporum iniquitas est accusanda: nequid in eos gravius dicam, qui ea se ratione posse me perpetuis laboribus implicare, atque ab otio ad ambitionem transferre cogitarunt. Quod me vehementer urget, imprimis est rei domesticæ cura. Vivit enim adhuc quidem pater, sed extrema jam ætate: sorores habeo domi nubiles: fratres extincti sunt omnes, præter eum, quem jamdiu in Cypro insula degentem, nostri oblitum, recte possumus inter mortuos connumerare. Itaque mihi uni apprime ad otium & tranquillitatem nato, quique ad hoc tempus in aliorum

---

(*a*) Andream heic fortasse Cornelium innuit, qui viginti tres tantum natus annos, mense Martio an. 1532. quo hæc Epistola scripta est, Brixiensem Ecclesiam perpetuo regendam suscepit; ex *resignatione*, ut dicitur, Francisci patrui Cardinalis, cui anno præcedenti 1531. a Clemente VII. tradita fuerat. Ceterum Andreas iste primum Apostolicæ Cameræ clericus, postea S. R. E. Cardinalis a Paulo III. an. 1544. factus est, ac Romæ III. Kal. Februarii an. 1551. immaturam mortem obiit. Vid. Ciaccon. tom. III. & Ughellum tom. IV. col. 762.

rum sedulitate ac diligentia conquievi, gragravissimum jam onus gubernandæ familiæ subeundum est: spesque illa mea tecum vivendi, quod maxime optabam, in aliud tempus rejicienda. Sunt hæc quidem magna incommoda, & a meo valde aliena constituto. Sed ea omnia veræ laudis atque virtutis amor faciet leviora. Quin major mihi proposita est gloria, si tot circumfusus molestiis, in eum locum pervenero, in quem multi abundantes otio, atque fortunis, pervenire minime potuerunt. Quod an aliquando assecuturus sim, haud satis compertum habeo. Enitar certe, Deo hominibusque bene juvantibus. Proficiscar enim eo, ubi licebit veterum amicorum, doctissimorumque virorum perfrui consuetudine. Quæ quanti in studiis nostris momenti sit, tu maxime omnium nosti. Habebimus illic Bembum, Lazarum (a), Lampridium (b), Pierium (c), bone Deus, quo judicio, qua

era-

(a) Lazarum Bonamicum, de quo in notis ad Epistolam LXVI. Par. I. pag. 174.
(b) Lampridium Cremonensem, de quo in adnotationibus ad Epistolam CLIX. pag. 51.
(c) Est hic Joannes Pierius Valerianus Bolzanius ob præclara edita ingenii monumenta inter egregios sæculi XVI. scriptores merito adnumerandus. Belluni natus an. 1477. & Patavii ac Florentiæ latinis græcisque litteris adprime imbutus, Julio II. Pont. Romam venit, accersitus a Joanne Mediceo Cardinali. Eo ad summum Pontificatum evecto, inter præcipuos aulicos est cooptatus. Postea a Clemente VII. Prothonotariorum Collegio adscriptus, & ad gravissima negotia adhibitus; multa in Romanæ urbis direptione misera atque atrocia pertulit. Tandem aula ac honorum pertæsus, secessit

eruditione homines! Nec dubitamus, quin
& alios in dies habituri simus, pertaesos rerum urbanarum, atque hujus urbis miserrimi status. Tu vero velim, qua consuesti fide
ac religione, nostram inter nos amicitiam
tuearis. Et quemadmodum ego te semper absentem oculis atque animo requiram, ita tu
benevolentiae in te meae memoriam apud te
interire ne patiaris. Quod equidem adscribo,
non ut timens, sed ut amans. Literas tuas
ad Petrum Bembum (*a*), quas mihi dedit Antonius, reddam diligenter; multamque illi,
ac caeteris amicis salutem dicam tuis verbis.
Illic otiosus plura ad te, literasque ad Antonium, aut Binum mittam. Idem ipse si facies, erit mihi quam gratissimum, atque ut
facias oro. Vale omnium qui sunt, qui fuerunt, qui futuri sunt beatissime. Valere etiam
volo Paulum, a quo literas accipere opto. Romae, IV. Calend. Maji, M. D. XXXII.

Patavium, eaque in urbe anno 1558. octogenarius a vita
discessit. Multa & soluta & vincta numeris oratione
conscripsit, atque ab omnibus claris viris & probatus
& laudatus est. Vid. Nic. Papadopolum in Hist. Gymnas.
Patavini Tom. II. lib. 2. cap. XIX. num. LXXXIII. p. 207.

(*a*) Datas scilicet v. Idus Martias. Eas habes superius num. CLVIII. pag. 43.

EPISTOLA CLXVII.

JAC. SADOLETUS EPISC. CARPENTORACTEN.

Joanni Matthæo Giberto Epifc. Veronæ
S. P. D. (*a*) *Veronam.*

De Græcis quibusdam auctoribus sibi missis, et gratias agit, hominemque ad reliquos in lucem edendos hortatur.

Libros tuos accepi una cum literis: quorum utrum fuerit mihi gratius, constituere satis non possum. Nam & literæ tuæ benevolentiam, qua me complecteris, mihi declararunt, & libri virtutem animi tui, illam ipsam pristinam, quam ego antea in te cognovi: per quam tu ad illustrandas, & in honorem provehendas optimas arteis semper fuisti propensus. Ac reliqua quidem duo volumina Damasceni & Euthymii mihi grata; illud vero in Pauli Epistolas Chrysostomi peroptatum etiam fuit (*b*). Quid enim mihi accidere potuit optatius, & rationibus meis magis accommodatum, quam cum in eadem me

D 4   exer-

(a) Vide quæ de Giberto diximus in notis ad Epistolam LXV. Par. 1. pag. 150.

(b) Hinc Erasmus ad Polum scribens anno 1531. xxv. Augusti. „ Biennium est (inquit) quod totus Chrysostomus Græcus promittitur nobis a Verona, idque authore Matthæo Giberto quondam Pontificis Datario; nunc Episcopo Veronensi, sed nihil adhuc prodire video „.

exerceam palæstra, in qua tantus vir tantopere insudavit, habere me eum & monitorem, & magistrum, cujus doctrinæ & autoritatis neminem possit pœnitere? Qui cum in omnibus operibus suis, quæ multa sunt, vel pene dicam innumerabilia, & fluens semper sit, & dulcis, & sine labore cultus, sine deliciarum suspicione nitidus; tum vero in hoc opere ad ea ornamenta orationis, quæ dixi, nescio quid plus gravitatis addidisse mihi visus est. Cui ego palmam in intelligendis, ac enucleandis scripturis sanctis, sine ulla dubitatione tribuo. Proximus huic mea sententia Augustinus: non ille quidem ingenio minor, nec ad scrutandum atque ad exponendum minus diligens. Sed Græcæ linguæ ignoratio, qua imperfecta Augustinus utebatur, vim in eo maximi ingenii, tanquam virgultis & vepribus impeditam aliquoties detinuit. Habeo igitur tibi, atque ago, pro isto tuo munere, & animo erga me, maximas gratias: In quo enim me hortaris, ut in hæc præclara studia incumbam, benevolentiam tuam mihi ostendis, in quo vero opitulare, etiam liberalitatem. Ego vero magno animo operam do, ut quod opus inchoaveram, id ad exitum perducatur. Sed totis his quatuor mensibus valetudine adversa a scribendo fui retardatus. Nunc valetudine recuperata, non committam ut ullum mihi tempus vacuum a literis prætereat. Quod te multa deterreant, quo minus susceptam istam provinciam optimorum autorum in lucem edeudorum sustinere posse confidas; ego rem totam tuo judicio examinandam relinquo. Illud tamen confirmo, nihil fieri posse præ-
cla-

clarius, neque tuo nomini honorificentius. Meas epistolas tibi semper gratas accidere lætor; daboque operam posthac, ut & ad te sæpius, & liberiore animo scribam. Vale, & nos dilige. Carpentoracti, III. Nonas Maii, M. D. XXXII.

EPISTOLA CLXVIII. (a)

JAC. SADOLETUS EPISC. CARPENTORACT.

Joan. Matthæo Giberto Episc. Veronæ
S. P. D. *Veronam.*

Reginaldi Poli, qui in Italiam rediturus ad eum diverterat, laudes multis verbis celebrat.

Reginaldus Polus ea virtute, nobilitate, & doctrina vir, qua tu optime nosti, cum reverteretur in Italiam, pristinas (ut ego sentio) consuetudines doctorum hominum, & tuum imprimis conspectum appetens, ad me divertit, ostenditque mihi eas literas, quas tu ad illum sane quam amice, eleganterque scripseras. In quibus erat quoque mentio mei & honorifica, & multa, quæ cum judicium tuum de me, tum multum magis studium benevolentiamque declararet. Ego vero, & si subito pene adventu illius, ac festinatione discedendi occupatus, nec temporis satis ad scribendum, nec animi habere

---

(a) Consule quæ de rebus in hac Epistola comprehensis habet Eminentiss. Quirinus in Diss. ad Tom. 3. Epistolar. ejusd. Poli cap. IV. pag. 275.

bere poteram; tamen putavi esse nefas, illum ad te sine meis literis accedere. Itaque has continuo exaravi: non tam ut gratias tibi agerem, quod me assidue in memoria haberes, (etsi illæ quoque jure optimo tibi a me debentur) quam ut indicarem tibi, summam me ex illis ipsis literis tuis cepisse voluptatem, quod me abs te intelligam amari. Quanquam hoc quidem minime novum mihi accidit, sed ejus tum semper jucunda est commemoratio. In quo te arbitror existimare, me non posteriores in te amando ferre partes. Verum harum rerum affirmatio jam toties iterata inter nos, minus fortasse in hoc tempore necessaria est. Illud quod te magis avere scire puto, quibus ego nunc in studiis verser videlicet, quid mihi habeam propositum, ipse Reginaldus tibi exponere poterit, qui exiguum hoc tempus, quod mecum fuit, totum posuit in inquirendo, percontando, quæ mea studendi, aut scribendi ratio, qui animus, quod consilium esset. Cui ego plane omnium mearum actionum cogitationumque rationem reddidi. Sed quod mihi in eo magnæ voluptati fuit, videor cognosse in illo, cum summum ingenium, & excellentem in Græcis Latinisque scientiam: tum vero summam in moribus & congressu, elegantiam, atque humanitatem. Quem hoc etiam nomine pluris facio, quod intellexi te ab eo incredibiliter amari: usque eo ille de te, & de tuis rebus omnibus & amanter, & honorifice semper loquitur. Eum igitur habebis tu scilicet, nosque in desiderio manebimus & ipsius, & tui, & aliorum multorum, quorum familiaritas & amicitia, mihi
& or-

& ornamento erat, & folatio. Sed hoc feremus, ut poterimus. Illud tibi de nobis perfuafum effe volumus, vivere apud nos perpetuo & memoriam & benevolentiam tui, deque tua mutua erga nos voluntate nobis viciffim exploratum effe. Tu ut ftudia ea urgeas, quæ præclara & eximia maximo animo es aggreffus, valetudinique fervias valde te & hortor, & rogo: nihil eft quod majus, aut accommodatius ad beatam vitam facere poffis. Vale, III. Nonas Septembris, M. D. XXXII.

EPISTOLA CLXIX.

JACOBUS SADOLETUS EPISC. CARPENT.

Bonifacio Amerbachio Bafileenfi
S. P. D. (a) *Bafileam*.

Ejus de cœna Domini fententiam laudat, deque Erafmo nonnulla habet.

Nolo te vereri, mi Amerbachi, ne tuæ literæ mihi aut intempeftivæ unquam, aut minus gratæ fint, cum eas ego libentiffime legam, tuamque in illis bene cognitam mihi modeftiam femper mihi intueri videar. Quamobrem nulla te a fcribendo ejufmodi fufpicio retrahat, dum id tibi commodum alioquin fit, femperque ita exiftimes, te mihi

---

(a) Fuit hic publicus Bafileæ Juris profeffor, plurefque ad eum extant Erafmi literæ.

mihi quoties scribis, toties rem gratam facere. Tuam de cœna Domini sententiam, & cognosse mihi jucundum fuit, & eandem ego vehementissime probo, illudque præterea adjungo, tot seculorum perpetuam consuetudinem a communi Ecclesia usurpatam, non sine approbatione Spiritus sancti tantum roboris habere potuisse; cum præsertim tot ex illo numero sanctissimi viri extiterint, qui gratiam suam & amicitiam cum Deo miris rebus & multis ita declararint, ut dubium de eo esse non posset. Qui certe impii nefariique fuissent, & ab Deo penitus alieni, si panem pro Christi corpore, & rem prophanam pro rerum omnium effectore sumpsissent sibi adorandam atque colendam. Quibus ipse Oecolampadius profecto nec sanctitate, nec doctrina fuit par. Atque is antequam excederet e vita, cum audisset parteis suas, hoc est, eorum, qui impie de sacramento corporis Christi sentiebant adverso prælio afflictas, quod prælium non humana vi, sed numine omnipotentis Dei confectum esse constaret; si conversus est ad meliorem mentem, ejus doleo morte: doctus enim sane vir, & bonis literis apprime erat ornatus, etsi ego nunquam illi magnam eruditionem in Theologia tribui. Sin autem adversus Deum perstitit contumax, equidem nunquam cujusquam malo lætabor; verum non iniquo animo feram, sementem tantæ pravitatis e medio sublatam esse. Utinam isti civitati, & civibus in ea omnibus, rectus insideat in fide Catholica sensus: quorum ego alteri, propter nomen & nobilitatem urbis, alteris ex pietate charitateque Christiana valde amicus sum.

Qui

Qui si me audire volent, quod illis tu meis verbis (si videbitur, & si occasio dabitur) licebit dicas, majorum suorum potius in tuenda vera religione Christi laudem, quam temere novantium res bene constitutas infaniam, pergent imitari. Opera quæ scribis Erasmi valde avide expecto, nec dubito cæteris futura similia: hoc est, plena doctrinæ & ubertatis. Quod mihi Basilius tantus autor fuerit inscriptus (*a*), habeo equidem magnam vobis gratiam: sed tamen alius erat quærendus potior, qui tali munere honestaretur: nam ego ingenue loquor, non hujus mihi dignitatis conscius sum. Tuam tamen, & Erasmi mei benevolentiam agnosco, eamque gratissimam habeo, quam ego pari compenso voluntate. Carpentoracti, VIII. Idus Maii, M. D. XXXII.

(*a*) Vide Erasmi ad Sadoletum Epistolam, quæ est ordine CXLVIII. pag. 11.

EPI-

JACOBI SADOLETI

EPISTOLA CLXX.

JACOBUS SADOLETUS EPISC. CARPENT.

Germano Brixio S.P.D. (a) *Parif.*

Ejus litteris officiose respondet, suamque erga illum benevolentiam testatur.

Superioribus diebus, cum per incertos tabellarios literas a te accepissem (b), in quibus neque locus unde illæ datæ, neque dies erat ascripta, etsi ex orationis tuæ filo stylique elegantia, tum etiam amoris significatione adversum me, non mediocrem cepi voluptatem; tamen diu suspenso animo fui, quidnam mihi in tali re faciendum esset, cum ad rescribendum quidem officium me impel-

---

(a) Ad ea quæ de Germano Brixio diximus Parte I. in notis ad Epist. CXXIII. pag. 378. addendum, illum *Eleemosynarium* quoque Regis Galliarum excitisse, ut patet ex quibusdam illius lucubrationibus Parisiis editis in quarto, an. 1531. apud Christianum Wechelum hoc tit. *Germanii Brixii Altissiodorensis Eleemosynarii Regii gratulatoria quatuor ad totidem viros clarissimos. Ejusdem Epistola quatuor ad totidem viros doctissimos. Ejusdem versus aliquot ad Franciscum Galliarum regem.* Non minus autem latinis, quam Græcis literis Brixius fuit instructus. Transtulit enim, teste Jovio in Elog. nom. CXL. e Græco, uti Lascaris alumnum decebat, ex *Chrysostomo Babylæ vitam, & libros septem de Sacerdotio* puritate sermonis minime contemnendos.

(b) Extant Brixii ad Sadoletum literæ Par. I. p. 378. n. CXXIII. An ad eas hisce respondeat Sadol. incertum.

polleret: quo autem, aut per quem literas ad te darem, nullum consilium capere sat certum possem. Post vero diligentius mecum meditatus, & illam faciens conjecturam, tales viros, qualis es tu, Lutetiæ Parrhisiorum libentius sæpiusque commorari: propterea quod illa civitas amplissimum est doctorum hominum domicilium, literas eo misi: ubi si te illæ reperissent, esset & officio meo, & animo satisfactum; sin minus ibi te offendissent, meque in eo opinio mea & conjecturæ ratio frustrata esset; per Budæum (a) tamen ad te, ubicunque esses, mitterentur. Cui homini doctissimo atque optimo, tu simili virtute & doctrina preditus, incognitus certe esse non potes. Verum quod mihi in literis tuis gratularis, quod me, quem diu ante mortuum existimasses, repente non modo vivere, verum etiam dignitate atque honore auctum esse audisses, gratulatio tua, ut quæ ab optimo proficiscitur animo, sane mihi probata est. Sed tu si unam illam esse mortem, arbitraris, qua quis naturæ & mortalitatis conditioni satisfacit; plane nondum mortuus sum, neque supremum fati diem adhuc executus. Si vero graviorem & veriorem putas mortem, cum quis cogitur alieno vivere arbitrio, non suo; sane & mortuus fui, & revixi, posteaquam in hunc portum otii & tranquillitatis sum pervectus. Scito enim, me his quinque annis, posteaquam videlicet Romanis relictis rebus, in meam Ecclesiasticam provinciam me contuli, solis gustasse qui sint

fru-

(a) Vide quæ de Budæo habet Jovius in Elog. Doctorum viror. n.XCVII. & notas in Ep.XV.p.49. Par.I.

fructus veræ vitæ, nihilque expertum fuisse postea quod pœnitendum mihi esset. Quare tu si purius gratularis mihi, habes lætandi de amico & gratulandi causam. Sin autem vulgari consuetudine verbi locutus es; en tibi amantissimum tui hominem non modo non mortuum, sed viventem nunc quidem beatius quam antea: cui ista ipsa dignitatis accessio, qua te gaudere dicis, utinam illa non magis oneri, quam honori esset. Sed tamen quoniam divino numine in hoc loco positi, & in hoc honoris gradu locati sumus; demus operam, quoad possumus, ut nostra eidem Deo & opera parata sit, & voluntas. De te autem ipso, mi Brixi, quando ex eorum hominum numero es, quos ego colere & complecti studiose soleo, dedistique mihi per literas tuæ & doctrinæ & humanitatis specimen; sic me existimare puta, te esse dignissimum, quem omnes qui bonas arteis sectamur, in oculis assidue feramus, nihilque vicissim accidere mihi posse tua erga me benevolentia gratius. Quæ quoniam (ut scribis) a te suscepta jam diu est, ex quo me scilicet primum Romæ cognovisti; peto a te majorem in modum, ut & veterem illam renovare, & si est augendi locus, etiam augere & amplificare eam velis. In quo tibi polliceor, me curaturum, ut in nullo amicitiæ officio, nec in voluntatis studio me vincas. Vale, Carpentoracti, x. Cal. Julii, M. D. XXXII.

EPI-

EPISTOLA CLXXI.

JAC. SADOLETUS EPISC. CARPENTORACTEN.

Joanni Lotharingio S. R. E. Cardinali (a)
S. P. D. *Parif.*

Gratias agit pro officiis in Paulum fratris patruelis filium collatis.

NON me fefellit, non minus esse in te humanitatis, quam nobilitatis. Præclara omnino ingenia, quæ hanc laudem confectantur, ut non plus patiantur in se ornamentorum & dignitatis a fortuna esse, quam a virtute: idque ego in te satis antea noveram. Sed tamen Paulus ad nos reversus, ea mihi de te narravit, hisque verbis animi tui egregias virtutes atque laudes est persecutus, ut ad summam meam tuæ liberalitatis & humanitatis opinionem addi jam nihil posse videatur. Equidem quod me habiturus esses in memoria, quod Paulo ipsi nullo loco defuturus, & speravi antea, & nunc re expertus sum. Sed quod tam studiose, tamque amanter id esses facturus, vincit in hoc (ut verum fatear) tua excellens bonitas expectationem meam. Itaque quomodo tibi agam gratias nescio: cuperem equidem referre & dignas, & debitas. Sed hoc etiam fuerit præstantis animi tui, scire promereri de altero, quantum

---

(a) Vide quæ de Card. Lotharingio diximus in notis ad Epist. CXLVII. Par.2. pag.8.

tum tibi reddi non possit. Ego vero non tam fortunæ, neque opum præmiis & honoribus, quam ista comitate naturæ, & significatione amoris sic obligor, ut nullum sit vinculum ad me devinciendum potentius. Quo quando jam tibi ita obstrictus sum, ut solvi eo amplius nec possim, nec velim; sic debes de me existimare, nullius tibi animum, nullius studium, nullius obfervantiam æque esse paratam, ut meam. Et quoniam in gratia referenda nihil tibi possum de me polliceri, quod copiarum & opum sit, quibus tu pro tua & majorum tuorum amplitudine ac dignitate honestissime abundas, ego minus etiam quam mediocribus contentus vivo; id quod in me est, quoque solent viri magni, & præcellentes, ab amicis tenuioribus contenti esse, polliceor tibi & recipio, si mea digna fuerint studia quorum testimonio virtuti honos habeatur, gratiam me tibi aliquam in illis, & veri amici fidem operamque navaturum. Parvum hoc quidem, & cujus pene me pudeat. Sed tu, qua magnitudine animi nostram spem de te tuis officiis superasti, eadem summam in nobis voluntatem referendæ gratiæ pro relata gratia accipies. Vale patrone noster, & nos tui studiosissimos tuo patrocinio semper tuere. Carpentoracti, XVII. Calendas Septembris, M. D. XXXII.

EPISTOLA CLXXII.

JAC. SADOLETUS EPISC. CARPENTORACT.

N. Acromontio S. R. E. Cardinali (*a*)
S. P. D. *Parif.*

Idem argumentum.

Paulus meus, qui iftuc ad falutandum maximum iftum Regem meo juffu accefferat, in reditu fuo ad nos, de tua virtute, prudentia, autoritate multa mihi narravit: illudque addidit, fingularem tuam quandam erga fe & eximiam humanitatem in omnibus rebus fe expertum fuiffe: pretereaque cognoviffe pluribus fignis atque indiciis me ipfum quoque tibi effe cordi: paratamque effe, fi quid incidat ut opus fit, & operam mihi & benevolentiam tuam. Quæ ego ita accipio, ut ad agendas tibi meritas gratias, animi quidem multum, facultatis autem parum habere mihi videar. Talis enim viri neque teftimonio

---

(*a*) Eft hic Gabriel de Grandmont feu de Acromonte nobilis Gallus, Rogerii Senefcalli Aquitanici, & Claræ, feu Eleonora de Grandmont filius, qui poft obitam fupplicum libellorum præfecturam in regia Francifci I. initafque pro eo in Gallia, atque in Hifpania Legationes, anno 1530. dum Romæ Regii Oratoris munere fungeretur, a Clemente VII. Pont. Max. ejufdem Francifci rogatu, in facrum purpuratorum Patrum fenatum eft cooptatus. Obiit in caftro de Abalme non longe a Tolofa an. 1534. Vid. Ciaccon. tom. j. col. 519.

monio ornatius quicquam, neque amicitia fieri potest optabilius. Sed ego, etsi tuæ amplificatio dignitatis in ea incidit tempora, quibus ego ab urbe abfui; nominis tamen tui studio quodam etiam antea tenebar, quod non pauca de te, & de virtutibus tuis audieram, quæ nunc quidem apud me expressiora facta sunt, postquam tua hac recente humanitate, tanquam quodam adhibito lumine, apertius nobis sunt demonstrata. Ac quod ad gratulandum tuæ dignitati pertinet; non te arbitror dubitare, quin mihi sit honos tuus charissimus, & amplitudo præcipue grata: cum tu præsertim istam ipsam dignitatem meritus ante sis, quam obtinueris. In quo magis gratulandum mihi videtur, quod tu non minus splendoris ipsi honori afferas, quam honos tibi. Sed tamen spectatam virtutem his etiam insigniri fortunæ ornamentis optandum est; quod ego in aliis facio & semper feci magis, quam in me ipso. Nam cum cæteris qui bene essent meriti, omnia bonorum insignia semper optaverim, mihi hanc delegi & fortunarum & vitæ mediocritatem, in qua beata præcipue vita consistit, atque hoc animo ac judicio ex urbe Roma egressus, tanquam e magno mari, in hunc exiguum quidem, sed tamen tutum & tranquillum portum, me contuli, in quo sic vivo contentus, nullius fortunam ut anteponam meæ. Quamquam hoc fortasse humilis animi sit, illud ampli & magni virtutem æquare honoribus, quod in te factum esse, mihi summæ voluptati est. Quare & honori tuo gratulor, & voluntati erga me maximas gratias ago: tibi vicissim pollicens, si quid acciderit, in quo mea tibi

obser-

observantia & opera alicui posset esse voluptati (nam commodo aut ornamento non ausim dicere) me sic amore & studio & vigilantia esse enixurum, ut tibi facile pateat, te in homines non ingratos tua & officia & benevolentiæ indicia contulisse. Vale, Carpentoracti, XVII. Cal. Septembris, M. D. XXXII.

EPISTOLA CLXXIII.

JAC. SADOLETUS EPISC. CARPENTORACTEN.

Antonio Prato S. R. E. Cardinali (a)
S. P. D. *Parif.*

Idem argumentum; additis nonnullis de Comment. in Pauli Epistolam ad Romanos.

QUÆ tua fuerit humanitas in excipiendo Paulo meo, cum is salutaturus ad te meis verbis venisset; quanta declaratio ejus benevolentiæ, quam erga me susceptam habes, eo referente narranteque cognovi. Pro qua, quid ego tibi dicam? Habere me gratiam tibi? habeo equidem. Sed quid istud est, tantis jam a te beneficiis acceptis? An me relaturum eam aliquando? Quis audeat hoc loqui? aut quis non intelligat, sicut ad solis lumen lychni igniculum, sic ad virtutem, ad amplitudinem, ad autoritatem tuam, meas omnes fortunas nullius esse

---

(a) De Prato vide notas in Epist. LXXXIV. pag. 237.
Part. I.

esse momenti? Sed ne ego plane ingratus sim, si non agnoscam, & cui, & quantum debeam, audebo nimirum agere tibi gratias, atque eas quidem quantas possum maximas: te vehementer deprecans, ut tua illa præstans atque eximia erga me humanitas, qua me tibi in perpetuum obstrinxisti, hoc etiam addat ad reliqua plurima beneficia cumuli, aut meam hanc gratiarum actionem in bonam partem accipias, meumque memorem, & gratum animum approbet, etiam si pares meæ voluntati effectus non sequantur. Id quod me a sapientia, & ab animi tui æquitate spero jam impetrasse. Ego hoc tempore versor in opere omnium difficillimo, ut divi Pauli epistolam interpreter ad Romanos. Cujus operis cum primum quoque librum confecissem (nam in tres libros tota divisa commentatio est) forte iter hac habuit amplissimus vir Collega tuus Franciscus Tornonius (a), cognitaque meorum studiorum ratione, cum me multum ut perseverarem hortatus est, tum illud petiit, ut simul atque hunc primum perfecissem librum, ad eum statim mitterem: quod idem postea per literas non destitit postulare. Id ego nunc feci, misique ipsum volumen, examinandum omnium doctorum judicio, qui modo æquitatem animi cum doctrina habeant conjunctam. Nam quod ad me attinet, paratus ad utrumque sum, & probari, & reprehendi. Quæ etiam reprehensio si fuerit justa, mihi futura est utilior, quando per illam melior & con-

---

(a) Vide quæ de eo habentur in notis ad Epistolam CLXXVI. pag.112.

confideratior fiam. Hæc ego ad te fcripfi, magis ut ne quid mearum rerum tibi effet ignotum, quam ut audeam poftulare uti hæc legas. Quæ etiam fi non indigna, attamen incommoda funt tuis graviffimis & maximis occupationibus. Mihi tua falus, dignitas, amplitudo, ita eft cordi, ut Deum optimum Maximum, quo is ifta omnia tibi tueatur, quotidieque ad fecundiores provehat eventus, rogare non definam : quod fit virtuti, & bonis moribus ac legibus, fanctæque fidei Catholicæ, cum tua infigni laude, commodo femper atque emolumento. Vale. Pridie Calendas Octob. M. D. XXXII. Carpentoracti.

EPI-

EPISTOLA CLXXIV. (a)

REGINALDUS POLUS (b)

Jacobo Sadoleto Episc. Carpent.
S. P. D. *Carpent.*

Gratias ei agit ob officia in se Carpentoraeti collata, pluribusque significat, quanta cum suavitate consuetudinem ibi suam depustaverit. Ejus librum de liberis recte instituendis, quem sibi tradiderat Bembo reddendum, magnopere laudat, queriturque quod nullam in eo Theologiae mentionem fecerit. Tandem concludit, ejus litteras Bembo Venetiis, Giberto Veronae, Lazaro Bonamico Patavii reddidisse.

GRatias tibi agam prius (ita enim rerum ordo, & mei officii ratio postulat) deinde ad mandata tua convertar. Neque vero illa solum me ad agendum gratias impellunt, quae tu in me praesentem officia contulisti, cum me domo atque hospitio honorifice sane lauteque

---

(a) Edita etiam extat haec Epistola, inter ipsius Reginaldi Poli literas a cl. Cardinale D. Angelo Maria Quirino primum evulgatas Par. I. n. xIII. pag. 197. cum qua editione ita eam conferendam curavimus, ut variantes a nostra Quiriniana editionis lectiones adnotandas esse duxerimus.

(b) Vide quae de Reginaldo diximus in notis ad Sadoleti vitam pag. xxxi. Lv. Lx. atque alibi. Poli vitam a Lud. Beccatello etrusce conscriptam, latinis literis mandavit Dudithius Sbardellatus non ineleganter. Obiit Card. Polus Londini an. 1558. mense Novembri.

teque acciperes, cum animum meum, tui congressus cupidissimum, erudito illo & pleno gravitatis sermone retineres & plane pasceres: atque maximis de rebus quærentem & hæsitantem, omni prorsus scrupulo & dubitatione liberares. Quæ quidem quoties in mentem revoco (revoco autem sæpissime) quod de Platonis cœna dixit Timotheus, cum ab eo invitatus esset, & eundem postero die vidisset, cœnas Platonis non modo in præsentia, sed in posterum quoque diem fuisse jucundas; idem ego multo prolixius de tuo hospitio dicere possum, non modo in præsentia fuisse jucundum, sed in aliquot menses jam fuisse, atque idem, ut spero, in multos annos futurum. At vero cum a tua consuetudine, cujus ego suavitatem tum primum quasi gustare cœperam, tam cito dirimi, ac tanto locorum (*a*) intervallo disjungi, animo sane moleste ferrem (cum nec mihi tum integrum esset aliter facere, rationibus meis sic ferentibus, & in hæc loca pene trahentibus) ne huic quidem dolori meo defuisti. Inita enim a te ratio est, quemadmodum eo quo tantopere delectabar, non usquequaque privarer. Sed ut te etiam (*b*) absens aliqua ex parte fruerer, adjuncto mihi ejusmodi itineris comite, qui te mihi quotidie reddebat (*c*); qui jucundissimos tuos, & gravissimos sermones sine intermissione referebat, nec sane intermitti eam, quam ex consuetudine tua

---

(*a*) In edit. Quirin. *atque tantorum locorum*.
(*b*) Desunt hæc duo verba in laudata editione.
(*c*) In edit. Quiriniana *repræsentabat*.

voluptatem cepi, ullo pacto finebat. Quis enim te ipfum (*a*) melius exprimere potuit, quam tu, quam fcripta tua, quam liber ille tuus quem per me (*b*) Bembo reddi voluifti? in quo prudentia tua, gravitas (*c*), doctrina, quibus maxime delectabar, elucent. Hunc certe mihi comitis loco accepi, qui non modo mihi in brevi illa & paucorum dierum via, quæ in Italiam properanti inftabat, pro vehiculo fuit (quod de facundo comite dici folet), fed in longo (*d*) totius vitæ curfu, in quo maxime, & periculofiffime laboratur, & vehiculi, & ducis locum facile obtineret. Ex quo quidem hanc primo afpectu voluptatem cepi, quod mihi cogitationem omnem de eo in quod ingreffus eram itinere, impedito fane & molefto, abftulit (*e*), meque totum in contemplationem præclari illius itineris abduxit, quod te duce & monftratore, adolefcenti ad laudem & decus tendenti, certum & gloriofum proponebatur. In quo quidem valde delectabar, cum quafi oculis, fic animo cernerem, te (*f*) graviffimum & prudentiffimum fenem, ut (*g*) peritum gubernatorem, gnarum (*h*) & locorum & maris, fyderum-

---

(*a*) Deeft hac vox in edit. Quiriniana.
(*b*) In edit Quirin. *me tabellario*.
(*c*) In edit. Quirin. *gravitas tua, doctrina tua*.
(*d*) In edit. Quir. *In maxime illo*.
(*e*) In edit. Quiriniana additur: *ac prorfus oblivifci fecit*.
(*f*) In edit. Quirin. *&*.
(*g*) In edit. Quirin. *&*.
(*h*) In edit. Quirin. *expertum*.

rumque & tempestatum omnium, sic animo providum, sic omnia pericula longe lateque perspicientem, ut nihil non prædiceres ac præcaveres (*a*), quod vel impedire tam præclarum cursum, vel in periculum adducere posset (*b*). Qui non cuivis adolescenti in in vulgi moribus educato, vulgaribus parentibus orto, & qui filiorum educationem in postremis haberent, te ducem profitearis, sed illi qui ab optimis parentibus, pene antequam in lucem puer ederetur, huic tam præclaræ expeditioni fuerit destinatus : cujus educationi natura non obsistere, sed suas dotes benigne largiendo, se fautricem sponderet, qui ab incunabulis sic edoctus, sic literis & moribus formatus fuerit, quemadmodum est a te sanctissime & prudentissime præscriptum. Hunc vero talem cum tibi ipse oratione formasses, vel potius natura sic formatum, & parentum votis huic rei destinatum, cum Paulum tuum accepisses, quid non voluptatis mihi (*c*) præbuit, præclarus ille quem recenses, in eo instituendo apparatus? Deinde cum ex puerili institutione, tanquam ex angustiis eum abduxisses (*d*), & in latum illud, quod adolescentis institutioni quasi pelagus patebat, adduxisses, tum sane maxime delectabar, cum te fecundissimo illo orationis cursu, plenis eloquentiæ velis, ita omnes artes doctrinasque percurrentem viderem, ut cum nihil

---

(*a*) In edit. Quir. *nihil non prædictum*.
(*b*) In edit. Quir. additur: *nulli nos vel abs te prospectum esset*.
(*c*) Deest hæc vox in edit. Quiriniana.
(*d*) In edit. Quirin. *eduxisses*.

nihil tibi tum aliud propositum esset, nisi ut earum artium sedes & loca, ubi ad tempus insistendum, atque ad majora & ulteriora tendenti commorandum esset, monstrares; ea tamen sic oratione illustras, sic artium singularum vires & virtutes explicas, ut prope monstrando in earum jam possessionem mittere (*a*) adolescentem videaris, atque eas recensendo tradere. Hæc certe magna cum voluptate contemplabar (*b*). Sed quo magis me delectabant, eo sane avidius expectabam, quo tandem præclarum istum cursum, quem tanto apparatu instituisti, dirigeres: quem tibi portum proponeres. In qua expectatione statim se mihi in conspectum obtulit philosophiæ portus, quo te velis remisque (*c*) properare, atque illic paulo post alumnum tuum relinquere (*d*) videbam. Præclarus ille quidem, & omnibus aliis portus præferendus, si antiquis illis Aristotelis & Platonis temporibus, vel etiam si recentioribus M. T. Ciceronis, hic cursus abs te institutus fuisset, aut si ii gubernatores adolescenti tuo contigissent (*e*): nec enim (*f*) illi profecto alium elegissent, nec facile tum alius tutior vel commodior reperiri potuit. Sed cum iis (*g*) felicibus temporibus cursum instituris (*h*) tuum, qui-

---

(*a*) *Immittere* in edit. Quiriniana.
(*b*) *Spectabam* in eadem edit.
(*c*) In edit. Quirin. *ventisque*.
(*d*) In edit. Quirin. *relictum*.
(*e*) Ibid. *dati essent*.
(*f*) Deest hæc vox in edit. Quiriniana.
(*g*) Ibid. *iis*.
(*h*) Ibid. *instituisti tuum, in quibus &c.*

quibus ut multi terrarum novi tractus, Insulæque & portus antiquitati incogniti, inventi sunt; pluribus eorum qui antiquitus celebres erant (*a*) vel mari obrutis, vel vetustate consumptis; sic etiam animorum portus multo tutior & tranquillior, Deo ipso & eodem Dei filio duce & inventore nobis apertus sit, quem antiqui ignorabant; cumque Sadoletus ipse, qui in hoc cursu gubernatoris locum obtinet, etsi appulsus quidem ad antiquorum portum, tamen prætervectus sit, nec diutius ibi commoratus: quam ut necessaria sibi inde sumeret ad reliquum cursum perficiendum; in hunc tandem, qui a Dei filio monstratus sit se receperit, ubi nunc summa cum animi tranquillitate & securitate vivit, quid est, cur non Paulus tuus merito tecum conqueratur, si in alieno & infido jam portu eum relinquas, cum te ipsum in optimo & tutissimo collocaris? Ego certe illius verbis tecum expostulare non dubitabo, si juvenem omnibus vel naturæ dotibus, vel doctrinæ præsidiis tua opera instructissimum, & plane talem qualem tu parentum votis expetendum proponis, fluctuantem jam in philosophiæ portu reliqueris (quæ (*b*) ne portus quidem jam nomine digna (*c*) sit; sed ut de Tenedo dixit Poeta: nunc tantum sinus, & statio male fida carinis). Atqui non (*d*) nobis tantus iste in eo educando apparatus, nec præclara

---

(*a*) In edit. Quiriniana *florebant*.
(*b*) Ibid. *qui*.
(*c*) Ibid. *qui ne portus quidem jam nomine dignus*.
(*d*) Ibid. *non certe nobis*.

clara ista tua institutio, talem nobis promisit, qui præcepta tandem vivendi a Philosophis peteret, aut qui animi securitatis causa in illorum portum confugere necesse haberet; sed qui vel principibus ipsis Philosophorum, si jam revivisceret, novum & præstantius vivendi genus ostenderet, quo illi nunquam aspirare potuerunt; sapientiam autem & animi tranquillitatem longe aliam, & aliunde quam a philosophiæ præceptis petendam, tanto præstantiorem & diuturniorem ea quam philosophia promitteret, quanto humanis præstabiliora divina sunt (*a*). Quare age, mi Sadolete, noli promisso tuo, in tali juvene instituendo satisfactum putare, si eum ad philosophiæ limites perduxeris, aut etiam si philosophiam ipsam integram tradideris. Solvas inde oportet, neque unquam defatigere (*b*), donec in sacrum eundem portum, in quo ipse summa cum animi tranquillitate vivit, illum (*c*) perduxeris. Nec enim convenit, tam præstanti educationi, & illi quem omnium opinione, hæredem virtutis & sapientiæ tuæ es relicturus, in alio quam quo ipse tabernaculum vitæ posueris, portu conquiescere. Hæc ad te verbosius scripsi, vel tuo imperio obsequutus, qui me etiam de illo tuo libro, quem satis admirari non poteram, quid sentirem ad te scribere voluisti, vel meo in sacras istas (*d*) Musas amori satisfaciens. Quas

---

(a) Ibid. *quanto præstabiliora sunt omnia divina humanis*.
(b) Ibid. *defatigari*.
(c) Deest vox *illum* in editione Quiriniana.
(d) Ibid. *illas*.

EPISTOLÆ FAMILIARES. 105

Quas abs te illaudatas & tacitas præteriri, cum reliquas omnes artes & disciplinas dignis præconiis ornaris, vix æquo animo spectabam, vel etiam quod Langeo nostro, cujus liberis instituendis iste abs te labor præcipue sumptus sit, hoc imprimis gratum fore non dubitabam, si quod in philosophia & reliquis artibus facis, ut singularum laudes attingendo, ad earum studium adolescentum animos erigas, idem in Theologia facere non neglexeris: in qua reliquæ omnes, ut in oceano flumina, se immergere solent, & debent. Et certe convenit, ut quæ te ipsum maxime ornat, & in dies magis magisque ornatura est, cum de iis disciplinis sermo sit, quarum cognitio humanos animos colit, & perficit (a), ejus laudem haudquaquam silentio involvas: præsertim cum ad Langeum scribas, quem scio, quoties e negotiorum fluctibus, quibus in aula versantem (b) jactari necesse est, emergere licet (c) in nullo libentius, quam in Theologiæ portu conquiescere. Sed tamen loquacitati ignosces, qui cum sancte adjurare possim, me his quatuor annis non tantum quidem (d) Latine legisse, quantum nunc ad te scripsi. Theologorum libris avocatum (quos tamen in genere Latinorum scriptorum non pono) in hanc insolitam Latine

scri-

(a) Ibid. *cum de iis, quæ hominis animum cognitione colunt & perficiunt, sermo sit*.
(b) Ibid. additur *etiam*.
(c) Ibid. *datur*.
(d) Ibid. *me a quatuor jam annis ut tantum quidem* &c.

scribendi loquacitatem erupi. Sed ut loquendi tecum, sic etiam scribendi ad te, quo cum absente quasi loqui videor, dulcedo quædam me longius ultra epistolæ fines provexit. Cui tu pro tua humanitate ignoscas oportet. Nunc ad tua mandata venio. In quo eo brevior ero, quo pauciora mihi scribenda reliquerunt eorum literæ, ad quos mihi mandata & literas dedisti; quas jam spero ad tuas rescriptas te habere. Omnes enim receperunt, post paucos dies, quibus id commode facere possent, se tuæ voluntati esse satisfacturos (*a*). Bembi vero literas cum his ad te mitto: quem cum Venetiis salutarem, eique tuas literas una cum libro darem, quantopere delectaretur (*b*) de te, & de tuis studiis audire, pro vestra conjunctissima necessitudine, facilius est tibi existimare, quam mihi scribere. Veronensi vero Pontifici (*c*), quem Veronæ salutavi, etiam tuas literas tradidi: qui me unam diem apud se detinuit, cum nullus pene nobis sermo esset, nisi de te, & de tuis studiis: cum sæpe se valde dolere ostenderet, suavissima consuetudine tua (*d*), propter locorum intervallum, quo disjuncti estis, se privari. Lazarum tuum Patavii offendi, cui etiam tuas literas tradidi, cum ad me salutatum humanissime venisset (*e*). Omnes vero tibi de
ista

(*a*) Ibid. *quibus tuæ voluntati satisfacere possent, se id facturos.*
(*b*) Ibid. *quantum delectabatur.*
(*c*) Ibid. *Episcopo.*
(*d*) In eadem editione additur: *quam semper expetivit.*
(*e*) Ibid. *veniret.*

EPISTOLÆ FAMILIARES.

ista animi tranquillitate & ocio gratulantur: ex quibus tam præclaros fœtus (*a*) oriri, & prodire in utilitatem publicam (*b*) vident, quæ ut tibi perpetua sint optant. Egoque imprimis, qui non minus præclaros sciam te jam parturire, his qui (*c*) a te jam sunt in lucem editi, hoc idem optare non desinam, partumque felicissimum optari (*d*). Vale. Venetiis, IIII. Cal. (*e*) Novemb. M. D. XXXII.

(a) Ibid. *fructus*.
(b) Desunt hæc verba in laud. edit.
(c) Ibid. *quam sunt hi, qui*.
(d) Ibid. *precari*.
(e) Ibid. v. *Calendo*.

JACOBI SADOLETI

EPISTOLA CLXXV. (a)

JAC. SADOLETUS. EPISC. CARPENTORACT.

Reginaldo Polo
S. P. D. *Venetias.*

De prospero ejus Venetias adventu gratulatur; celebratisque ejusdem ingenii ac sapientiae dotibus, causas reddit, cur nihil de Theologia in suo libro dixisset.

Illum primum cepi ex literis tuis fructum, quod cognovi ex his manu tua scriptis, te valetudine bona jam uti, de qua fueram mehercule aliquot antea diebus non parum solicitus, cum Thomas tuus ad me Avenione scripsisset, te in eum morbum quo hic laborabas, Venetiis denuo incidisse: nunc tuae mihi peroptatae literae omnem mihi hujusmodi de te metum & solicitudinem meam penitus absterserunt. Confido enim (quae tua temperantia est) hunc nuncium valetudinis tuae, & laetitiam quam nos ex eo capimus, diuturnam nobis fore. Alter autem fructus ex tuis literis non tam fortasse necessarius, quam hic de quo dixi, sed certe ad voluptatem animi aliquanto uberior: quod quantum tu me ames, & quam de me honorifice sentias, ex eisdem plane literis perspexi. Etiam mehercule cujusmodi tu sis, quam doctus, quam
hu-

(a) Extat etiam haec Epistola inter litteras ipsius Poli a Card. Quirino editas Par.1. num.XIV. pag.402.

humanus, quam elegans, quam dignus qui ab omnibus his ameris atque colaris, qui virtutem, & comitatem, & optimum sibi morem esse colendum putent. Sed quæ tu ad me de me ipso scribis, in quibus judicium tuum est de me cum singulari benevolentia conjunctum; omnia sunt ejusmodi, ut cuivis intuenti facile appareat, amantis illa esse hominis magis, quam judicantis. Etsi enim tu hac ingenii quoque & sapientiæ laude mirifice ornatus es, ut possis commode judicare de altero; tamen id quoque tibi esse impedimento, quod plurimis efficit, ut amore inductus, amici bona carius æstimes, quam quanti illa sunt, minime mirandum est: præsertim cum naturæ humanitatem habeas ingenio & prudentia non inferiorem. Mihi quidem, cum ea quæ mihi tribuis, non continuo agnoscenda esse videantur, libenter illa refero & converto ad amorem: quo sane dum charus tibi jucundusque sim, satis tuo judicio me ornatum esse puto. Non enim mediocris est operæ, neque virtutis, tali viro qualis es tu, tantopere placere. De te vero, mi doctissime atque humanissime Pole, si ea dixero quæ sentio, nunquid tu illa certo judicio, ac benevolentiæ in te meæ es ascripturus? Utinam quidem possem verbis omnia complecti, quæ mihi de te in animo insita, penitusque affixa sunt; non vererer nimium amantis suspicionem. Sed si hoc non queo, quod mens eloquendi, exprimendique conatus, tuorum ornamentorum copia obruit; illud quidem dicam quod in promptu est; usque eo me aspectu, sermone, sanctissimis tuis illis & modestissimis moribus, fuisse captum; ut nunquam postea mihi ex animo nostri illius congressus memoria exciderit. Quanquam enim perspiciendi tui penitus, ac fruendi exigua mihi potestas fuit facta, propter subitum a nobis discessum tuum, qui mihi moeroris non minus reliquit, quam tuus laetitiae adventus tulerat; tamen vitae cursum tuae mecum ipse considerans, & summorum hominum testimonia, quae tibi saepe egregia apud me ab illis data sunt, cogitatione mea repetens, quibus praesertim testimoniis brevis illa mecum congressio tua apprime fidem fecisset; talem te in animo gerere coepi, qualis profecto tu es. Neque aliter statuere potueram, quam eum, qui & nobilitate domi, & fortuna amplissimus, cognatos, familiareis, patriamque reliquisset: & cum flagraret studio atque amore artium optimarum, ex ultimis orbis terrarum regionibus illarum adipiscendarum causa in Italiam se contulisset; ibique annos complures commoratus, ita se dedisset familiaritatibus amicitiisque doctissimorum ac praestantissimorum hominum, ut illorum omnium judicio imprimis dignus ipse haberetur, quem & propter fidem atque integritatem vitae venerarentur omnes, & propter ingenium doctrinamque colerent; hunc ego (inquam) existimare alium non poteram, quam summum & singularem virum, hominemque ejusmodi, cui nos ista qui pendimus & judicare aliquid possumus, non benevolentiam modo, aut honorem tacitum, sed omnia cultus & officii aperta & suspicata studia deberemus. Accesserunt literae tuae praeclarae testes ornamentorum tuorum, atque amoris summi erga me tui; quae me totum tibi addixerunt.

Quam

Quam illæ humaniter scriptæ ! quam eleganter ! quam argutæ ! nihil ut ingenii luminibus his quæ in eis plurima elucent, nihil ut præclara effigie pietatis tuæ, ac religionis erga summum Deum, quæ in illis expressa est, fieri possit illustrius. Et tamen tu is cum iis, qui alicujus domum ingressus, intro tecum feras lætitiam hospiti tuo, atque honorem; agis mihi per literas gratias quod te domi meæ libenter acceperim. Quasi non maximo mihi ornamento fuerit adventus tuus, & voluptati sermo atque congressus. Aut tu plus ex me, quam ego ex te, & ex sermonibus tuis, adeptus fueris & suavitatis, & commodi. Ast ego tuum illud consilium fidele & sapiens nunquam e memoria depono; cum tu mihi dubitanti (*a*), quodnam genus potissimum sequi studiorum deberem, & quorum autoritati atque opinionibus assentiri; quod erant, qui alia mihi studia quædam, & diversas scribendi rationes proponerent; fidenter & prompte consuluisti, ut ea præcipue sectarer studia, quorum fructus in hac vita non solum, sed in omni æternitate integri manere possent. Quo ego responso maxime adductus sum, ut me literis sacris totum dedendum putarem, ad quas eram jam quidem sponte mea propensior. Simulque integritatem, & virtutem, & religionem tuam admiratus sum; qui cum inter eos homines diu versatus esses, quibus hæc studia minus probantur, atque eis artibus ipse instructus, quorum videtur lepos, eruditio, elegantia, ab

his

(*a*) In edit. Quirin. *hæsitanti atque constanti*.

his rudioribus (ut existimatur) studiis abhorrero; bonitate tamen naturæ, & ingenii vi, ea cæteris anteponenda studia duceres; quæ non præsentem modo suavitatem, sed multo magis rationem perpetuæ utilitatis habeant. Sed quid ago: majoris illa sunt operæ & temporis longioris quam ut una epistola comprehendi possint. Veniamus ad literas. In quibus, quod scribis, librum meum in via tibi pro vehiculo fuisse, valde mediusfidius id lætor: quodque eum probas ac laudas, mihi vehementer gratum (quid enim dissimulare est opus?) Sed illud gratius tamen est, quod ex illo te intelligo memoriam & cogitationem mei crebrius aliquanto & diligentius usurpasse: quo nihil mihi quidem accidere potest optatius. Mandata mea, quæ abeunti tibi dederam, diligenter te confecisse, neque miror (novi enim fidem & integritatem tuam) & te de ea re plurimum deamo. Accepi jam quidem a Bembo meo literas, cum uberes ad ea quæ ab eo requirebam, imprimisque & elegantes & eruditas, tum omnibus refertas officii ac benevolentiæ signis (*a*). Expostulationem tuam qua uteris mecum, quod locum Theologiæ in enumeratione earum artium, quibus recta institutio adolescentiæ continetur, nullum dederim, sed in philosophia totum hominem constituerim; sic accipio, mi Pole, ut in omnibus tuis dictis atque factis tua animi virtus, & Deo dedita voluntas vehementer mihi probetur. Sed ego primum nominatim de Theologia nihil dixi, quod ea

in

(*a*) Eas habes superius num. CLX. pag. 52.

in philosophiæ nomine continetur. Est enim Theologia (ut ipse nosti) apex quodammodo philosophiæ, & fastigium. Cujus tanquam magni cujusdam corporis, cum plura membra sint, ut ab Aristotele est perspicue demonstratum, illa quæ de Deo pars, & de principe causa pertractat, sola prope digna est quæ philosophiæ nomine censeatur. Quæ etsi aliter fere tractata a nostris est, ac veteribus fuit; eam tamen philosophiam nunc appellari video a doctissimis & sanctissimis viris, Chrysostomo, Basilio, cæterisque. Deinde cum adolescentem sic instituam, & eum duntaxat deducam ad annum ætatis quintum supra vigesimum, post id autem suo cum arbitrio permittam; non visum mihi fuit convenire, accuratius ad ætatem illam de Theologia verba facere: cum hæc ars una atque scientia senectuti maxime & sedatioribus annis apta sit. Et si præcepta suscipiendæ religionis necessaria etiam juventuti sunt, quemadmodum utique sunt; satis illa a me in eo libro, quatenus quidem ad adolescentiam pertinet, sint tradita. Postremo, cum in Hortensio distinctius de philosophia acturus sim, eamque in suas partes omneis distributurus, veluti de qua proprius ibi sermo habendus est; non duxi ejus dialogi ornamentum, quod in laudatione Theologiæ vel præcipuum futurum est, in hoc prius libro delibari convenire: cum id jucundius tum futurum sit, si ad hominum aures novum atque integrum accedat. Habes rationem ejus prætermissionis meæ, quam tibi cupio probatam esse. Certe enim ego quod judicavi esse congruentius, id secutus sum. Et nunc quidem perdifficilis foret commutatio.

Plu-

JACOBI SADOLETI

Plura enim mihi invertenda in eo libro, vel totus potius liber alio ordine pertexendus esset. Verum de his satis. Te amari a me mirifice, & coli, valde tibi persuasum esse volo; neque me magis appetere quicquam, quam ut meæ erga te voluntati, tua mutuo voluntas in me amando respondeat. Vale, III. Nonas Decembris, M. D. XXXII. Carpentoracti.

EPISTOLA CLXXVI.

JAC. SADOLETUS EPISC. CARPENTORACT.

Francisco Turnonio S. R. E. Cardinali
S. P. D. (*a*) *Lugdun.*

Excusat tarditatem literarum, deque adepta dignitate gratulatur.

DIU est, quod ego & amore incensus tuarum clarissimarum virtutum, & magnis tuis beneficiis obligatus, toto tibi animo fui deditus, tuamque amplitudinem omnibus meis officiis colendam mihi proposui. Sed hanc

---

(*a*) Hic an. 1489. nobilissimo genere natus, Galliæ regum affinis extitit. Omnibus disciplinis ac literis imbutus, pluribusque sacerdotiis auctus an. 1530. Francisci I. rogatu a Clemente VII. Pontif. Max. in Cardinalium Collegium relatus est. Obiit apud S. Germanum in Laya x. Calend. Maii an. 1562. ætatis suæ LXXIII. quum esset Episcopus Ostiensis & Sacri Collegii Decanus. Ejus vitam scripsit Vincentius Laureus postmodum Cardinalis, quæ mss. tantum habetur, teste Viro Borello. Vid. Ciacc. tom. III. col. 506.

hanc meam voluntatem quo minus tibi adhuc per literas declararim, id causæ fuit, quod sperans aliquando congredi tecum, & coram tibi animum meum patefacere, reservabam me ad id tempus, quo præsens præsenti tibi & agerem pro tuis erga me beneficiis gratias, & totum me in potestatem tuam traderem. Sed cum hoc longius jam fieret, multæque me causæ & difficultates quotidie detinerent, quominus in ista loca & ad summi Regis conspectum, sicut constitueram, accedere possem; statui non esse amplius differendas has literas. Quæ si non totam vim amoris in te mei, quæ permagna est, tibi explicarent; nonnulla tamen me liberarent culpa: quæ vereor ne a me suscepta sit. Feci enim certe, quod facere non debeam, ut nimis sero, quo animo sim erga te, tibi significaverim: commisique ut parum grati & benevoli hominis officio videar functus. In quo oro te, & quæ tua est humanitas, vehementer rogo, mihi ut ignoscas, neve id negligentiæ meæ, aut oblivioni tuorum erga me meritorum, sed inani potius spei & cupiditati visendi & alloquendi tui attribuendum putes. Quod cum confidam me a te pro tuæ naturæ benignitate jam impetrasse; accedam ad reliqua, quæ mihi scribenti in his literis proposita sunt. Primum, ut tibi de tuæ amplificatione dignitatis gratuler; deinde, ut pro acceptis beneficiis gratias agam. Gratulor igitur tibi, & valde gratulor, quod istum gradum honoris amplissimi ita es consecutus, ut non laus tua in illo honore posita, sed fortuna virtutem tuam secuta esse videatur. Nec vero ulla est verior, & magis te digna gratulatio, quam
quod

quod tu is homo es, eis ingenii, virtutis, nobilitatis, prudentiæ ornamentis præditus, ut nullus sit tantus honor, qui tibi non ita debitus sit, ut tamen dignitati tuæ par esse non queat. Sed ut hæc mittam, quæ hoc etiam majora in te ac præstantiora existunt, quod omnis doctrinæ, & omnium artium optimarum comitatu ac scientia sunt instructa: illud in tua natura præclarum atque magnificum, quod opes, & gratiam, & autoritatem tuam, quæ magna est, omnibus semper bonis vis esse adjumento atque præsidio; quanam id hominum laude, aut quibus tandem honorum insignibus potest compensari? Equidem de tuo honore ita sentio, ut eo omnes bonos magis quam te ipsum lætari putem oportere. Siquidem illi fructus uberiores liberalitatis tuæ sibi in eo propositos esse sciunt: tu isti honori plus splendoris affers, quam ipse honos tibi. Sed de his, quæ longiorem multo postulant orationem, tantum impræsentia dictum sit. Illud, quod mei privati in te est officii, ingenue aperteque consiteor, me tibi maximo tuo merito valde esse obligatum. Recordor enim cum ego essem absens, ac hominum litigiosissimorum ac violentissimorum injuria meæ fortunæ in grave judiciorum discrimen essent vocatæ (a), te ita suscepisse meas partes & favendo & scribendo, & præsens ipse meam causam commendando, ut nullum prorsus officium prætermiseris, quod homini amico a patrono amplissimo posset tribui.

(a) Vide hac de re Epistolam XLVII. & sequentes usque ad LVIII. quæ extant Par.1. pag.141. & seqq. nec non Epistolam LXXIV. Par.1. pag.203.

bui. Idque neque tu rogatus a me, neque ulla mecum familiaritate conjunctus, ut eo plus beneficium tuum, & naturæ tuæ bonitas sua sponte propensa ad me benefacendum appareret. Quæ si studia voluntatis tuæ erga me, aut in memoria mea perpetuo non hærerent, aut a me minoris quam dignum est æstimarentur, hominem ipse me non putarem. Sin autem rursus illis a me referri arbitrarer posse meritam gratiam: nimis ample ipse de me, & de meis facultatibus existimarem. Quæ cum ita sint, & cum tua beneficia in me amplissima, ego natura certe & voluntate gratissimus, opibus & fortuna tenuior sim, quam ut possit a me tuis benefactis & meritis officium par referri: peto a te, ut qua liberalitatis animique præstantia, me tibi ab initio devincire voluisti; eadem nunc & bonitate, & liberalitate, animum meum flagrantem desiderio satisfaciendi tibi, gratiamque referendi, pro relata gratia accipias, meque tuum totum & in tuorum numero imprimis habeas. Ego enim tibi polliceor ac spondeo, si eandem tu mihi benevolentiam benignitatemque præstiteris, quam ab initio ostendisti, meque semel susceptum in clientelam perpetuo complexus fueris, daturum me operam, ut ne te hujus de me judicii, & tuæ amicæ erga me voluntatis pœniteat. Vale, Carpentoracti.

ANNO M. D. XXXIII.

EPISTOLA CLXXVII.

JAC. SADOLETUS EPISC. CARPENT.

Francisco Turnonio S. R. E. Cardinali,
S. P. D. (*a*)   *Romam.*

De Gulielmi Budæi libro sibi misso gratias agit, optatque ut Romana Legatione prospere feliciterque perfungatur.

SUaviſſimas tuas accepi literas, quas Lugduno in Italiam proficiſcens ad me dediſti, librumque Budæi noſtri (*b*) cum his una, cum

---

(a) Vide notas in epiſt. ſuperiorem.
(b) Quoniam cum Sadoleti noſtri judicio de Budæi moribus ſcriptiſque, conveniant quæ de illo tradidit Paulus Jovius in Elogiis doctorum virorum n xcvii. ea placet hoc loco in medium afferre. ,, Nulli mortalium
,, (inquit Jovius l.c.) ætate noſtra perpetuis lucubra-
,, tionibus aſpirante fortuna, cum Græcæ tam latinæ
,, eruditionis majores opes contigerunt, quam Gu-
,, lielmo Budæo non Galliæ modo, ſed totius etiam
,, Europæ longe doctiſſimo. Natus Lutetiæ præcellen-
,, tium diſciplinarum celebri domicilio, dum peren-
,, nem ſpectaret laudem, & rei familiaris fortunas ho-
,, noreſque ingenio ſuo & ſperata gloria viliores arbi-
,, traretur ea. amplius ætatis annos in ſtudiis conſum-
,, pſit, ita ut ſummæ eruditionis libro de aſſe altero-
,, que in Pandectas edito, ac infinita demum lectione
,, conſectis Commentariis, quibus Græcæ ac latinæ fa-
,, cultatis ornamenta comparantur, nulli communicata
,, laude, æquales omnes doctrinæ auctoritate ſupe-
,, ra-

cum ipsum mihi per se gratum, tum etiam gratiorem; quod veniebat a te. Quanquam ne id ipsum quidem tanti, quam quod illo modo, & cum illa diligentia veniebat. Dedisti enim mihi amoris in me tui insigne testimonium, cum tantam curam suscepisti, ut optatum illud donum ad me perferretur. De quo tibi hoc confirmo, duplicem me cepisse volptatem, & quod materia digna est eruditis auribus, & quod Regis nostri nomen talibus jam scriptis celebrari gaudio. Budæus vellem genere ipso orationis aliquanto esset lenior. Summum quidem illius ingenium, & incredibilem doctrinam, tum autem conjunctam his tot ornamentis innocentiam vitæ, & probitatem, & dilexi semper, & admiratus

,, ravit. Sed qui in memoriæ thesauris tantas divitias
,, miro digestas ordine continebat, velut occupatus in
,, apparatu, candidioris eloquentiæ cultum neglexisse
,, existimatur. Id enim in toto studiorum negotio lon-
,, ge gravissimum, nemo nisi irrita spe senectuti un-
,, quam reservavit. Adaugebant hominis famam in per-
,, spicuo animo sanctissimi mores, quibus aliquanto
,, uberiora rei familiaris incrementa, quam pertinaci
,, diligentia, vel hominis ambitione, educatis felici-
,, ter liberis reliquit, quam Rex Franciscus, subita
,, liberalitate inclitus, optimi viri otium foveret, &
,, ipse supplicibus libellis præpositus, honestissimo pro-
,, ventu ditaretur. Sed vir alioqui incorrupta mente
,, compositus, Erasmianæ obtrectationis spicula ferre
,, non potuit, iis autem contumaci odio incensus,
,, tela veneno Batavo delibuta jacularetur. Septuage-
,, simum tertium agentem annum oppressit febris, lon-
,, ginquo & æstuoso ad Armoricum oceanum itinere
,, concepta. Pie autem tranquilliterque vita excessit &c.
Vide quæ de eodem Budæo diximus Par.I. in notis ad Epist.xv. pag.47.

tus sum. Sed, mi humanissime Turnoni, qui tam repente nobis te eripuisti, quæso ad quod tempus te expectaturi sumus? omnino puto magnis te de rebus eo fuisse missum: tametsi rumoribus multa circumferuntur, quibus ego neque omnino fidem habeo, neque prorsus derogo. Verum alia sunt, quæ magis puto ad me pertinere; urgeo enim dies & noctes opus illud, cujus tu partem in manibus habes: a qua te lectione abduci laboribus itinerum ac legationis, & plane suspicor, & parum tamen te jacturæ in eo facere duco. Tuus mihi honor, & tua dignitas cordi est: atque ut legatione prospere feliciterque perfuncta, quod tamen ipsum cum Christianæ fidei & Reipublicæ commodo conjunctum sit, cum omnium laude & gratia ad tuos te, & ad nos, qui maxime sumus tui, primo quoque tempore recipias. Vale, & nos, quod facis, ama. Carpent. XII. Calend. Febr. M. D. XXXIII.

EPI-

EPISTOLA CLXXVIII. (a)

PIETRO BEMBO

A M. Jacopo Sadoleto. *A Carpent.*

Laudat Antonium Damascium, quem sibi per literas commendaveras, deque nonnullorum verborum in ejus libro de liberis recte instituendis *significatione agit, eumque librum D. Gregorio Cortesio legendum se dedisse significat.*

IL noſtro M. Anton Damaſcio, che mi raccomandate, ho veduto & ricevuto volentieri & profertogli tutto quello, che io vaglio per amor di voi. Hollo poſcia domeſticamente havuto in caſa; dove è venuto più volte *officii cauſſa*, & conoſciutolo tale, quale nella voſtra epiſtola ſcritta in fretta, ma molto dolcemente, me'l dipingete. Di che reſto io a voi tenuto: che m'havete fatto conoſcere sì gentile, & avveduto giovane. Hebbi poſcia a queſti dì le altre voſtre lettere (b) a riſpoſta delle mie (c) ſopra il voſtro libro *de liberis recte inſtituendis*, & ho fatto emmendar quelli luoghi, de' quali mi ſcrivete: & darollo a deſcrivere, ſe mi fia richieſto, come ordinate. Non potevano eſſere le mie lettere per avventura

---

(a) Extat Epiſtolarum Bembi Italicarum tom. I. pag. 218. edit. Venetæ an. 1575.

(b) Extant hæ literæ ſuperius n.CLV. pag. 52. datæ III. Nonas Septembris an. 1530.

(c) Eas vide ſupra n.CLX. pag. 52.

tura in via, ch'io m'avviddi, che *in illis verbis* SUSTOLLERE *&* HACTENUS, io havea preso errore. Quanto poscia a pronomi *hæc & ista*, non voglio manchar di dirvene un'altra volta quello, che io ne sento: & ciò è quello medesimo, che per le altre vi scrissi. Il che a punto mi fanno a credere & dar fede quelli stessi luoghi, che voi producete di Cicerone; perciocchè *in* HÆC *loca veniente*, vol dire *in Latium*. Et quello *cujus* HIC *situs atque* HÆC *natura loci*, cioè quello, che io dirò hora, *ut nullo die*, & dicelo. Et così si pigliano quell'altre parole. *Cum* ILLA *sit* HÆC *insula*, dove potete vedere, che in quella voce *illa* Ciceron non disse *ista*, perocchè quel pronome non cadeva in quel luogo, ma disse *illa*. Quell'altro pronome poi *hæc Insula* vuol dir *questa*; cioè di quella qualità; & però disse *hæc*. Quel pronome poi *ex hoc esse* HUNC *numero quem Patres nostri &c.* disse *hunc* perciocchè era sì propinquo, che parea poterli dire *hunc*, & poi perchè dovea dir Catone, che fu più antico: dove disse *Catonem illum* per la comperation di Catone disse *istum; tamquam qui esset adhuc inter ipsos, cum quibus loquebatur*. Siccome in quello altro luogo: *non ad* ILLIUS *superioris Africani, neque ad* ISTIUS; che per la propinquità del tempo, & anchor per la comperation *de superiore*, disse *istius*. Nè quell'altro pronome nella Oration *pro Murena* stà altramente, che come dico io. Però che disse *isto loco*, perchè Servio Sulpitio havea quel luogo mosso, & ne calunniava Cicerone. Di modo che ivi non potrebbe meglio esser detto. Quell'altro *hunc istum otii & pacis hostem*: havea Cicerone contesso

esso lui conteso poco sopra, *tamquam non præsente*, & però disse poi *hunc Istum*, come se fosse accanto a quelli, *apud quos verba faciebat*. Quelli altri *Critolaum istum*: & *erat N. ab ipso Aristotele*, non poteano esser posti più propriamente. Perocchè queste sono parole d'Antonio che risponde a Catulo, il qual Catulo havea di sopra fatta mentione di Critolao & d'Aristotele. Quando poi disse: *atque inter* HUNC *Aristotelem*, lo disse perocchè ne parlava egli, & era già Aristotele suo ragionamento. Per le quali cose direi che fosse bene, che V.S. vi pensasse meglio. Aggiungo che se questi adverbij: *Hic*, *Illic*, *Istic*, *Hinc*, *Illinc*, *Istinc* non si pongono giammai l'uno per l'altro, ma ciascuno separatamente ha la sua proprietà, perchè dovemo noi o potemo porre i pronomi loro confusamente? *Sed hæc amoris mei abundantia erga te potius, quam disputandi voluntate sint dicta.*

Ho dato hieri al Rev. Padre Don Gregorio da Modona (*a*) Abate di S. Giorgio di Vinegia;

Ep. Fam. Pars II. F che

(*a*) Est hic Gregorius Cortesius, qui postea Cardinalis a Paulo III. factus est an. 1542. Vide quæ de illo diximus Par. I. in notis ad epist. v. pag. 28. Eum an. 1540. una cum aliis viris præclarissimis selectum fuisse a Cardinalibus Hieron. Ghinuccio, Gasp. Contareno, & Hieronymo Brundusino, ut cum ipso Contareno Legato Wormatiensi colloquio interesset, constat ex quadam eorumdem Epistola ad Paulum III. quæ extat inter mss. Biblioth. Vallicellana cod. signato lit. L. n. 40. & in eodem codice obviis litteris datis *alli 6. di Settembre*, eodem a. 1540. hæc de ipso Cortesio habet Hieron. Brundusinus Cardinalis mox laudatus: „ Don Gregorio „ Cortese fù pria Legista, che Monacho; poi datosi alla „ Scrit-

esse hominis, & ipsa moderatione animi temperati, quam & insulsi & stupidi, talis viri approbatione & testimonio, qualis tu es, non delectari) sed ego ad animi mei lætitiam palmarium esse in illis statuo, quod video te eorum sermonibus qui de me honorifice loquantur, non secus ac tuis laudibus, ut tute ad me scribis, gaudere & triumphare. In quo agnosco non amorem solum, sed plane magnitudinem animi tuam, qui nisi esses ipse omni laude cumulatus, non tam libenter faveres eorum famæ, qui quantavis ipsi laude virtutis floreant, te ipso tamen se confitentur inferiores. Ego vero mi Bembe neque quibus ornatus sim virtutibus scio: (nihil enim in me esse intelligo, quod magnopere spectandum prædicandumve sit) & de te sentio idem quod semper sensi, nihil fieri posse tuo ingenio, eloquentia, virtute, humanitateque præstantius. Polus quidem noster, ut est blandus conciliator amicitiarum, voluntatumque conglutinator, non amantius profecto mihi testimonium apud te potuit dare, quam tibi sæpe tribuit apud me. Cujus ego tibi familiaritatem & quotidianum usum inviderem, nisi & illum, & te in oculis gererem: amo enim utrumque vestrum. Itaque vereor, ne si quid mihi seorsum ab alterutro ex vobis appetam, facere injuriam amicitiæ videar: quæ præscribit, ut amicorum commodis æque gaudeamus ac nostris. Quod si in Italia constituissem, certe nusquam me conferrem alio quam ad vos, in vestraque consuetudine potissimum, in vestris familiaritatibus & amantissimis congressibus conquiescerem. Sed neque ea de re deliberare fas mihi puto, & meus reditus

tus in Italiam, etsi munere hoc officii imprimis quod sustineo, tamen etiam voluntate mea mihi penitus præcisus est. Hic enim ita vivo, ut mori hic ibidem velim: eademque terra, quæ vitam meam sustinet, corpus etiam ipsum, cum supremus venerit dies, contegat. Massiliam accessi, Pontificem salutatum, ut debui: illo enim officii vinculo me obstrictum esse in primis arbitrabar. A quo sic fui exceptus, ut nihil mihi in mentem venerit optare, in quo non ejus benignitas, & singularis humanitas, mihi pene se obviam obtulisse visa sit, usque eo facilem eum, & liberalem in cunctis sum expertus. Sed & multorum præterea, qui ex urbe venerant, egregiam erga me voluntatem studiumque cognovi. Ex quo valde lætus discessi illinc: non emolumentis præmiisque fortunæ, quæ jam apud me valent minimum, sed multis & claris testimoniis amoris ac benevolentiæ, quæ ego maximi facio, a compluribus viris amplissimis atque ornatissimis honestatus. Quamobrem stemus in eo, quod jam dictum est, ut familiaritatis nostræ desiderium missitandis literis leniamus. Non enim est causa cur transmittendæ alpes, aut mare inferum cur pernavigandum sit: cum crebra inter nos scriptio, & suaves hujusmodi epistolæ, si non alternos nobis vultus, at effigiem certe animorum, & vim amoris totam ante oculos ponant atque constituant: in quo voluptas nostra præcipue sita est. Neque eo dico, quin mihi te videre, atque intueri, foret dulcissimum: sed illud sperare, imprudentiæ est: optare temeritatis. Hoc quidem quod nostrum est, quod nostri arbitrii ac potestatis, in quo nullum jus

sibi

sibi fortuna vendicat, præstemus uterque nostrum, ut fructum amicitiæ nostræ, charitate, ac benevolentia, jucunditatem consuetudinis, epistolis repræsentemus: quorum in altero fides, in altero voluptas a nobis est attendenda. Nigrum meum amo, ut debeo: ad eumque puto me daturum literas (*a*). De Lazaro aveo scire quid agat: nihil enim jam diu ab eo literarum, ac ne nuntium quidem ex quo nosse potuerim. Colam tuum salvere plurimum jubeo, cujus & memoria mei, & benevolentia delector. Te de meis capere eam voluptatem, quam capio egomet, & tibi prorsus credo, & mihi est pergratum. Certe quod ad ocium senectutis meæ attinet, quæ aut instat jam, aut admodum propinqua est, videor habiturus, in quorum pietate & modestia acquiescam. Ambo quidem literis mirifice dediti, & tui imprimis studiosi peramantesque sunt. Quod cum agunt, non se addere tibi quippiam, sed se ornare adolescentiam suam clarissimi tui nominis cultu, & singulari observantia arbitrantur. Vale, VI. Idus Martiales, M. D. XXXIII.

(*a*) Eas vide inferius num. CLXXXVIII. pag. 263.

EPISTOLA CLXXX. (a)

PETRUS BEMBUS

Jacobo Sadoleto Episcopo
S. P. D. *Carpent.*

Antonii Damascii quem sibi commendaverat peracre ingenium, miramque comitatem celebrat, mutuæque ab adolescentia susceptæ, constanterque ad senectutem retentæ cum Sadoleto necessitudinis rationes exponit.

REvertenti ad suos Antonio Damascio, quem mihi per literas commendaveras, mandavi ut te de meo statu, si quid peteres, erudiret. Mecum enim fuit sane frequens, cum meis etiam frequentior; adolescens ingenio fervido, & ad omnia quibus se det, addiscenda, sane peracri, humano præterea, & comi, planeque amabili: ut tibi gratias agam, qui mihi illum tradidisti, atque ut in familiaritatem meam susciperem, autor fuisti. Is mihi oneri nulla in re fuit. Utinam fuisset, ut clarius meam erga te voluntatem perspicere potuisset. Sed perspexit tamen. Multi enim de te habiti, summa cum mea voluptate, inter nos sermones: & ego quam te amem, illi, & quam tu omnibus ab hominibus, & colaris, & ameris istis in locis, fidem mihi jucundissimam fecerunt. Tametsi
testi-

(a) Extat Epistolarum Bembi Familiarium lib. III.
Epist. 28.

testibus quidem ea in re nihil indigebam, qui te, moresque suavissimos tuos, & vitæ integritatem ac prope sanctitatem ab ineunte tua ætate agnoverim, dilexerim, expetiverim. Juvenis enim admodum cum essem, te adolescentem incredibili benevolentia complexus sum, annis aliquot me ipso minorem (*a*), neque tu me non adamavisti. Qui quidem certe amor, propensioque mutua voluntatum, non solum postea nunquam est coli desita ab utroque nostrum, sed aucta etiam officiis innumerabilibus, necessitudineque vitæ, collegio demum in Leonis X. Pontificatu clari muneris, ac prope quotidiano convictu, tum studiis plane communibus, literisque nostris ita crevit, ut nihil possit esse nobis duobus conjunctius. Quod cum ita se habeat, atque in hoc nostro perveteris amicitiæ instituto ego jam senex factus sim, tu non multum absis a senectute: unum, ut video, nobis deest ad plenam ex eo suavitatem percipiendam, locorum scilicet, ut animorum conjunctio. Nimis enim semoti atque discreti regionibus sumus, ut neque mihi ad te veniendi, quod sæpe posse facere concupivi, spes ulla jam sit reliqua, neque tibi in Italiam revertendi causa posse dari satis apta videatur, quod Pontifices Maximi, doctrina, & moribus præstantissimos viros, clarissimosque omnibus virtutibus homines, non tanti omnino quanti oporteret, faciunt. Sed quoniam hoc quoque desi-

---

(*a*) Vide Epist. II. Par. I. pag. 5. & notas ad Sadoleti vitam pag. III. & x.

siderium, quod commune tibi mecum esse non dubito, visendi alterum, congrediendique una, ut tu olim in quadam epistola suavissime scripsisti (*a*), literis mittendis leniri multum potest, fruamur sedulo scriptionis munere ad hanc molestiam minuendam, & crebritate nos literarum fulciamus. Quod & te facturum confido, & de me futurum polliceor, ut nullo scribendi genere tam libenter sim usurus, quam ad te. Sed nescio quo pacto ad hæc commemoranda, de Antonio sermo nobis institutus, defluxit, amoris abundantia potius, quam temporis, quod mihi plane non superest: occupor enim ut scis. Conscripsi autem tres jam prope libros rerum Venetarum (*b*). Neque tamen non impedior domesticis etiam rebus, quæ me a scribendo sæpe revocant. Sed quid agas? Sic vivitur: Quod libet, quodque non libet etiam facias. Audio te alium fratris filium isthic habere, quem in philosophiæ studiis item instituas, miro ingenio, alacritateque discendi. O te magistrum plane felicem, & illum alterum jam discipulum, quem dii respexerunt. Vale, Septimo Cal. Majas M.D.XXXIII. Patavio.

Scriptis jam literis, Antonius hujus Urbis jureconsultis mirificum se Jureconsultum præstitit, summamque laudem est adeptus.

Egit

(*a*) In Epistola scilicet LXXV. Par. I. pag. 207. & In Epistola præcedenti, quæ est ordine CLXXIX. pag. 124.
(*b*) Consule quæ de hoc Bembi opere diximus in notis ad Epist. CXVIII. Part. I. pag. 356. & 357.

EPISTOLÆ FAMILIARES.

Egit enim apud illos cauſam ſuam ita memoriter, ita doƈte, ut magna Collegii approbatione ſit magiſter leƈtus. Qua de re patri ejus, tibique plane gratulor. Ei ego pro mea in te benevolentia non deſui.

EPISTOLA CLXXXI.

JAC. SADOLETUS EPISC. CARPENTORACTEN.

Benedicto Accolto S. R. E. Cardinali (*a*)
S. P. D. *Romam.*

De ejus patrui viri clariſſimi obitu eum ſolatur, gratulaturque de rebus bene geſtis, deque ejuſdem reditu ad Pont. Maximum.

EOdem tempore & de tuo reditu ad Pontificem Maximum, & de patrui tui viri clariſſimi, hominiſque ſapientiſſimi, morte accepi. Quo ego nuntio varie commotus ſum. Nam cum valde mihi lætandum arbitrarer, in eis eſſe jam locis, in quibus tua excellens virtus & auctoritas, & tibi celebritati atque laudi, & nobis, qui in fide tua ſumus, teque vehementer colimus, uſui atque emolumento eſſe poſſet; hanc tamen animi mei lætitiam obturbabat illa cogitatio, quod intelligebam te funere domeſtico, & in eo funere, in quo tecum, una magnam ornamentorum
& di-

―――――――――――――――――
(*a*) De Accolto, vide quæ habentur ſuperius Part. a ad Epiſt. xcv. pag. 281. & 282.

& dignitatis suæ jacturam fecisset Respublica non privatis solum incommodis, sed prope luctu publico commoveri. Talis enim vir profecto amissus est, ut non solum qui ex stirpe & genere eodem sunt, proprium illud damnum sentiant; sed & nos, qui vobis semper & vestræ familiæ dediti fuimus, & omnes boni, universaque civitas, communem hanc & suam ducat calamitatem. Etenim re vera unius in interitu sua cuique pars incommodi & detrimenti invecta est. Quis enim erat opis egens atque consilii, cui non esset in illius humanitate & sapientia paratum perfugium? quis in civili & pontificio jure ita hæsitabat, ut cum accepisset cognossetque illius sententiam, non ea tanquam oraculo contentus, omnes scrupulos dubitationum ex animo suo ejiceret? quod in illo inaudita quædam & prope singularis juris scientia esse putabatur. Quæ porro gravitas in eo? quæ autoritas? qui cum propter summam amplitudinem ac dignitatem, omnibus publicis consiliis non interesset solum, verum etiam præesset; propter opinionem tamen prudentiæ atque consilii id consequebatur, ut non cum aliis multis una, sed prope solus gubernare Rempublicam, & eam suis sustinere humeris videretur. Itaque & illius potissimum monitis ac prudentia nitebantur summi Pontifices, & omnis pene Italia Christianumque nomen cunctum consiliis ejus acquiescebat. Sed etsi tanto incommodo, mœroreque communi, unius hominis mors omnibus lugenda est; nos tamen qui propiores illi extitimus in familiaritate atque amicitia, quique ab ipso primum pluribus

EPISTOLÆ FAMILIARES.

sibus beneficiis ornati, deinde a te proximo illi & conjunctissimo, omni humanitate accepti semper fuimus, haberemus graviorem causam dolendi atque mœrendi, nisi nos tua præstans virtus consolaretur. Itaque ne illas quidem rationes diligenter mihi exquirendas puto, quibus coner quasi levare dolorem tuum: cum te hominem egregia animi firmitate præditum, fidentem eis muneribus, quæ tibi & a natura, & ab industria tua donata sunt, nulla res molesta de statu tuo dimovere posse videatur. Illa potius commemorabo, quæ non tibi, sed nobis esse solatio queant: hominem eum, qui florentissime vixerit, summos honores gesserit, summam fuerit gloriam virtutis, doctrinæ, omnisque prudentiæ consecutus, tum autem diutissime nobiscum versatus sit, in senectute extrema, & in ea ætate decesserit, quæ jam nulli idonea voluptati, tantum ad labores, & ad miserias sit exposita, non esse deflendum velut mortuum; cujus præsertim imago virtutis, & dignitatis, & autoritatis, in te ipso nobis relata sit: ut nihil in illo amissum desiderare possimus, quod non in te nobis redditum cumulate habeamus. Ac cæteras quidem rationes aptas ad consolandum, quæ ex Deo & religione, & ex illa altera vita cœlesti & immortali afferri possunt, tibi potius considerandas relinquemus, quam ipsi nobis sumemus exponendas: cum nihil a quoquam in eam rationem tam accurate dici possit, quin tu id multo melius scias, magisque promptum habeas, quam quivis nostrum. In eo nos potissimum insistemus atque inhærebimus, ut tibi in te ipso, & in eodem te, nobis omnis consolatio sit posita. Qui dum te habebimus, non sumus neque sine patrono nos, neque Respublica sine egregio suorum ornamentorum defensore futuri. Quare hoc officio, si non commode atque ornate, pie certe, & amanter per me, & illius mortui memoriæ, & nostræ inter nos necessitudini persoluto; licere mihi jam arbitror de illa altera parte, quæ tota mihi jucunda accidit, hoc est, de reditu tuo ad Pontificem, pauca verba facere. Etenim noli existimare, mi optime Accolte, tuam istam absentiam non mihi nimis diuturnam fuisse visam: quanquam de rebus præclare gestis, provinciaque rite & ordine constituta, cum omnium gratia, & laude, ad tuos revertisse gratulor. Sed tamen non dici potest, quam mihi videatur Reipublicæ esse utile, te in hoc motu rerum, & tantorum congressu principum, ibi potissimum esse, ubi consilio & integritate tua res imprimis publica perfrui possit. Et si in hoc fortasse refero ad me aliquid, qui cum tu abes, carere mihi videor tutore vel præcipuo omnium fortunarum mearum. Verum quanquam hoc nonnihil forte est; illa tamen vehementius me adducit ratio, ut te optem istic esse, quod scio quantum in tua virtute & eloquentia præsidii rebus communibus constitutum sit. Sed ne de hoc quidem longior mihi habenda oratio est: cum præsertim verear, ne tibi in majore aliquo negotio impedito intempestivus obstrepam, tuasque gravissimas interpellem occupationes. Illud tantum addo, me de adventu

ventu tuo, & de laude geſtæ conſervatæque provinciæ tibi ita gratulari, ut cupiam quæ de illis rebus ad nos perlata ſunt, multorum celebrata literis & ſermonibus tamen, quoniam confuſe nobis ſignificata ſunt, ſingula melius noſſe ex te, & enucleatius. Cujus rei cum erit tibi otium, ut facile præſtare id poſſis, aliquam ſuſcipies curam docendi me, certioremque faciendi. Me quidem certe gloriæ tuæ fautorem, & laudum prædicatorem amantiſſimum, ac fideliſſimum ſemper habiturus es. Vale, Carpentoracti, XII. Calendas Februarii, M. D. XXXIII.

EPISTOLA CLXXXII.

JAC. SADOLETUS EPISC. CARPENTORACTEN.

Laurentio Campegio S. R. E. Cardinali (a)
S. P. D. *Romam.*

De ejus ex Germanica legatione Romam reditu gaudet, laudatisque rebus ab eo præclare gestis, optat ut Christiani principes ad hæreses profligandas omne studium atque operam conferant.

Nihil mihi potuit nuntiari lætius, quam te ex Germanica legatione tua, salvum & sospitem, longo intervallo, ad tuos rever-

---

(a) Hic Bononiæ an. 1472. nobili genere natus, patrem habuit Joannem Jurisconsultum celeberrimum, a quo omnibus optimis cum literis tum moribus egregie institutus, primum Patavi, mox Bononiæ una cum eo juris scientiam, adolescens admodum docuit. Postea ad uxorem animum appulit, filiosque ex ea suscepit tres, Joannem Baptistam scilicet Majoricensem Episcopum Græcis latinisque literis eruditum, Rodulphum militaribus addictum studiis immatura morte præreptum, & Alexandrum Episcopum Bononiensem & Cardinalem, de quo nonnulla diximus in notis ad Epist. CLIV. pag. 37. Uxore orbatus, ad Ecclesiasticum ordinem sese convertit, Romamque Leone X. Pont. Max. venit, a quo primum Episcopus Feltrensis, mox sacræ Rotæ auditor, ac demum Calen. Julii an. 1517. Cardinalis factus est, dum apud Maximilianum Cæsarem Apostolici Nuncii munere fungeretur, ut patet ex datis ad eum ejusdem Pontificis lite-

vertiſſe, gratumque & optatum conſpectum tuum ſummo Pontifici, collegiſque tuis omnibus atque ipſi urbi imprimis retuliſſe Non enim dubito, quin tua eximia virtus & autoritas, in his tantarum agitationibus rerum, ſæpius requiſita & deſiderata fuerit. Quanquam ſervivit illa quidem Reipublicæ magnaſque & maxime ægras illius partes conſilio & diligentia abſens ſuſtinuit. Sed tamen quemadmodum et membra quæ cordi propiora ſunt, plures & potiores habent in conſervando corpore functiones; ſic ſummorum hominum ſapientia & gravitas, proxime principem, & in ipſo capite conciliorum ſtatuenda eſt, ut latius in omnem partem illarum utilitas poſſit dimanare. Verum ut ſe cunque res habet, labores tuos ejuſmodi fuiſſe, ut ea, quæ graviſſime laborabant, jamque curam omnem reſpuere videbantur, in commodiorem tamen ſtatum per te deductæ ſint; valde & laudi tuæ, & publicæ utilitati gratulor. Atque utinam aliquando finem ejus mali aliquem videamus, cujus tanta extitit vis, ut non ſolum humanas, verum etiam divinas res & rationes potuerit pervertere, Nec verò nunc ejus tollendi atque exterminandi

---

literis, quæ extant inter Sadoleti Epiſtolas Pontificias num. LIII. pag. 67. Plurimis legationibus tum in Anglia, tum in Germania egregie perfunctus. Romæ obiit menſe Julio ann. 1539. Scripſit Commentarium adverſus hæreticos, Reformationem Cleri Gallicani, pluresque Epiſtolas. Vide Ciaccon. tom. III. col. 194. & Papadopolum in Hiſt. Gymnas. Patavini tom. I. lib. III. ſect. I. cap. XIX. pag. 244. num. XCVI.

nandi non adest occasio, duobus summis optimisque principibus in unum locum adductis. Qui si prudentia & facilitate perfecerint, ut tertium hunc quoque, cujus nos in regno vivimus, flagrantem studio Christianæ pietatis contra hæreticos tutandæ & protegendæ, in amicitiam & gratiam possint restituere; non metuo, quin clarius in cœlo sibi monumentum servatæ religionis, quam in terra devictarum gentium sint constituturi. Sed ego fortasse studio inani feror; atque ea curo quæ minus ad me pertinent. Quæ etsi in studiis & voluntatibus omnium communia sunt, in potestate tamen paucorum sunt posita. Quid ergo? nonne mihi licitum est optare, ut pauci illi qui possint, etiam velint consulere Reipublicæ. Quanquam ut dixi, de optima mente principum istorum dubium mihi non est. Res forsitan impeditiores sunt, & durior ac difficilior earum recte tractandarum ratio. Recordor enim quam sæpe cum ipse quoque interessem rebus agendis, optima hominum consilia, gravis Reipublicæ fortuna interruperit. Sed tamen ut ex instituto hoc sermone honestius abeamus, Deum supplices precemur, ut quod humana vis nequit, ipse sua clementia & ineluctabili potentia velit providere. De te autem ipso, Campegi optime atque humanissime, illud quidem mihi persuasum habeo, quod tuæ est naturæ & bonitati imprimis consentaneum, eos qui te coluerunt semper & amaverunt, nequaquam tuo ex animo elapsos esse, neque ullam esse posse tam diuturnam absentiam, quæ te oblivisci veterum amicorum cogat. In quibus

bus ego si principem locum appeto & diligendi tui, & ample atque honorifice de tua virtute existimandi; haud sane mirum videri debet. Sed tamen meas esse duxi partes, redigere tibi in memoriam, me eodem animo & observantia erga te esse, qua semper fuerim: & simul hanc voluptatem scribendi ad te, & tecum per literas quasi colloquendi. capere properavi. Qua quoniam diu mihi carendum fuit, dici non potest, quam fuerim sæpe angore quodam animi solicitus, cum tua in longinquis partibus commoratio, tecum hoc mihi commercium literarum adimeret. Nunc posteaquam es reversus (quod tibi bene prospereque ut eveniat opto) renovabo, si tibi non fuerit molestum, hoc officium scribendi, teque interdum meis literis appellabo. Tu quod proprium est constantiæ & virtutis tuæ, me, quem in fide tua semper habuisti, ut perpetuo tueare ac diligas, te etiam atque etiam vehementer rogo. Vale, Carpentoracti, XII. Cal. Febr. M. D. XXXIII.

JACOBI SADOLETI

EPISTOLA CLXXXIII. (a)

JACOBUS SADOLETUS EPISC. CARPENT.

Clementi VII. Pont. Max. *Romam.*

Pontificem rogat, ut Joannes Franciscus Ripa, qui Avenione Jus Civile profitebatur in eadem urbe retineri jubeat; quamquam optimis conditionibus, ac pœnis etiam ni pareat intentatis, Mediolanum evocetur.

PAter Sanctissime ac Beatissime, post pedum devota oscula beatorum. Annus agitur quintus decimus, ex quo in civitate vestræ Sanctitatis hac Avenionensi Jus civile profitetur optimus profecto doctissimusque vir Joannes Franciscus Ripa (b), de quo ego vestræ Sanctitati hoc testimonium præbere possum, nullum a me de his, de quibus aliquid judica-

---

(a) Extat Miscellaneor. ex mss. Biblioth. Colleg. Rom. tom. I. p. 576.

(b) Ad ea quæ de Franc. Ripa diximus Par. I. in notis ad Epist. LXXII. pag. 201. velim addas, illum Patavii una cum Marco Mantua literis operam dedisse, doctore suo Hieron. Butigella, ut constat ex Pancirolo lib. 2. de claris Interpret. cap. 145. pag. 258. Præterea postquam multos annos Jus Civile Avenione docuisset, amplo stipendio, Ticinum fuisse revocatum a Francisco Maria Insubriæ duce; (cui etiam a Consiliis fuit) ut honorario aureorum mille docendi in ea urbe partes sustineret. Verum Francisco M. duce e vivis erepto, Avenionem rediisse, ubi eodem munere functus est, ac demum in Patriam revertisse an. 1534. quo anno extremum obiit diem. Vid. Papadop. in Hist. Gymnas. Patav. tom. II. lib. I. cap. XIII. n. LXXVII. pag. 42.

dicare potuerim, aut præstantiore ingenio, aut illustriore fama fuisse cognitum; nec solum doctrinæ, & eruditionis, sed virtutis etiam eximiæque integritatis. Illud equidem ipsis oculis cerno, quod ceteri quoque omnes; præcipuum esse in eo ac pene solum ornamentum provinciæ Ecclesiasticæ huic, civitatique Avenionensi, quam alteram Romam nationes circumjectæ appellant; quod etiam in decus, & laudem Sedis Apostolicæ, & Sanctitatis vestræ redundare cognoscitur: magni enim concursus ex tota Gallia quotidie fiunt, hujus hominis consilium, & sententiam de maximis suis rebus sciscitantium; nosque omnes incolæ Ecclesiastici, illius prudentia, & æquitate in dubiis rebus nostris præcipue nitimur. Quæ cum ita sint, Pater Sancte, cum iste nobiscum vivat, fortunisque apud nos, & liberis pluribus comparatis, multas, & honorificas conditiones, quæ sibi offerebantur, alias fuerit aspernatus, nullo modo intendens ab umbra, & patrocinio Sanctitatis vestræ se dimovere; intelleximus nunc magno nostro cum dolore Illustris. Ducem Mediolani vocare eum ad Gymnasium Papiense; & nisi pareat pœnam illi publicationis bonorum, quæ possidet in Mediolanensi Ducatu, ex quo est oriundus, proponere. Quod si accidat, Pater Sancte, nos maximum certe detrimentum, Sedes autem Apostolica non exiguum damnum sui splendoris, & nominis inter has nationes factura est. Nec vero æquum nobis videtur, cum hic tantus vir sub duorum Principum dominio constitutus, in amborum statu bonæ, & fortunas obtineat, ut a minore Principe ei imperetur, quo is majorem

jorem debeat po'lhabere, & relinquere. Hoc enim est inferiori Principi, non suo jure uti, sed alterius jus, quod, & gravius fit, & verius, velle pervertere. Atque etiam illud & expectant, & intelligunt omnes, Sanctitatem vestram non minus fortem, & constantem in retinendo tali ornamento, & præsidio fidelium populorum suorum esse debere, quam alios in eo evocando, & eripiendo. Quæ cum se sic habeant, Pater Sancte; cum magna populis his ex hoc homine utilitas, magnum Ecclesiastico statui proveniat decus; nosque si hoc lumine privemur, in tenebris deinde videamur quodammodo futuri; rogo ac deprecor Sanctitatem vestram, ut suscipere curam sua magnitudine, & sapientia dignissimam hanc velit, quo nobis, & suæ, ac Sedis Apostolicæ laudi conservetur hic vir, sine quo Avenio, hoc quidem in tempore, luce omni orba, & litterarum, & jurium, & quotidianæ ad eam venientium celebritatis esset remansura. Quod cum & honoris Sanctitatis vestræ, & ipsius subditorum commodi causa postulo, tum vero illa mihi summum in hoc quoque beneficium privatim concessura est, qui huic homini conjunctissima amicitia sum astrictus, diligoque eum amor equodam singulari; ut si ille mihi eripiatur, dimidium pene mei mihi videar amissurus; a quo mœrore animi me, & totam simul Patriam hanc Sanctitas vestra, ut liberare dignetur, omnes illam supplices oramus, & obsecramur. De hac eadem re ad D. Blosium Secretarium scripsi, qui exponat Sanctitati vestræ desiderium nostrum, & quod fieri ab ea pro nobis cupimus, requirat: cui illa, & fidem, & benignitagnitatem fuam exhibebit. Dominus Deus Sanctitatem vestram omni sua gratia, & prosperitate tueatur semper, & conservet, cujus me pedibus sanctissimis humillime commendo. Carpentoracti XI. Martii M.D.XXXIII.

S. V. infima creatura Jac. Sadol.

EPISTOLA CLXXXIV. (a)

JACOBUS SADOLETUS EPISC. CARPENT.

Blosio Palladio S. P. D. (b) *Romam.*

Idem Argumentum.

OMnibus in rebus, quæ mihi præcipue cordi sunt, confugio semper ad operam, & ad benivolentiam erga me tuam, quam nullo mihi loco defuisse expertus sum; quoque minor talium amicorum copia est, qui erga absentes amicitiæ fidem tueantur, hoc ego te merito magis amo, videorque mihi ex eo plurimum tibi debere, speroque tempus fore, ut tu quoque talibus tuis officiis, & ista animi virtute vehementer ex me gaudeas: non enim aliquam tibi aliquando gratiam non relaturus sum. Sed ut veniam ad id quod volo; scito, mi Blosi humanissime, si ulla in re unquam benivolentiam mihi tuam præstitisti, eam nunc maxime me in hac re exquirere,

quæ,

(a) Extat Miscellan. tom. 1. pag. 379. ubi hic fronti Epistolæ inscriptus titulus reperitur; *Al Rev. Mons ig. Blosio Palladio Segretario di N.S. Fratello amantissimo.*

(b) Vide quæ de Palladio diximus in notis ad Ep. CVI. pag. 311. Extant inferius aliæ ad eum Sadoleti literæ num. CXCV. datæ VIII. Calend. Decemb.

que, ficut ego jam femper foleo, ad officium meum, non ad compendium aliquod pertineat. Habemus in civitate Avenionenfi fummum quendam virum Joannem Francifcum Ripam Jurifconfultum inter primos nobilem, cujus nomine, integritate, doctrina, tota hæc Provincia & Sedis Apoftolicæ dignitas in his gentibus eximie honeftatur. Eum ego præterea quoque incredibiliter diligo: fumma enim eft in homine comitas, fummum ingenium, cum animus plane nobis deditus; nofque illius confilio, virtute, opera plurimum utimur, neque nos tamen plus, quam reliqui omnes; quum maximi quotidie ex omni Gallia concurfus fiant eorum, qui ad iftius prudentiam, & confilium de fuis maximis rebus referant: habet ipfe in eadem civitate uxorem, familiam, fortunas, liberos, majoribufque fæpe præmiis folicitatus, ut in alias regiones fe conferret, nunquam voluit a Summi Pontificis umbra patrociinoque divertere. Hunc nunc Dux Mediolani Papiam revocat, & nifi pareat, publicationem bonorum minitatur, quæ ifti non pauca funt in Cifalpina Gallia, ex qua eft oriundus. Quod fi accidat, ut ifte a nobis auferatur; non folum damnum, & dedecus, fed dolorem etiam magnum fumus accepturi: hoc civitas ipfa Avenio, hoc provincia tota, hoc nos iniquo animo ferimus. Itaque præter alios ego quoque privatim ad Summum Pontificem fcribo (a), quarum litterarum exemplum ad te juffi perferri: petimus autem hoc remedii, ut maximus Pontifex vehementer agat cum Duce
per

(a) Vide Epiftolam fuperiorem CLXXXIII. pag.138.

per litteras, & Nuncios (si Nuncium tamen ullum habet), ut hic ab hac præceptione velit desistere, Sedique Apostolicæ non minus, quam Duci ipsi subjectum, majori & potiori Domino suo deservire permittat. Etenim habet ille, ut dixi, sub Pontificis imperio domicilium, & fortunas, quodque pluris est, habet voluntatem, in Apostolicæ Sedis gremio semper requiescendi ; tum autem etiam ad Legatum hujus Provinciæ, & ad civitatem Avenionensem litteras Pontifex mittat, quibus severe jubeat, atque imperet, ne hunc ullo modo patiantur discedere. Hæc te, mi Blosi, ut renuncies Pontifici, agasque cum eo, ut quemadmodum volumus, fiat, in primis oro rogoque: ut vero litteræ graviter, expresse, significanterque fiant, tuo nobis ingenio, tua diligentia, tuo labore fuerit opus; quem ut mea gratia levem tibi, ut jucundum esse arbitrere, magnopere a te peto : nihil mihi omnino potes facere gratius ; inter plurima tua erga me officia, hoc mihi optatissimum futurum ; qui vehementissime laboro, ut mihi vir amicissimus, suum his populis solatium atque lumen, Sedis Apostolicæ eximium decus, ne auferatur. Vale mi Blosi, nosque, quod facis, dilige, & Antonio Cornazano meo, qui tecum de hac eadem re loquetur humanitatem, & studium tuum accomoda. Iterum vale. Carpentoracti V. Idus Martii M. D. XXXIII.

   Tuus frater amicissimus Jac. Sadol.

JACOBI SADOLETI
EPISTOLA CLXXXV.

JACOBUS SADOLETUS EPISC. CARPENT.

Francisco Guicciardino (a)
S. P. D.   *Bononiam.*

De ejus erga se familiamque suam benevolentia gratias agit, suumque gratum ac memorem adversus illum animum ostendit.

ETSI ego te semper antea amavi, tuamque industriam, consilium, animi virtutem plurimi feci; tamen cum modo venisset ad me Alfon-

---

(a) Franciscus Guicciardinus Florentiae an. 1480. nobili genere natus, antequam ad Rempublicam accederet, advocatique munere fungeretur, Patavii humanioribus litteris ac Juri civili operam dedit, praeceptoribus usus Carolo Ruino & Jasone Mayno. Postea communibus civium suorum suffragiis ad Ferdinandum Aragonium Regem Legatus missus, ac in patriam reversus, Mediceorum partium sectator constantissimus, ac propterea Leoni X. carus, eo jubente praefuit Mutinae ac Regio lepidi, quae tunc urbes Pontificiae ditionis erant, earumque Praefecturam etiam Adriano VI. Pont. Max. obtinuit. At Adriano e vivis erepto, Clemens VII. eum Galliae Togatae ac toti Aemiliae praefecit. Qua quidem provincia sancte prudenterque administrata, ab eodem Pontifice Legationi Bononiensi praepositus, ac Pontificiorum exercituum curator datus, summa fide, constantia ac fortitudine rem publicam & militarem gessit. Clemente mortuo aetate jam laboribusque confectus, Florentiam rediit, quietisque cupidus, Romam a Paulo III. accersitus, oblatas sibi ab optimo Pontifice honestissimas conditiones, modeste recusavit. In eo otio ar-

Elius

EPISTOLÆ FAMILIARES.

Alfonsus Sadoletus frater, multaque mihi de te narravisset, quæ infignem tuam quandam erga præfentem eum, meque abfentem benevolentiam, tum autem optimum in noftram omnem familiam animum declarabant; crede mihi, amore eo quo te pridem diligebam,

Ep. Fam. Pars II. G vehe-

---

ftius Mediceis adhæfit; atque Alexandro Florentinorum Principi in omni adminiftranda republica author, confiliorumque omnium arbiter fociufque extitit. Itaque libertatis habitus hoftis acerrimus, in fuorum civium odium incurrit. Alexandro interfecto, eadem authoritate & gratia apud Cofmum Magnum valuit. Eo remp. moderante, Jacobi Nardii familiaris fui precibus victus, ad hiftorias confcribendas animum appulit, cujus libris xx. confectis, anno 1540. ætatis fuæ LIX. Florentiæ extremum diem obiit, fepultufque eft ad S. Felicitatis in majorum fuorum tumulo. Ejus autem hiftoria etrufco idiomate eleganter fane accurateque confcripta, res in Italia geftas complectitur ab an. 1494. ad an. 1532. De qua placet afferre noftri Jani Nicii Erythræi five Joan. Victorii de Rubeis judicium. ,, Fran-
,, cifcus Guicciardinus (inquit Erythræus in imagine
,, Bernardi de Avanzatis, quæ extat Pinacotheca III.
,, n. LVIII. p. 230.) fcriptor hiftoriarum eximius &
,, cum Thucidide & Herodoto conferendus, qui a fuis
,, annalibus gravitate prudentiaque pleniffimis, omnem
,, vetuftatis rubiginem fitumque procul effe quam lon-
,, giffime voluit, neque verbum ad eos quodpiam acce-
,, dere, quod putridam illam ac rancidam antiquitatem
,, redoleret. Cui etiam illi, qui eidem funt iniquiffi-
,, mi, in primis quinque libris, quos eruditi cujufpiam
,, lima perpolitos fuiffe contendunt, omnem Florentini
,, fermonis elegantiam concinnitatemque concedunt ; in
,, ceteris libris non Item, quos nullius cenfuræ, ut
,, priores quinque fubjecerat. Vere, an fecus, nihil
,, ad hoc tempus &c. ,, Præter hiftoriam, edita funt Guicciardini *Confilis Aurea*, & *Monita Politica*. Vide Papadop. in Hift. gymnaf. Patav. tom.II.lib.I. cap.XIV. n.LXXXI. pag.43.

vehementius etiam sum inflammatus; magnaque meæ opinioni accessio de te facta est: quod perspexi fidem amicitiæ, quæ inter præsentes quoque raro admodum colitur, eam a te erga absentes sanctissime conservari: quo genere laudis vix ullum meo judicio reperiri majus potest. Atque ego, qui cum aderam istic vivebamque vobiscum, tuoque interdum aspectu & sermonibus perfruebar, favebam tibi majorem in modum, magnisque gerendis rebus hominem te imprimis idoneum esse arbitrabar: nunc altero hoc tuæ virtutis & humanitatis præclaro testimonio confirmatus, habeo jam non quæ laudem in te solum, ac diligam, verum etiam magis quæ admirer: quanto scilicet majore admiratione digna virtus ea est, quæ prudentium bonorumque judicio, quam quæ popularibus laudibus expenditur. Quod si in eisdem locis; eisdemque negotiis, quod fere antea faciebamus, versari utrumque nostrum contingeret; declararem tibi profecto benevolentiam meam, omnibusque meis dictis factisque ostenderem, quam mihi chara esset & necessitudo nostra, & dignitas atque amplitudo tua, nullumque a me officium nec fidelissimi amici, nec conjunctissimi hominis desiderares. Sed quoniam longe absum, magnisque locorum intervallis distracti inter nos sumus; cætera quidem amicitiæ officia tibi ex me prompta esse non possunt, quæ coram præstari solita sunt, & expectari. Illud unum vero, quod vel præcipuum est, & reliquorum omnium longe primum, a me certe non deerit, quo tuum semper nomen in intimis sensibus geram, conservemque memoriam tui, & te colam bene-
nevo-

EPISTOLÆ FAMILIARES. 147

volentia sempiterna. Etenim cætera amoris signa, & indicia quædam sunt: hic est ipse proprie amor, qui ea fide & veritate tibi a me præstabitur, ut nunquam tu, quæ in me atque meos studia contulisti, ea tanquam in indignos collata, sis reprehensurus, Ego quanquam procul absum a vestris gravioribus istis actionibus atque curis, quæ sonitum atque turbam, & pompam quandam præ se ferunt; habeo tamen & ipse hic quoque delectationes meas, quibus tranquillo animo mirifice fruor: quod assiduus sum in studiis artium optimarum, & præclarissimarum: quæ me tanta jucunditate afficiunt, ut nihil omnino solicitudinis neque molestiarum ad animum meum sinant introire. Quam ego vitam etiamsi minus illustrem, aliquanto tamen beatiorem esse judico. Sed de his alias. Reliquum est, uti te rogem; ut quam jampridem erga me suscepisti, in eadem perpetuo maneas voluntate, meosque tueri tua benevolentia non desinas. Vale, Carpentoracti XIII. Calend. Aprilis M. D. XXXIII.

G 2 EPI-

EPISTOLA CLXXXVI.

JACOBUS SADOLETUS EPISC. CARPENT.

Federico Fregosio Archiepiscopo Salernit. (a)
S. P. D.

De suis in Epistolam D. Pauli ad Romanos Commentariis, deque rerum divinarum studiis multis agit.

Magnæ mihi delectationi fuerunt literæ tuæ, quæ mihi te cum abundare ocio, tum autem id ocium consumere in optimis studiorum lucubrationibus significarunt, benevolentiamque erga me tuam, cujus mihi semper gratissima est commemoratio, etsi non apertius quam antea, uberius tamen aliquanto mihi declaravere. Gaudeo te eum esse, qui & tibi ipse summum bonum in vita, scrutandis & recolendis scripturis sanctis repereris, in quibus certe, hujus boni, quod non maximum modo, verum etiam solum est, cunabula sunt posita: & mihi eum animum in amicitia præstes, ut mea tibi studia maximæ curæ esse ostendas. Quo quid potest esse amoris, officii, humanitatisque significantius? Sed quoniam de his, quæ inter nos sæpe intercesserunt, officiis, deque mutua nostra benevolentia, & alias crebro a nobis fuit dictum, & ut arbitror, etiam dicetur; veniamus ad literas tuas. Ac primum illud a te deprecor, ut in meis quod prius fuerat scriptum,

---

(a) Vide quæ de eo diximus in notis ad Sadoleti vitam pag. IX.

ptum, multa me invenisse in Paulo, quæ fuerint prioribus seculis incognita, ne insolentiæ & elationi animi mihi attribuas: etsi piget me verborum illorum; quæ cum illas scripsi literas, minus animadversa a me fuerunt; quod accidit festinatione quadam accelerationeque scribendi. Etenim non ad te solum illo tempore, sed ad complures præterea alios literas dabam: in qua occupatione & turba, cura mihi recognoscendi, & perpendendi ex animo excidit. Non enim volui incognita dicere simpliciter, sed de quibus mihi non constabat veteribus ea seculis a quoquam fuisse tradita. Nam hoc quidem plane, libereque testor, me in abstrusas quasdam, Pauli sententias penetrasse scrutando, quas, quoad nosse potui, adhuc intelligo fuisse vel occultas, vel certe minus dilucide explicatas. Neque id tamen meo ingenio, quod perpusillum est, sed divino beneficio sine ulla hæsitatione tribuo. Solet enim Deus ipse, fons bonorum omnium, sic interdum etiam indignis impertire beneficia sua, ut & hi, qui iis fruuntur, & qui hos vident perfrui, non humanum in eo meritum ullum, sed tantum divinam liberalitatem & gratiam admirentur. Sic igitur sese res habet, ut ex illo meo labore atque vigiliis, præferente lumen menti meæ sancto spiritu, qui in domo quamvis sordida, suam tamen intactam & illibatam retinet dignitatem, sperem fore mysterium fidei etiam incredulis, & prius ista contemnentibus, si modo rationibus acquiescere constituerint, clarum atque illustre. Nam quod me admones, ut interpretes eos legam, in manibusque habeam, qui pie, & erudite in

Paulum commenti sunt; consilium tuum mihi vehementer probatum est. Quod quidem etsi mihi antea venerat in mentem, fueramque in eis libris, quos tu mihi proponis, diu & multum accuratissime volutatus; posthac tamen studiosius etiam faciam, quod tantopere tibi id placere intelligo. Veruntamen & Chrysostomus summus vir, atque eximius Pauli interpres, magno mihi usui fuit, & ceteri simili pietate ac ingenio non parum opis mihi auxiliique contulere. Atque hic quidem, modo quem nominavi, lingua expolitus, copia abundans, sententiis creber, genere quodam dicendi incitato atque denso, non docet solum nos ea quae sunt fidei in Paulo, quod ipsum sane egregie, & perquam docte facit, verum animos praeterea quoque nostros usque eo permovet, ut cum eum legimus, accurateque attendimus, tum maxime probi & justi cupiamus esse, imprimisque continentes. Augustini vero, cujus ego ingenium praecipue soleo mirari, inchoatam in hanc epistolam ad Romanos scriptionem tantummodo habemus: & quaedam item epistolae obscuriora loca quasi subcisivis operis tractata. Origines redundat & effluit, maximi vir ingenii, excellentifque doctrinae, sed cujus in tanta ubertate & copia, vix queas aliquid certi comprehendere. Hujus sententias imitati recentiores plerique haud ita multum deinde de suo, quod accipere debeamus, attulerunt. Ambrosius restrictus, & quasi refugiendo se ostendens, summa tamen doctrina & sanctitate vir. Laboriosus Thomas, idemque magis alienae sententiae narrator, quam demonstrator suae: qui tamen collectis omnibus iis prope, quae

ab

ab aliis dicta sunt, & laborem minuit nobis inquirendi, & curam acuit dijudicandi. Hierouymus aliquanto demissior, (si tamen is Hieronymus) quam videatur tantarum explicatio rerum postulare. Nam collectanea Græca quæ esse penes te scribis, (habeo enim ego fere similia quædam composita ab Eunomio) nihil aliud, ut ego conjicere possum, quam Chrysostomi selecta & brevia dicta sunt. Unus est reliquis ex iis, quos mihi nominandos duxi, Theophylactus, bonus nimirum autor, idem nudus ac venustus, & qui verum & germanum sensum Pauli breviter atque apte totidem pene verbis, quot ille scripsit, persequatur. Habes quorum ego potissimum subsidio & doctrina in hanc scribendi rationem ingressus sum: quibus tu, si habes alios meliores, aut quos mihi æque existimes amplectendos, si eorum me certiorem feceris, obediam, & parebo autoritati tuæ: omniaque te præmonstrante libenter exequar, quæ ipse consulueris, & ad quæ tu me fueris adhortatus. De quæstionum magnitudine, & difficultate, quæ in hac ad Romanos Epistola versantur, idem sentio quod tu: nihil esse illis implicitum, neque tamen excussum ac exagitatum magis: quas longo pene temporum intervallo sopitas, Lutherani rursum in contentionem & certamen deduxere. De iis quod sententiam meam exquiris, non est id unius Epistolæ negotium, & satis tamen in commentationibus nostris de eis rebus disputatum est. Breviter tamen sic habeto: Fidem a me distingui, & secerni ab operibus justitiæ iis, quæ per legem præcepta sunt: sine tamen justitia quadam sua diviniore multo &

præstantiore, fidem nullam a nobis posse constitui. Nam quæ verbis tantum voceque usurpetur, si non sit radix in corde prius valide defixa, similem eam esse ramis non cognatis cum arbore, sed hærentibus. Illa est fides Paulo, cum corde creditur ad justitiam: sic enim demum ore confessio est ad salutem. Itaque idem ipse Paulus ad Philippenses scribens, cum justitiam se legis libenter reliquisse, ut eam quæ ex fide est justitiam adipisceretur, exponit: fidem profecto ab humana justitia hac segregat, & in divina illam Justitia constituit. Quæ autem divina sit justitia, & quæ humana, & in libris nostris perscriptum est, & nos te ad illorum lectionem rejiciemus. Neque enim fas tantis de rebus tam exiliter impræsentia scribere. De libero arbitrio, & de Gratia, quæ duo videntur inter se ita esse opposita, ut maximis olim concertationibus agitata in Ecclesia Dei fuerint, & nunc ab his recentibus hæreticis repetuntur: ego & Pelagium graviter accuso, qui dari nobis præmium pro meritis nostris sine gratia voluit, cum nullum omnino meritum a nobis, nisi dono gratiæ prodeat & proficiscatur: & Augustino non usquequaque assentior (*a*).

Ni-

***

(*a*) Atqui universam S. Augustini de Gratia liberoque arbitrio doctrinam tot Romani Pontifices calculo comprobarunt suo, ut qui hic in re *Augustino non usquequaque assentitur*, non modo sanctissimi doctoris, sed etiam Catholicæ ipsius Ecclesiæ sententiam rejicere videatur. Nam ut Innocentium, Zozimum, Bonifacium, qui Augustini temporibus floruerunt, omittam, usus sit instar omnium S. Cælestinus I. qui post Augustini

Nimium enim extreme ex contraria parte is diversam mihi causam videtur defendisse, cujus ratio si vera sit, in maximas difficultates, & impeditissimas actiones consiliorum ac voluntatum, hominum mentes incidere necesse est, ut nequeant explicare, quid optimum sit factu. Ego vero illam nostri animi ac voluntatis assentionem ad arbitrium nostrum revoco, qua præbemus nos Deo faciles & obtemperantes, ut is deinde nos fingat & flectat quo velit: omnem autem plenam actionem, omnemque laudabilem boni operis fructum, & quicquid denique est in quo vis meriti insit, ad divinam gratiam sine dubitatione ulla refero. Atque hæc non modo sic ponuntur a nobis,

---

stini obitum, quum plures in Galliis adversos ejus de Gratia Dei doctrinam obtrectatores insurrexissent, re a D. Prospero & Hilario personaliter Romam delata, ita demum ad Galliarum Episcopos rescripsit : ,, Augusti- ,, num sanctæ recordationis virum, pro vita sua, atque ,, pro meritis in nostra semper communione habuimus, ,, nec unquam hunc sinistræ suspicionis saltem rumor ,, adspersit ; quem tantæ scientiæ olim fuisse memini- ,, mus, ut inter magistros optimos meis decessoribus ,, haberetur ,, . Refert hæc S. Cœlestini verba S. Prosper lib. contra Collatorem cap. XXI. probatque summi illius Pontificis testimonium ad libros potissimum de *Prædestinatione SS. & dono perseverantiæ*, pro quibus actum est, esse referendum. Qua quidem in re nullum dubitandi locum reliquit Hormisdas Papa Epist. ad Possessorem : ,, De libero arbitrio (inquiens) & gratia Dei ,, quid Romana, hoc est Catholica, sequatur, & ser- ,, vet Ecclesia, in variis libris S. Augustini, & maxi- ,, me ad Prosperum, & Hilarium abunde cognosci potest,, Cujus Pontificis verba Concilium Episcoporum in Sardinia pro fide exulum, tanquam murum unum illis opposuit »

nobis, sed validis (ut puto) rationibus argumentisque firmantur, autoritate ubique scripturæ adhibita, quæ commendet & corroboret rationem. Verum de Paulo satis. Quod scribis damnari a me studium Hebraicarum literarum tuum, non puto ea mente ad te scripsisse, ut operam tuam in ea re damnandam esse dicerem: potius illud non tam reprehendi equidem in te, quam desideravi, ut in Latinis & Græcis studiosius te exerceres. In quo ego non Hebraica studia contempsi, sed illis hæc anteposui, quæ sunt (meo quidem judicio) ad id quod quærimus longe utiliora. Etsi vereor, ne tibi videar arrogans, qui de incognitis rebus audeam judicare. Sed (quæso) audi quid moveat me: Primum salus nostra in Evangelio est: id autem est totum.

Græce

---

posuit, qui quum Augustini sententia, non usquequaque fuissent assensi, in errores misere prolapsi erant. S. Cœlestino & Hormisdæ, addendi Felix IV. Bonifacius II. Epist. ad Cæsarium Arelatensem, Joannes II. Epist. III. ad Senatores; Gregorius Magnus lib. 2. epist. 37. ad Innocentium Africæ Præfectum, Agatho, Martinus I. Hadrianus I. Leo IX. Joannes XXII. constit. 2. Urbanus V. aliique bene multi. Qui omnes doctrinam S. Augustini in duobus libris de prædestinatione SS. & de dono Perseverantiæ contentam, tanquam doctrinam Ecclesiæ Romanæ, hoc est Catholicæ, omnibus tenendam proposuerunt; adeo ut Clemens VIII. Pont. Max. initio Congregationum de Auxiliis divinæ Gratiæ optimo meritoque jure hanc primariam legem posuerit, ut cuncta ad Sancti Augustini mentem exigerentur; & Innocentius XII. in suis ad Theologiæ facultatem Lovaniensem litteris ejusdem S. Doctoris scripta assidue in manibus versari jusserit, ut intelligatur, quid hac de re *Romana sequatur ac servet Ecclesia, secundum Prædecessorum suorum statuta.*

Græce traditum. Deinde si ex vetere scriptura testimonia quærimus, quibus Evangelio fides addatur, parumue multa ex eo percepta habemus? At enim illa e fontibus haurire conducibilius multo est. Fateor: si possint haberi pura & liquida. Sed quid causæ est, quod omnes pene qui ad eam linguam se dedunt, tanquam cæteri nihil antea viderint, novas conversiones nominum ipsi reddere conentur? quod ipsum & in his libris cernimus, qui vim singulorum verborum explicant, qui nullius ferme vocabuli significationem & sententiam referunt, non multiplicem. Cur Paulus summus legis doctor, nativæ linguæ peritissimus, cum sacros scripturæ citat locos, eos semper non ab isto fonte, sed a septuaginta interpretibus accersit? Nam quod de semine mulieris & serpentis tu commode exponis, non aliter video a septuaginta fuisse translatum. Duo cherubin, duo testamenta existere, perbelle interpretatum est, a numero videlicet conjectura ducta. Nam si utriusque testamenti vis exprimenda fuit, decuit alterum cherubin, tanquam inferiorem & ministrum, alteri ancillari: qui ambo tamen penes arcam Domini pares effecti sunt. Vide potius, ne ministerium Angelorum, quo Deus in populo illo dirigendo usus est, eo monumento denotatum fuerit, qui duo statuti sunt, ut ab eo ordine unitas, quæ sola est adoranda, renota esse intelligeretur. Quamquam ego in his non pugno: licitum enim est unicuique suo modo interpretari! cum ad ea quæ Spiritu Sancto perscripta sunt omnes, quæ ad pietatem faciunt, accommodentur sententiæ. Illud dico, esse quasdam prædictiones in sacris literis futurarum rerum, ita evidenter claras & manifestas, ut nusquam alio, quam ad Christum referri possint: sicut illa est inter homines venturi Messiæ diversatio: mors quoque ejus & ignominiæ ab Esaia prope depictæ, & Zachariæ illa crux: & Jacob prophetia: convocatio quoque gentium, & sponsi sponsæque connubium, quod in Psalmo quadragesimo quarto ita decantatum est, ut perspicue appareat, duos esse, quibus honos ibidem, & nomen Domini Dei attribuatur. Multa prætereo brevitatis causa, & quod tibi notiora esse arbitror, quam mihi. Nomen quippe Dei omnipotentis Tetragrammaton ad miracula patranda etiam valere, his qui illud noverint, veteres existimavere: totamque eam scientiam appellaverunt Cabala. Cujus vis quæcunque sit, (non enim scio, neque didici) maxima sit quidem per me licet: non enim volo a me cuiquam arti esse detractum; quod tamen sentio id proferam. Primum, non egere nos hujuscemodi arte ad salutem nobis comparandam. Deinde visos a me permultos, qui ex hac scientia non religionem, neque pietatem, sed aut vanas aut etiam impias superstitiones susceperint. Quod etsi accidere poterit, hominum, non artis vitio; tamen timiditas mea ejusmodi semper fuit, ut nunquam passus sim ejus rei nomen, nedum cognitionem & studium, ad aures meas propius accedere. Quid ergo est? num nam reprehendo ego eos, qui ista consectantur. Minime: omnem enim cognitionem & scientiam dignam homine libero judico: nec si quid fortasse ex aliqua aliquando periculi impendet, non tuam gravitatem & sapientiam

supe-

superiorem omni periculo ſtatu♦; ſed meam imbecillitatem vereor: Itaque aut non valenti mihi, aut non volenti, illa eſſe aliena & remota ſtudia non admodum fero moleſte. Qua etiam imbecillitate adductus, cum ſuaſi tibi, ut Paulum aſſidue haberes in manibus; non id en feci, quod putarem illum minus tibi familiarem eſſe: ſed quod arbitrabar, quo plus in eo operæ ſtudiique poneres, in Hebraicis autem literis minus, quantum temporis ſcilicet ex illis detraheres, ad Paulumque transferes, hoc melius & præſtantius ſtudiis tuis conſultum fore. Qua in re, & in conſilio ejuſmodi dando, ſi erratum a me eſt, peto a te, mihi ut ignoſcas: bono quidem animo id feci, quanquam fortaſſe imprudenter. Sed æquum eſt nos inter nos & non agnoſcere ſæpe culpas, & benevolentiam ſemper adhibere. Etſi hoc quidem poſterius tu unum facis, ego cum amore culpam aliquam interdum in meis factis adjungo. Nunc venio ad quæſtiones, de quibus ſententiam meam ſciſcitaris, quarum duæ locorum ſunt, alteræ rerum. Quæris quod fuerit tertium cœlum illud, ad quod ſublatus eſt Paulus. In quo reſpondeo tibi; tertium ibi cœlum a Paulo pro ſummo & ultimo poni, in quo non ſydera, neque aſtra, ſed divina mens inhabitat: & tertium illud ſuperlationis vim habet: & mox ſubjungit ipſe, audiviſſe ſe ibidem arcana verba, non contemplatum ſpectacula fuiſſe. Quanquam autem iſta cœli mentio, non tam loci, quam rei ſignificationem habeat: (non enim in loco habitat Deus, ſed ipſa Dei virtus & potentia ſemetipſa continetur, cujus arcana qui audiunt, a Deo edocti, ad domicilium Dei extoltolluntur) tamen etiamsi ordinis & loci reddenda est ratio, congrue cœlum illud Tertium esse dicitur: quando primum, ducto hinc initio, est aeris ignis circumiens una cum cœlo mundi inferior globus: qui non solum vulgo, sed ab omnibus poetis Cœli vocabulo nuncupatus est: usque eo, ut ne alienam quidem a natura ignei elementi superiorum orbium naturam esse veteres existimarint. Quod idem & in Genesis principio videtur comprobatum: qua firmamentum quod nominat cœlum, inter aquas duplices constituit Deus: tametsi de hoc quidem non tam mihi liquet. Alterum porro cœlum astra signaque continet. Tertium est Deo, & cœlestibus illis mentibus attributum. Sed ut dicebam, non tam locum, quam rem notare voluit Paulus. Summum enim profecto cœlum illud est, ex quo hausta illa fuit divina sapientia. Quod item de sinu Abrahæ, in quo recumbebat Lazarus, intelligendum est: nusquam enim ibi locus, sed res tantum est descripta: cum is qui jacebat in miseriis, Lazarum vidit in beatitudine recumbentem. Aut si in eo locus quærendus est, sinus Abrahæ regnum cœlorum est. Sicut ipse Dominus alio loco: Venient multi, inquit, ex ortu, & occasu, & recumbent cum Abraham, Isaac, & Jacob in regno cœlorum, filii autem regni ejicientur foras. Felicitas igitur eo loci, & miseria in evangelio est exposita, ea quæ morientes dispari sane exitu exceptura est, locorum autem proprie non est spectata ratio. Inter felicitatem porro & infelicitatem maximum utique interpositum chaos est, quod etiam est impermeabile, judicio Dei præmiis jam, pœnisque

consti-

constitutis. Hactenus de locis. Nunc de rebus est dicendum. Ac primo, avaritiam esse idolorum servitutem, non uno loco dixit Paulus: ea ratione, quod qui pecuniæ student, totius vitæ suæ spem & fiduciam constituunt in pecunia. Quod in aliis cupiditatibus non fit: nam cæteræ cupiditates singulares sunt, avaritia una reliquas omnes complexa est. Quæritur enim ad eam rem pecunia, ut cupiditatibus omnibus suppeditetur. Porro ponere vitæ totius spem alibi quam in Deo, alium sibi est Deum adsciscere, & adoptare: quod in avaritia præcipue quoque evenit, quando cupiditates aliæ subitis fere motibus in itantur; avaritia habet certum & constitutum consilium. Ita & vitulum, quem dimisso Deo Judæi adoraverunt; non sine mystico sensu, avaritiam esse cultum Idolorum, legimus fuisse aureum. Alter locus est apud Lucam, quo Dominus rediens a nuptiis, servis fidelibus, qui vigilaverint, mensam appositurus est, eisque ipsemet ministraturus. Torquet enim te verbum illud Transiens, quod non a transeunte, sed a permanente velles sanctis Dei & electis convivium exhiberi. Sed error est in verbo; non enim Transiens, sed Obiens, debuit transferri: id enim Græce est παριλθὼν. Obire autem præter oculos discumbentium multa necesse est, eum qui pluribus velit ministrare: estque verbum illud non abitus, sed sedulitatis. His sic expositis, dicendum tibi a me ingenue est: in quo vereor, ne tu aliena sententia sis, qui humanam putes sapientiam, bonarum artium & literarum cognitionem esse, eam videlicet quæ est inimica Deo. Non enim ita est. Humana est
illa.

illa sapientia, quam refutat & aspernatur Deus, adversusque eam in honorem stultitiam adducit, quæ illa sapit & meditatur, quæ ad fructus rerum mundanarum comparandos apta appositaque sunt: quam nos prudentiam vulgo appellamus: solertiam quamdam accurate & caute internoscentem molestias, & voluptates: eaque adhibentem, quæ opes, honores, divitias, potestatesque sint allatura; contraria vero rejicientem, atque evitantem. Hæc enim ad diversum longe finem a Deo, tota directa est: & qui in hisce stultus est, hoc est, cui illa præ cœlestibus cordi non sunt, ille Deo præcipue gratus & probatus est. Artium vero liberalium, & philosophiæ cognitio, in eximia parte veræ sapientiæ statuenda est: si sit ea ad Deum ascendere volenti tanquam gradus, non autem ad mundi fastum, præmiaque conversa. Neque ego arbitror, quod audacter confirmare possum, quenquam in sacris literis, aut ulla denique in arte scientiave satis unquam instructum & eruditum fore, cui ignorata philosophia fuerit. Ad quam ego te adhortari pro conjunctissima nostra necessitudine non desino, ut quæ te in adolescentia tua aluit & produxit, eadem provectiore quoque ætate ornet & comitetur; tuque artis præstantissimæ & optimæ, cujus adminiculo & viribus theologia est innixa, uberiores inde fructus feras. Vale & nos dilige. Carpentoracti, III. Nonas Aprilis, M. D. XXXIII.

EPISTOLA CLXXXVII.

JAC. SADOLETUS EPISC. CARPENTORACTEN.

Federico Fregosio Archiepiscopo Salerni
S. P. D.

De nonnullis eorumdem Commentariorum locis, deque usu linguarum Hebraicæ & Græcæ in sacris literis interpretandis.

IN extremis literis tuis, quas abs te Nonis Julii datas, ego tertio Idus Novembris accepi, ratio a te reddita est, quare epistola tua sit longior, teque velut excusando exponis, non potuisse propter rerum copiam, & hujus in scribendo muneris inexperientiam, (sic enim loqueris) brevius & contractius scribere. Quod ego quam in partem proferas, constituere adhuc non possum. Etenim si mea id causa dicis, quod vereare, ne quid tuarum longitudo literarum offensionis mihi aut molestiæ afferat; arbitror fieri a te nonnullam & mihi, & mutuæ nostræ conjunctioni injuriam, si putas me offendi posse tuis literis: aut si suspicari de me in animum inducis, quicquam mihi accidere abs te posse, quod non sit mihi omni cum lætitia ac suavitate, & expectatum, & gratum. Imo vero tu, si quando breviter scripturus sis, ad id tibi potius excusationem comparato: quasi invideas mihi eximiam partem meæ voluptatis, cui jucundissima sunt scripta tua, eadem quæ longissima. Etenim cum te ipso carere mihi necesse sit, tuamque optatissimam, & mihi certe te spectatissimam virtutem, prudentiam, humanitatemque quotidie requirere in mentem veniat: quid magis solatio potest esse, & levamento, quam in tuis literis, in tuis sermonibus scriptis, quando viva voce frui non licet, in tui memoria & cogitatione acquiescere? Quæ tunc me maximum in modum delectat, cum aliquid de te, vel abs te, recens ad me allatum aut audio, aut lego. Sin autem illud ipsum, scribere diffuse, & abundanter, tibi ipsi fortasse grave, odiosumque est, plusque in eo, quod multum scribis, laboris, quam quod ad me scribis, inest voluptatis; equidem tuo imprimis commodo esse consultum volo. Sed tamen scito tua ista sententia (si modo ea tua est) nil mihi accidere posse incommodius. Sed neque ut hoc tu ita sentias persuaderi mihi potest: & ego initium tuarum literarum sæpenumero degustans, in quo suavissime atque amicissime, tanquam deplorans disjunctionem nostram, & quotidianos mecum congressus expetens, scribis, postquam id nobis ereptum est, ut jam nequeamus esse una, daturum te operam, ut sacris de rebus ac quæstionibus literæ inter nos, & percunctationes non conquiescant: cum facile adducor ut credam, te quoque ad me libenter scribere; tum id certe tibi de me polliceor, & in scribendo ad te, & in tuas legendo, nullam a me percipi voluptatem, quæ quidem mihi major esse videatur. Sed de his satis. Neque enim dubito, quin tu in amicitia nostra pari mihi & fide, & voluntate respondeas. Quod modestiam meam (sic enim appellas) tibi probatam esse dicis; gaudeo majorem in modum, si quid fortasse impruprudentius scriptum a me fuit, id a te in bonam partem accipi: plusque in hoc multo æquitati & humanitati tuæ, quam meæ modestiæ & moderationi tribuendum est. Ego enim omnino scripsi inconsideratius, visusque sum præ me ferre (a quo certe abesse longe cupio) jactantiam quandam verborum, & animi levitatem. Neutrum horum quidem ex ingenio meo: sed tamen nescio quo pacto mihi illud excidit, cujus me quotidie magis pœniteret (etenim magis in dies ac magis difficultate suscepti oneris ac muneris retardor) nisi in eum hominem incidissem, qui cum summo & singulari judicio, summam quoque æquitatem & clementiam naturæ habet conjunctam. Quapropter si me amas, quantum profecto amas, aut illa de literis meis verba tollito; aut ipsas potius concerpito literas: ne apud alios non tam æquos homines, neque tam amantes mei meum mihi dedecori erratum, sit. De fide & Operibus, nec tuam satis perspicere quivi sententiam, nec meam tibi paucis perscribere audeo, etsi eram tum, cum has literas dabam, in eo ipso loco & parte operis mei, in qua de Operibus legis agitur, recognoscenda, occupatus. Itaque in id tempus hæc tantæ quæstionis disceptatio rejicietur, cum absoluto libro, aut illum integrum, aut saltem particulam istam excerptam ex eo ad te mittam. Responsiones meas tibi probari lætor: etsi id te magis confirmandi mei causa, quam quod tua illa approbatione dignæ sint, ita sentire puto. Certe quod providebam & expectabam, potuisses tu me in maximas difficultates conjicere: si quà sinum Abrahæ regnum intelligi cœlorum

dixi,

dixi, illud appofuiſſes, quærendo & percunctando, num ante adventum & myſterium Chriſti quiſquam omnino homo in cœlorum regnum introire potuiſſet. Scis enim his de rebus, quæ ſit & quanta contentio. Tertium autem cœlum ſedem eſſe ſummi & præpotentis Dei, conjectura etiam magis, quam cognitione certa ſuſcipimus. Nam quod ad omnia tu parates velis ſcripturæ eſſe ſententias & autoritates, ſit id copiæ & diligentiæ tuæ: nos enim in toto iſto genere jejuniores ſumus. Quod Hebraicæ linguæ tantum tribuendum putas, ego etſi in alia ſolitus ſum eſſe ſententia, non quod linguam illam unquam improbarim, ſed quod Græcis ſemper magis fui deditus; tamen cum tantum tuum judicium ſit, facile tibi aſſentior, rem ita ſe habere, ut tu dicis: hoc etiam magis, quod tu utriuſque linguæ egregie peritus & prudens, ſummam dijudicandi facultatem habere potes, mea quidem pigritia hujuſmodi eſt, ut eo quod habeam, quamvis puſillo & tenui, cogar eſſe contentus: neque ad majora illa aggredienda, aut animus mihi, aut vires ſuppetant. Quamobrem tu & tuam vicem, & meam, ſi in his elaboraveris, quæ tantopere noſtræ religioni conducere exiſtimas: mihi nil deperibit. Nam & utilitate eadem tecum perfruar, & tuam gloriam (ſi modo eſt ſpectanda in hiſce rebus ulla gloria) mihi quoque tecum ſtatuam eſſe communem. In tali enim amicitia & conjunctione, cujuſmodi noſtra eſt, nihil utrique noſtrum ab altero ſejunctum poteſt eſſe. Duo Cherubin neque ego inficiatus ſum duo teſtamenta recte poſſe ἀλληγωρῦθαι, & tamen ratio illa veritatis,

quam

quam in ambobus eundem gradum tenere vis, aliquantum mihi diverſa videtur. Nam & umbræ vere ſunt umbræ, & corpus vere corpus: intereſt tamen non parum inter umbrarum & corporis veritatem: utrunque enim æqualiter verum eſt, ſed non æquale verum. Sic & cœlum ſcabellum pedum Dei, etſi de eo æque vere cœlum eſſe id dicimus, atque Deum eſſe: longo tamen differt veritatis intervallo a ſcabello ſuorum pedum Deus. Verum hæc ſubtilioribus iſtis diſceptatoribus relinquenda ſunt. De arcana illa Hebræorum divinaque ſcientia, quoniam nihil cognitum habeo, ne habeo quidem quicquam quod dicam: meam omnem ſententiam ad tuum de illa judicium accommodo. Quod mihi de ea ſubmoverat aliquam ſuſpicionem, & tibi ingenue prolocutus ſum: & tu ſtelus ac culpam nonnullorum in eo genere convitiis infectatus es. Mihi, his dimiſſis, illud potiſſimum curæ eſt, ut in Evangeliis & Paulo abſtruſos & reconditos indagem ſenſus. Utor autem interpretibus nullis accuratius, quam his autoribus ipſis, qui illa ſcripta divinitus ediderunt, ut e fontibus magis, quam ex rivis hauriam. Itaque locum illum de duobus gladiis in Luca meo quoque ſenſu interpretatus, recte, an ſecus, ut tu queas dijudicare, miſi ad te exemplum meæ lucubrationis, quam leges cum tibi erit otium. Quin & illud, quod pene fueram oblitus, ſcito datum mihi negotium a Pontifice Maximo, quem nos viſum & ſalutatum Maſſiliam acceſſimus, ut totum illum ſermonem interpreter, qui eſt a Chriſto habitus cum Nicodemo, cap. III. Joannis, ſi rite recordor, in quo de Spiritu

ſpi-

spirante ubi velit, & quanquam vox ejus audiatur, ignorato tamen unde veniat, aut quo vadat, obscura admodum & perdifficilis est narratio, tantis doctissimorum dissensionibus ut nihil videatur fieri posse implicatius. Item & alter locus in extremo Evangelio mihi exponendus est, quo Christus Magdalenam ipsum agnoscentem prohibet ab amplexu. Noli me tangere, inquiens: nondum enim ad patrem ascendi meum. In his duobus locis explanandis si quid tu mihi afferes subsidii, atque opis, ac laborantem tuo præstante ingenio sublevabis, erit causa, cur hunc laborem mihi fuisse optandum putem. Quod obsecro te quidem ut facias, reque inspecta accurate & diligenter participem cito me facias & sensus & judicii omnis tui. Quid aliud tibi scribam ? quid ? illud nimirum, mihi esse molestissimum, quo usque eo tarde commeent inter nos literæ, quippe cum recentes hæ tuæ quatuor menses ipsos in via moratæ sint: quod si idem eventurum est in meas, quæ spes est, nos posse hac jucundissima, & mihi multum exoptata consuetudine scribendi inter nos, curasque communicandi, perfrui ? Quare si Lugdunum scripseris ad tuos ut studeant esse diligentiores, & illos credo expergefeceris, & mihi feceris gratissimum. Vale, Carpentoracti, Idibus Novembris M. D. XXXIII.

EPISTOLA CLXXXVIII.

JAC. SADOLETUS EPISC. CARPENTORACTEN.

Hieronymo Nigro (*a*)
S. P. D. *Patavium.*

Petit ab eo summopere, ut hominem quærat, qui in sua Provincia græcas & latinas literas doceat.

HIS diebus, cum minus commoda valetudine uterer, dedi negotium Paulo, ut scriberet ad te de eis rebus quarum & mea & tua intererat, te fieri certiorem. Quod ab illo factum diligenter fuisse non dubito. Nunc nova re oblata, in qua tua opera mihi expetenda esset, statui has ad te rursus scribere: petereque pro mutua nostra benevolentia, ut quod imprimis cupio optoque, quod tamen ipsum non ad meum illum privatum commodum, sed ad officii nostri duntaxat & muneris functionem pertinent; in eo assequendo & operam mihi tuam, & studium præbere velles. Res porro ipsa sic se habet. Quo tempore veni, mi Niger, in hanc provinciam, non ut peregrinaturus in ea, sed ut domicilium vitæ constituturus; hominum quidem horum virtutem, mansuetudinem, comitatem, probavi statim ex initio, amareque occœpi, animumque induxi, ut quod mihi necessario
per

(*a*) De Nigro, vide quæ habentur Part. I. in notis ad Epist. LXX. pag. 189. & ad Epist. LXXII. pag. 298.

per leges & religionem faciendum esset, id etiam a me prolixe libenterque fieret, hoc est, ut his essem quam maxime studio benevolentiaque conjunctus. Sed inter multa quæ mihi erant voluptati & delectationi, illud unum ægro animo ferebam, quod nullam in his rationibus bonarum literarum cognitionem, nullum inesse studium optimarum artium videbam. Nec vero id facile ego pati poteram, ut cum a me mei ratio postularet officii, ut quacunque re possem, populis meis commodarem; earum adeo rerum, quæ ad bene ac beate vivendum pertinerent, hanc unam rem sic abire sinerem, in qua (ut mihi quidem videtur) vel beata præcipue vita continetur. Itaque quoad potui, hortando, rogando, commonefaciendo, aliquos tandem induxi, ut suos cupiant liberos erudiri his literis, quas nos appellamus optimas. Nam antea nulli erat hic arti neque scientiæ quicquam loci, nisi juris civilis peritiæ: quæ expetebatur ab omnibus, non ut discerent homines vivere liberaliter, sed ut lucro & artæ consulerent. Nunc videtur in animis aliquorum ejusmodi semina esse jacta, ut si sit doctoris copia & facultas, ingenuas illas artes & disciplinas, quas nos eo vehementius probare soliti sumus, quod amicos illæ docent ac instituunt non deservire pecuniis, sed ab omni illiusmodi cupiditate, vel labe potius solutos esse, in honorem adduci posse confidamus. Quanquam rei eventus in nostra potestate non est: exemplum certe introducere, & ordiri principium aliquod, rebusque bonis nec opera, nec studio, nec autoritate deesse, hominis est non sibi uni, sed & patriæ, civibus

bus, & communi cunctorum utilitati servientis: quam nos imprimis rationem vitæ voluntatemque inftituimus fequi. Eft autem in civitate hac conventus quidam monachorum, quorum rector maxime cupiditate hac incenfus eft, Græcafque & Latinas literas cupit in familia fua propagari. Idemque univerfæ provinciæ Narbonenfis præeft reliquis ordinis fui conventibus: ut videatur hujus præclari amoris ftimulos in plures cœtus hominum effe diffeminaturus. Sed (ut dixi) magifter nobis deeft & autor, & juvenum quafi quidam moderator, huic idoneus muneri: quem fi nancifceremur, fpes foret, afpirante noftris conatibus Deo, aliqua hic qunque excitatum iri ingenia, quæ ad nobiliffimarum artium adipifcendam laudem egregie apta exifterent. Hunc nos magiftrum & doctorem a vobis quærimus. Habetis enim iftic (ut ego arbitror) talium virorum copiam. Sed eum effe hujufmodi oporteret, qui mediocribus rebus poffet effe contentus. Nam ne nos quidem in optando admodum infanimus. Si Græcas noverit probe literas, Latinas autem mediocriter; ita tamen, ut vitia orationis prompte difcernat, habeatque docendi, & inftituendi planam ac facilem rationem, potterimus eo nos effe contenti. Merces fane illi a nobis perfolvetur, aurei nummi quotannis fexaginta, victumque & tectum commode ut habeat curabitur, ad eandem videlicet modeftiam & mediocritatem. Nunc cum videas mi Niger quantæ hæc mihi curæ res fit, & quam fit recta & honefta ratio hujus confilii mei; peto a te pro noftra fumma conjunctione, ut curam & cogitationem aliquam suscipias, quo huic rectissimo studio nostro satisfiat: aliquemque nobis invenire studeas, qui sustineat partes hac in re amoris & pietatis erga hosce populos nostros, meamque optimam in meos voluntatem ipse te expleat. Quod si unquam videro fieri, ut hi quos charitate nimirum Christiana in filiorum loco diligo, sectentur eas artes, quæ liberales sunt, avocantque ab omni sordida & inquinata cupiditate habendi: ꝫ ego illi (crede mihi) cujuscunque opera hoc assequar, plane me obstrictum, & in perpetuum obligatum esse profitebor, omnique studio diligentiaque curabo, ut suum is hujusmodi officium non male a se positum sit judicaturus. Hac eadem de re ut Lazarum nostrum appelles, cum eoque accurate colloquare, vehementer a te peto, mihique ut primo quoque tempore rescribas. Vale mi Niger, & Bembo meo, summo viro, plurimam salutem verbis meis dic. Carpentoracti, IV. Nonas Maii, M. D. XXXIII. (*a*)

(*a*) His literis respondet Hieron. Niger Epistola quæ est ordine CXCVII. pag. 397.

EPI-

EPISTOLA CLXXXIX.

JAC. SADOLETUS EPISC. CARPENTORACTEN.

Des. Erasmo Roterodamo
S. P. D. *Friburg.*

Suorum in D. Pauli priorem Epistolam Commentariorum librum primum ad eum mittit.

Noli, amabo, putare, mi Erasme, quicquam mihi esse, aut gratius tua erga me benevolentia, aut judicio gravius. Itaque, & quicunque istinc veniunt, tuumque modo nomen, & nuntium de te aliquem ad nos perferunt, libentissime a me accipiuntur, eoque etiam magis, si quod afferunt monumentum tui præstantis ingenii, præclaræque in rem, & pietatem Christianam operæ, ac voluntatis, qualia sæpe multa a te proficiscuntur, ut tibi molestum esse non debeat, illos tenui a me munusculo affici, qui id laboris mea causa suscepere. Et de tuo judicio (ita mihi divos omneis opto esse propitios) in ea sum sententia, ut nihil meorum mihi probari possit, quod ad religionem quidem, & ad literas sacras pertineat, si non id antea tibi sit probatum (*a*). Quapropter cum confecis-

---

(*a*) Quanti hoc Sadoleti de Erasmo judicium in ils præsertim, quæ ad religionem & ad sacras literas pertinent sit faciendum, quidque de ipso Erasmo sentiendum

legissem commentarios in Pauli primam epistolam (quo labore, & quibus vigiliis, non dico: satis enim cognita tibi est illius Epistolae obscuritas) statueram aliquot menseis quiescere, totumque me ab illa cura, & cogitatione avertere, ut deinde recens, atque novus ad meam recognoscendam, & accuratius expendendam lucubrationem accederem. Qui tamen mos & mihi consuetus est, & a viris doctis solet usurpari. Eratque mihi in animo, neminem omnino participem facere, antequam ipse probassem. Sed cogitans casus humanos, & quanto mihi moerori ac detrimento esse posset, si qua asperior fortuna, quae in utrunque nostrum profecto habet potestatem, commercium inter nos hoc literarium peremisset, librum e tribus primum qui erat descriptus, dedita opera ad te misi, in quo maxima quidem sunt, & pulcherrima fidei Christi mysteria. Quem peto a te, mi Erasme, & pro insigni ac mutua benevolentia nostra rogo, eo animo ut legas; uti ita statuas, melius mihi abs te multo consultum fore, si reprehenderis in eo, quae tibi reprehendenda esse videbuntur, quam si laudaveris, si qua erunt laudanda. Ausus equidem sum, id quod videbis ipse, ab itinere ceterorum jamdiu trito atque usitato deflectere, aliaque quaedam ingredi via, quae mihi visa sit magis emergere ex fluctibus quaestionum, fortiusque & splendidius ad veritatem con-

contendere, Deumque ut mihi adesset, semper precatus sum. Sed falli tamen possumus. Quamobrem, mi Erasme, omnis in te spes mihi est, tuum judicium quod tu modeste imminuis, ego autem plurimi facio idque non injuria, nunc mihi quidem ipsum perfugium & portus est, & totius mei laboris expolitio; egoque in te uno, tuoque in me amore, ac tua spectatissima virtute, & doctrina acquiesco. Illud te nolo ignorare, deesse non pauca in hoc libro, quæ tunc adjicientur, cum opus totum acrius examinandum resumpserimus. Nam, & multa in eo explicatius differenda sunt, quam nunc exposita sint, & collecta ex sacris literis testimonia aliquot sane opportuna atque illustria tum sumus addituri, cum de vulgando opere cogitabimus. Nam nunc quidem huic parti, quam ad te misimus, ne lectionem quidem adhibui, veritus ne correctioribus, ac lituris ante tempus implicarer, quando omnem ejusmodi curam (ut dixi) in aliud tempus rejeci. De impressione nihil mallem, quam id quod tu mihi consulis, ut apud Frobenium transfigeretur res: certus enim sum, nusquam melius: neque sumptu permoverer, sed pudore quodam afficior propter bonitatem & modestiam Gryphii, qui mihi totus deditus plane est. Quanquam erit hac quidem de re spatium deliberandi. Illud te summe oratum volo, ut hanc partem commentariorum ita ostendas cui voles, ut nemini omnino describendi copiam facias: res enim nondum plene perfecta est. Ego & familiariter ago tecum, & me id tuto facere posse arbitror:

sum-

summa enim mihi est, & de tua humanitate opinio, & de integritate fides. Quamobrem si quid tibi oneris impono, id ea mente facio, quod tibi volo esse persuasissimum, nihil tibi esse vicissim in omnibus rebus tuis, & opera mea, & benevolentia paratius. Declarationes tuas, etsi magnopere probavi prima illa lectione, ut ad te scripseram, tamen de integro legam: nec dubito, quin sim omnia in illis, quæ a te commutata sint, meliora ex bonis facta reperturus. Legi commentarium in Symbolum (a), quo mirifice delectatus sum (b). Os enim profecto obstructum jam

---

(a) Hic Erasmi in Symbolum commentarius, est opus ad religionem spectans, ideoque prohibitum uti & alii ejusdem generis in Indice Tridentino, donec expurgetur: nondum tamen quum hac scripsit Sadoletus fuerat atro carbone notatum.

(b) Etsi multoties tum in notis ad Sadoleti vitam, tum in prima Familiarium ejusdem Epistolarum parte protulerimus in medium causas, quibus noster Cardinalis adductus, eloquens ille quidem atque eruditus, sed in rebus Theologicis haud satis versatus, vel proscriptos aliquos Erasmi libros summopere laudaverit; vel cum ipso auctore, aliisque semicatholicis hæreticisve hominibus, & commercium habuerit Epistolarum, & nimis agendum cum illis leniter sibi existimarit, nostri tamen instituti ratio postulat, ut tum hoc loco, tum inferius, optimo Sadoleti erga rem Catholicam animo palam exposito, ejusdem in scriptis ad res sacras pertinentibus judicium, non multum esse faciendum animadvertamus. Constat enim inter omnes Sadoletum rei Catholicæ augendæ propagandæque cupidissimum, eo sane consilio ad nonnullos heterodoxos, aut hæreseos suspectos homines litteras humanæ
ac sa-

jam est litigiosis hominibus, & sibi injustam laudem ex obtrectatione aliorum quærentibus, quos tua excellens virtus, & auctoritas satis per se ipsa refellit. Vale mi Erasme, & nostri memoriam retine, qui nunquam tui esse immemores possumus. Ad Amerbachium nostrum do literas, cui lucubrationem meam, vel in primis ostendi volo. Iterum vale. Carpentoracti, V. Idus Junii M. D. XXXIII.

---

ac satis etiam honorifice scriptas dedisse; ut eorum animis ad parem moderationem & quandam etiam sui benevolentiam inflexis adductisque, & errores noscerent suos, & in Ecclesiæ Catholicæ castra reverterentur; quemadmodum ipsemet Sadoletus testatur scribens ad Federicum Nauseam x. Calend. Decembris an. 1537. & ad Georgium Saxoniæ Ducem xvii. Calend. Februarii an. 1538.

JACOBI SADOLETI

EPISTOLA CXC.

JAC. SADOLETUS EPISC. CARPENTORACTEN.

Antonio Prato S. R. E. Cardinali (a)
S. P. D. *Parif.*

De officiis erga se collatis ei gratias agit, oblatasque sibi amplissimas a Rege Galliarum conditiones, modeste recusat.

CUM Lugduni fuissem, speciemque illam in te summi & præcellentis viri, de quo tam multa absens audieram, ipseque pluribus in rebus ita esse cognoveram, oculis meis præsens subjecissem, fuissemque eam magna mea cum voluptate, nec minori cum admiratione contemplatus: propterea quod voluptatem mihi meus in te perpetuus amor, singularisque observantia, admirationem vero sapientiæ & virtutis tuæ magnitudo afferebat; possum tibi confirmare, post meum illinc discessum, memoriam tui semper mihi in animo ita versatam esse, ut non dies, neque noctes, mea de te cogitatio, & cura aliquid conandi, quo pro tuis plurimis erga me beneficiis gratus in te esse intelligerer, ullo modo requiesceret. Etsi enim superioribus temporibus tu nunquam destitisti de me bene mereri, tuamque ego in meis rebus omnibus, quæ ope & auxilio tuo eguerunt, benevolentiam erga

---

(a) Consule quæ de eo diximus Par.I. in notis ad Epist. LXXXIV. pag.317.

erga me, humanitatem, liberalitatem sum expertus; tamen hoc recente facto, quo mihi dedisti praeclarum apud Regem tui de me judicii testimonium, idemque detulisti, ac de optimi Regis voluntate mihi es pollicitus: si Regem, & Regiam colere, & sectari vellem, amplissima mihi fortunae praemia non defutura (a): hoc inquam tuo praestantissimo merito, quo nullum majus a tanto & tali viro ne optari quidem potest, ita sum ad omnem benevolentiam & studium colendi tui ac venerandi nominis incitatus, ut ne si vitam quidem pro te effundam, vel parvam partem tuorum meritorum videar consecuturus. Quanquam enim diu est, quod ego amplitudinem tuam & colo, & diligo, omnique honore, atque observantia prosequor, multisque tuis erga me benevolentiae significationibus summe devinctum me atque obligatum esse sentio, tum autem de gravitate, doctrina, sapientiaque tua ita existimo, ut nullum prope exemplum tale, hominis rerum molem maximarum tanta facilitate prudentiaque moderantis, ne antiquis quidem temporibus putem extitisse; tamen illud de te judicium commune mihi cum multis semper fuit. Hoc vero quod praecipue ac proprie meum est, quo tibi sum tanta & tam insigni tua humanitate obstrictus, sic me & cepit, & incendit, ut prorsus mihi necessario confitendum sit, neque ad referendam tibi gratiam aliquas opes meas, neque vero ad commemorandam verba ulla suppetere. Et quoniam arbitror ad meum

---

(a) Vide hac de re ipsius Sadoleti vitam pag. XLVIII.

meum officium pertinere, ut tibi respondeam, de eo, quod tu mecum locutus es; agamque quoquo modo possum tamen gratias; quorum alterum tunc propter brevitatem temporis mihi non licuit, alterum nunquam plane licebit sic facere ut debeo : de eo primum dicam, quod ad sectandum Regem pertinet: cui equidem sum toto animi mei studio addictus. Sed ut hanc vitam abjiciam pacatam, atque tranquillam, in quam ego veluti in portum, ex magnis ipse quoque negotiis & agitationibus, tanquam ex fluctibus me recepi; non casu neque fortuito, sed consilio certo, dataque opera : nequaquam id videretur aut constantiæ meæ, aut verioris vitæ utilitatibus convenire. Non enim in opibus præcipue, nec in divitiis nostra posita bene agendæ vitæ ratio est; sed in eis magis studiis & actionibus, quæ & præsentem nobis jucunditatem præbent, & futuram immortalitatem pollicentur. Quod tu summus omnium & prudentissimus vir, in te ipso facile potes recognoscere. Sed etsi quieta vita hæc, illi alteri vitæ difficili & negotiosæ præponenda multum est; tamen cum incidant interdum tempora, ut officium cæteris rebus sit antevertendum, nec possit aliter virtus & veritas rite conservari, nisi labor aliquis negotiumve suscipiatur : si quod eveniret tempus ejusmodi, quo magna res aliqua Regis nostri, magnave gloria ageretur, si modo ei ego muneri viderer esse idoneus : & si ea res cum fide & dignitate tractanda esset, in quo utique video errare & decipi communem vitam, quæ versutas, & varias gerendarum rerum rationes, illis rectis & prudentibus actionibus ante-

anteponit: si talis, inquam, actio, ac tale offerretur tempus; non denegarem Regi nostro profecto operam & fidelitatem meam. Neque cum id facerem, viderer mihi ab hoc jam suscepto genere vitæ descifcere: id enim certe nunquam sum facturus; sed officio tantisper me judicarem fungi, unaque aliqua in actione ei Regi deservirem, cui me omni honesta ratione, & propter potestatem ejus, & propter virtutem atque humanitatem esse subjectum decet. Sed neque hoc ut contingat, optandum mihi est. Cupio enim rationes & consilia omnia Regis ita faciles cursus habere, ut non sit opera aut industria cujusquam admodum requirenda. Et tamen si contingeret, non tantam in me ingenii vim agnosco, ut non multos Rex habiturus sit, quam ego sum, magis idoneos. Quamobrem hac tibi mente & voluntate mea satis exposita, redeundum mihi ad id est, quod est omnium longe difficillimum: quo pacto tibi agam gratias. Quod si aut tua non tam ampla autoritas, aut merita erga me mediocria saltem forent, conarer aliquid profecto, & aliquam partem gratiæ exequi me posse confiderem. Sed cum & amplitudo tuæ dignitatis, & benignitas in me tua omnem meam agendi loquendique facultatem longe superet; peto a te, ut meum amorem erga te, & fidem & pietatem, quæ nunquam posthac a tui mihi venerandi nominis assiduo cultu, incredibilique observantia abfutura est, pro aliqua parte gratiæ recipias. Quod si ea studia, in quibus quotidie versor, aliquid forte aliquando habebunt autoritatis; dabo operam profecto, ut quanquam tuum præclarissimum nomen meis ipsum scriptis multo plus luminis allaturum sit, quam ipsi mea scripta, meum tamen de te, tuisque præstantissimis virtutibus juuicium apud posteros appareat. Quod non ideo scribo, quod magnam tibi rem polliceri mihi videar: sed quo tu magnam meam erga te intelligas esse voluntatem. Vale, Carpentoracti, v. Idus Julii, M. D. XXXIII.

EPISTOLA CXCI.

JAC. SADOLETUS EPISC. CARPENTORACTEN.

Joanni Lotharingio S. R. E. Cardinali (*a*) S. P. D. *Parif.*

Ejus humanitatem Lugduni expertam laudat, rogatque ut suo nomine Gallia regem veneretur.

IN meo a vobis digressu, nescio quo pacto imago omnium vestrum, summique imprimis Regis, atque tua, non solum me discedentem prosecuta est, sed usque adhuc in animo meo permansit, ac, ut se habet res, etiam permansura videtur. Habet enim illa in me familiare sibi jam domicilium. Quod profecto evenit magnitudine quadam amoris, quo erga vos incensus sum. Jamdudum hoc quidem: etenim sat diu est, quod mea & studia, & officia ad utrunque vestrum colendum consuli. Sed mea hæc voluntas etiam confirmatior

---

(*a*) De eo, consule notas ad Epist. CXLVII. Part. II, pag. 8.

tior facta est, posteaquam ego sum cum ambobus vobis collocutus. Quo in congressu non tam potestas & amplitudo vestra, quæ quamquam permagna est, alios tamen & habuit pares aliquando, & habitura est, quam humanitas quæ illi amplitudini maximo est ornamento, & in qua vos singulares esse contenditis, fecit, ut vos ego præcipue & colam & admirer. Itaque nil mirum, si vobis & amore, & observantia sum addictus: quorum alterum virtuti vestræ jure ac merito debetur, alterum potestati. Sed ego hæc cogitans, cum animi mei studium & benevolentiam vobis declarare cuperem, vel potius ab amore ipso cogerer; ad Regem quidem non sum ausus, neque sane conveniebat: ad te vero, cujus mihi comitas magis est in promptu, has dedi literas: nihil aliud postulans, nisi te illis interpretibus, quando coram non licet, & salutare, & venerari, & tibi memetipsum in memoriam redigere: petereque a te, ut me in numero tuorum habere pergas. Hoc cum mihi optatissimum est, ut virtutis proprium, & humanitatis, & nobilitatis imprimis tuæ. Vale, Carpentoracti, v. Idus Julii, M. D. XXXIII.

EPISTOLA CXCII. (a)

JAC. SADOLETUS EPISC. CARPENTORACTEN.

Reginaldo Polo S.P.D. *Patavium.*

Ejus se laudes optimo meritoque jure celebrasse testatur, petitque ut quoniam de injuria, quam a se vellet factam Theologiæ non satis se purgasse superioribus literis ei videbatur, nihil adhuc decernat, sed novas de eodem argumento præstoletur.

Serius respondi tuis literis, quam volebam: quod accidit partim imbecillitate valetudinis, quæ etsi graviter me non oppressit, fuit tamen mihi ad scribendum impedimento (destillationibus enim molestis diu sum tentatus) partim quod itineribus necessariis aliquantum tempus consumpsi. Ut vero primum opportunitas scribendi data est, nihil habui antiquius, quam lite,is tuis respondere: præsertim tam modeste, & tam eleganter scriptis. Summus enim tuus in illis pudor, & summa ingenuitas apparet. Sed quod tu multis verbis in illis disputas, existimare te, eas laudes quas tibi tribuerim, vel ab amore profectas esse, quo meum judicium fallatur, vel si aliquid in eis judicio sit dandum, id eo intentum esse, ut non quia ejusmodi sis, sed ut talis fias, quo laudes illæ

(a) Extat etiam inter Epistolas Ipsius Poli editas a Card. Quirino Tom. 1. n. XV. pag. 406.

illa te dignae esse videantur ; iccirco illam a me prædicationem virtutis tuæ dicas esse susceptam. Facis hoc tu quidem quemadmodum cætera soles, ut omnibus in rebus quascunque agis, aut loqueris, mos tuus rectus & liberalis eluceat. Sed ego facile me ab omni hujusmodi disputatione evolvo. Fateor enim plane, quæcunque dixerim ad te, omnia fuisse amoris: sed qui amor a vero & integro judicio profectus fuerit. Non enim quia te amavi, talem te esse existimavi ; sed quia talis mihi es cognitus, iccirco amor ille a me susceptus fuit. Atque utinam, mi Pole, tam facile mihi esset omnia explicare verbis, quæ ego de te sentio, quam facile est ea quæ dixerim, præstare. Verum hæc hactenus: non enim postulat mutua nostra benevolentia hujus generis longam orationem. Illud mihi jucundissimum ex tuis literis accidit, quod cognovi tibi esse perspectum, te a me amari: quod quidem facere mihi necesse est, aut omnis penitus abjicienda est humanitas. Quod enim tantum in amando esse potest animi studium, ut non id virtus atque amabilitas tua longe superet ? tuum quidem animum adversus me, & benevolam plenam fidei & constantiæ voluntatem, ita contingant mihi ea quæ volo, ut omnium rerum habeo carissimam. Quare nil restat, nisi ut paribus utrinque officiis amicitiam excolamus, quod ego & de me, & de te æque polliceri possum. De injuria quam a me videri vis Theologiæ fuisse factam, satis me tibi esse purgatum arbitrabar. Verum quoniam instas denuo, & urges, dabo operam, ut tuum ad arbitrium per me illi satisfiat

tisfiat (a). Tu modo, quod bonorum eſt & prudentium judicium, ita tabellam ſuſpendito, ut in re non liquida nullum innocentiæ præjudicium afferatur. A Thoma tuo accepi literas, homine tua familiaritate digniſſimo, & eis ſtudiis in quibus quotidie verſatur. Ei tu multam meis verbis ſalutem : itemque cæteris, quos nobis amicos eſſe ſcis. Paulus febri laboravit pluſculos hos jam dies: ei tamen melius eſſe incipit. Itaque ſpe bona de illius ſalute ſumus. Is ſi valuiſſet, non defuiſſet officio ſcribendi ad te, tui certe memoriam (ut debet) ſumma cum fide benevolentiaque conſervat. Vale mi Pole. Carpentoracti, Pridie Idus Julii, M. D. XXXIII.

(a) Vide hæc de re alias Sadoleti ad Polum literas datas IX. Cal. Decemb. an. M.D.XXXIV. quæ ſunt ordine CCV.

EPISTOLA CXCIII. (a)

PETRUS BEMBUS

Jacobo Sadoleto Episcopo
S. P. D. *Massiliam.*

Ejus literis Massiliæ scriptis respondet, deque Poli consuetudine multis agit.

O Suaves tuas literas XII. Calend. Augusti datas (b), in quibus cum multa jucunda, tum illud jucundissimum, quod te scribis delectatum Damascii sermonibus de me ipso. De quo etsi libenter audis quæ vis, tibi tamen non concedo, ut ea jucundiora tibi sint, quam mihi item illa quæ de tuis optimis studiis, moribus, doctrina, comitate, integritate, continentia, vitæ denique totius atque victus ratione, quotidie jam ad nos quidem afferuntur nunciis, sermonibusque omnium. Cave enim putes quenquam esse vestri ordinis, quo de homines tam honorifice cum sentiant, tum etiam loquantur, quam de te. Polus quidem noster, homo haud paulo plus omnibus bonis artibus clarus, quam nobilitate, quæ est a Britanniæ Regibus, nunquam me convenit, aut se a me conveniri sinit, quod quidem jam crebro accidit (conduxit enim domum in hac vicinia) quin

---

(a) Extat Epistolarum Bembi Familiarium lib. III. Epist. 29.
(b) Hæ Sadoleti ad Bembum literæ minime reperiuntur.

quin te in ore habeat, tuarumque virtutum recordatione, tuique memoria sermones medius fidius omnes condiat, atque conficiat suos. Quem sane virum eo pluris facio, quod mihi visus est te diligere mirandum in modum. Ex illius igitur, & ceterorum sæpe multorum ejusmodi prædicationibus afficior incredibili voluptate. Nam quoniam nihil esse potest nobis duobus conjunctius, magna tuarum laudum pars in me ipsum quasi redundare mihi videtur; atque illis sic triumpho, ut plane meis. Qua ego una re maxime quidem levor ea molestia, qua te quoque angi video, locorum scilicet intercapedine, quæ a us voluntate conglutinatos, magno corporum intervallo separavit. Sed eam etiam mittendis literis, & fide, pietateque mutua, ut tu amantissime præcipis, quoad possumus, leniamus. De Alciati literis, quas ad me misisti valde te amo. De Hortensio tuo, ad quem te primo quoque tempore confirmas reversurum, nihil est quod te malim facere, ut tibi sæpe antea significavi. Hæc scribenti mihi literæ Massilia venerunt, quibus certior factus sum, te Massiliam venisse Clementem Pont. Max. salutatum, valetudine sane, & vultu bellis. Utrunque gaudeo, & valere te, eoque magis quod adscripseras tibi non satis firmo æstatem effluxisse (idque unum tuis in literis me pupugerat) & illo accessisse: modo Pontifex is sit, qui esse debet. Te enim secum Romam reducturum esse illum, valde mihi persuadeo. Quod si fit, celerius te quidem fortasse visuri sumus, quam putaramus, non quod ego ad Urbem cogitem, nihil enim profecto minus. Sed hæc Deus aliquis gubernabit;

sabis, modo te Italia teneat, neque nobis aut transmittendæ Alpes sint, aut mare superum percurrendum ut te videre, atque alloqui possimus. Hoc idem utique optat Niger tuus, qui ambitione tandem rejecta ex Urbis se laboribus in literas abdidit, ocioque Patavino fruitur plane liber. Damascio cum vellet domum redire, neque aliter, ut ajebat, explicare sese posset, equosque ad profectionem coemere, nummos aureos Gallicos XXV. petenti dedi, quos mihi pollicitus est cum primum solum patrium attigisset, se e vestigio curaturum. Omnino adhuc ab illo non modo nummorum nihil habeo, sed ne literarum quidem. Peto a te hominem moneas, ut mihi fidem præstet suam. Cola meus multam tibi salutem dicit, itemque Paulo tuo, quem quidem ego & valere, & salvere jubeo plurimum, illumque alterum sororis tuæ filium (*a*), qui, quod ita est quemadmodum vis, ut scribis, & tibi eum voluptati futurum putas, valde jam a me diligitur. Vale. Quarto Calend. Octob. M. D.XXXIII. Patavio.

(*a*) Paulum scilicet Sacratum, de quo vide notas in Epist. CXXVI, Part. I. pag. 387.

JACOBI SADOLETI
EPISTOLA CXCIV.

JAC. SADOLETUS EPISC. CARPENTORACT.

Ubaldino Bandinello S.P.D. *Romam.*

Excusat tarditatem literarum suarum, eique gratias agit quod causam suam tam accurate apud Pontificem egerit, indicatque quis fuerit Præfectus statui provinciæ suæ.

Pridie ejus diei, quo sum hinc Massiliam profectus, qui fuit dies tertia Cal. Octob. accepi tuas literas. Quæ etsi mihi gratissimæ fuerunt, declararunt enim plane tuum erga me amorem, eamque curam & diligentiam, quam tu in rebus meis agendis adhibuisses: tamen quoniam mihi tardius fuerant redditæ, egoque tecum Massiliæ congressurum me arbitrabar, nullam tunc suscepi cogitationem respondendi tibi, cum ad id potius me parassem, ut præsens tecum de omnibus rebus colloquerer. At posteaquam illuc veni, primum id mihi accidit incommodi, quod mihi ibidem Pontifex duodecim dies ipsos expectandus fuit. Deinde cum ex ejus adventu eam certe voluptatem cepissem, quam meus in optimum atque humanissimum principem amor, totque præterea hominum mihi amicissimorum insperatus conspectus attulisset, in tanta mea gratulatione illud accepi molestiæ, quod neque te, neque alios quosdam mihi amicissimos homines in conventu illo affuturos cognovi. Ac de te quidem ita audiebam, cum Pontificis missu in Hispaniam iter suscepisses,

pisses, aliquotque jam dicrum proceffisses viam, in itinere ipso ægrotum restitisse. Quo ego nuntio cum essem sane perturbatus, Binus noster, & is qui tibi & mihi est amicissimus Petrus Carnificcius plenus officii atque humanitatis adolescens, affirmavit periculum nullum esse, seque certo existimare, antequam conventus Massiliensis dimitteretur, nobiscum te futurum. Id postea quam non contigit, egoque tuo aspectu & colloquio sui privatus, statui non amplius differendum esse officium meum. Itaque etsi Paulo mandaram Massilia jam discedens, ut aliquid daret ipse ad te literarum; tamen aliena illa opera non contentus, ut primum reverti Carpentoracte, has ad te scribere institui, quæ tibi nuntiarent, gratum te mihi fecisse, quod meam, atque adeo quod provinciæ hujus causam tam accurate apud Pontificem egeris. Quanquam ille, qui fuerat huc missus, ut provinciam seditionibus quibusdam laborantem, pace concordiaque placaret, non sedator, neque extinctor factionum, sed concitator potius apparuit. Venerat enim huc partibus illis adictus, quas maxime timebamus. Neque ipse id dissimulabat, neque animi sui studium tegere poterat. Sed cum cupiditate esset ita aperta, ut palam omnibus pateret, quorum arbitrio gesturus esset magistratum, cumque in causis paribus eorum qui rerum per se gestarum rationes essent reddituri, non æquo jure adversus omnes, neque eodem uteretur; complures hinc boni viri & nobiles concilio habito, primum quæsitoris hujus libidini se opposuerunt, deinde re ad maximum Pontificem Massiliam delata, facile ab ejus clementia

tia & singulari justitia est impetratum, ut pro homine parum his populis probato, alium nobis daret, in cujus virtute, & integritate, & prudentia requiesceret Provinciæ status. Quod & factum est, datumque negotium Paulo Capisuccio, homini eximia autoritate atque doctrina, quem nunc maxime expectat Provincia. Quæ ego tibi volui nota esse, ut intelligeres; neque tu me, cum tibi ista exponebam, sine causa laborasse, & quam gratum putes mihi accidisse hoc officium erga me tuum. Nam quod de studiis meis cum eodem optimo Pontifice communicaris, gaudeo majorem in modum, meorum illi studiorum rationem probari. Sed crede mihi, quantum literis potero, quantum scriptis, quantum hac mea ingenii mediocritate, & his facultatibus, quæ mihi a natura, aut a diligentia tributæ sunt, omnia sum ad ejus ornandam atque illustrandam gloriam collaturus. Ita enim ille de me meritus est. Et hac in re, quod per me minus valebo, amor mihi ingenium & vires suppeditabit. Te quidem tacuisse cum illo id quo minime prolato fuit opus, & probo factum, & in eo etiam benevolentiam tuam agnosco. Operam tuam in urbe ita mihi paratam esse duco, ut meammet mihi. Sed mea istic pleraque parvi momenti sunt. Quod si acciderit, ut tua mihi gratia & ope sit utendum, literis non parcam. Illud cuperem, de quo etsi tu Lugduni mecum modestissime es locutus; tamen doleo vehementer, non ex mea id sententia quam primum confici, ut homines florentissimi ac liberalissimi, gratiam & benevolentiam tibi reconciliarer, quem hominem ego summe diligo atque colo: arbitrortrorque id me jure optimo facere debere: quando & illius eximia virtus spectata omnibus, & beneficia erga me complura ac præclara extiterunt. De me meisque rebus, & de publicis, nihil ego ad te scribo. Nam & quæ proprie ad me ipsum pertinent, parum idonea sunt quæ scribantur: &, si quod publice factum est, quod sit dignum scriptione, plurimos earum rerum habiturus es & narratores, & testes. Tu ut valeas, nosque, quod facis, diligas, magnopere a te peto. Carpentoracti, XII. Calend. Decembris, M. D. XXXIII.

EPISTOLA CXCV.

JAC. SADOLETUS EPISC. CARPENTORACT.

Blosio Palladio suo (*a*).
S. P. D. *Romam*.

Ejus ac Pontificis Maximi in se collata beneficia, veteremque suam cum eo familiaritatem commemorat.

AMor meus in te Blosi, qui etsi antea magnus semper fuit, nunc tamen ex hoc recente congressu nostro factus est ardentior, posteaquam diuturna absentia mea, nihil de tuo summo erga nos amore detractum esse cognovi; non patitur ferre me moram scribendi ad te, quin quamprimum tibi & salutem nunciem, & Deum immortalem precer, ut

---

(*a*) Consule quæ de Palladio habentur Par. I. in notis ad Epist. CVI. pag. 311.

ut vestra ista navigatio omnibus vobis prospera & salutaris sit. Nam hic nos quidem eramus solicito animo, quod ventos vobis adversos verebamur, sed in hac animi cura, & molestia, illa inerat consolatio, quod maritimo dimisso cursu, arbitrabamur vos iter pedibus facere constituisse. Hoc si ita est, nilque accidit vobis incommodi, est cur magnam Deo vere sospitali gratiam habeam. Nam mihi quidem nil evenire optatius potest, quam audire & nosse, incolumes vos & sospites domum revertisse. Sic enim a vobis digressus sum Massilia discedens, sic in his oris terrisque remansi, ut tamen mecum vestrum omnium memoria & acre desiderium consuetudinis vestræ manserit. Cognovi enim plane, reque ipsa sum expertus, nihil homini esse, ut poeta inquit quidam, homine amico amicius. Etenim, per Deum immortalem, si vobiscum assiduus fuissem, nullaque intercapedo temporis usum & familiaritatem nostram diremisset, qui potuistis majus studium præ vobis ferre & voluntatem gratificandi mihi? qui tantum mihi a vestra consuetudine tam divulso tribuistis, quantum ego, si in vestris oculis semper habitassem, vix ausus fuissem optare? Et ego his a vobis officiis provocatus; pari vobis pietate, & benevolentia non respondebo? aut posteriores in amando partes ferre me patiar? mori me millies malim, quam ejusmodi quicquam committere. Qui si ad referendam vobis gratiam parum idoneus fuero; ad commemorandam quidem certe & habendam, ero diligens. An ego optimi & maximi Pontificis tot benefi.ia erga me tacita sinam præterire? pro quo si
vitam

vitam sanguinemque profundam, vix ullam partem ipsius erga me meritorum assequar. Quid? tua tam multa officia, mi Blosi, quæ mihi a te tributa sunt, oblivisci ne unquam possim? quid aliorum tot hominum humanitatem & studium? a quibus cum tam longe septem annorum intervallo abfuissem, vix debui existimare vel tenue vestigium recordationis de me in eorum animis residere, qui tamen omnia mihi recentis benevolentiæ signa præstiterunt. Quibus equidem cunctis sum obstrictus; sed in exolvendis nominibus ita reddam unicuique, ut mihi tempus, occasio, facultasque suppeditarit. Nam tibi mi Blosi me totum jampridem dedidi, tuumque istum amorem adversum me non minore ipse charitate benevolentiaque sum amplexus. In qua quidem mutua voluntate nostra ut perpetuo maneamus, neuter profecto nostrum ab altero rogandus est, (quid enim nobis in vetere amicitia nostra tuenda constantius?) ego tamen morem secutus sic agendi, rogo te etiam atque etiam, ut me isto modo amare nunquam desinas: tibique vicissim de me ita persuasum habeas, esse te mihi & fore semper charissimum. Vale. Carpentoracti, VIII. Calend. Decemb. M. D. XXXIII.

EPISTOLA CXCVI.

JACOBUS SADOLETUS EPISC. CARPENT.

Paulo Jovio Episcopo Nuceriæ (*a*)
S. P. D. *Romam.*

Suam erga illum benevolentiam testatur, ejusque opera commendat.

ETSI mihi dubium nunquam fuit, quin abs te summopere diligerer; tamen & literæ tuæ plenissimæ amoris atque officii, & ea quæ tuis verbis Polus ad me detulit, quæque ipse præ-

---

»(*a*) Paulus Jovius Patria Novocomensis an. 1484. ortus, Benedicti fratris majoris natu opera (nam pater mature decesserat) iis artibus imbutus, quibus puerilis ætas informari ad humanitatem solet, postquam Patavii in Græcis latinisque literis, ac in rebus Philosophicis (præceptoribus usus, Musuro, Calphurnio, Achillino, Pomponatio, atque Jasone, viris illis temporibus eruditissimis), magnopere profecisset, Ticini Medicinæ operam dedit. Romam quum venisset, Leoni X. literarum fautori munificentissimo innotuit. A quo in aulam receptus, apud successores Pontifices Adrianum & Clementem eodem gradu fuit. Et ab Adriano quidem VI. inter Comenses Canonicos cooptatus, a Clemente vero VII. an.1528. Nuceriæ Paganorum Pontificatu auctus, sexta annorum spatio eam Ecclesiam administravit. Obiit Florentiæ III. Idus Decembris an.1552. annos natus sexaginta octo. Præter historiarum libros, quibus res sui temporis ab an.1440. complexus est, gravi quidem stylo splendidoque, sed non eadem fide ac diligentia, multa alia opera exaravit, quæ recensentur a Nicol. Papadopolo in Hist. Gymnas. Patav. tom. II. lib. II. cap. XVII. pag. 198

praeterea commemoratur de te, planius mihi ostenderunt, tibi esse cordi & quietem & dignitatem meam, atque ea quae quotidianis ex lucubrationibus a me proficiscantur, pluris a te aestimari propter amorem, quam fortasse digna sint. Quam ego tuam erga me voluntatem, ne vivam mi Paule, nisi omnium rerum habeo charissimam. Nam cum tu singulari doctrina, virtute, eloquentia praeditus, is vir sis, ut tuum de quoque judicium maximi fieri debeat: tum vero incredibilis illa comitas, & quaedam rara jucunditas, quae tibi a natura data atque insita est, facit ut nihil te fieri possit amabilius. Ex quo facile potest existimari, quantum ego mihi ornamentum in tua amicitia esse constituam, cum & propter ingenii ac doctrinae praestantiam, me ornare, & propter humanitatem suavitatemque naturae delectare etiam possis, non nolis autem utrumque: cujus quidem tui animi erga me plura habeo indicia ac testimonia. Sed accidit praeteritis temporibus, ut cum & tu meam consuetudinem appeteres, & ego tuae essem sitientissimus, potentioribus tamen concedere fuerit necesse, qui te totum sibi arripuerunt, cum tamen inter nos salva semper manserit amicitiae conjunctio. Non enim ego unquam permisi, neque permissurus sum, ut tu in amore me vincas. Multa me adducunt, ut neminem te pluris faciam, paucos pari atque te benevolentia prosequar. Sed eo nihil est ad meum vinciendum animum arctius, quod me a te amari intelligo. Ejus rei duo signa habeo certissima: unum, quod locorum disjunctio non imminuit benevolentiam; alterum, quod me tuis quotidie scriptis con-

deco-

decoras. Quæ si hoc solum afferrent, ut testificarentur te de me sæpissime cogitare, ferreus nimirum essem, nisi te amarem efflictim, ferremque assidue in oculis. Cum vero scripta tua ejusmodi sint, ut immortalitatem mihi polliceantur, quid aut tuo hoc in me officio majus, aut mea in te benevolentia debet esse flagrantius ? quam ostendam equidem tibi aliqua in re, mihi crede: & si defuerint cætera, eodem te genere remunerabor, eventu fortasse impari, pari certe studio ac voluntate. Itaque & alia tantisper studia intermittam, sicuti tu mihi suades, & ad philosophiam me referam, quemadmodum idem tu mihi es autor, omnibusque in rebus tuo judicio atque consilio utar libentissime. Utinam liceret nobis esse una. Sed quando diversis non solum locis, sed etiam opinionibus remoti absumus, quod ego in portu libenter maneo, tu illis adhuc undis & fluctibus delectaris, epistolis missitandis inter nos assequamur, ut nunquam non una esse videamur. Quod te oro mi Paule suavissime, ut in eo me non deseras. Nihil mihi potest esse dulcius, quam aut loqui tecum, quod jam ereptum est, aut tuas legere literas, in quo morem mihi gerere tuæ est potestatis. Quapropter tu qui omnes venustatis atque humanitatis articulos tenes, noli pati (obsecro) me hac tanta & tam exoptata voluptate tuarum literarum carere. Vale, & nos dilige, tibique persuade, te a me mirabiliter amari. Carpentoracti.

EPI-

EPISTOLA CXCVII.

HIERONYMUS NIGER

Jac. Sadoleto Episc. Carpentoracten.
S. P. D. *Carpent.*

Sadoleti Epistolæ quæ est ordine CLXXXVIII. *de quærendo Græcarum latinarumque literarum præceptore, accurate respondet.*

NOlim existimes mihi parum gratum fuisse beneficium tuum, quod tam diu siluerim; fuit enim ejusmodi, ut si magna mea in te merita extarent, abunde mihi satisfactum putarem. Quum vero nihil in necessitudinem nostram intulerim præter studium & benevolentiam, facile intelligo parem me tuis officiis animum afferre non posse: adnitar tamen ea conservando, eisque bene utendo quæ donasti, efficere, ne te tuorum erga me unquam meritorum peniteat. Quod si qua vis aut casus aliquis beneficium hujusmodi intervertet, memoriam tamen illius una cum eo interire non patiar. Mandatum tuum de præceptore, curo, quod possum diligenter, Lazarumque nostrum & Lampridium appellavi hujusce curæ cogitationisque participes. Quis enim non huic rectissimo studio tuo libenter adsit? Quum videat nullum te locum prætermittere istius populi juvandi, atque ornandi, adeoque incensum esse desiderio propagandi bonas artes, ut eas etiam in animis barbarorum hominum inseri cupias. Sed doctorum,

quos requiris, major hic est penuria quam
fortasse opinaris: duo enim sunt hic hominum
genera in optimarum literarum studiis versan-
tium, alterum eorum, qui ejusmodi literas
profitentur, aut idonei sunt ad profitendum,
hique existimationem doctrinæ diuturnis laboribus consequuti, eum jam abtinent locum,
ut non nisi magnis propositis præmiis alio pro-
ficiscerentur; alterum genus est eorum, qui
ut ab his doctoribus erudiantur, rectumque
iter ad nobilissimarum artium laudem adipi-
scendam insistant, in hasce oras venerunt.
Horum autem plerique non multum processe-
runt; nec dum satis apti videntur ad ea semina in animis istius Juventutis jacenda, quæ
nondum habent in se ipsis. Qui vero jam ad
frugem aliquam pervenerunt, eximiamque sui
spem concitarunt (qui sane sunt paucissimi,)
bi relinquere Italiam reformidant preciumque
constitutum recusant. Neque enim modicum
est, quod deposcis: ita enim scribis, si Græcas
noverit probe literas, Latinas autem mediocriter: at ego sic statuo: qui, te judice, mediocritatem attigerint, eos esse viros doctissimos. Verum
hæc ipsa mediocritas non ex acerrimo isto tuo
judicio, sed ex communi aliorum sententia, atque ex ipsa rei necessitate metienda est. Proinde dabimus operam ut virum inveniamus, qui
istius Juventutis commodis, tuæque in istam
paternæ charitati aliqua ex parte possit satisfacere: atque in primis probatos hominis mores
deligemus, quemadmodum tu sapienter admones, non solum tuis ad me literis, verum &
aureo illo tuo *de liberis recte instituendis* libello, quo nihil unquam legi suavius & dulcius:
quam-

quamquam præceptorem, quem in eo dialogo formas, non audeo tibi polliceri, nec inveniri poffe facile, exiftimo, præter unum ipfum operis auctorem, fi præceptoris partes fufcipere ac fuftinere vellet. Quid efficere poffimus, nondum compertum habeo: certe nec opera, nec ftudio deerimus. Quod reliquum eft, nolo tibi in agendis gratiis pluribus obftrepere; novi enim quam hæc non libenter legas. Vale. Patavii Idibus Septembris.

ANNO M. D. XXXIV.

EPISTOLA CXCVIII. (*a*)

SANCTISS. AC BEATISS. D. N. PAPÆ (*b*).
Romam.
De rumore qui percrebuerat, Avenionem, oppidaque illi conjuncta, Romani Pontificis voluntate, ad alienas manus pervenium iri.

Pater Sanctiffime, ac Beatiffime, poft pedum devota ofcula beatorum. Non fine magna cura, & folicitudine animi ad Sanctitatem veftram fcribo de his, quæ hic paffim feruntur, & prædicantur, quæ ad fummam exiftimationem Sanctitatis veftræ videntur mihi pertinere. Increbuit enim fermo, atque opinio, omnium fere hominum vocibus divulgata, hanc provinciam, in qua maximum profecto Sedi Apoftolicæ apud exteras nationes

---

(*a*) Extat Mifcellaneor. Tom. 1. pag. 581.
(*b*) Clementi nimirum VII. Pont. Max. qui hoc eodem an. 1534. VI. Kal. Octob. extremum diem obiit.

nes ornamentum conſtitutum eſt, ad alienas manus, aliudque imperium translatum iri, propeque diem adeſſe, quo commutatio novi ſtatus facienda ſit: in qua fama opinioneque communi, utinam poſſem Sanctitati veſtræ oſtendere, quam alii ægritudine animi, alii ira indignationeque ferantur, quamque multa dicant, & proferant, quæ perturbatis magis hominibus, quam prudentibus, & moderatis ſint conſentanea. Ego vero, cui iſta & dolorem afferunt, & moleſtiam non mediocrem, quique pro meo ſummo amore in Sanctitatem veſtram ægerrime ferre cogor, recentem gratulationem adventus ſui, quæ maximam illi laudem attulit, hac contraria hominum quaſi recantione corrumpi, ſuſtineo equidem partes, quoad poſſum, meoque ſolito & perpetuo more tueor honorem, & laudem Sanctitatis veſtræ; ſed ſtudio, & ſedulitati meæ vehementer rumor iſte adverſatur, quem tamen confido eſſe falſum, palamque ita omnibus dico, nullo mihi modo perſuaderi poſſe, quod ab optimo, & prudentiſſimo Pontifice tantum, & tam inveteratum Sedis Apoſtolicæ decus abiiciatur; præſertim cum nullum in hoc Chriſtianæ Reipublicæ commodum, nulla præclara dignitas, neque laus, nullum ſapientis hominis conſilium appareat, a quo genere rerum & actionum ſolita ſit Sanctitas veſtra abhorrere: tum autem cum certum ſit, eos, qui in imperio, & ditione Sedis Apoſtolicæ nati ſint, & vixerint, eamque, ut matrem optimam, ac benigniſſimam ſummo amore ſemper, ſumma obſervantia, & fide proſecuti ſint, hanc rem gravius morte eſſe

se laturos ; quibus vero hoc veluti munus, & beneficium paretur, ut utilitatem suam non contemnant, animum tamen, & consilium donandi parum esse probaturos, fit mihi prorsus incredibile, talem sententiam, & voluntatem in tantum, & tam prudentem Pontificem, studiosissimum semper virtutis, & laudis incidere potuisse. Itaque, ut dixi, contrariam opinionem tueor, proque nomine & fama vestræ Sanctitatis fortiter propugno ; idemque mecum facit vir omni virtute, & laude cumulatissimus Paulus Capisuccius Neocastrensis, dignus ea auctoritate, quam apud vestram Sanctitatem obtinet, & in defendendo honore Ecclesiastico homo acer atque constans, cujus ego prudentiam, & doctrinam, & singularem æquitatem, integritatemque in maximo honore habeo : sed tamen utrumque nostrum iste hominum metus, & suspensio cunctorum animi, rumorque parum Apostolico nomini decorus non mediocri dolore affi it. Quod si Sanctitas vestra non alienum sua dignitate arbitrabitur, nos ambos de hac re, cujusmodi sit, certiores facere ; erit utile profecto & ad decus Apostolicæ Sedis, & ad consolandos horum populorum animos, ut non rationibus solum, & argumentis, quæ innumerabilia, & manifesta sunt, verum etiam vestræ Sanctitatis testimonio, quod unum erit plurimi, hæc falsa, & indigna ipsius nomine opinio penitus tollatur. Quod ut facere Sanctitas vestra dignetur, ego eam vehementer oro atque rogo. De rebus reliquis scripsi superioribus diebus ad Sanctitatem vestram, librumque misi ; quas meas literas ad eam puto perlatas. Itaque repetere eadem, supervacaneum esse duco. Me quidem amantissimum, deditissimum, observantissimum, nominis, honoris, laudisque vestræ Sanctitatis, ipsius benignitati, & clementiæ summæ commendo; cujus Deus, & vitam & virtutem quotidie magis, & secundet, & augeat. Ex Oppido Bauceto VI. Id. April. M.D.XXXIV.

Sanctitatis vestræ infima creatura
Jacobus Sadoletus.

EPISTOLA CXCIX.

JAC. SADOLETUS. EPISC. CARPENTORACT.

Hippolyto Medici S. R. E. Cardinali (a)
S. P. D. *Romam.*

Gratias ei agit quod Antonium Pulleonem Burgium largo congiario atque ope prosecutus sit, ut nubiles filias suas honeste collocare posset.

CUM ad me Roma scriptum esset, te viro optimo & homini prudentissimo, mihique vetere amicitia conjunctissimo, Antonio Pulleoni Burgio in magnis ipsius rei familiaris angustiis, tua ope & liberalitate auxilium tulisse, largoque illum congiario prosecutum esse, quo is nubiles filias, quibus dotem aliter conficere non poterat, honeste atque ex sua dignitate familiæ nuptum daret; equidem

---

(a) Vide notas in Epistolam cx. pag. 262. Par. I.

dem cepi eam animi lætitiam quam debui, plurimumque ambobus vobis abfens fum gratulatus. Quod cum utrumque fingulariter amem, te vero præterea obfervem etiam atque colam ; eadem tua benignitate & illum levatum onere atque incommodo, & te gloria ac laude auctum effe cognovi. Etenim ea demum vera liberalitatis eft laus, cum in illos confertur beneficium, qui fua dignitate donantis nomen illuftrant. Ac quod ad illius virtutes attinet, exponerem libenter, quibus ille de caufis & tuo & omnium amore dignus fit (quid eft enim illius prudentia, quid temperantia, quid integritate fideque fpectatius ?) Sed quoniam tu horum illi ornamentorum præcipuus teftis es, quippe qui eum non judicio fulum tuo, quod a tanto viro fatis magni æftimari debuit, fed opibus etiam tuis, & copiis, virtutis cauſa decorafti ; fuperfedebo hoc onere, de illo narrandi ac prædicandi quæ fentio, & ad te unum convertar, qui mihi vifus es hoc præclaro facto admonuiffe cæteros, & docuiffe, nihil effe tam proprium præftantis eximiæque virtutis quam aliorum & fovere & honorare virtutem. In quo magna mehercule naturæ vis, & imprimis mirabile confilium extitit. Quæ cum duo virtutis genera conftituiffet, ut una effet virtus ad juvandum & commodandum fe impartiens, altera idonea cui commodaretur ; ita hunc complexum præclare focietatis jugatum inter fe & annexum effe voluit, ut altera fine altera fuum explere munus rite nequeat : nec quifquam habere laudem recte faciendi poffit, nifi is in quo recte fit, hoc fit munere & beneficentia dignus. Præbuit igitur tibi Pulleonoster facultatem ex tua eximia virtute agendi, quod suis ipse meritis ac virtutibus magnitudinem animi tui provocavit. Ille tibi a tua ineunte aetate, egregia cum fide & benevolentia deservivit, tuosque tenerioris annos aluit instituitque ad virtutem: ut tu nunc vir effectus, erga optimum virum, qui parentis tibi loco fuisset, pietatis officia usurpares. In maximis rebus summo omnium principum patruo tuo, operam illi & diuturnam & valde utilem navavit, ut tu tunc illius industria & integritate muneribus honestanda, & acuti in pendendis hominibus, & propensi in adiuvandis famam & gloriam tibi comparares. Difficultates ille domesticorum incommodorum, patientiamque paupertatis, nec sine dignitate, & cum modestia diu tulit: ut te in eo sublevando nunc ac recreando, insignem liberalitatis ac magnanimitatis laudem consequerere. Ita in hac veluti alterna quodammodo inter vos procuratione virtutum, cum ille ita se pararet, atque excoleret, ut ad quamlibet magna promerenda beneficia esset aptus; tu excelso & magno animo omnium merita tua liberalitate anteire contenderes: factum est id quod decuit, ut tua tamen virtus existeret superior. Quantum enim inter regem interest, & inter civem, tantum distat inter gloriam dantis & accipientis. Itaque Pullennis prudentiam, probitatem, modestiam, amamus & collaudamus omnes: tuam vero largitatem, beneficentiam, altitudinem animi summopere etiam admiramur. Tu enim hac tempestate unus, aut certe cum paucissimis, opum & divitiarum instrumento, quae tibi pro loco, pro nobilitate, pro familiae tuae glo-

gloria sunt amplissimæ, non ad explenda avaritiæ studia, quæ semper infinita esse solent, sed ad effundendam tuam bonitatem in plurimorum commoda & emolumenta uteris. Tu talem jam te, annis pene adhuc adolescentibus, & nobis & Reipub. præstas, qualis ferme si essent hi, qui matura sæpe ætate, & multo usu rerum, honoribus & muneribus publicis præficiuntur, splendere melius hoc seculum omni ejecta sorde avaritiæ cerneremus. Quæ maxime una, altis & præstantibus animis atque consiliis infesta atque inimica est. Quæ facit, ut dignitatis, & honestatis, & amplitudinis, aut nullam jam, aut sane quam exiguam partem teneamus. Cujus quando labis maculam tu & natura tua voluntateque abhorres, & contrario amore virtutis & liberalitatis es incensus, illaque species & forma divinæ pulchritudinis animo tuo illuxit, quid est cur dubitemus (pro communi nunc sensu omnium te amantium loquor) locare in te præsidia spei nostræ, rationemque publicæ salutis ac dignitatis in tua potissimum virtute constitutam habere ? cum quid a te expectandum firmioribus ætatis tuæ annis a nobis sit, obsidibus magnis jam edocti simus. Fortitudine tua superiore anno adversus ferocissimos nostræ religionis hostes, & nunc benignitate ac beneficentia erga de te meritos. Quorum utrumque cum in ipso extremæ adolescentiæ tuæ tempore tanta cum laude gloriaque præstiteris, certissima spe sumus, percepturos nos uberrimam frugem ex matura postea tuæ virtutis segete. Quod ut ita sit, idque nostra ex sententia eveniat, & ex tua dignitate, salvumque te, & magnum, & florenrentem diu videamus, ego cum Deum immortalem supplex rogo atque oro, tum tibi pro ista tua tanta humanitate ac liberalitate, & meo, & Pulleonis nomine, ago gratias, tuæque præstantissimæ virtuti, ac tam-egregiæ commemorandæque naturæ, vehementer atque ex animo gratulor. Vale, M. D. XXXIV.

EPISTOLA CC.

HIPPOLYTUS MEDICES CARDINALIS (a)

Jac. Sadoleto Episc. Carpentoractensi
S. P. D. *Carpent.*

Superiori Sadoleti Epistolæ modeste officioseque respondet.

SI ullius unquam honestæ rei, actionisve jucundissimum fructum mihi capere visus sum, hæc profecto ea est, de qua tu mihi per literas gravissime & copiosissime superioribus diebus gratulatus es. In quibus dandorum recipiendorumque beneficiorum adeo rationes omnes patefecisti, ut liberalis viri effigiem, quam aptissime postea acutissimeque verbis exornares tuis, te potius animo spectasse intelligam, quam quod de re tam tenui ea sentias, quæ a te in hanc sententiam scripta sunt. Facis tu id quidem naturæ tuæ bonitate, ut si quid ab amicis recte factum au-
die-

(a) Consule quæ de eo habentur Par. I. in notis ad Epist. XC: pag. 261.

dieris, continuo id, qualecunque sit, in cœlum laudibus efferas: neque laudes solum, sed admiratione ac plausu etiam prosequare. Ego autem ad hanc quam informandam suscepisti liberalitatis speciem, nihil adhuc (ut verum fatear) attuli præter exiguum quiddam, vix inchoatum, ac plane rude. Quod tu, qui uberrimis exercitationibus, graviorum artium locupletissimis præsidiis, memoria nostra id assecutus es, quod vel paucis antiquorum contigisse videmus: vestitu orationis adeo illustrasti, eo ut me redigas, ut nonnihil existimationis accepisse tuo hoc præclarissimo testimonio non negem. Est igitur cur Pulleoni gratias agam, cujus virtute ac probitate ea mihi de illo in animo opinio insedesit, ut de augenda hominis utilitate & commodis ratio tandem ineunda fuerit, hocque quasi æs alienum, quo illi infirmiores ætatis meæ gradus obstricti erant, dissolvendum. Ita factum est, ut dum ab officio non discedimus, non solum pie id factum, & humane homines interpretentur, sed aliqua ex parte in societatem quoque illius præstantissimarum laudum mihi deveniendum putent. Quod quoniam abs te probari sentio, tuo judicio standum est. Itaque non pugnabo tecum, & omnia quæ de me scribis, deque mea humanitate, liberalitate, beneficentiaque adversus Pulleonem eo pertinere arbitrabor, ut & tu quanti illum facias, & quanti rursus a me fieri velis, hoc tuo illustri testimonio testatum relinquas. Nam de superioris anni adversus sævissimos nostræ religionis hostes susceptâ a nobis provincia, nihil est quod tibi respondeam. In quo quidem ea mihi tribuis, quæ sine temeritatis nota vix possim agnoscere. Desiderio certe peracri, ac studio flagranti ad ea tunc arma accessimus: quæ si iterum nobis sumenda erunt, tanto Reipublicæ insigniorem operam navare conabimur, quanto majorem nobis corroborata jam ætas, consilii maturitatem, & rerum usum attulit. Tu vero, mi Sadolete, quem a nobis maximarum & gravissimarum artium studia, in quibus jam pridem magna cum laude versaris, abducunt, isto tuo sic fruere ocio, ut cum te præclarissimis ingenii monimentis ab omni posteritatis oblivione vindicaveris, nonnihil etiam memoriam nostri conservandam putes. Vale. Romæ Idibus Junii.

EPISTOLA CCI. (a)

JAC. SADOLETUS EPISC. CARPENTORACT.

Lazaro Bonamico (b)
S. P. D.   *Patavinum.*

Ejus literis respondet, hominemque rogat, ne a docendi munere desistas.

CUM jamdiu ignorarem quibus in locis esses, propterea quod recordabar, te postremis literis tuis, ad me nescio quid de tua quadam peregrinandi voluntate scripsisse: neque hi, qui istinc ad me literas dederant ullam tui omnino mentionem facerent, accepi literas tuas, ex quibus te apud tuos esse, & memoriam nostri pristina cum benevolentia conservare cognovi. Quæ quidem mihi jucunda cognitu fuerunt (c), sed illo nihil mihi

---

(a) Extat etiam hæc Epistola inter Miscellanea Veneta tom. VI. pag. 32. ubi quum multis in locis discrepet ab ea, quæ inter evulgatas Lugduni apud Gryphium a Paulo Sadoleto litteras reperitur lib. v. ep. x. ita ejusdem Epistolæ utramque editionem contulimus, ut variantia illius quæ in Venetis Miscellaneis legitur ab antiqua eadem Lugdunensi editione loca, adnotanda esse duxerimus.

(b) Vide quæ de Lazaro Bonamico habentur Part. I. In notis ad Epistolam LXVI. pag. 174.

(c) Totum hoc Epistolæ hujus initium ita se habet in ea, quæ in Miscellaneis Venetis edita est: *Perbene abs te factum est, quod ad me literas dederis, quæ ani-*

mihi jucundius, quod intelligo te ita gerere, atque augere rem literariam, ut tua eximia virtus atque doctrina, & tibi maximæ laudi, & plurimis utilitati emolumentoque sit. Etenim quid est (quæso) præclarius, quam videre florem collectæ ex omni Italia juventutis, incumbere ad optimas atque honestissimas artes, atque ad illud summum perfectumque contendere, In quo hominis virtus sita sit? Quod quidem facit, ut diis simillimi esse videamur: idque te doctore magistroque contingere, ut qui tuam eruditionem, ingenium, probitatemque (a) cognoscimus, facile conjectura prospicere jam possimus, quantum de nova sobole doctorum bonorumque virorum sperandum nobis sit: quæ maxime his literis, & his studiis potest frequentari. De qua re tibi hoc etiam scribo accuratius, quod visus sum aspicere in literis tuis

he-

quam meum suspicionem exolverent, non quidem animi tui immutati erga me (neque enim hoc fieri posse puto, eo tibi vilior sim quam solebam) sed cum postremis literis tuis quas jamdiu accepi, nescio quid ad me de tua peregrinandi voluntate scripsisses, post de tuo reditu nihil cognoveram. Etsi Patavium, & domus & Academiæ celebritas te istic magis esse persuadebant, tamen contigit casu quodam, ut quicumque ad me literas istic dederunt, hi nullam tui omnino mentionem facerent. Itaque in quadam eram dubitatione positus, ut quibus esses in locis, satis constituere non possem. Nunc quando te apud tuos, memoriamque nostri pristina cum benevolentia conservas, gaudeo equidem tibi recte esse, teque valetudine uti bona lætor, sed illo nihil mihi est jucundius, quod intelligo &c.

(a) In edit. inter Miscellan. legitur *diligentiamque*.

hæſitationem quandam tuam, tibi in ea ſententia permanendum, nec ne ſit. Quæ me certe hæſitatio moleſtia afficeret, ſi putarem tibi, aut per tuum, aut per aliorum conſilium, ut ab iſto munere deſciſceres, liciturum eſſe. Sed cum neque videam cauſam, cur ſe tam præclari inſtituti, non dicam pœnitere, ſed non ſummopere cupidum eſſe oporteat, & nihil ſit quod agere melius poſſis; non eſt cogitandum tibi, quid in eo laboris inſit, ſed quantum reliquis commodi: cum præſertim munus nullum homini magis ſit proprium, quam ſua bona communicare cum cæteris (a), plurimumque utilitatis & commodi (b) ex ſe in alios profectum velle. Cujus generis cum maxima tibi facultas & a natura, & ab induſtria tua adſit (c): non debes profecto deſiſtere, nec defatigari, quoad plures per te Lazari Latinæ & linguæ & ſapientiæ ſublati ſint. Atque ego qui te hæc adhortor, & moneo, non equidem conſulo mihi: ſpes enim mihi eſſet major fruendi aliquando te ipſo, tecumque vivendi, ſi iſta cura vacares: ſed habeo fructus publici rationem. Quanquam ſcribit ad me Niger, conſtitutum ſibi tecum eſſe huc proficiſci, duoſque menſes mecum ponere. Quod utinam videam illum diem, quo vos complectar ambos, aliquantiſperque explear conſpectu atque congreſſu duorum mihi amiciſſimorum & conjunctiſſimorum hominum, quos ego non minus diligo,

---

(a) In eadem edit. *quam ſe communicare cæteris*.
(b) In eadem edit. *utilitatis atque boni*.
(c) In eadem edit. *data ſit*.

go, magnique facio, quam ab iis sentio me & magnificri (*a*), & diligi. Sed de his hactenus: non enim animus meus erga vos longa oratione mihi explicandus est, quando eum vos de vestro expendere sat potestis (*b*). De consuetudine & convictu Poli nostri tantum capere voluptatis, quantum scribis, & minime miror, & tuum de illo judicium vehementissime probo. Quid enim esse potest homine illo humanius, eruditius, sanctius? Eum ego cum hac iter haberet; paucis illis horis vix degustare quidem potui: sed tantas tamen ab illo omnium ornamentorum divitias tum mihi perspexisse visus sum, ut postea illum non amore modo, sed insigni quadam observantia semper sim prosecutus. Nam cum illa mihi amabilia in eo sunt cognita, ingenium, probitas, literæ, in quibus ille non mediocriter excellit (*c*), tum id præterea admi-

---

(*a*) In eadem edit. *& magni pendi.*

(*b*) In eadem edit. hæc addita reperiuntur: *De Melphitano quæ ad te scripsi laudas, sane illa mei ex animi sententia scripta sunt. Cognovi hominem liberalissimum. Illud cuperem scire, quem ille accersebat, tuamque in ea re operam authoritatemque requirebat, is ad eum ne profectus sit. Certe ego cum beneficum locum illud, & non infructuosum esse judicarem, recordatus sum eruditi juvenis, quem de facie mihi ignotum, ex quibusdam illius epistolis nosse cæpi, sed sive ille profectus est, sive non, meum quidem officium in illum constitit. Quod ægre fers binas tuas mihi a Melphitano non fuisse missas, noli mirari; longe inter nos absumus, neque habes ille sæpe, qui, nam quid huc velis, ipsum rogent. De consuetudine &c.*

(*c*) In eadem edit. *non sane est mediocriter profestus, sed excellit.*

EPISTOLÆ FAMILIARES. 213

miratione summa dignum (quod ego primum statuo omnium) quod cum tanta generis amplitudine & nobilitate, tanta naturæ bonitas atque humanitas juncta sit. Itaque quanti fieri a me putas, quod a te scriptum est, nomen sæpe meum versari in sermonibus vestris? Ego vero vobiscum, o amicissimi homines, & animo semper & cupiditate illa sum, ut si detur facultas, vobiscum vivere potissimum velim. Etenim si essemus una, Deus immortalis (*a*)! quantas, & quam varias caperemus suavitates! quæ studiorum conjunctio; quæ communicatio voluntatum! qui denique ardor existeret animorum! ut ad illa præclara atque sancta Philosophiæ adyta copulati introiremus! in quo Paulus nobis non injucundus esset comes: qui (aberat autem ille a me cum hæc scriberem, sed quod vere testificari de eo possum) utrumque vestrum mirabiliter observat, & diligit. Sed quoniam optare nobis ista licet, sperare fortassis non ita licet, retineamus incolumem benevolentiam mutuam, stimulum autem & solicitudinem animi deponamus: quodque est dignum iis maxime quæ profitemur studiis, fidem amicitiæ etiam absentes colamus. Sed de his quoque satis. Hortensium, de quo instas, absolvere adhuc non potui: fui enim maximis occupationibus impeditus, & id ipsum diu. Retuleram me autem ad eam cogitationem atque curam, ut conficerem: sed jam calores me obturbant. Enitar tamen ut & fidei in eo meæ, & vestræ expectationi satisfiat. Partem eam literarum tuarum ;

(*a*) In eadem edit. *Dii immortales*.

rum, qua te de literarum missione excusas, non duco dignam responsione, ne tuæ integritati & constantiæ videar diffidere, qua nihil est apud me certius, nec exploratius. Vale, & summis viris Bembo, Polo, ceterisque quos a me amari scis, plurimam meis verbis salutem dic (a). Carpentoracti, Nonis Junii, M. D. XXXIV.

(a) In eadem edit. hæc adduntur verba: *Thomæque item Stenchejo, quem ego amo mehercule plurimum, habeoque literas ab ipso perhumane scriptas, a quo impetret velim, ut bonæ Epist. eamdem quam ad te scripsi, sibi pro responsione esse velit. Iterum vale.*

EPISTOLÆ FAMILIARES. 215

EPISTOLA CCII. (*a*)

LAZARUS BONAMICUS (*b*)

Jac. Sadoleto Epifc. Carpent.
S. P. D.   *Carpent.*

Superiori Epistolæ respondet, causasque profert, quibus docendi Provinciam relinquere cogitet.

IAM pene (*c*) conftitueram levare me hoc impedimento verius (*d*) quam onere, in quo biennium (*e*) fui; cum tuæ literæ perlatæ ad me funt, quæ fumma quidem fententiarum gravitate, verborumque copia, admifta incredili quadam fuavitate ingenii, excellentifque bonitatis tuæ (*f*) (quid autem dicam de benevolentia, quæ nufquam tam efficax, tamque perfpicua, quam erga nos) vehementer ab hac ratione me revocabant. Sed erat in his nihil quo cuperem mutare fententiam, quanquam omnia prudentiffime & amiciffime fcripta non ignorabam (*g*). Nam quod videbaris fufpicari, me id velle, aut levandi, aut

fu-

(*a*) Extant etiam hæ literæ inter Epiftolas clarorum virorum p. 9. edit. Venet. an. 1568.
(*b*) Vide notas in Epift. LXVI. Par. I. pag. 174.
(*c*) Id eadem edit. *plane*.
(*d*) Ibid. *quoties*.
(*e*) Ibid. *quadriennium*.
(*f*) Ibid. *fuavitatis bonitate, excellentifque natura tuæ*.
(*g*) Ibid. additur *quo fcriberes*.

fugiendi laboris caufa; hoc tibi perfuade, nihil tam alienum a me. Contra vero, hoc mihi femper animo infediffe, homini turpiffimum effe, labore frangi, induftriaque debilitari, qui cæteris ufui ad virtutem effe, aut ipfe magnam confequi præftantiffimarum rerum cognitionem poffet. Qua ex caufa cum nobis a publico negotio in otio effe licet (*a*), tum maxime in ftudiis bonarum artium toto animo verfamur, multoque plus laboris toleramus. Cognofce igitur, & judica, quam falfa fuerit fufpicio de me. Tu putas me Patavinæ conditioni renuntiare velle, laborem ut vitem: ego me cupere id fcio, ut plus laboris impendam. Nam quod proponis communem utilitatem, eam nunquam deferendam exiftimavi. Sed cum majora onera in re literaria nonnulli ex amicis me fuftinere poffe crederent, id confilii dabant, ut leviora relinquerem, majora amplexarer: idque boni viri effe docebant, atque ipfum mihi me (*b*) diffidentem impellebant, ut non viventium folum, fed etiam pofteritatis memoriæ confulerem; quam rem in hoc publico impedimento nihil erat cur quifpiam optaret. Video & tibi & his idem placere, ut utilitatibus hominum invigilem, idque mihi perfuafiffimum eft. Sed imbecillitas ingenii venit in dubium. Alteram (*c*) utilitatem multo majorem effe animadverto: ad utram minus ineptus fim, explicare non queo. Scio tamen in altera plus labo-

---

(*a*) Ibid. *cum feriari nobis publice licet*.
(*b*) Ibid. *neque ipfum mihi diffidentem*.
(*c*) Ibid. *In altera utilitatem*.

laboris & ingenii inesse (*a*), quod ut perxiguum est in me, eoque deterreor; ita labore nunquam impediri soleo, & propterea sum alacrior. Hæ erant deliberandi causæ; cum ad te scribebam: sed non audebam aperte scribere, quod erat scribendum aliquid de me ipso: quod facio perinvitus. Quamobrem multa prætermisi, quæ ab amicis dicuntur: falsa quidem illa, sed dicuntur tamen. Utinam hic esses, ut aut te illi, aut illos tu in tuam sententiam adduceres (si modo alia esset tua) re quæsita inter vos, & disputata: de qua iterum velim audire quid sentias: hoc est, ad utram me hominum utilitatem potius cohorteris. In quo tuo judicio, obsecro te, ut nihil dubites, nos esse ad omnem laborem paratissimos (*b*). Scripsi proxime ad Hippolytum Medicen Cardinalem carmen, nondum misi: id cum hac epistola leges, raptim descriptum propter occupationes: de quo qualis sit, tuum, Paulique nostri judicium valde scire cupio: en enim nihil politius esse arbitror. Bembus tuus tibi salutem plurimam dicit. Vale, Patavii, VII. Calendas Septembris (*c*), M.D.XXXIV.

(*a*) Ibid. *In altera plus laboris & ingenii inest*.
(*b*) Quæ sequuntur verba usque ad calcem Epistolæ in eadem editione desiderantur.
(*c*) Ibid. *Idibus Julii*.

EPISTOLA CCIII.

JAC. SADOLETUS EPISC. CARPENTORACTEN.

Lazaro Bonamico (a)
S. P. D. *Patavium.*

Superiori epistolæ respondens, excusat se quod eum ad docendi provinciam retinendam hortatus fuerit, hominemque (suadente Polo) rogat, ut ad Theologiæ studia tandem aliquando animum adjiciat.

Pupugerunt me nonnihil literæ tuæ VII. Calend. Septembr. Patavio datæ: meque in eam suspicionem adduxerunt, ut vererer, ne quid a me antea imprudentius fuisset scriptum, quasi tu mihi in opinionem inertiæ desidiæque venisses. Quod ego non modo eo animo scripsi nunquam, sed ne cogitare quidem potui. Quid enim minus, quam quod nusquam quicquam est, idque ego scio nihil esse? An te ego non novi? tuaque mihi virtus, industria, navitas parum perspecta est? aut quisquam omnium mortalium est, qui audeat affirmare, tuos sibi sensus melius quam mihi, perceptos esse, & cognitos? Crede mihi, mi Lazare, memetipsum turpissimæ inscitiæ accusarem, si tibi ignaviæ notam ullam attribuerem. Sed quod tunc scripsi me existimare, laborem illum docendi & tibi honestum

---

(a) De Bonamico, consule notas in Epist. LXVI. pag. 174.

ſtum eſſe, & aliis permultis fructuoſum ac utilem, nec videri mihi cauſam cur defugiendus eſſet: non ſcripſi judicans te laborem omnem velle fugere: ſed cum te in illo munere continere cuperem, iccirco illa a me tum ſuſcepta cohortatio eſt: ſic enim ſentiebam, maximam laudem virtutis eſſe, prodeſſe quam plurimis. Quod tu latius in poſteritatem patere putas, quam ſi tantum præſenti ſæculo ſerviatur:propterque eam cauſam ſecreta & libera ſtudia requiris, otiumque in illis, majorem etiam laborem & majus negocium appellas, neque arbitraris utrumque abs te præſtari poſſe, ut & privatim tibi ſatisfacias, & cæteris publice; concedo: teque ad illa alta & magnifica philoſophiæ ſtudia aſpirare plane video. Quid ergo, nonne commodiſſime poteras iſtam ipſam artem omnium nobiliſſimam publice profiteri? in eaque inſtituere adoleſcentes, vel ſeparatim, ſi tibi ita fuiſſet viſum, vel etiam cum Cicerone, & cum eloquentiæ ſtudiis conjunctè? quam ego viam rationemque docendi potiſſimam ſemper ſum arbitratus. Hoc enim certe abs te ſi factum fuiſſet, vel etiam ſi nunc fieret, Deus immortalis, qui concurſus præſtantium ingeniorum, quantus amor ſapientiæ in animis hominum exiſteret! Tu quoque qui nunc te quereris diſtrahi, conjungeres domeſtica tua ſtudia cum forenſibus,& laborem utrunque in eaſdem operas lucubrationesque conferres. Sed ego tibi non præſcribo, ſatiſque in te ipſo ſtatuo eſſe conſilii. Hoc dico, quod habeo exploratum, te utro verteris, præclarè id quod ſuſceperis eſſe effecturum. Quæ mea de tuo ingenio, & excellente doctrina opinio, non nova neque recens, sed jam diu ante mihi suscepta est. Legi carmen tuum, idque admodum probavi: valde enim mihi grave & elegans visum est: utinam fructum ejusmodi afferat, ut quod de Pericle scriptum est, aculeos relinquat in eorum animis, ad quos maxime ista pertinent. Tuas a Joanne Caracciolo viro clarissimo literas, de quibus in quadam epistola sucras conquestus, jampridem accepi. Ille vero Brunus (*a*) doctus (ut ego conjicio) adolescens, scripsit ad me, se Georgio Selvæ Vaurensi Episcopo, regio istic legato contubernalem factum esse. Quem hominem; mi Lazare, rogo te ut nosse velis: talem enim offendes, ingenio, humanitate, probitate, doctrina, ut pluris tibi propter eum Gallia futura sit. Polus ad me scribit, uberrimis elegantissimisque litteris (*b*), multa ille quidem digna illo ingenio & sanctissimis ipsius moribus. Sed plurimum tamen & præcipue de te, quem ipse admodum cuperet ad Theologiæ studia jam aliquando animum adjicere. Quam ego cupiditatem ejus, vehementer probo, tibique suadeo, ut hanc divinam imprimis facultatem & ad salutem nostram necessariam, diutius a tui ingenii thesauris ne habeas segregatam. Sed de his alias. Nunc tempus interpellat, luxque & negotia instant: nam hæc manu mea scripsi ante lucem. Valebis igitur, & omnibus amicis, imprimisque Bembo meo, plurimam a me salutem dices. Vale. IX. Cal. Decembr. M. D. XXXIV.

(*a*) Est hic Petrus Bunellus, cujus ad Sadoletum Epistola, absque ulla temperie nota, in qua id commemorat, leg. ur inferius n. CCXII.

(*b*) Eas habes num. CCIV. pag. 181.

EPISTOLA CCIV. (*a*)

REGINALDUS POLUS

Jacobo Sadoleto Episcopo
S. P. D.   *Carpent.*

Suam in scribendi officio negligentiam ac tarditatem excusat, petitque ut Lazarum Bonamicum, in Philosophiæ Platonicæ primo, deinde cœlestis gremio, unde abductus fuerat per Rhetorum scholas, sua auctoritate reponat. Denique se ut Episcopi Theatini & Contareni consuetudine fruatur, Venetias proficisci narrat.

Legi tuas ad Lazarum nostrum scriptas literas, nonis Junii abs te datas (*b*), quæ me magna voluptate affecerunt; cum quod ea, quæ volebam, de valetudine imprimis tua, de dulcissimo illo, quo tu frueris & maxime delectaris, ocio nunciabant, tum vero quod ex iisdem tuum in me amorem, quem ad summum pervenire cupio, in dies augeri clarissime perspexi, idque mihi jucundius fuit hoc tempore ex tuis literis intelligere, quod propter prætermissum jamdiu scribendi officium (cum præsertim suavissimis & humanissimis tuis literis essem invitatus) satis quidem

---

(*a*) Extat hæc Epistola inter editas a Card. Quirino tom. 1. v. xvi. pag. 404. nec non inter Epistolas claror. virorum pag. 16. a t. edit. Venet. an. 1568.
(*b*) Eas habes superius num. CCI. pag. 209.

dem habebam, si animum tuum nulla ex parte offendissem: ut vero nova tui amoris incrementa audirem, id vero nunquam expectare sum ausus. Etenim, ut vere dicam, simulac in eam partem epistolae legendo pervenissem, in qua nominis mei mentionem facis; statim animum meum perculit recordatio negligentiae in scribendo meae, cujus valde suppudebat, neque quicquam, quod de me scriberes, nisi ut mecum de hac scribendi tarditate expostulares, expectabam. Tu vero tantum abest, ut ulla in re me accuses, ut ultro me testimonio tuorum scriptorum, & novo genere laudis ornes. Quod quid aliud esse potest, quam abundantia quaedam tui in me amoris? quae facit, ut vel non videas quae minus officiose erga te facta sunt (sic enim amantes in erratis amicorum obcoecari solent) vel si videas, ita humanitate tua obruis, ut nunquam extare velis. Sed quo major est haec tua in me humanitas, vel potius indulgentia, eo magis mihi cavendum esse video, ne quid temere, vel negligenter faciam, quod non ex omni parte tibi gratum futurum sit. Si vero ita negligens hoc tempore in hoc scribendi officio videor, ut etiam tui oblitus existimari possim, qui nec mea sponte feci, quod maxime ad officium erga te spectabat meum, nec exemplo tuorum, qui ad te saepe scribunt, quos hic familiares habes, admoneri potuerim, ut tuis aliquando literis responderem: hoc tibi primum persuadeas velim (quod sane verissime potes) me tui oblivisci non posse; quippe qui mihi in visceribus, etiam antequam de facie notus esses, haerebas, propter summam, quam de tua virtute, & doctrina, ex digniſſimorum hominum judicio, de te conceperam, opinionem. Ut vero tui propius cognoſcendi facultas data eſt, atque ad illa interiora tua animi ornamenta penetrandi, quæ partim in congreſſu, partim ex ſcriptis tuis, qualia eſſent facile perſpexi, tanta me tui admiratio cepit, ut non modo te, amandum mihi, atque obſervandum, ſed in omnibus & ſtudiis, & actionibus meis, quaſi exemplar aliquod præclarum mihi imitandum propoſuerim. Quod equidem libenter facio, & ſi minus quam cupio, proficio (nec enim me fugit quam longe ab exemplari abſim) tamen me aliter ſentire, ſed eo maxime conaſi, norunt omnes, qui me, & conſuetudinem meam norunt, ac meos de te ſermones, quos frequentes cum amicis habeo, audierunt. Quæ cum ita ſint, non quod tui ſum oblitus, quem ſic in oculis gero, quem in ore, & amore ſemper habeo, in hoc officio erga te deliqui, ſed ſi veram cauſam exprimere debeam, quod ejus facultatis ſum oblitus, per quam tibi, & meo officio ſatis favendum eſſet: eo factum eſt, ut nullas a me literas acciperes, cum reliqui, qui in hoc genere valent, ad te ſcriberent. Defecit enim me jampridem, Sadolete, hæc facultas ſcribendi, tanquam aquula quædam, quæ tenui alveo fluens, ſi cura, & diligentia adhibeatur, curſum tenet ſuum, neglecta vero evaneſcit. Sic mea ſcribendi ratio quamdiu curæ mihi fuit, etſi tenuiter ſemper, nec ſatis pure fluebat, tamen ſecum quoquo modo animi mei ſenſa ferebat, quæ nunc, omiſſa priſtina diligentia, ita exaruit, ut cum animi cogitationes ad amicos deferre conor, ſæpe me hærere ſentiam, plerumque vero tanquam in sicco destitui, ut ultra progredi non possim. Quod quidem me pudet scribere. Sed quid facerem? Nosti genus studiorum meorum, quibus me iis proximis annis addixi, quam imperiosa ipsa sint, quam non facile aliorum studiorum societatem admittant. Quibus cum parere necesse habeam, ad illas elegantiores literas vix sane oculos convertere audebam. Sed tamen in Italia, ubi has primum novi, sperabam me, etsi non plenam vacationem (nunquam enim hoc postulassem) at certe tantum temporis a severioribus dominis impetraturum; ut cum veteribus illis amicis quasi adolescentiæ meæ sociis & sodalibus jucundissimis, quos longo intervallo non inviseram, familiaritatem renovare possem; atque hac spe fretus, Lazarum nostrum, quem magistrum, & quasi tutorem harum ingenuarum, & dulcissimarum artium cognoveram, in contubernium vocavi, ut eo duce & adjutore facilius quod volebam, consequi possem. Tandem vero, quod impetravi spatii, tantum fuit, quantum solent duriores magistri ad lusum jocumque pueris suis concedere. Sic enim mihi ad juvenilia studia libenter revertenti, subcisivas horas dabant, quibus tamen contentus esse potuissem, nisi has ipsas sæpe interrumperent. Tandem vero ita penitus præciderunt, ut ne punctum quidem temporis ad has artes recolendas relinquerent. Quare, si ab illis relictus sum, quas ipse prior deserui, si ipsæ fructum mihi denegent suum, qui operam ipsis prior denegavi meam; mirari certe non debes. Cum Lazaro vero nostro sic jam vivo, ut præter suavitatem consuetudinis, in nulla re ejus

opera

opera utar. Sed mirum in modum ejus consuetudo me delectat, a quo plane nonnisi invitus discedo; cui tamen si persuadere possem, ut se aliquando ad studia nostra transferret, nihil aeque absentis desiderium leniret. Quanquam autem tum maxime jucundum esset, una cum eo in eisdem literis versari, tamen nunquam non una esse me existimarem, si eadem utrumque nostrum studia tenerent: atque hoc cum eo agere cum saepe essem conatus, nunquam tamen aperte eum aggredi sum ausus. Solus enim non valeo, res enim haud parva est, in qua persuadenda, amicis adjutoribus & auxiliatoribus opus habeo. Atque utinam, Sadolete, te mihi socium, dum hoc efficerem, adjungerem. Tu certe unus instar multorum esses; immo tu solus, si huc incumberes, totum negocium per te conficeres. Scio enim quantum judicio suo, quantum literis, quantum amori tribuat Lazarus noster, ut vel sola authoritas tua, quo velles, eum adduceret. Quid ergo? si haec sic se habeant, cur optantis potius, quam rogantis personam sumo? Cur non aperte in re honestissima, & mihi gratissima, in qua maxime abs te adjuvari possum, opem tuam imploro? Quia deterreor plane ea particula tuarum literarum, in qua praesentem Lazari statum, & conditionem probare niteris: hortaris enim, ut in sua statione maneat, ut cum eam provinciam instituendi juvenum animos in politioribus literis susceperit, eam ne relinquat, nusquam ab ea recedat, quam affirmas maximam illi gloriam, & Italicae juventuti utilitatem summam allaturam. Haec enim

ut a te prudenter, & amice scripta sunt, sic
mihi, ne quid contra illam sententiam rogem,
omnem prope occasionem præripiunt. Nec
tamen me contineo, quin hoc abs te petam, ut
quoniam ad communem amicum hæc pertinent, liceat mihi tecum pauca quædam, quasi
conferendi gratia scribere. Quod dum facio,
de facilitate tua nihil dubito. Principio igitur non te fugit, etsi Lazarus magnam laudem ex hac eleganti, quam nunc profitetur,
doctrina, sit consecutus, quam in dies cum
majori eorum fructu, qui eum audituri sunt,
augere potest; tamen non in hac sola ejus industriam esse versatam, sed multo majora am-
plexam, ex quibus non minus, quam ex iis,
ejus laus enitescere potest; fructus vero longe
ampliores reportarent ii, qui fructum ex ejus
doctrina peterent. Quis autem te melius novit, cui propter familiaritatem vestram, ejus
vitæ cursus notissimus esse debet, quantum
studii, temporisque in Philosophia posuerit?
quid vero jam habent oratorum, vel Poetarum literæ vel dignitatis, vel utilitatis, si
cum Philosophorum libris comparantur? quæ,
ut tu omnium optime nosti, si quid in se con-
tineant, quod hominem studiosum vel ornare, vel juvare potest; ex horum fontibus hau-
serunt. Atque ex horum est doctrina non minus, quam ex ea, quam profitetur, quod Lazarum præceptorem tam gratum, acceptum-
que suis auditoribus reddit. Sed quid eum
Pomponatius vir in Philosophorum libris ce-
leberrimus tot annos exercuit? quid tot ex-
hausti labores in veteribus Philosophorum libris evolvendis; si tandem Philosophiam in
Rhe-

Rhetoris, vel potius Grammatici officina sit conclusurus, si nihil amplius ab ea expectetur, quam ut Grammatici scholæ, & puerili doctrinæ serviat? Ama me, hoc non libenter video, & (ut nihil jam de amico loquar) hanc tantam philosophiæ illatam injuriam reticere non possum, præsertim apud te Philosophiæ ipsius patronum; neque certe jam dubitem, auxilium tuum implorare, ut una opera amici dignitati, & Philosophiæ honori consulas. Quod profecto facies si a Rhetorum scholis abductum, in Philosophiæ eum gremio, unde aufugit, reponas. Sed quorsum hæc jam ad ea studia, quæ paulo ante mihi tua ope communia cum amico nostro tantopere me cupere ostendo? an tam cito voti mei, & desiderii sum oblitus? Minime quidem: sed cum illud difficilius esset, quod facillimum est tibi propono. Quod si perfeceris, neque voto meo prorsus frustrabor, & meo desiderio maxime satisfiet. Etsi enim illud omnino jucundius esset in iisdem studiis, quasi in iisdem ædibus, cum eo versari; tamen, quando hoc consequendi spes est tenuior, si vel ad vicina studia eum migrasse intelligam, delectatione carere non potest, præsertim etiam, cum, hac migratione ejus, & dignitati, & utilitati maxime consulitur. Cui enim dubium esse potest, si vel ad eam partem Philosophiæ se converteret, in qua præcepta vitæ traduntur, & animi excolendi ratio ostenditur, quanto majori cum fructu, & dignitate hic commoraretur, quam si apud Oratores, & Poetas maneus, orationis formandæ præcepta ex M. Tullio, vel agri co-

lendi ex Virgilio repeteret, in quibus totus nunc verfatur? Et tamen fi ad illam maxime germanam, & vere ingenuam Philofophiam fe conferret, ut ejus etiam præceptis obediat, diutius fane a noftris ftudiis abeffe non poterit; nec enim ab illa retinebitur, quæ fe inopem, & minime dignam, quæ animum veritatis, & virtutis cupidum, perpetuum hofpitem, & contubernalem habeat, ingenue fatebitur. Ut enim Plato, quem quafi parentem hujus Philofopiæ dicere poffumus, cum effet interrogatus, quatenus fub præceptis infiftendum effet, quamdiu autem ejus doctrinæ obtemperandum, refpondit, eatenus, dum facratior aliquis in terris apparuerit, qui viam veritatis patefaceret, cui tandem Deo effet credendum; fic, cum facer ille jampridem fe oftenderit, qui ftabilem, & nunquam intermorituram doctrinam reliquerit, qui fe Deum declaraverit, quid putandum de ejus Philofophia? Annon parentis fui voci obtemperatura eft, ut alumnos fuos ad hunc amandet? ut fe, & fua omnia illius fidei, & tutelæ committat? fponte autem fe fuo imperio abdicet? Equidem non dubito, jam pridem amicum noftrum has voces audiviffe: fed, ut modeftum difcipulum, omnia magiftræ fuæ tribuentem, non fatis advertiffe quæ de fua inopia, & tenuitate ipfa diceret, quam nunc interpres ejus voluntatis, fi doctoris perfonam apud eum obtineat, melius animadverteret, clariufque perfpiceret. Quid enim, ut veritatem quærentes vere loquuntur, Philofophia habet, in quo animo veritatis ftudiofo fatisfacere poffit? Quid illa primum

mum novit, nisi quod a sensibus fallacissimis magistris acceperit? qui, ut mihi fallant, quantum est, quod conferre possunt ad veritatem ipsam perspiciendam, vel quantum potius ad observandam veritatem proficiunt? quid enim magis rationis lumini officit? quod ratione ipsa teste dico, quæ cum se maxime veritatis investigationi dat, tum maxime dat operam, ut se quam longissime a sensibus tanquam maximis impedimentis, abstrahat; sed quantulum est quod sine iis progredi potest? quam cito fatigatur ratio? quam cito ipsa ad sensus redit? si redire eam dicere debeam eo, unde nunquam discesserit. Ut enim paululum quasi temporis momento emineat, paululum etiam se supra sensus, quasi supra fluctus, quibus major pars hominum immergitur, caput exerat, nunquam tamen eos penitus relinquere, neque ita se ab iis liberare potest, ut in veritate contemplanda, non semper aliqua a sensibus emissa species, sese veritatis lumini, tanquam nebula e terra orta, aliquando se solis lumini interponat. Ubi est ergo illa sincera, & pura veritatis facies, In qua contemplanda veritatis studiosus acquiescere potest? cujus clarus aspectus, non aliquando, ut solis, sed perpetuo, sensibus caliginem, & tenebras offundentibus, nobis aufertur. An hanc nobis Philosophia ostendere pollicebitur? & tantam suam ignorantiam cum suorum alumnorum pernicie dissimulabit? an potius, ut ipsa, ingenua est, ingenue fatebitur, se in veritatis studio homini ejus contemplationis cupido minime satisfacere posse. At fatebitur plane, & jampridem fassa est.

Neque enim unquam ulla vox notior, aut verior est a Philosophia missa, quam illa: animum humanum nulla arte humana, nullo studio humano ad veritatis perfectam notitiam perduci posse, se vero, si aliquid conducat, si quicquam adjumenti in veritate indaganda præbeat, eo maxime juvare, si nobis persuadeat nos nihil scire posse: hoc enim solum de veritate compertum habere, cætera etsi probabilia videantur, & prope veritatem accedere, nihil tamen certi habere, neque aliud se dicere posse. Hanc ergo tam præclaram, & ingenuam Philosophiæ confessionem de veritate, & quid ipsa præstare possit, cum habeamus, & cum jam cœlitus nobis veritas se ostenderit, cum Deus ipse, ignorantiæ suæ sobolis, & erroris in veritate investiganda, misertus, fontem ipsum veritatis nobis aperuerit, a quo sacræ illæ artes fluxerunt, in quibus nihil non sincerum, omnia pura, & veritatis plena sunt: quo potius nunc Philosophia alumnos suos, si suæ ingenuitati constare velit, quam ad has sacras artes mittet? qui in veritatis studio satisfieri cupiant, non ut ab illis scientiam hauriant veritatis (neque enim animus humanus, sensuum caligine circumfusus, eam aspicere valet) sed ut fidem iis, quæ de veritate dicuntur, accipiat, omni humana scientia, propter authoris nobilitatem, qui nec fallere, nec falli potest „ superiorem & certiorem. Quare, ut eo jam revertar, nec causam meam supra neglexi, cum amici nostri studium ad Philosophiam per te converti suadebam, quanquam nihil prorsus Philosophiæ causa scripsi; hoc enim persua-

sum

sum habeo, qui ingenue philosophari velit, ea, quæ humano ingenio inventa est, Philosophia diutius contentum esse non posse, quæ nec se ipsa contenta est, sed hanc cœlestem respicit, ab hac opem flagitat, sine qua nunquam consistere potest, ut nec ulla humana sine divinis, & ad hanc alumnos suos amandat. Quare, si vel huc paululum se dederit, eum paulo post ultro illam cœlestem Philosophiam requirentem jam videre videor, a qua cum edoctus, & instructus erit, si postea ad Philosophiam discendere, & ττότω illam suam ornare placuerit, quoniam id genus vitæ instituit, ut humana docendo, hominibus prosit; neque hoc illi interdictum erit, quia tum maxime illi liberum, & tutum erit, per omne genus artium ire, posteaquam sacras illas artes, quæ ideo a fonte veritatis sunt emissæ, ut quasi norma reliquis omnibus essent, terminosque præscriberent, plene gustaverit. Jam vero certo animo, quanto omnia uberiora, & splendidiora in Philosophia sint futura, si iis sordibus, quibus a sensibus, dum ab iis solis cognitionem trahebant, contaminari necesse fuerat, sacris illis fontibus fuerint purgata. Tum denique solidum, & verum fructum suis cultoribus darent. Habes nunc, Sadolete, quæ ad te, non tam quidem conferendi causa, quam impetrandi scribere volebam, ut in veritatis studio persequendo, amicus noster eo tuo consilio regatur, quo maxime dignum est animum veritatis studiosissimum perduci. In quibus scribendis jampridem me ineptum sentio, qui de hujusmodi rebus tam verbose tecum dispusputo, a quo hæc melius doceri debeo. Sed certe indulgentia tua hanc mihi spem dat, si ante ad silentium meum connivebas, quod maxime contra officium fuit, nunc, cum officio fungor, verbositati facile veniam daturum. Quanquam haud scio, an majus crimen faciliorem veniam mereatur. Illud enim te non offendere potest: hæc vero orationis prolixitas, quo pacto te non offendat, etiamsi patientissimas aures habeas, vix video, maxime si scias, qua moderatione verborum, vel potius quo silentio cum Lazaro ipso, ad quem hæc maxime pertinent, hac in re sum usus, quo cum vix unquam sum ausus iis de rebus sermonem instituere. Nulla vero re tam deterrebar, quam pudore; nec enim decorum videbatur, cum ad annos meos respicerem, & tenuitatem doctrinæ, atque judicii agnoscerem, hominem id ætatis, & literatissimum de literis, prudentissimum autem, de instituendo vitæ genere admonere. Quanquam multa me, vel potius omnia, quæ præterea in eo videbam, me maxime, ut id facerem, invitarent, summa videlicet humanitas, morum, vitæque integritas, animus ab omni libidine, & ambitione prorsus liber, nullius rei, præter quam scientiæ, & virtutis cupiditate flagrans, pro quibus adipiscendis nullos labores, nulla etiam pericula, si res ita ferret, est recusaturus. Hæc vero cum maxima invitamenta essent, ut de cælesti hac Philosophia cum ipso agerem, nunquam tamen pudorem meum vincere potuerunt, ut vel verbum cum eo de hac re facerem; nisi forte oblique animum ejus tentarem, cum doctissi-

EPISTOLÆ FAMILIARES.

ctissimorum hominum, quos in summa veneratione habet, & maxime tui ipsius studia illi proponerem, ut exemplo cum vestro admonerem, quo tendere deberet. Aperte vero nunquam sum ausus, & nunc multo majora apud te audeo; quod tamen, non audacia fretus, facio, sed libertate quadam, quam mihi dat tua indulgentia, & quod maxime te dignum hoc munus judico, ut amicum hominem studiosissimum ad cœlestem hanc Philosophiam cohorteris, idque illi beneficii privatim nunc conferas, quod paulo post, edito Hortensio tuo, quem librum avide expectamus, ubi de optima philosophandi ratione scribis, commune omnibus futurum speramus; non solum quia ita res exigit, sed quia mihi aliquando es pollicitus. Hæc vero accuratius scripsi, quærens consolationem aliquam digressus mei a Lazaro, a quo sane discedere ægro animo fero: nullam vero majorem invenio quam si ad viciniora nostris studia, tua opera perduci posset, quod maxime in his literis ago. Discedo vero Venetias, cum ob alias causas, quæ me urgent; tum vero maxime, ut duorum clarissimorum hominum consuetudine fruar, quorum alterum, qui est Episcopus Theatinus (a) vir sanctissimus, & doctissimus, tibi notum esse non dubito: ex
ejus

(a) Est hic Joan. Petrus Carassa, qui postea a Paulo III. Cardinalis factus an. 1536 demum post obitum Marcelli II. ad Romani Pontificatus fastigium conscendit an. 1555. Morabatur autem tunc temporis Venetiis, ubi (ut inquit Dudithius in Poli vita) *cum nonnullis qui*

JACOBI SADOLETI

ejus enim honorifico sæpe de te sermone, amicum tuum esse cognosco: alter vero est Gaspar Contarenus Patricius Venetus (a); quem virum si tu nondum nosti, magna certe vo-

---

quos secum adduxerat, vitam ad severiorem Christianæ pietatis & disciplinæ normam instituerat, ejus sodalitatis, quæ Theatina vocatur, auctor. Porro, summam in hoc Antistite doctrinam ac pietatem pariter effulsisse, nemo in dubium revocabit, qui & gestorum ejus commentarios evolvat, & ad laudes ab ejusdem sodalitatis historicis, aliisque rerum Ecclesiasticarum scriptoribus in illum collatas animum adjiciat. Quibus quidem laudibus addi meretur quod legitur in Erasmi Epist. CLXXIV. data ad Leonem X. Londino 28. April. 1515. dum in eadem urbe degeret Caraffa, apud Anglos Pontificis illius Maximi nomine Orator. Agitur ibi de operum S. Hieronymi editione, & ad eam se excitatum scribens certatim ab eruditis cujusque ordinis viris, postquam Guillelmi Varami Archiep. Cantaurien. laudes celebrasset, subdit se ob immensam laboris magnitudinem, jam veluti animo fractum, ac susceptæ provinciæ supponitentem, Theatini vocibus & applausu animum denuo recepisse, & ad certamen rediisse: ,, Quid enim (inquit) non persua-
,, deat illa tam singularis hominis eloquentia ? quem non
,, permoveat tam integri, tam gravis auctoritas præsu-
,, lis? quem non inflammet tam rara optimi viri pietas?
,, Nam ad trium linguarum haud vulgarem peritiam, ad
,, summam cum omnium disciplinarum, tum præcipue
,, Theologicæ rei cognitionem, tantum homo juvenis
,, adjunxit integritatis & sanctimoniæ, tantum mode-
,, stiæ, tantum mira gravitate conditæ comitatis, ut
,, & Sedi Romanæ magno sit ornamento, & Britan-
,, nis omnibus absolutum quoddam exemplar exhibeat,
,, unde omnes omnium virtutum formam sibi petere
,, possint.
(a) De Gaspare Contareno paullo infra redibit sermo.

voluptate cares. Qui enim eorum amicitia delectaris, in quibus vel umbram virtutis perspexeris, quanto majorem delectationem caperes ex ejus viri amicitia, qui ad præstantissimarum artium omnium, quæcumque vel humano genio inventæ, vel divino beneficio nobis datæ funt, perfectam cognitionem, virtutis decus adjunctum habet; quem quidem jampridem amatorem habes, ut vero amicum etiam habeas, in tua potestate est positum. Sed valebis, & nos amabis. Patavii, XV. Cal. Octob. M. D. XXXIV.

EPISTOLA CCV. (a)

JAC. SADOLETUS EPISC. CARPENTORACTEN.

Reginaldo Polo S.P.D. *Patavium.*

Laudat ejus literas ob sermonis doctrinam atque elegantiam. Fusius quam antea sententiam suam exponit de sacrarum rerum studio ceteris anteponendo, quin tamen Philosophiæ & liberalium artium scientia rejiciatur, unde sacra illa non exigua dignitatis utilitatisque adjumenta percipiant. Fatetur Lazarum nusquam ad summum perventurum, nisi ad reliquas scientias Theologiam etiam adjungat. Rogat tandem ut Theatino & Contareno salutem suo nomine dicat; cujus librum quemdam sibi a Superantio Veneto promissum, primo quoque tempore ad se deferendum curet.

ACcepi tuas plenas officii & humanitatis literas, omnemque in illis probi ac præstantis ingenii tui, & pristini erga me amoris imaginem penitus recognovi. Quorum utrumque quanti faciam, nihil attinet nunc me scribere. Utroque quidem certe ita delector, ut nihil mihi accidere possit optatius, quam me abs te tali viro diligi. Sed quæ a te de prætermissione officii scripta sunt, quodque in eo videris vereri, ne aliqua abs te culpa suscepta fuerit, amabo te mi Pole, sint ea ex mutua nostra

---

(a) Extat etiam inter ipsius Poli literas a Cardinale Quirino editas tom.I. n.xvii. pag.418.

nostra benevolentia penitus sublata. Non enim recipit amicitia nostra suspiciones hujusmodi: nec tu peccare præmittendo officia potes, nec ego animum tuum aliter atque est interpretari. Quem cum officiosissimum & amantissimum mei esse cognoscam, non ex eventis tua mihi voluntas, sed ipsa per se & sua sponte præstata est. Equidem desideravi nonnunquam tuas literas, neque id mehercule injuria, quid enim est illis quod me delectet magis? verum ita desideravi, ut ego illa me voluptate carere moleste ferrem, non ut te officio aut amicitiæ deesse arbitrarer. Cui tamen meæ aliquando intermissæ voluptati sentio nunc a te cumulate satisfactum esse. Cave enim putes, quicquam mihi accidere potuisse tuis literis dulcius. Quæ cum totæ undique, tum illa me ex parte præcipue delectarunt, qua tu socratice nimirum & urbane excusationem tibi non scribendi ab orationis inopia & exilitate repetebas: qui totus elegantis ironiæ locus, & vultum mihi & animum suavissima hilaritate aspersit. Obsecro istosne tu rivulos squallentes & aridos, aut tenui aquula interdum fluenteis vocas? qui mihi ita currere visi sunt abundanter & largiter, ut appareat, non tenuem, sed uberrimum & eundem perennem fontem illa fundere. Quanquam hoc quidem de te mihi jamdudum persuasum habui: te, quæ concupivisses, omnia effecturum esse. Notum mihi erat ingenium tuum, nota virtus. Ardor autem ille, qui animis præstantibus ad appetendas res magnas comes adesse solet, nihil mihi non de te vel maximum pollicebatur. Speravi itaque fore, nec sum deceptus, ut tu

ad

ad istam ipsam, in qua nunc insistis, doctrinæ & eloquentiæ conjunctam laudem pervenires. Quapropter & gaudeo pro amicitia, & tibi gratulor. Illud aliquantum ægre fero, quod videre quasi videor, hæc a te ipso ornamenta contemni, quæ meo quidem judicio tanta sunt, ut sine his constare ne illa quidem recte queant, quæ tu omnibus anteferenda jure optimo putas. Quo de genere, quoniam bis jam a te sum lacessitus, tempus non alienum videtur meam tibi sententiam breviter exponendi. Sacrarum rerum studium, & disciplinam tibi placet rebus cæteris anteponi. Quod ego quoque tecum una confiteor. Cur ergo in artibus reliquis, & maxime in philosophia, tempus conterimus? Quia nequimus ad fastigium sine fundamento, & sine parietibus pervenire. Quid? ista quandiu curanda nobis sunt, ut non in uno illo ipso, quod optimum est, omnia nostra studia ponamus? Ad quod dicendum est, esse boni patrisfamilias totius domus tutelam & procurationem, non unius duntaxat partis gerere: verum ita totius, ut potissimæ quæque in ea diligentius curentur partes. Et quoniam de domo & de ædificatione mentionem fecimus; quis non videat, Theologiam, quatenus in scientiæ ratione & genere reponatur, sine philosophia stare ipsam per se, & se sustinere non posse, utramque vero minus apte munus tueri suum, si a copia & facultate dicendi deferatur? At enim mundana ista sunt, & celebritatem ex hominibus quærunt, vulgique rumusculos & & laudatiunculas aucupantur. Sunt enim nonnulli usque adeo rudes, ut hoc quoque studiosis bonarum artium hominibus conentur

obji-

objicere. Quasi vero merces externa ingenuos moneat animos, parumque in eo fructus voluptatisque sit, cum quis quid facit, ut id apte ac venuste, & sine labe ulla maculaque efficiat. Nam laus quidem adventitia res est, & in aliorum potestate sita, ad quam qui primo & praecipue contendunt, ii non vere, neque ex animo bonis artibus, sed prae simulationem dant operam. Omnis autem ingenii & virtutis, actio praemium ipsa sibi in se continet, si ad perfectam speciem sui quaeque generis perducatur, ipsaque rerum gerendarum pulchritudine contenti simus. Quod si decor ab oratione removendus sit, cur non idem etiam a moribus? non iis dico quibus inest virtus, quae ipsa quoque non alio fructu & emolumento, quam suo decore spectanda est, sed de eis loquor moribus, qui in gestu & omni motu corporis, ipsaque vocis atque vultus conformatione liberali, bene institutos homines ab agrestibus discernunt. An est quisquam qui reprehendere jure queat, quod servus coram domino suo non modo fidelis atque frugi, verum etiam sine sorde, cultu honestiore corporis studeat apparere? At jam ista ad summi boni adeptionem minus necessaria sunt. Ne sint: adjuvant certe, hocque saepe efficiunt, ut multi ad illud expetendum procedant comitatiores. Et sane videndum est, si circumcidamus amputemusque caetera, & tantum quod summe est necessarium relinquamus; ne dum divini volumus plane fieri, humanitatis partem nullam teneamus. Sit modo nobis hoc fixum, quod utique esse debet, ut omnia, in nobis si qua meliora sunt, accepta Deo penitus referamus, eaque ad ejusdem

dem unius gloriam conferamus. Hoc animo qui fuerint, cum in iis quas suscipient actionibus, rebusque quas gerent, summam sibi dignitatem operis proponent, summamque pulchritudinem, inque eam amore & studio incitati ferentur; tum non erit in his talibus pertimescendum, quod inani laudis cupiditate deducti, a summo bono deficiant. Itaque ego & liberalibus artibus, quoad in illis nos quantum proficiamus, non poenitet, & imprimis philosophiæ operam dandam puto, sine qua (ut dixi) nec Theologia quidem constat. In qua quod scribis te ita tempus omne consumere, ut ad cæteras artes atque scientias nihil spatii tibi ne respiciendas quidem relinquatur, non satis plane intelligo quid dicas. Patieris autem me pro nostra familiaritate, & meæ ac tuæ naturæ ingenuitate libere agere tecum. Non intelligo, inquam, quid hoc tantum tuum sibi velit studium. Nam si ea tantum nobis percipienda sunt, quæ ad credulitatem nostram, & fidem faciendam de Dei clementia & benignitate erga nos pertinent, ea sunt nobis, nec multis, nec obscuris, sed claris & illustribus literis sat compendiose tradita. Liber enim Evangeliorum omnem viam & rationem nostræ salutis continet. Si vero explicanda illa uberius sunt, & enucleatius tractanda, an te plus in eo tibi ab infinitis voluminibus istorum, qui ætati nostræ propinquiores, omnia retterserunt inconditis libris, & litigiose scriptis, quam a Paulo, & lege veteri, & a prophetis opis latum iri existimas? Pauci libri sunt, (nisi forte me fallit) in hoc a nobis genere perdiscendi; sed quos magna cum cura & attentione

tione animi legere debeamus, si ad divinarum
rerum cognitionem cupimus aspirare, qui non
modo spatium locumque dant lectitandis alia-
rum artium ingenuarum autoribus, sed ab
iis ipsi liberalibus studiis non exigua acci-
piunt suæ utilitatis & dignitatis adjumenta.
Nisi forte existimamus, summos illos viros,
qui primi hæc Christiana literis illustrarunt;
sine comitatu optimarum artium tantos progressus in divinis facere potuisse. Quo in numero Basilium, Chrysostomum, Augustinum,
Hieronymum fuisse cognovimus. Sed de his
satis, vel fortasse nimis multa. Lazarum
meum, tuum cuntubernalem factum esse, moriar, nisi mihi pergratum est. Quanquam
enim corpore a vobis absum, animo tamen
vobiscum excubo, ut videar mihi interdum
quæstiunculas vobiscum una, & familiares
sermones texere. Eum porro ego ad philosophiæ studia animandum nunquam censui,
quippe quorum ipse studio & amore imprimis
teneatur. De Theologia quidem tibi assentior, nunquam illum ad summum perfectum
iri, nisi ad reliquas facultates & disciplinas,
quas multas magnasque possidet, hanc quoque primariæ artis, nobilissimæque scientiæ
cognitionem adjunxerit. Cujus ego tibi in
Hortensio attexam laudationem, utique quoad patietur ratio operis, in quo ego nunc me
assidue vehementerque exerceo, speroque propediem copiam me vobis facturum, qui meas
ineptias irridere possitis. Jo. Petri Carafæ
Theatis episcopi, doctrinam, sanctitatem,
virtutem, notam habeo jam diu, eamque in
oculis fero. Gasparem Contarenum amo coloque, nec de facie mihi cognitum, sed de

animi virtute, & de eximiæ eruditionis fama. Tu mihi gratiſſimum feceris, ſi utrique ſalutem meis verbis plurimam dixeris. Contareno hoc amplius; dictum mihi fuiſſe hoc anno, cum eſſem Maſſiliæ, librum confectum ab eo, in quo de optimo civitatis ſtatu graviter docteque diſſeratur: eum librum cupere vehementer me legere (a). Quod Superantius, homo ingenio & nobilitate præſtans, cum diſcederemus Maſſilia, pollicitus fuit mihi ſe curaturum, ut exemplum ad me primo quoque tempore mitteretur, eum ego oblitum arbitror. Tu qui autoritate & gratia plurimum polles, ſi effeceris hoc mihi, ut quod ſine onere aliquo tuo & ſine incommodo fiat, cupiditati in hac re mos geratur meæ, magna me jucunditate mediusfidius affeceris. Quod ut contendas & enitare magnopere a te etiam etque etiam peto. Vale, IX. Calend. Decembris M. D. XXXIV.

(a) Hoc autem Contareni opus inſcribitur *de magiſtratibus & republica Venetorum*. Quod quidem Sadoleto miſiſſe Bembum una cum Superantii literis, patet ex Epiſtola ccxix. quæ eſt Bembi ipſius, data x. Calend. Quintilis an. 1535.

EPI-

EPISTOLA CCVI.

Jac. Sadoletus Episc. Carpentoracten.

Germano Brixio S.P.D. (*a*) *Parif.*

De suo in priorem D. Pauli Epistolam Commentario multis agit, petitque cognoscere ab eo, quæ fuerint Theologorum Parisiensium de eodem opere judicia.

NON potuit fieri commodius, nec magis ut ego vellem, quam quod meus liber tibi redditus fuit, primoque ipso in prælio, ut ajunt, cum homine difertissimo doctissimoque congressus, non dicam cum laude (abhorret enim mea mens ab eo quod insolentius videatur dictum) sed certe sine ignominia discesserit. Quanquam tu quidem etiam illum laudas: in quo agnosco vel benevolentiam erga me tuam, vel comitatem naturæ, qua es præditus. Sed quod epistolam meam desiderasti, hocque genus officii quod in scribendis epistolis situm est, imprimis inter amicos usurpari, judicas convenire; vere tibi dicam. Subitus discessus Giramandi, qui me festinare valde coegit, tum autem hæsitatio quædam mea, cum nec quibus in locis plane esses, nec quid rerum gereres satis nossem, illudque etiam valde vererer, ne tibi homini vehementer

---

(*a*) Consule quæ de Germano Brixio habentur Par. I. in notis ad Epist. CXXIII. pag. 178. & Parte II. ad Epistolam CLXX. pag. 84.

ter in literis occupato obiicerem laborem; adduxit me, ut statuerem per nuntios potius, quam per literas tecum agendum esse, præsertim cum homini & amico, & prudenti, id negocii committerem. Qui, quam mirifice functus officio sit, tum ex rebus ipsis, tum autem tuo imprimis judicio testimonioque cognovi. Illud vero mihi pergratum accidit, quod meum consilium istuc mittendi librum & ad Theologorum vestrorum judicium deferendi, tibi quoque esse intelligo probatum. Quod equidem, mi Brixi, ea ratione feci, quod Christianam illam humilitatem animi, quam maxime in scriptis meis extollere, & in cœlum ferre, verissimis laudibus soleo, non solum verbis, sed ipsa re, quantum a me fieri potest, cupio semper mecum habere conjunctam. Cujus si ut nomen, ita & veritas Christianis hominibus in cultu & in honore esset, tot hodie pestilentissimarum hæresum erroribus, & hac religionis labe careremus. Sed quod scribis te curaturum, ut æquis judicibus, & a politiorum literarum cultu non abhorrentibus, res permittatur, habeo tibi magnam gratiam: jamque id perfectum a te video. Scripsit enim ad me ex illis quidam sane quam liberaliter: ut mihi in mentem venerit lætari, esse apud Theologos vestros Musis etiam locum, verum illis sanctioribus: quod tamen tibi & Budæo nostro acceptum ferendum est. Certe id quod sentis, est omnino verissimum: nec res tam præclaras barbare atque absurde debere tradi, & quæ a me scripta in Paulum sunt, sine Latina & Græca eruditione intelligi vix posse, aut ne vix quidem. Expertus enim sum ego, quæ subtilitas rerum, quan-

quanta & cujufmodi altitudo maximorum in illis myſteriorum inſit. Quæ tu quam brevi, & ſubita lectione tam accurate perpenderis, non rerum facilitati, fed tui ingenii magnitudini eſt aſcribendum. Quo niſi tu eximio præditus eſſes, crede mihi, impeditius multo iter ad illa percipienda & intelligenda offendiſſes. Dies tamen, & mora, & crebrior lectio, quotidie magis indicabit, nihil fieri poſſe rebus illis reconditius. Quod tibi hoc libentius ſcribo, quod te quoque video in eodem ſtadio currere. Non enim mihi ignota, neque inaudita ſtudia ſunt tua; ſed & ex pluribus cognovi,& legi ipſemet homilias illas Chryſoſtomi, quas tu e Græco ſermone in Latinum vertiſti, ea & elegantia verborum, & gravitate, ut non tam opulentiſſimum tranſtuliſſe autorem, quam imitatus eſſe videare. Itaque expectabimus alias, gratumque mihi in eo feceris, ſi ut confectæ fuerint, mihi eas afferri quamprimum curaveris: etſi cum ad conciones erit ventum, gravior tibi labor videtur fore propoſitus. Noſti enim profecto quam ardenter ille, quamque incitate ſolitus ſit auditores non magis docere (mihi quidem ut videtur) quam aut objurgare aut accendere: etſi utrumque quidem, idque cum magna cura. Verum cum in multis interpretandis Pauli locis ab ejus opinione diſſentiam, iccirco tibi viſus ſum eum minus legiſſe. Ego vero in ipſo legendo, expendendo, interpretando Paulo, cum omnium fere interpretum, qui aliquo numero ſunt, ſcriptis & commentationibus uſus ſum; tum vero Pauli ejuſdem ope & doctrina plurimum adjutus: qui quidem ſuimet longe optimus eſt interpres. Noli enim putare, me ad primam illam, quæ Romanis

in-

inscripta est, epistolam exponendam accessisse, ulsi prius perlectis, diuque volutatis, omnique animi attentione perspectis cæteris ejusdem doctoris epistolis. Quarum assidua & acri lectione in eos divinæ sapientiæ fontes sum inductus, ex quibus si non hausisse puriorem doctrinam, saltem leviter ex illis aspersus fuisse videar. Unum est in quo miror, quod ita reprehendor a quibusdam, quasi deflectere vel tantulum a vetere translatione Pauli nefas sit. Cujus tu rei, mi Brixi, qui utramque linguam probe nosti, optimus poteris esse judex. Mihi enim si quicquam in illis commentariis est, quod probetur, illud præcipue est, quod visus mihi sum verba e verbis expressa vere Latina reddere, quæ ante nimirum alieniora pleraque erant, ut vis Apostoli sententiaque obscuraretur. Ea si conatus sum illustria & perspicua facere, quod ordine, & proprietate Pauli verborum accuratissime servata factum a me est; quidnam, quæso, ea in re admissum est culpæ? cum præsertim gratius hoc etiam meum factum esse debeat, quod Lutheranis ut sua παράδοξα facilius probent, imperitosque in fraudem inducant, ad ignoratam plerisque linguam sæpenumero confugientibus, hic utique campus doli & fallaciarum intercludendus fuit. Si tamen ego non sum hallucinatus, quod fieri nimirum potuit, homo enim sum. Alia quidem via commodius istis contortoribus scripturæ sanctæ occurri, illorumque præstigias & machinationes redargui vix potuisse existimo. Itaque & initio mei operis hac potissimum de causa illam me sumpsisse enodandam epistolam sum testatus. Sed hæc hactenus. Venio nunc ad eas epistolæ tuæ partes,

tes, quæ partim me delectarunt mirabiliter, partim pudore etiam affecerunt. Nam quod meæ lucubrationi tantum laudis impartis, quantum non tam a summo judicio, quam ab amicissimo animo profectum intelligatur; gaudeo equidem me abs te sic diligi, tuamque istam præstantem atque egregiam erga me voluntatem permagni æstimo. Sed res ipsa plane ut erubescam me cogit. Etenim quis ego sum, quo ingenio, qua doctrina, quibus ornamentis præditus, cui ab homine doctissimo atque optimo tantum laudis tribuatur? Si enim in eo laudandus sum, quod sim deditus optimis artibus & studiis, quam multi sunt nostra hac ætate, qui in eodem genere studiorum excellunt? nonne horum talium frequentia & Italia, & Gallia, & ipsa quoque Germamania nunc referta est? Si vero quod optimas tueor & sustineo partes, ab antiquiorumque scitis atque decretis transversum unguem non discedo; non tam id laudi ulli dandum est, quam vitio secus si fiat, maximo. Nam quod in portum me ex urbanis illis fluctibus, & ex magna agitatione tranquillam in stationem recepi; ego sane liberam & voluntariam vitæ agendæ rationem obnoxiis illis, & alienæ sententiæ addictis rationibus, ob eam primum causam longe prætuli, quo uni jam Deo liberius famulari, & commissæ mihi ab eo ecclesiæ officium præstare præsens possem. Deinde ut mihi cum Musis jam diu optatum habere liceret commercium. Cujus quidem vitæ suavitas & delectatio tanta est, ut non regem esse, sed regibus non egere, vere regaliter vivere, & ipsa vere beata vita sit. Quanquam hoc argumentum nequaquam in vulgus eden-

dum

dum est, ac ad eos quidem, qui aliquam speciem bonorum doctorumque præ se ferentes, eisdem nihilominus, quibus vulgus, honorum atque opum cupiditatibus jactantur. Sed ego tecum tanquam mecum hanc rationem puto. Non enim mihi plus assumo in hujus laude consilii, quam tibi ipsi tribuo: quem & multis antea testibus, & tuis nunc ex literis plane intelligo in eadem mecum esse sententia: nisi quod tua virtus hoc apparet illustrior, quod ego multis diu curis, laboribus, vigiliisque vexatus, quas ad alienum arbitrium ferebam & suscipiebam, tandem tædio fractus, in quietis locum me contuli; tu tua sponte, solutoque judicio, studiis ambitionis missis, in eundem portum es pervectus. De qua præclara animi tui moderatione, rectissimoque consilio, & ejusdem mecum societate muneris, & tibi gratulor, & mihi apprime gaudeo. Nullo enim alio comite ornatior, aut hanc inire prius viam, quæ minime populo nota est, jamque ob desuetudinem dumetis inhorruerat, & stirpibus, aut nunc tenere eandem possum. Sed de his quoque satis. Julii fratris mei (a) quod mihi mentionem facis, eodem pene amore ac si frater ipsius germanus fuisses, veteremque tuam cum illo familiaritatem prædicas; peream, mi Brixi, nisi cum meum erga te studium

ad

(a) Julium hunc græcis & latinis literis singulariter eruditum, omnibusque optimis & disciplinis & moribus ornatissimum extitisse, patet ex inscriptione, quam illi posuit Jacobus frater in æde S. Laurentii in Damaso, cujus Ecclesiæ honestissimum Sacerdotium vulgo Canonicatum adeptus, paulo post, annum agens XXVI. immaturam mortem obiit. Vide notas ad Sadoleti vitam pag. XCVII. & CVIII.

ad summum crevisse crederem, maximus tamen hac de causa cumulus accessit: non enim existimaram nostram conjunctionem jam inde ab illius tecum consuetudine auspicatam fuisse. Neque vero aut te urbanum meminisse mihi videbar, aut post in Gallia tibi quicquam rei cum fratre fuisse meo noveram. Sed omnis tui cognitio principio mihi in Gallia oblata est, primum ex literis tuis, quas jam longo intervallo accepi jucundissimas, deinde ex epistolis & Erasmi ad te, & ad illum tuis, illoque imprimis opere mihi sane probato, quod convertendo Chrysostomo lucubrasti. Postremo vero Lugduni, deindeque Massiliæ, cum ad summos principes salutatum accessissem, sermones cum pluribus permultos & habui & accepi de te: cum tua virtus & doctrina, maximeque illa animi æquitas; qua tu fortunæ & cupiditati tuæ modum constituisses, omnium una & constanti voce laudaretur. Itaque cum plurimas jam haberem tui magnificiendi causas, cumque hoc novissimum studium, quod tu in meis exhibendis scriptis honoris mei causa suscepisses, vehementer tibi me obstringeret, illa tamen mei fratris commemoratio tam pie, tamque amanter abs te facta prorsus efficit, ut te in illius pene loco diligam. Quam ob rem recte feceris, idque mihi erit gravissimum, si ita statueris, quæcunque a conjunctissimo fratre officia sperari, aut expectari possunt; ea tibi a me prompta esse & parata, ut si usus venerit quo memetipsum tibi patefacere penitus possim, non sis majorem erga te benevolentiam cujusquam, neque fidem in amicitia integriorem cogniturus. Illud te rogo, ut quid theologi vestri de meis scriptis

ptis fenferint, certiorem me facias: curæ
etiam adhibita, ut literæ ad me diligentius
perferantur. Nam quas menfe Aprili dedilti,
eas mihi fcito extremo Junio fuiffe redditas:
quibus ut debui, fine mora refpondi. Tuis
addubitationibus, quæ ad linguæ Latinæ rationem pertinent, altera feorfum pagella conor fatisfacere. Vale mi doctiffime Germane,
& nos amare perfevera. Carpentoracti, pridie
Calen. Julias, M. D. XXXIV.

EPISTOLA CCVII.

JAC. SADOLETUS EPISC. CARPENTORACT.

Def. Erafmo Roterodamo
S. P. D.   *Friburg.*

De ejus ftatu, & quibus in locis fit fieri cer-
tior cupit, fuofque commentarios jam abfo-
lutos, fe quam primum editurum narrat.

DIU eft cum ego nihil de te, ne rumoris
quidem, accepi. Quod fi tu ades in
eifdem locis, in quibus folitus es, tibique
commoda valetudo eft, ficuti cupio equidem,
& fpero, nonnulla de eo me tenet admiratio.
Hominis enim πολυφυλλήτου, ἡ πολυγραφοτάτου
non eft ufitatum hoc filentium. Sane nos poft
librum illum tuum de Concordia Ecclefiæ nihil aliud accepimus, quod ab Erafmo fcri-
ptum effet (a). Itaque non fine aliqua fumus
fuf-

(a) Vide quæ de Erafmo ejufque operibus diximus
Part. 1. In notis ad Epiftolas XXXVI. XLIV. LXXXVI,
CXII. pag. 118. 137. 247. & 336.

suspicione, ne aut minus fortasse valeas, aut i.i Belgas tuos profectus sis. Videbare enim in literis tuis postremo ad me scriptis, significare, te id cogitasse facere. Quod si ita est, mi Erasme, quæso, ut certiorem me de tuo omni statu facias, qui pendeo animi, donec exploratum aliquid de te habuero : nam mihi tua salus & tranquillitas mirabiliter cordi est. Non dedit nobis fortuna, ut in eisdem locis viveremus: quod utrique nostrum, arbitror, mihi quidem certe fuisset optatissimum. Potuissem enim apertius tibi, atque illustrius, omnem meum sensum & animum declarare. Sed quoniam id præteriit, actum ne agamus, ut dicitur, animos certe virtus dedit in amore consentientes: in qua tu multo præstantior, majores autem meæ partes sunt, te summum virum colendi, & diligendi. Tanquam igitur ad hominem omnium tibi amicissimum, ut de tuis rebus omnibus interdum scribas, vehementer te rogo. Mei in Paulum perfecti commentarii sunt: itaque eos propediem cogito edere. In iis plurimum mihi opitulatæ sunt correctiones illæ tuæ, quas in primum librum adhibuisti. Vellem idem in reliquos fecisses, maximo mihi emolumento mea res fuisset. Sed fortuna nobis disjungendis, multis meis & magnis invidit jucunditatibus: cui quidem a nobis non potest obsisti, ea enim summas frangit infirmatque opes, nedum meas. Sed quod ad rem pertinet, potes perspicere, mi Erasme, ingenii tarditate ⌐ & imbecillitatem mei : qui tanquam καλλικπίδης diutino cursu cubitum vix procesi ut ex hoc quoque major tibi a tua incredibili navitate

& induſtria voluptas pariatur. Verum hæc
hactenus. Te mi chariſſime atque optime
Eraſme oramus, ut ſemel amorem erga nos
abs te ſuſceptum conſtanter & perpetuo tueare. Carpentoracti, Cal. Novem. M.D.XXXIV.

EPISTOLA CCVIII. (a)

JAC. SADOLETUS EPISC. CARPENTORACTEN.

Deſ. Eraſmo Roterodamo
S. D. *Friburg.*

*Rogat Eraſmum, ne a ſuis operibus corri-
gendis, quum opus fuerit, deſiſtat, quodque
ſero ejus litteris reſcripſerit, ſeſe excuſat.*

Accepi tuas litteras IV. Novembris datas (b), quæ me maximo dolore affe-
ciſſent propter tuam de mea erga te mutata
voluntate ſuſpicionem, niſi divino quodam beneficio mihi contigiſſet, ut paucis ego horis
litteras ad te antea dediſſem, plenas veriſſimi
amoris, ut conſcius mihi ſum: neque tamen
tanti quanti meus erga te in omnibus meis
ſenſibus incluſus eſt, atque inhæret. Tu vero
ut metueres, ne illo officio ſcripta mea corri-
gendi me læſiſſes, in quo tibi a me par ne haberi quidem poteſt gratia; noli obſecro, mi
Era-

(a) Extat tom. 2. operum edit. Veronæ. pag. 242.
(b) Hæ Eraſmi ad Sadoletum litteræ, haud quaquam
in ejus Epiſtolarum collectione, reperiantur.

Erasme, me ex eo genere hominum ducere, qui se castigari, & admoneri ægre ferant: nullum est colloquium quod mihi præstari possit gratius. Utinam vero tu semper mihi prorsus & corrector adesses & magister: nulla est felicitas tanta, quam huic anteponerem, quod si illa sanctitas amicitiæ, quæ inter probos maxime viget, nostros utriusque animos fideli vinculo adstrinxit, ne unquam desiste, quæso me & monere & reprehendere, ubi videris esse opus: quod si viveremus una, crebrius usu veniret ut esset faciendum quam tu fortasse arbitraris. Sed tamen ut etiam absens id efficias, habes commentarios in vulgus nunc editos, qui tuum acre judicium expectant, non cum timore, sed cum spe melius eventurum, & sibi & mihi, si quidem quod in his recte reprehensum fuerit, alibi integrius, & incorruptius reponetur. Ego quod tamdiu ad te litteras nullas dederam, factum erat occupationibus meis, & novitatibus horum temporum, quæ inexspectatæ & variæ nos quoque ipsos nonnihil attigerant: deinde etiam eo, quod te in Belgas tuos non equidem certum habebam, sed tamen verebar profectum esse: recordabar enim te ad me scripsisse, profectionem illam a te in proximum ver differri, quod tempus jam novem fere mensibus transactum est; sed sive ego scribam, illud tibi volo esse persuasissimum, cum plurimos tui observantes, curiosos, amantesque habeas, nemini omnino eorum me cedere, potiusque affirmare audere, nulli tam caram esse salutem, & existimationem tuam, quam ea est mihi. Quodque alias tibi indicasse me memini, ni, me, etsi vivam tenuibus fortunis, tamen cupere te mecum omnium meorum esse participem: id & nunc renovo dictum & pro jure amicitiae nostrae te obtestor, ut nihil meum esse statuas, quod non eodem modo tuum sit, & si quid adjici potest etiam efficacius & peculiarius tuum: quod si experiri opera inititueris, maxime tuum amorem in ea re mihi ostendes. Amerbachium nostrum cupio valere, cui tu plurimam meis verbis mittes salutem. Vale mi doctissime, & optime Erasme, & de tuo confirmato in recta opinione de me animo, primo quoque tempore me certiorem fac, ut quam ex tuis litteris molestiam accepi, eam quamprimum ex meo animo excutiam. Iterum vale. Carpentoracti, Quinto Idus Decembris An. M. D. XXXIV.

EPISTOLA CCIX. (a)

JAC. SADOLETUS EPISC. CARPENTORACTEN.

Francisco Galliæ Regi Christianissimo.

Dedicatio Commentariorum in D. Pauli Epistolam ad Romanos.

Quod virorum bonorum semper esse duxi, eorumque qui Dei veri colentes, & Christianæ religionis studiosi essent, ut cum eam ipsam religionem nostra hac ætate novis quotidie seditionibus agitatam, & multitudine oppugnantium vehementer laborantem cernerent, pro sua parte quisque ad ferendam opem concurreret; idem ego quoque Rex omnium maxime ac Christianissime Francisce pro mea facultate tamdudum facere meditatus, sæpe ea de cogitatione variis rationibus depulsus sum. Nam nunc me ingenii mei parvitas, interdum tanta ista temporum perturbatio dehortata est; nonnunquam etiam ille metus illaque suspicio animum meum retardavit, quod intelligebam, id quod videram jam accidisse permultis, quodcunque ego scripsissem, quamvis id pie ac religiose scriptum esset, non eos solum, qui palam sunt adversarii, nam hi quidem minus pertimescendi sunt,

---

(a) Qui omnia Sadoleti opera Veronæ anno 1738. excudenda curarunt, nescio cur hanc Epistolam prætermittam voluerint, quum in veteri eorumdem operum Moguntina editione anni 1607. minime desideretur.

funt, fed focios etiam mecum ejufdem voluntatis & fententiæ malevolos aliquos interpretes meis fcriptis non defuturos, quo non leviter vitio noftra ætas infecta eft. Poftremo in tanto numero eorum, qui aut fcripferunt antiquitus, aut quotidie fcribunt partim fanctiffimorum hominum ac doctiffimorum, partim calliditate magis & verfutia quadam, quam pietate vera Chriftiana fcripta tractantium (nam qui apertam impietatem præ fe ferunt, eos in doctorum numero non duco) exiftimavi meum nomen neque adepturum authoritatem inter tot egregios, neque habiturum pondus ad reprimendum infolentes. Quod primum illud infignem quandam, & omni florentem orationis copia doctrinam poftulat, quam ego in me effe non agnofco; pofterius autem fine priore nullius omnino ad coercendum & comprimendum momenti eft. Sed etfi tot caufis, & tanquam obicibus a fcribendo fæpe jam deterritus; tamen reputans identidem ipfe mecum omnia a nobis prorfus deberi Deo, cujus cœleftibus divinifque beneficiis non folum cum humano genere communiter, verum privatim ego etiam & proprie multis magnifque fæpius affectus fum, nihil fum ratus valere apud animum meum oportere, quod me ab exercendæ pietatis ftudio retraheret. Etenim fi ingenium præcipue a nobis Deus requireret, petere id videretur, quod non eft noftrum: quidquid enim valemus ingenio, noftrum unufquifque a Deo totum obtinemus, nullæque noftræ in ea re quidem exiftunt partes. Verum ille a nobis non tam ingenium, quam voluntatem bonam poftulat, quæ aliqua ex parte eft etiam noftra:

hac enim & pietatem sanctitatemque sponte colimus, & per hanc ad Deum ipsius juvante gratia proxime nos adjungimus: cujus nostræ Deo voluntatis oblatio cum libera nobis sit, cum alias semper, tum hoc tempore potissimum in honorem illa & cultum ejusdem Dei a nobis adhibenda est: temporum autem perturbatio ea ipsa est, quæ hoc maxime exigit, ut in hanc curam & studium juvandæ religonis totos nos dedamus. Moveri porro obtrectationibus malevolorum, infirmioris animi est, quam ut videatur virtus Christiana & erga proximum charitas id posse concedere. Quod vero tam multi iisdem de rebus & scripserint olim, & quotidie scribant, deterrere nos non debet; siquidem neque ii, qui ante nos extiterunt, fuere ipsi deterriti. Quapropter cum justiores multo, & graviores causæ sint agendi mihi aliquid, quam cessandi, non dubitavi ad extremum ea quæ intra domesticos parietes multis diurnis nocturnisque lucubrationibus, multa cura vigiliaque elaborata mihi essent, quæ quidem ad aperiendum fidei Christi mysterium, & ad doctrinam beatæ vitæ pertinerent, in vulgus publiceque proferre, tua præsertim secundum Deum, præstantissime Rex, virtute, sapientia, authoritateque confisus. Etenim tu cum eis majoribus sis ortus, qui omnia sibi pro fidei ac religionis tutela, ac propugnatione & facienda semper & subeunda esse duxerunt, ad hanc illorum præclarissimam mentem, cum cæteris ipse rebus quamplurimis, tum occasionibus temporum superior accessisti: fuerint licet graves sæpe antea motus, & multorum dissensionibus infesta tempora, virtusque majo-

rum

rum tuorum in illis tum temporibus spectata atque eminens; nunquam tamen, neque tantum extitit in Christiana fide dissidium, quantum hodie extat, nec tanta virtute animique magnitudine obviam itum est, quanta tu maximarum nunc nationum, quæ sub ditione tua sunt, & pericula ejusmodi propulsas & mederis incommodis. Nec vero solum authoritate & imperio & magnitudine potestatis, Christianæ fidei consulis & religioni; sed comitate etiam & hortationibus tuis facis, ut nos qui leviorem illam viam docendi scribendique sequimur, tua libentius causa ad hæc studia nosmet convertamus. Meministi enim profecto, & quo tempore primum fratris mei filium officii ad te causa salutatum misi, & postea cum bis, Lugduni primo, mox Avenione eodem egomet munere apud te functus sum, mihi omnia mea studia tibi deferenti, te fuisse authorem, ut in his potissimum insisterem argumentis & literis, quæ Christianæ rei possent esse utiles: meque opus, quod in Pauli epistolam ad Romanos in manibus tunc habebam, ocyus ut absolverem etiam hortatum esse. Quod feci sane accurate quoad potui, confectumque librum & absolutum tuo nomini, Rex fortissime, inscripsi, ac dicavi: non id quidem spectans, ut ex illo quicquam in tuam laudem redundet, siquidem neque ex flammulis, quæ e lychnis prælucescunt, solis lumen fit clarius; sed ut mea scripta, quod suis operibus ipsa non queunt, tui nominis gloria, opinionibus legentium melius commendentur, sintque ad conferendas in mentibus hominum pias & sanctas rationes efficaciora. Nam quo illa
splen-

splendidiore titulo, aut qua graviore ornari authoritate poſſunt, quam ejus regis, in quo amplitudo maximæ poteſtatis, magnitudini animi nequit eſſe par? qui altitudinem fortunæ ſuæ, humanitatis & liberalitatis laude ſuperavit? cui & tot & tanta adſunt a Deo bona? & quæ præterea ipſo eodem adjuvante Deo ſibi comparavit, plurimarum artium rerumque ſcientia, multarum etiam uſus in maximis rebus & ſuſcipiendis animus, conſilium, comitas, eloquentia. Quæ inſuper omnia cunctarum domina virtutum pietate erga Deum religioneque exornantur: quam nos in te divinam imprimis eximiamque virtutem, Franciſce Rex, ſpectantes ac venerantes, cum hæc tibi nunc damus, quæ adhuc nobis effecta ſunt; tum alia quoque ſi ita ſuppeditaverit, ſumus daturi, ad hunc eumdem religionis honorem & defenſionem Chriſtianæ veritatis pertinentia. Quandoquidem neque mihi quicquam magis conandum & contendendum eſt, neque tibi præſtandum atque efficiendum, quam ut incolumis cultus præpotentis Dei, & quæ ſine eo cultu conſtare rite non poteſt juſtitia, continentia, pietas, hominum mentibus & ſtudiis jam prope dimiſſa, reſtituatur. Quod Dei primum ope, tuaque deinde, Chriſtianiſſime Rex, virtute aliquando factum iri, ſperare jure omnes & poſſumus & debemus.

JACOBI SADOLETI

EPISTOLA CCX.

JAC. SADOLETUS EPISC. CARPENTORACTEN.

Ludovico Parifeto Juniori
S. P. D.

Ejus carminis doctrina elegantiaque laudata, illius argumentum magnopere reprehendit.

Egi tuum carmen, idque mirifice probavi, eft enim quantum ego poffum judicare, cum doctum & elegans, tum quo in genere effe vis, ejus generis numeris omnibus abfolutum. Sed ejus ipfius argumentum carminis aliquandiu me fufpenfum, atque ancipitem animi tenuit: dum nequirem fatis conjectura perfpicere, quid tu in illo tibi propofitum habuiffes. Nam fi ornatum & cultum reprehendis orationis, eofque objurgas, qui electis verbis, gravibufque fententiis fua fenfa exprimunt, idque nituntur, vel quæ ab ipfis emittuntur, prodeant limatiora, tute tibi laqueum tendis, tute ipfe te implicas: eos enim accufantem, qui ftudium & operam poliendæ orationi dant, non decuit ipfum polite & diferte loqui. Quod fi ego is effem, qui mihi hanc ftyli elegantiam adfcifcerem, refponderem tibi id quod veriffimum eft, debere nos partus eos quos gignimus optare nafci quam perfectiffimos, nihil earum defiderantes rerum, quæ ad utilitatem & ad decorem, corpore, animo, vita contineantur. Hocque non folum in filiorum fobole corporea,

rea, sed multo etiam magis in fœtibus ingenii natura nobis esse dicerem insitum, neque unquam naturalem hanc in nobis cupiditatem jure fuisse a quoquam ut vitium objectam, quæ non ad popularem famam primo & maxime, sed ad expletionem naturæ spectet atque pertineat. Sed quoniam meum negotium non agitur, viderint alii. Ego te illud pro ætate & consuetudine mea non invitus admonebo, & ne te ab illa ratione falli sinas, quæ tibi fortasse bona visa est: siquidem exiltimas ita esse, ut scribis, nitorem, & copiam accurati sermonis, veritati sucum & salsum colorem obducere. Non enim ita se res habet. Nec qui in sacris literis disertius explanandis invigilant, ejusmodi provinciam suscipiunt, ut patefaciant veritatem, quæ ex divinæ legis oraculis aperte & perspicue suapte luce zlara est, neque eget ad demonstrandum ingenio aut interpretatione cujusquam, sed refrigeratos jampridem mortalium animos, ad pietatis studia rursus capessenda monitis & cohortationibus suis conantur accendere, quod sine vi aliqua dicendi verborumque grandium, & apte significantium copia, commode fieri non potest. Quare meum judicium est, & semper fuit, non solum licere Christiano homini, verumetiam convenire, atque adeo opus esse, si suo is rite officio fungi velit, excolere orationem, quæ legentibus magis profutura sit, & magnifica præpotentis Dei opera uberius explicatura, laudemque ab hominibus (quæ modo princeps ipsa spectata non sit, eaque nobiscum una ad Deum referatur) tanquam accessionem quandam non penitus aspernandam esse. Quod ego te quia facere

m ihi

mihi visus es, ut des te ad scribendum accurate & subtiliter, & collaudo nunc quidem, & in posterum quoque in eo ut perseveres, vehementer hortor. Vale, Carpentoracti, XVII. Calend. Decembris, M. D. XXXIV.

EPISTOLA CCXI.

JAC. SADOLETUS EPISC. CARPENTORACTEN.

Paulo III. Pontifici Maximo (*a*)
S. P. D. *Romam.*

Quod ad Summi Pontificatus fastigium pervenerit gratulatur, ejusque laudes summopere celebrat.

PRimum, sicuti debeo, sanctitati tuæ gratulor, quod ad dignam sua virtute & prudentia rerum administrationem vocata, amplam

---

(*a*) Hic Viterbii die 23. seu ut aliis placet Romæ 28. Februarii an. 1468. nobili Farnesiorum genere natus, Alexander ante Pontificatum dictus est. Optimis artibus ac moribus Institutus, primum Romæ, Pomponio Læto præceptore, postea Florentiæ in Academia Laurentii Medicei, adeo in literarum studiis profecit, ut adolescens Ciceronis Epistolas ad Atticum declarationibus illustraverit. Innocentio VIII. Pont. Max. Romam reversus, Rodericum Borgiam Cardinalem præcipue coluit. Eo ad summi Pontificatus fastigium evecto, Pontificio ærario, & Ecclesiæ Montis Flasconis ac Corneti præpositus, XII. Kal. Septembris an. 1493. Cardinalis factus est. Quo in munere tantum subsequentibus temporibus & morum suavitate & rebus præclare gestis nomen adeptus est, ut an. 1534. post Clementis VII. obitum

plam habitura facultatem eſt, ſi ſe in maximis humani generis utilitatibus & commodis exercendi. Quæ una actio cum propria ſummi iſtius honoris, tum beatæ & jucundæ vitæ effectrix mihi videtur. Et cum hoc gratulor, tum illud maximi facio, quod ſine ambitione ulla, ſine mora, contradicente nemine, omnibus ſuffragiis ſtatim renuntiata eſt, ut renuntiatio judicium fecerit dignitatis, ipſa vero celeritas renunciandi, aperte oſtenderit, tantam tamque eximiam virtutem, quanta in te ſemper fuit, ad tantos motus rerum, quibus jactatur Reſpublica ſedandos, & ad ſalutarem portum conſiliis ſapientibus dirigendos, quamprimum & quam maxime neceſſariam eſſe. Itaque & nomen, & virtus, & dignitas tua, tanta nunc apud omnes in opinione eſt, ita tua ad ſummum Pontificatum electio ab omnibus eſt accepta, ut non hominum conſiliis, ſed divinitus facta eſſe videatur. Atque hæc quidem & populi hujus, in quo ego verſor, & omnium Galliæ populorum ac principum eſt ſententia. Audio enim multorum voces, & video vultus. Ut enim quiſque hac habet iter, ita ſere congreditur & colloquitur mecum. Non equidem poſſum tantum, quantum res eſt, præſcribere. Sed hoc

---

tum die XIII. Octobris miro omnium purpuratorum patrum conſenſu ſummus Pontifex fuerit renunciatus. Obiit Romæ anno reparatæ ſalutis 1549. ætatis 61. ad IV. Idus Novembris. Res ab eo primo Pontificatus quinquennio geſtas adcurate noſtris hiſce temporibus ſcriptis mandavit eruditiſſimus Cardinalis Angelus Maria Quirinus, ad quem librum, uti & ad Ciacconii opus tom. III. col. 531. Pauli III. ſtudioſos delegamus.

hoc certe scribo, quod intelligo & sentio, nunquam animos hominum lætiores, nunquam prædicationes magis honorificas, nec crebriores laudes de ullo Rom. Pont. extitisse, ut Jam non sanctitati tuæ me gratulari, sed Christiano nomini universo magis conveniat. Et certe si res veritasque spectetur, boni & prudentis viri imperium procuratio est aliorum salutis, cujus fructus utilitasque ad alios, ad ipsum vero qui imperat, voluptas & lætitia rerum bene gerendarum pervenit. Habent igitur Christianæ nationes quod expetebant, Pont. Maximum integra fama, summa virtute, singulari sapientia præditum. Roma vero ipsa orbis terrarum caput, summi domicilium Pontificatus, præter gaudium de principe, quod commune omnibus est, qua præcipue affici voluptate est existimanda? quæ cive suo, & nobilissimo quidem cive, quæ tanto munere Dei immortalis, tantis honoribus, tot præmiis ornata, aucta, condecorataque est? In quam tuæ sanctitatis liberalitas continuo se effudit: ipsoque statim Pontificatus initio civibus suis ostendit, quam benevolo animo eos amplecteretur, quos haberet patriæ charitate, qua nulla est sanctior, sibi conjunctos. Sed ego, qui te quam plurimis ab hinc annis probe habeo cognitum, qui ad has populares tuas illustresque virtutes, illas etiam domesticas scio adjunctas esse, humanitatem, affabilitatem, comitatem, & quam ego plurimi semper feci, facioque bonarum artium omnium, literarumque egregiam scientiam, is sum præter cæteros, qui omnibus debeo exultare lætitiis. Nam & mihi amantissimo Reipubl. optimi principis imperium

rium maximo gaudio esse debet, & virtutes veneranti, prudentissimi, & literis dedito, doctissimi. Illud vero non minimum ad animi mei lætitiam jucunditatemque augendam pertinet, quod inter sanctitatem tuam & me familiaritas aliquando aliqua intercessit, quæ etsi minus fuit quotidianis a me officiis culta, propter diversa quidem utriusque nostrum vitæ studia, dissimilesque occupationes, tamen neque ego unquam tuam erga me benevolentiam desideravi, neque sanctitas tua meam erga se observantiam non cognovit. Quam nunc quidem familiaritatem & amicitiam ad alia vocabula translatam esse vehementer gaudeo. Non enim mihi posthac ad amicum & ad patronum, sed ad principem, & dominum confugiendum erit, ampliore ejus potestate benigne mihi faciendi, si usus venerit: eadem, ut spero, voluntate. Quapropter ago Deo omnipotenti maximas meritasque gratias, qui populo suo tam necessario tempore, talem Pontificem præficere est dignatus, tibique una & cuncto Christiano nomini iterum ac sæpius gratulor. Fore enim confido, ut tua dignitas, atque gloria, cum salute & maxima utilitate Christiani generis conjuncta sit futura. Quod vero ad me proprie attinet, quoniam non habeo verba quibus sensum animi mei plane exprimam, sanctitatem tuam precor, ut pro sua prudentia expendere ipsa & considerare velit, quo me gaudio repletum esse oporteat, ex honore summo amicissimi viri, doctissimi hominis, præstantissimi ciris (siquidem ego quoque jampridem civitate Romana donatus sum) quodque imprimis & super omnia lætandum mihi

mihi est, optimi Pontificis, & prudentissimi, & liberalissimi: ut in tot causis lætandi & gratulandi, cum gaudium meum abundet, verba animi non suppetant, si tuæ sanctitatis interiorem voluntatem meam, ardentem studio atque amore, non hæc externa voluntatis indicia, quæ in mea oratione frigidiora multo sunt, accipere & comprobare. Quod si illud quoque non me indignum est, nec tibi ingratum, petere me a meo Principe quæ mihi opus sint, cum ego Pater sancte jamdiu me in hanc meam Ecclesiasticam provinciam receperim, neque ambitionis studiis, neque opum aut divitiarum deditus cupiditati, vitamque in ea mediocritate traducam, quæ tantum ad propulsandas necessitates idonea sit: unam illam habeo curam, assiduamque in animo meo cogitationem, ut huic sane tenui & pusillo gregi, qui tamen mihi pro mea parvitate nimis magnus videtur, mea industria & diligentia alicui emolumento ad Christianas virtutes agnoscendas, easdemque colendas esse possit. In quo sanctitas tua plurimum me adjuverit, si jura quædam & facultates, quas mihi semper amabilis & commemorandus Pontifex Clemens septimus concesserat, ratas mihi & firmas esse jusserit. Quod ut faciat omni cum animi studio rogo atque deprecor. Deus sanctitatem tuam, Pater beatissime, incolumem nobis perpetuo conservet. Pridie Idus Decembr. M. D. XXXIV. Carpentoracti.

EPISTOLA CCXII. (a)

JACOBUS SADOLETUS

Lazaro Bonamico (b)
S. D. *Patavium.*

Eum etiam atque etiam rogat, ut cum Petro Bunello de inſtituendis in optimis artibus Principis Melphitani liberis negotium conficiat.

CUM essem Massiliæ, quo ego per adventum summi Pontificis illius salutandi gratia me contuleram, accepi litteras tuas, quibus mihi significas, te cum primum ex peregrinatione quadam, quæ tibi necessario incidisset, domum pedem retulisses, continuo daturum operam, ut cum illo colloquerere, qui apud Bayfium est (c), omniaque ad me de eo explorata perscriberes, quem ego juvenem, mi Lazare, multis de causis, ut antea ad te scripseram, expetivi; neque nunc alia sum voluntate. Sed cum ita institutus sim, ut plures existimem partes noſtræmet humanitati tribuendas esse, quam nostro ipsorum com-

---

(a) Extat inter Epiſtolas clarorum virorum pag.29. a terg. edit. Venetæ an. 1568.
(b) Consule quæ de eo diximus Part.I. in notis ad Epiſt. LXVI. pag. 174.
(c) De Petro Bunello heic Sadoletum loqui, patet tum ex aliis ejusdem Sadoleti ad Bonamicum literis quæ exſtant superius num.CCI. pag.232. tum ex ea quæ ſequitur ejusdem Bunelli ad Sadoletum Epiſtola.

commodo, & utilitati de ea spe, quam in illo repositam habebam, alteri concedendum duxi, cum præsertim is, cujus ego voluntatem antepono meæ, propter præstantem virtutem, & nobilitatem dignus sit, cui a bonis omnibus omnia deferantur. Is porro princeps est Melphitanus, homo summa gravitate, summaque apud regem hunc & auctoritate, & gratia, quem ego & amo mediusfidius, & non mediocriter colo: in quo mihi ab eô refertur gratia, non enim ipse in nostro mutuo amore vincitur, atque his duos habet liberos, adolescentes indole eximia ad virtutem, deditos optimis litteris, in quibus ille erudiendis, atque ornandis omne studium suum, omnemque suam cogitationem fixam habet; neque alia re tam indiget, quam bono doctore ac magistro, cujus & doctrinæ, & fidei carissima pignora spei suæ possit tuto committere. Eum ego esse hunc juvenem arbitratus sum. Itaque ipsum illi proposui, qui cum pergrate meum consilium accepisset, rogavit me, ut ad te darem super hac re litteras, peteremque abs te ut omnem operam tuam, diligentiamque interponeres, quo ille libenter huc se conferret, conditionemque acciperet, quam ipse princeps tuo arbitratu, hominis ut ipse novit æquissimi, atque doctissimi, se se illi statutorum affirmavit; res ita se se habet: homo is, qui petit, dignissimus omnino est, cui mos geratur: adolescentes honestissimi, ingenue ac liberaliter in primis educti, studiosi artium optimarum; nos, qui pro illis precamus, ii sumus qui aliquid ponderis ac momenti apud te obtinemus. Quæ cum ita sint omnia, rogo te mi suavissime

La-

Lazare, hoc negotium conficiendum suscipias, ut te in eo existimes, si quid mihi aliquando gratum fecisti, ut pro me abs te optimo, & nobilissimo homini in re tali satisfiat. De Principe quidem Melphitano hoc tibi polliceor, te majore virtute, dignitate, gratia, si tua benevolentia illum complexus fueris, reperturum esse neminem; tibi quidem eum perpetua obligatione pro tuo tali merito devinctum futurum esse confirmo. Vale (*a*).

(a) Etsi in hac Epistola nec dies nec mensis, nec annus sit adscriptus; attamen si ad ea quæ de Melphitano addita reperiuntur in Epist. CCI. pag. 212. juxta Miscellaneorum Venetorum editionem animum adjiciamus, facile constabit ante Nonas Junias ann. 1534. fuisse exaratam, quo die illa Epistola CCI. data est.

EPISTOLA CCXIII. (a)

PETRUS BUNELLUS

Jacobo Sadoleto.   Carpent.

Pro ejus erga se voluntate in Melphitano negotio, gratias agit, profertque causas, quibus eam conditionem non acceperit.

Quod veritus sum antea, Sadolete doctissime, si ego adolescens, neque bonis artibus excultus, neque in recta dicendi ratione satis exercitatus, ad te provecta aetate virum, ab omni doctrinae genere instructissimum, Romanae eloquentiae hac nostra aetate cum paucis facile principem, literas darem; ne meum istud factum cum temeritate comitatum videretur, id totum penitus sublatum est, meumque hunc sive pudorem sive metum vicit beneficii erga me tui magnitudo. Nam juveni quidem plusculum etiam audere, quam par sit, ab omnibus fere concedi solet, non habere gratiam, quibus debeas, omni aetati sane turpissimum est. Itaque vetus illa dubitatio in praesentia nihil me movet, neque tam venit in mentem vereri reprehensionem quod scribam, quam quod serius id faciam. Equi-

---

(a) Extat inter epistolas ipsius Bunelli, quas una cum nonnullis Paulli Manutii ejus discipuli, aliorumque clarorum virorum, puta Longolii, Bembi ac Sadoleti Epistolis publici juris fecit Henricus Stephanus an. 1581. tom. 1. in octavo.

Equidem meum filentium in tuis illis ad Bonamicum doctiſſime ſcriptis literis mihi ſubaccuſare viſus es, in quibus locum de Melphitana conditione ita concludis : *Qui ſive profectus eſt, ſive non, meum tamen officium in illum conſtitit* (a). Hoc ego ſi accepi, quaſi diceres, cum meum in re ſua ſtudium perſpexerit, etiam ſi hanc ſpem aut ſequi noluerit, aut cum vellet, non potuerit, eſt tamen cur mihi gratias agat. Hoc tu ſive ita ſenſiſti, ſive cum aliud ſignificares, ego ita interpretatus ſum, jure tamen tuo a me, quem jam tibi obligaras, expectare potuiſti : & ego, niſi nimis magnam modeſtiæ rationem habere voluiſſem, maturius feciſſe debui. Cujus enim humanitatis illud eſt, eum, quem ne de facie quidem noveris, ob unius (aut ad ſummum alterius) epiſtolæ lectionem, tam amanter complecti liberalitate tua ? tam ſolicite, tam ſæpe de illius negotio ſcribere ? Facit quidem ſuperioris vitæ tuæ conſuetudo, ut minus hæc mirabilia videantur. Quod cum in aliis multis, tum vero in Longolio ornando te eundem præſtitiſti. Sed in ipſo Longolio increbiles erant ingenii dotes, quæ te ad eum amandum raperent, ac tuum ſibi ſtudium deberi quaſi contenderent : ego vero quo a ſummis illis virtutibus abſum longius, eo plus me tibi debere ſentio : propterea quod cum nihil in me ſit, quod quidem tuam benevolentiam colligere poſſit, ſponte tua tamen ad me ſublevandum omnem operam & ſtudium contuliſti. Ergo tua iſta voluntate, quam in negotio Melphitano

---

(a) Vide epiſt. 6c1. pag. 218. in notis.

tano apertissime declarasti, ita me tibi devinctum esse scito, ut a multis beneficia ipsa grata mihi multo minus acciderint. Neque enim per se stetit, quominus ampla conditione, magna spe, apud optimum principem viverem. Quid autem in causa fuerit, ne quo me vocabas profectus sim, paucis accipe. Ut primum mandato tuo Lazarus Bonamicus mecum egit, dixi quibus conditionibus nobilissimos adolescentes docere vellem. Illud imprimis petii, certam sedem & quietam constitui studiis nostris: circumcursationes illas quibus nobilissimi quique in Gallia sursum, ac deorsum perpetuo jactarentur, & istam vitæ rationem ostendi mihi vehementer displicere. Bonamicus quod de omnibus his quæ esset Melphitani principis voluntas se certum nescire diceret, ad te omnia diligenter præscripturum respondit: fecisse puto: dum expectamus tuam & principis de rebus istis sententiam, ecce tibi, Vaurensis Antistes Lazaro Bayfio successurus Venetias venit, hortatus, ut secum maneam. Ego qui in Galliam antea cogitabam simulatque eum præsentem vidi, de cujus sanctissimis moribus, eruditione, humanitate, a multis plurima prædicari audiveram, non solum ut discedere liceret non pugnavi, verum etiam, quo me apud se esse pateretur, obsecrare non destiti. Cujus mei consilii quid ego tibi scribam me fructum maximum capere? Nusquam sanctius, ita me Deus amet, nusquam suavius. In quo homine cum cætera ad meam naturam apta sunt, tum illud percommode cadit, quod te, quem observare necesse habeo, amat facitque plurimi. Complexus fere omnia, superest, ut illam ipsam gratia-

rum

rem actionem, quæ ad scribendum impulit, in epistolam includam. Sed stultissimum fuerit, velle me juvenem infantissimum tibi verbis satisfacere, cum tu homo eloquentissimus re ipsa rationibus meis consulere conatus sis. Observantia summa & beneficiis accepti memoria opus est: quas quidem nisi in me esse perspexeris, indignum omnino, in quem conferatur aliquid beneficii, judicato. Bene vale.

EPISTOLA CCXIV.

JACOBUS SADOLETUS

Hieronymo Leoni. *Patavium.*

Ejus celebrat laudes, deque suorum studiorum ratione nonnulla habet.

Capella tuus, atque idem noster, homo summa virtute & prudentia, tui amans, nobis amicissimus, multa quidem de te mecum sæpenumero locutus est, numquam tamen multus in ea re fuit. Etsi enim ejus de te prædicatio amore quodam veteri incitata latius quodammodo atque ulterius videbatur effundi, tamen & virtus tua omnium laudum capax, & meum perpetuum de tua doctrina & probitate judicium facile nos adducebat, ut sentiremus cum illo, nullumque tantum testimonium esse putaremus, quod dignitate tua superius esse posset. Quam ob rem noli mirari, si aut egomet te quoque vehementer diligo, aut si expetivi aliquid scriptorum suorum, ut homini doctissimi videre, præsertim

tim cum & ego intelligerem, & idem mihi ipsi Capella affirmaret, in Philosophia te cum plura elucubrasse & egregia.... Sum enim ego quoque huic studio, quantum per occupationes datur, mirifice deditus; atque cum audiam nonnihil jam a te esse profectum, quod mihi sit communicandum, ardeo incredibili desiderio ad id perveniendi, quod adhuc factum non est propter innumerabiles occupationes meas, quæ me non modo de philosophiæ studio (sunt enim his optimis artibus plane contrariæ) sed prope de omni tranquillitate animi pristina depulerunt. Nunc quoniam decretum mihi est canere receptui, referreque me ad eam vitam, quæ & pietatis & tranquillitatis plena est; erit mihi deinceps ratio cum litteris, & cum doctis hominibus, atque utinam tecum esse posset; sed quando intervallis locorum distinguimur, habebo gratissimam aliquam imaginem tui, simulacrum videlicet ingenii atque virtutis, quod quidem apud me erit majore etiam in honore, quod ego novi te bonas litteras honestiores fecisse optimis moribus; quæ mea de te opinio & jam inde a fratris tui optimi viri amicitia, quæ mihi cum illo dum vixit, summa fuit, suscepta, & nunc maxime est confirmata. Quare sic velim existimes, & in re familiari mea nihil esse, quod non tibi promptum esse cupiam, & in officiis amicitiæ meum tuæ non defuturum nec bonitati amorem, nec honorem virtuti. Vale.

ANNO M.D.XXXV.

EPISTOLA CCXV. (a)

PETRUS BEMBUS

Jac. Sadoleto Carpentoractis Episcopo
S. P. D.   *Carpent.*

Respondet ejus litteris ; deque suo Hortensii opere multa scribit.

CUM gratissimæ mihi fuerunt literæ tuæ Nono Calen. Decembris datæ; quanquam quidem hoc nunquam non accidit, cum abs te literas accipio, ea tua est humanitas, suavitas, amor erga me: tum Renerii familiaris tui sermo accessit plane jucundissimus, a quo multa cognovi de tuis studiis, maximeque de tui in scribendo mirifica diligentia, de fundo suburbano, de reliquis villis, quas habes peropacas, & quibus nihil sit altius: quo te per æstatem confers ad turba, & calores evitandos, valetudinemque firmandam equitationibus. Quanquam is magnum te Peripateticum dixit esse, qui millia passuum quatuor sæpe ambules una itione indefessus. O hominem mirum! Subinvideo tibi, cum multa, tum istud maxime. Sessor enim jam ex ambulatore factus sum, ut plus mille meis pedibus conficere non sæpe audeam. Sed hæc ut

---

(a) Exstat inter Epistolas Bembi Familiares lib. III. ep. 10.

ut ætas, & temperatio fert, ita funt infti-
tuenda. Illo etiam fum magnopere gavifus,
quod & tu fcribis, & mihi Renerius confirmavit, cito fore Hortenfium tuum explices
ad Calend. Februarias fcilicet : hoc enim ad-
fcribis. Quod fi erit, peto abs te majorem
in modum, ut quamprimum ejus legendi
mihi facultas fit. Non poffum dicere, quantopere iftum habere librum cupiam: tametfi
eadem cupiditate noftri homines plane omnes
tenentur, quibus fit ullum cum literis, &
Philofophia contubernium & confuetudo.
Scriberem in hanc fententiam plura, nifi te
in primis confiderem hoc, quod dico, ipfum
ex te cognofcere, qui meam hiftoriam aves
legere, ut fcribis. Quod tamen non tu plus
optas quam ego, ut tibi eam dem legendam.
Sed nondum ad tertiam totius operis partem
perveni. Neque enim ocio abundo, qui fæpe
interpellor vitæ, ut fit, moleftiis, & perturba-
tionibus. Quod fi volumen, aut totum, aut
faltem juftum confecero, mittam ad aliquem
ex meis cum libro, ut tu, qui mihi es pro multis
millibus illum perlegas, & judicium adhibeas tuum, quid recte putes effe confectum,
quid improbes, quid immutari velis. Sed
hæc tunc confiderabuntur. Interea valetudinem curabis tuam, quemadmodum quidem
jubes facere me. Neque enim mihi te quifquam eft charior, neque hercule dignior, qui
a quoquam diligatur. Renerius mihi valde
gratus fuit, adolefcens frugi, & permode-
ftus, ut te patronum imitari videatur velle.
Paulo tuo & Florebello multam falutem.
Vale. Quinto Idus Januarias M. D. XXXV.
Patavio.

EPISTOLA CCXVI. (a)

AL CARDINAL TRIVULTIO (b).

Joan. Francifcum Binium familiarem fuum ei etiam atque etiam commendat.

PEnſo che voſtra ſignoria Reverendiſſima ſappia la ſtretta familiarità ch'ebbe meco M. Francefco Bini (c), mentre io era in Roma, & l'amore ch'io li portava, & la ſtima, ch' io faceva di lui, per la ſua virtù, ſofficientia, & integrità; le quali coſe erano in lui tali, che io in tutto quel tempo, che ſtetti nell'officio di ſecretario ſotto Clemente felice memoria, mi valſi molto con mia gran commodità & honore, dell'opera & induſtria ſua in quell'eſercitio, eſſendo lo ſtil di lui accettato per mio, & quando partii di là, eſſo meritò d'eſſer nel detto officio in gran parte mio ſucceſſore, eſſendo chiamato al ſervitio più ſecreto, & più familiare di ſua Santità. Nel qual luogo con quanta fede & diligentia ſi ſia ſempre portato, non dubito che voſtra Sig. Reverendiſſima, che è ſtata preſente, lo ſappia ancor meglio di me. Ora eſſendo egli per la morte di ſua Santità rima-

---

(a) Extat inter Epiſtolas Italicas XIII. virorum illuſtrium pag. 189. edit. Venetæ an. 1740.

(b) Vide quæ de Card. Auguſtino Trivultio diximus in notis ad Epiſt. CXLI. pag. 453. Par. I.

(c) De Francifco Bino, confule quæ habentur Par. I, in notis ad Epiſt. LXVII. pag. 177.

rimaſo ſenza patrone, & quel che più m'inc creſce, ſenza premio della ſervitù ſua pari alla ſua virtù, non poſſo fare di non ripigliar penſiero di lui & delle coſe ſue, & di non cercare con ogni mia opera d'ajutarlo, dove io ne vegga l'occaſione. Et però credendoſi per la elettione fatta hora da N. Signore di M. Fabiano da Spoleti per ſuo Secretario, ch' il voſtro ſacro Collegio vorrà in luogo di lui proveder d'un'altro nell'officio del Chericato, che il detto M. Fabiano teneva prima, ho voluto raccomandare in queſto a Voſtra Signoria Reverendiſſ. il mio ſopradetto M. Bino & pregarla con ogni mia affettione & ſtudio, che accadendo che ſi faccia elettione d'alcuno, ella voglia per amor mio con l'autorità & favor ſuo fare opera ch'ei ſia preferito & eletto a quello officio, al quale è attiſſimo & ſufficiente. Che ſe V. S. Reverendiſſima inclinerà verſo lui, & l'approverà ella con la ſua ſententia, porto fermiſſima opinione, ch'ei lo debba ottenere, conoſcendo io per l'autorità, ch'ella meritamente hà in quel Sacro Collegio, quanta prerogativa ſia per fargli appreſſo tutti i Signori Reverendiſſimi quel ſuo giudicio & approbatione. Et per queſta cauſa ottenendolo lui, io accetterò tutta queſta gratia da V. Sig. Reverendiſſ. & glie ne haverò obligo, non come ch'ella m'habbia preſtata una voce ſingolare, ma come ch'ella m'habbia donato tutto il beneficio. Di queſto io ſapeva bene, che più toſto doveva ringratiar Voſtra Sig. Reverendiſſima, che pregarnela, havendo inteſo l'affettione, ch'ella hà da ſe medeſimo ad eſſo M. Bino, & la intentione, che gli hà già data della sua volontà, ma hò voluto scrivere a quello modo pregandola, acciocchè Vostra Sig. Reverendissima sappia, che quello che nella elettione di lui ella è per fare per giuditio, & volontà sua, io voglio nondimeno riconoscerlo in tal modo da lei, & talmente essergliene obligato, come se ella tutto ciò havesse fatto solo per amore & raccomandation mia. Alla quale quanto posso mi raccomando, pregando N. S. Dio che la mantenga lungamente, & prosperi. Di Carpentras A' XVI. di Febraro M. D. XXXV.

EPISTOLA CCXVII.

JAC. SADOLETUS EPISC. CARPENTORACT.

Rodulpho Pio Episc. Faventiæ (*a*)
S. P. D.   *Parif.*

Ejus literis officiose respondet, agitque gratias pro Indice suorum librorum sibi misso.

POst acceptas literas tuas, quas una cum indice librorum tuorum jamdudum ad me misisti, cùm me ad respondendum pararem, gratiasque tibi agere instituerem, quod laboris tantum mea causa suscepisses; factus interim sum literis amicorum certior, legationem tibi in Galliam decretam, teque primo quoque tempore itineria faciendi causa Roma exiturum

---

(*a*) De Rodulpho Pio infra redibit sermo.

rum esse, quæ res me tenuit, quo minus ad te tunc darem literas, veritus scilicet, ne, si ad urbem misissem, te minime ibi convento, meus irritus labor & inanis diligentia existeret. Nunc cum arbitrer, te (non enim certi quicquam postea hac de re cognovi) jam eo pervenisse quo fueris missus, eaque munera apud Regem obire, quæ tibi mandata sint: non existimavi hoc a me officium justum sane & debitum differendum amplius esse, quin & scriberem ad te, & tibi agerem pro tuo singulari erga me studio gratias. Est enim tua in me benevolentia cum aliis sæpe locis atque temporibus, tum vero in hac cura & cogitatione copiosissimi indicis mittendi mihi plane perspecta: cum ea præsertim illud quoque indicet, nihil in tua insigni bibliotheca sic tibi repositum esse, quod non idem mihi commune esse velis. Atque ego quidem hoc animo sum, ut liberalius mecum agi arbitrer, si quis mecum libros suos, quam si divitias communicet, quanto scilicet doctrinæ & sapientiæ, quam auri præstantior & preciosior est possessio. Itaque nullo majore beneficio cuiquam homini possum esse obstrictus. Cujus quando mihi copia & facultas abs te parata est, utar equidem ea, cum fuerit commodum, & cum tu ad tuos reversus fueris. Interea autem quod meæ gratissimæ naturæ memorisque voluntatis proprium est, & gratias tibi ago, & me eo nomine non mediocriter tibi devinctum confiteor: hujusque meæ erga te voluntatis declarandæ, si res tempusque tulerit, occasionem utique non prætermittam. Et quoniam, qua cœpisti erga me liberalitate, eadem agere uti pergas, cum mea spes de te,

tam

tum tua imprimis virtus & constantia postulat; peto a te pro nostra amicitia, si in Regia es, inque illis negotiis jam versaris: cum mihi ibidem agenda, res quædam fit, ad jus Ecclesiæ meæ magnopere pertinens: hominem mihi ut comperias & exercitatum, & fidelem, qui tibi notus aut familiaris etiam fit, & cui ego meum negotium committere tuto possim. Nam quominus dedita opera hinc aliquem mittam, rei domesticæ angustiis sane prohibeor: & tamen confido, tua autoritate & gratia, quod cupiam, æque commode hoc modo posse consequi. Quod ut facias, mihique aliquid de eo rescribas, magnopere te, omnique animi studio rogo atqne oro. Vale.
Prid. Idus April. M. D. XXXV.

JACOBI SADOLETI

EPISTOLA CCXVIII.

JAC. SADOLETUS EPISC. CARPENTORACTEN.

Germano Brixio (*a*)
S. P. D. *Parif.*

Excufat tarditatem literarum. Laudat Epifcopum Parifienfem, rogatque ut hominem ad Græcas latinafque literas in fua Provincia docendas idoneum; inveniat.

ET litteræ tuæ: id quod alias quoque conqueftus fum (*b*) tardiffime ad me perlatæ fuerunt: (datæ enim pridie Idus Februarias, poft Nonas Aprilis denique mihi funt redditæ), & ego quo minus ad eas continuo refponderem, valetudine fui adverfa impeditus. Scito enim me octavum jam menfem pituita ufque eo laborare, ut & odoratum penitus, & vim etiam guftandi aliqua ex parte amiferim. Qui morbus hyemis tempore lentior, eoque magis tolerabilis, quod humoribus pigre & fegniter fe moventibus, fenfum in nobis mali obtufiorem aliquanto facit. Vere novo excitatur, & ad nocendum corpori acuitur. Itaque & febricula aliquot diebus tentatus

---

(a) Vide quæ de eo diximus Part. I. in notis ad Epiftola CXIII. pag. 378. & Part. II. ad Epiftolam CLXL. pag. 86.
(b) Ad calcem Epiftolæ CCV. pag. 242.

tus sum, & nunc capite frequenter langueo: non tam dolore quidem, quam gravedine quadam occupatus, atque pressus. Sed mihi multis adhuc frustra remediis adhibtis, recuperandæ valetudinis spes, secundum Deum, reliqua est in appropinquantis caloris adventu. Quæ si nos fetellerit, feremus humaniter, omneque Dei omnipotentis de nobis ipsis decretum in partem optimam accipiemus. Illud utique præstabitur a nobis, ut ne qua culpa nostra morbus vim ad lædendum, incrementumve accipiat. Habes causam meæ tarditatis. Nunc revertor ad tuas literas, quæ mihi mediusfidius extiterunt gratissimæ: vel quod benevolentia erga me tua eas mihi gratas semper efficit, vel quod de libro meo quid actum fuerit, cognovi: de quo ad id tempus nihil acceperam. Eram autem non minimum sollicitus, quo pacto ex eo afficiantur animi vel audientium, vel legentium. Et nimirum hoc tempore, hisque animorum opinionumque dissentionibus, nihil tam nobis pertimescendum, quam calumnia est, quod jam vulgare quidem videtur esse vitium. Sed mihi, ut concertatio omnis permolesta, sic animi æquitas tutissimum est perfugium: quo sum uti solitus, si quis falsam mihi litem aut jurgium intendat: nam benevolis castigatoribus ultro magnam gratiam me debere confiteor. Quare quod mihi polliceris, vel potius recipis, te acturum accurate cum theologis vestratibus, ut meum hunc animum æqui bonique consulant, id ego abs te non mediocri cum cupiditate expeto. Nihil enim malo, quam & suum illis honorem, & mihi meam pacem ac tranquillitatem incolumem manere. Præterea faveo

faveo etiam ordini illi atque collegio, in quo video firmissimam anchoram fluctuantibus (ut nunc est) fidei nostræ rebus constitutam esse. Sed hæc hactenus: neque enim dubito, quin jam officio functus fueris: nihilque reliqueris loci neque hortationi, neque admonitioni meæ, quippe qui non studium solum amoremque in amicitia, sed navitatem etiam, & diligentiam afferas. Quo quidem nomine non mihi uni, sed prorsus omnibus carus jure optimo atque amabilis esse debes. De Episcopo Parisiensi nostro istud idem sentio quod tu. Nihil illo homine elegantius: nihil bonarum artium fieri posse amantius: in quibus ille ita ceteris fautor est, ut præcipuam tamen laudem ipse obtineat. Ei te gaudeo tam familiarem, quam tu scribis existere. Neque illud est κολοιὸς πρὸς κολοιόν, sed ad summum virum vir ingenio & doctrina præstans eos aditus habet, quos germana virtus illi patefecit. Eum ego etsi mirabiliter amo, coloque, idque ipse non nescit: tamen mihi erit pergratum, si tu hoc idem in sermonibus crebro illi inculcaris. Cetera, quæ in tuis literis plenissima amoris atque officii sunt, iccirco a me prætereuntur, ut ne videar aut meis nimium delectari laudibus, aut tuas blandius sæpiusque commemorare, quam ingenuitas amicitiæ, & nostra firma jam atque constans necessitudo postulat. Illud habeto, tantum tibi tribui a me, quantum & doctissimo homini, & in officiis omnibus constantissimo, ab homine item officii doctrinæque studioso & peramante debeatur. Cujus mei de te judicii nunquam me profecto pœnitebit. Vale.

Scri-

Scriptis his literis, venit mihi in mentem requirere ex te, ecquem tu forte iſthic haberes liberalibus inſtitutum artibus, qui Latinis & Græcis docendis literis idoneus eſſet, idque ipſe profiteretur munus. Similem enim quempiam ego nactus, libenter eum huc ſat bona (ut opinor) conditione accerſerem: quod civitas hæc noſtra publico id, uti fieret, decrevit conſilio. Vellem autem eum maxime, qui in Ciceronianis ſcriptis exercitatus eſſet, atque eruditus. Hac in re ſi quid eſt mihi quod præſtare, & civibus in eo meis prodeſſe poſſis: peto a te, ut ne gravere ſuſcipere aliquam curam, & te in eam cogitationem conferre. Certe enim ſi aſſequemur quod cupimus, magno nos omnes abs te affectos eſſe beneficio ſumus arbitraturi. Iterum vale. Carpentoracti.

JACOBI SADOLETI

EPISTOLA CCXIX.

HIERONYMUS NIGER (a)

Jac. Sadoleto Epifc. Carpent.
S. P. D. *Carpent.*

Pauli III. Pontificis Maximi in renunciandis Cardinalibus fingularem fapientiam meritis laudibus extollit, celebratifque Gafparis Contareni virtutibus, de quodam negotio fibi commiffo eum certiorem facit.

NON dubito quin ex amicorum literis, famaque ipfa longe ac late pervagata cognoris memorabile illud ac vere Romanum Pauli Pontificis Maximi factum in augendo nova quadam & inufitata ratione Senatu (b).
Quæ

(a) Vide quæ de Hieronymo Nigro diximus Par. I. in notis ad Epift. LXX. pag. 189. & ad Ep. LXXII. pag. 198.
(b) Egregii autem viri in Patrum ampliffimorum ordinem relati XXX. Kal. Junii hujus an. 1535. quorum cooptationem in hac Epiftola celebrat Hieronymus Niger (ut Gafparem Contarenum omittam, cujus paullo infra mentionem facit) hi omnino fuerunt. Nicolaus a Schomberg, natione Svecus, patria Mifnenfis, Capuanus Archiepifcopus ex Ordine Prædicatorum, virtute, doctrina, rerum peritia celebris, Joannes Bellaius Epifcopus Parifienfis, de quo in notis ad Epift. CXLV. pag. I. Par. II. Hieronymus Ghinuccius Senenfis, laudatiffimi vir ingenii in Calabria Epifcopus, Jacobus Simonetta Epifcopus Pifaurenfis, de quo Par. II. in notis ad Epiftolam c. pag. 191. Joannes Fifcherus Anglus Roffenfis Epifcopus,

Quæ profecto res quantum momenti allatura fit ad salutem, dignitatemque reipublicæ restituendam nemo te acutius videt: quem sæpe numero audivi commemorantem nihil esse tam opportunum seditionibus, quibus pene funditus concidimus, quam perditissimo cuique malis artibus locum in Senatu honestissimum patere. Addebas etiam te demirari eorum consilia, qui nova quotidie decreta pro reformandis hominum moribus proponebant, quum hanc reipublicæ partem præcipuam, maximeque corruptam negligerent, imitantes malos medicos, qui neglecta cura interiorum membrorum a quibus fons & origo vitæ ducitur, in extrema corporum superficie curanda laborant. Quis enim non viderit Antistitum ordinem præcordia esse religionis nostræ? quibus perpurgatis ac pristinæ saluti redditis, extremæ Christiani corporis partes nullo negotio convalescent. Id ego arbitror Paulum Pontificem Maximum multo antea meditatum præsentaneum hoc remedium, veluti sacram anchoram ad perturbatissima, hæc tempora reservasse. Quibus ille sublata hasta omnium rerum tam sacrarum, quam profanarum, quæ jamdiu media urbe steterat, viris gravissimis, & doctissimis non modo id non ambientibus; sed ne cogitantibus quidem auxit Senatum, tanta cum admiratione omnium gentium vel infestissimarum, lati-

---

pus, pro fide Catholica ab Henrico VIII. indigne capite damnatus, & Marinus Carocciolus Neapolitanus, nobilissimo ortus genere, Pontificius ad Carolum V. Nuntius.

latino nomini, ut ætas nostra rerum admirandarum feracissima, nihil hoc præclarius admirabiliusve tulisse videatur (a). Nam quod proxime animadversum fuerit Batavum hominem (b) ignotum plane & nil tale cogitantem ex ultima hispania ad Pontificatum Maximum evocatum fuisse, fuit profecto ea res & nova, & inexpectata. Nam & amissa Rhodo, oscitantibus iis, qui rerum potiebantur, Christiana Respublica gravissimum accepit vulnus, & ea tum facies urbis visa est, in qua ne vestigium quidem ullum imperii ac li-

---

(a) Hinc Joannes Casa in vita Petri Bembi: ,, Paulus III. (inquit) simulac Pontifex Maximus factus est, extemplo tanto imperio ac potestate accepta, ut initium rerum actionumque suarum ab Illustri aliqua laude duceret, faciendum sibi esse existimavit, ut, qui quaque in Civitate, quibusque in terris homines essent, illustri quadam aut pietatis, aut prudentiæ, aut doctrinæ laude celebrati, illos ultro ipse, eam dignitatem haudquaquam petentes, ac ne tale quidem quicquam suspicatos, amplissimum in Cardinalium Collegium cooptaret; ea re sperabat, cum Pontificatus Collegiique, tot clarissimorum hominum accessione facta, auctum iri majestatem, tum specimen se quoque suæ virtutis maximum cum dedisset, magnam de se famam opinionemque esse facturum. Itaque semel atque iterum magna cura, magna adhibita diligentia, summos viros pervestigavit atque delegit, quibus gravissimam illam dignitatem, nimio a plerisque opere sæpe frustra ac nequicquam expetitam, ultro mandaret; quo facto, opinione majorem est gloriam consecutus ,,. Idem affirmat in vita Gasparis Contareni.

(b) Adrianum scilicet VI. qui an. 1522. Quinto Idus Januarii Pontifex renunciatus, obiit VIII.Cal.Octobris an. 1523.

ac libertatis apparebat. Quod autem Paulus Pontifex Maximus tales nunc viros unius commendatione virtutis sibi probatos delegerit, quos ornaret, & eorum plerosque nil tale cogitantes ac in remotissimis agentes locis ad altissimum honoris gradum evexerit, fuit nimirum animi magna concipientis indicium, summique amoris inRempublicam testimonium nulla oblivione delendum. Quare non dubium mihi est te pro tua pietate, atque in eos, qui tam egregiè ornati sunt, benevolentia, tam felici successu reipublicæ vehementer fore gavisurum; teque imprimis Gaspari Contareno (a) ex animo gratulaturum,

---

(a) Quantum Gaspar Contarenus Patritius Venetus, Integritate vitæ, historiæ cognitione, ac in gerendis præclare muneribus dexteritate præstiterit, nemo est qui ignoret. Verum inter cæteras præstantissimas dotes, quibus ornabatur Theologicam scientiam eminuisse, antequam etiam civilem togam cum Ecclesiastica commutaret, luculenter testatum reperimus in ejus vita a JoanneCasa Archiepiscopo Beneventano conscripta: nam ibi dicitur sacram purpuram Contareno Jelatam fuisse, dum in Republica ita versaretur, ut etiamsi literas omnino non didicisset, illustrissimum tamen Civitatis locum obtinere sum necesse esset; sic autem doctrinæ gloria celebraretur, ut tametsi Rempublicam attigisset nunquam, civium omnium, qui fama ac nomine excellunt judicio, clarissimus suo tamen nomine fuisset faturus; moxque subditur: ,, Accedebat Christianæ Theologiæ singularis quæ-
,, dam atque exquisita cognitio: eaque non scientiæ
,, modo aut ostentationis disceptationisve, sed vitæ
,, ac disciplinæ causa comparata: ad ejus enim præcepta
,, animum mentemque referens, omnes suas cogitatio-
,, nes, consilia, actiones, vitam denique omnem con-
,, for-

rum, qui & si tibi usu & consuetudine fortasse est incognitus, tamen virtutum suarum splendore, non modo tibi notissimus esse debet, verum etiam charissimus. Possum & ego illud affirmare, quod ex hujus viri frequenti sermone facile perspexi, paucissimos esse homines, quos hic plus amet plurisve estimet quam te ipsum; quam equidem inter vos benevolentiam, sic amabo semper & colam, ut nullus officii genus, quod ad augendam eam pertineat, sim praetermissurus. Ego enim etsi tuo imprimis hortatu atque exemplo, relicta urbe Roma, in patriam me receperam, honesto in otio tandem quieturus, tamen commotus hujus praestantissimi viri virtutibus, non potui non huic omnem meam operam, studium, atque industriam polliceri, atque impendere. Modo is ego sim, qui rectissima ipsius studia atque consilia ulla ex parte juvare possim. Atque illud velim tibi sit exploratissimum, me nullius alterius dignitate, opibus, liberalitate, ab eo vitae instituto, quod te auctore sequutus fueram, abduci potuisse, praesertim quum ob recentem memoriam Romanae vastitatis, cui malo meo fato interfueram, ipsam quoque Urbis mentionem perhorrescerem. Sed ea est Contareni humanitas, sapientia, is amor erga me, ut non ab otio

ad

„ formaverat atque direxerat; ut non modo ad Philo-
„ sophorum regulas bene beateque, sed etiam ad Chri-
„ stianorum divinum hoc praescriptum pie sancteque vi-
„ veret „. De Contareni operibus atque obitu, commodiori loco sermonem instituemus.

ad negotium, sed contra ab negotio ad summum otium, idque honestissimum transisse videar. Quod ad Gregorianum negotium attinet, de quo mihi paulo ante scripsisti, curassem mandatum tuum celerius, nisi abfuissem hinc eo tempore quo Rainerius familiaris tuus ad nos venit cum tuis literis, quæ mihi Bononiæ redditæ fuerunt, unde revertens ac Ferraria iter faciens conveni Gregorium podagra laborantem, quid illi agendum foret explicavi, ut scilicet mutato nomine pecunia sibi a Paulo nepote tuo donata uti posset. Distulit ille diutius ad me syngrapham mittere valetudine (ut teor) impeditus, quam tandem nunc misit, itaque rem conficiam tam tua, quam illius causa libentissime: virtutem enim hominis adamavi semper, & ea est fortuna, quæ vel in hoste esset miserabilis. Vale.

JACOBI SADOLETI
EPISTOLA CCXX.

Jac. Sadoletus Episc. Carpentoracten.

Federico Fregosio Archiepifcopo Salerni
S. P. D.

*Hortenfium fuum ei placuiffe gaudet, profi-
teturque fe in Philofophia potius, quam
in rebus Theologicis operam pofiturum, quarum tractationem difficilem effe & periculi plenam, didicerit. Narrat rem de
Concilio Mantuæ indicendo decretam effe,
Paulumque Sadoletum adjutorem fibi in regenda Carpentoractenfi Ecclefia, & fucref-
forem a Clemente VII. datum.*

ACepi literas tuas, quas Bachii puer ad
me attulit, a quo cum percunctatus effem de te ea quæ volebam, atque is mihi omnia
læta refpondiffet; alacriore animo converfus
fum ad lectionem literarum: in quibus recognovi animum tuum priftinum erga me, &
plenam benevolentiæ, atque humanitatis voluntatem: qua nihil accidere folet optatius.
Hortenfium meum valde tibi placuiffe fane
gaudeo, cum enim judicium tuum faciam tanti
quanti certe facio, tum vero homini amiciffimo,
omniumque graviffimo, probari labores meos
maximum certe mihi fructum voluptatis & lætitiæ affert. Siquidem ea quæ agimus, ab
optimo quoque maxime probari cupimus. Et
fane in hoc genere literarum nunc ftudiofius
verfor: philofophiæque magis inhæreo quam
antea. Recordor enim prudentiffimum confilium

lium tuum, quod quibusdam ad Paulum literis mihi das: videndum nobis esse, qui sacras literas tractamus, quemadmodum eas in publicum proferamus: quod tantum sit hominum fastidium in hoc tempore, ut difficillime reperiatur quod placere possit. Illarum vero tractatio etsi non hoc consilio a me erat suscepta, hominibus ut placerem, sed quoddam mihi officium justum ac debitum suscipi videbatur; ut quoniam videbar mihi nonnullas Pauli sententias planius & diligentius declarasse, industriae & vigiliarum mearum fructum communicarem cum aliis: tamen cum videam rem secus evenire, quam putaremus, neque religionis, & pietatis studium, quod ego maxime spectaram, sed lites, & dissidia potius seri: abstineadum hoc quidem tempore opinor ab hac ratione scribendi, & ad philosophiam omnem operam conferendam. Quod sane ego facio: jamque habeo mihi duo argumenta proposita, ad quae, aestas cum defluxerit, magno animo sum aggressurus. In quibus etiam religionis semina & invitamenta quaedam ita aspergam, ut appareat nos Christianos esse, caeterisque consultum in optima ratione agendae vitae cupere. Effugiemus enim hoc modo calumnias obtrectantium, quorum argumenta atque scripta si veram pietatem redolerent, animosque hominum ad amorem Dei accenderent, aut si denique ipsimet ea, quae tanto strepitu spirituque provolvunt, mente atque intelligentia ita conciperent, ut scirent plane quid loquerentur; essent eorum reprehensiones & monita cum summo honore a nobis accipienda. Sed quo animo ipsi

ipsi contendant, novit Deus: quam vere scienter agant ac perite, nos quoque possumus aliqua ex parte judicare. Verum his omissis, de Hortensio tibi respondeo, nullam mihi esse causam editionis festinandæ: cum & multorum sententias ex Italia expectem, imprimisque Bembi nostri, & ipse etiam accuratius librum sim retractaturus. Magnam enim rem, ut illa est, majore fortasse animo a nobis susceptam, quam consilio, volumus etiam atque etiam considerare. Quod quando facturi simus, nondum habemus exploratum: & tamen cum nobis constitutum id fuerit, certiorem faciemus. De concilio vero scribitur ad me ex urbe, rem decretam esse: ad annumque nos Mantuam conventuros: quo veniam equidem, neque pro mea parte huic officio deero: etsi maximo meo cum incommodo hinc sum me commoturus. Veruntamen impius, atque ingratus erga omnipotentem Deum essem, cui in corde meo Pure servire cupio, nisi meas ejus officii partes suspicerem. Utinam modo agatur aliquid spiritu sancto dignum: nos quidem operam pro nostra exiguitate eam præstabimus, quam nobis præscripserit, & inspiraverit Deus. Quod vero ibidem te visurum me confido, magnum erit id solatium meorum incommodorum. Itaque jam nunc tecum ago, ut tu, qui propius abes ab illis locis, futurusque es ad omnia expeditior, si tibi videatur, des operam, quo vicinitate conjuncti esse possimus, maximeque ut librorum ad rem pertinentium copiam habeamus: quo communi ambo & studio, & voluntate, quantum in nobis erit, consulamus Christianæ reipublicæ.

Ac

EPISTOLÆ FAMILIARES.

Ac de his quoque satis. Paulus te & veneratur & observat, idque optimo jure facit. Is mihi adjutor in hac regenda ecclesia & successor datus est a Clemente VII. Pont. Max. ejusque rei diploma habemus Massiliæ confectum, nobisque perliberaliter, & sine pretio ullo traditum, quod te scire volui. Avere enim videbare in tuis literis id cognoscere. Vale. VI. Calend. Junii, M. D. XXXV. (a)

(a) Huic Epistolæ in omnibus aliis editionibus perperam erat adscriptus annus M. D. XXXVI. Typographorum enim id errore factum esse, annumque M. D. XXXV. five etiam M. D. XXXIV. Epistolæ adscribendum, patet ex iis quæ ad calcem Epistolæ narrantur de Clementis VII. diplomate. Obiit autem Clemens ipso anno M. D. XXXIV. mense Septembris. Quod quidem erratum sero a nobis deprehensum, in hunc quem licuit locum Epistolam retraximus.

EPISTOLA CCXXI. (a)

PETRUS BEMBUS

Jacobo Sadoleto Episcopo
S. P. D. *Carpent.*

Petrum Gallum laudat. Mittit ei iterum suas primis anni diebus literas ad eum datas, ati & illas Superantii una cum opere Contareni; quem, Cardinalem renunciatum, Romam properare narrat. Tandem de Hieronymo Nigro, Polo, Lazaro Bonamico sermonem instituit.

OMnino nihil abs te officii praetermittitur. Ut nuper, quas raptim Petro Gallo ad me dedisti literas, quam plenae sint illius tuae perpetuae erga me officiosissimae voluntatis. Petrus quidem ipse multam mihi abs te salutem attulit, adolescens ejusmodi, qui per se & gratus esse possit, & optatus. De literis, quas Renerio familiari tuo, primis anni diebus ad te dederam (b), neque sunt perlatae, dolerem si aliquid in illis fuisset, quod vel tua, vel mea interfuisset scire te, quemadmodum quidem scribis. Cum vero ejusmodi fuerint, ut nostrae pleraeque sunt, argumento prope nullo: nihil enim fe-

---

(a) Extat Bembi Epistolarum Familiarium lib.III. epist. 51.
(b) Nimirum v. Idus Januarias, easque habes superius n. CCXV. pag.275.

fere habebant nisi memoriam mutuae nostrae necessitudinis; mitto tamen earum ad te exemplum, quoniam de eo me requiris. Te Hortensium tuum confecisse, valde laetor. Expectabo ejus libri exemplum, quo scribis tempore. Contarenum salutavi tuis verbis peropportune, cum illi gratulatum me Venetias contulissem, quod eum Paulus Pontifex Maximus in Cardinalium Collegium cooptaverit: gratissima illi missa abs te salus fuit. Nigrum item nostrum (de quo id te scire volo) eum ab Epistolis apud Contarenum futurum: qui quidem Contarenus se accingit, ut Romam his aestivis diebus properet a Pontifice miro studio accersitus. Tum & Polum, qui Venetiis est apud Contarenum frequens, & Lazarum, qui nobiscum. Cum his erunt literis Superantii literae ad te, & Contareni de nostra Republica libri quinque, quos tibi is describi jussit. Valetudinem tuam cura diligenter, qua te non commoda uti video; id mihi unum in tuis literis molestum admodum fuit. Sed confido, quam prudentiam in reliquis omnibus adhibes rebus, ea etiam in te ipso custodiendo te usurum. Vale. Decimo Kalend. Quintiles M. D. XXXV. Patavio.

JACOBI SADOLETI

EPISTOLA CCXXII. (a)

GIACOPO SADOLETO VESC. DI CARPENTRAS.

A. M. Gio. Franc. Bini (b), a Roma.

Ejus literis ad Paulum Nepotem datis respondet, deque adversa suorum Commentariorum fortuna, multis agit.

MEsser Bino mio, Hò letta la lettera che voi scrivete a Paulo molto volentieri, & duolmi che sempre pare che dubitate di scriverci apertamente il vero, come se noi fossimo per haverlo a male, anzi io vi priego che cosi facciate, & sempre ve ne ringratierò, quando lo farete. Quanto alla cosa mi par, che voi pensiate, & stimiate, che io mi sia sdegnato per conto delle censure. Di che io non potrei aver peggior novella. Io non farei christiano, se cosi fosse, e farei molto insolente, se io volessi torre la libertà a chiunque sia di dire, & scrivere come gli venisse voglia. Le censure non mi son dispiaciute, & chiunque scriverà contra di me per dimostrarmi la mia ignorantia, non mi offenderà, ne vorrei, che quel Lippomano fosse dissuaso di essequire quanto hà cominciato, & vi priego che operiate, che non sia impedito. Ma la
prohibi-

(a) Extat etiam inter Epistolas XIII. virorum illustrium pag. 190. edit. Venetæ anni 1560.

(b) Consule quæ de Bino habentur Part. I. in notis ad Epist. LXVII. pag. 177.

prohibition de' libri mi è doluta fin' a morte, fatta cosi nominatim, & in specie, & incivilmente, della quale niffuno mi hà fcritto, come voi penfate: ma ne è ftato tanto che dire a Lione, in Avignone, & in tutte le parti circonvicine, che in vita mia non mi trovaſi mal contento giammai, & quafi non poteva alzare il vifo, parendo a tutti che ciò foffe avvenuto, non per opera d'un folo, ma per giuditio pubblico della corte Romana. Io sò M. Bino, che fe mi havefte veduto in quel tempo, havrefte infieme con me prefo dolore, & fdegno, & il mio grave affanno v'havria forte commoffo, & non mi darefte tanto torto, quanto or mi date. Che fe 'l Maeftro non voleva, che il libro fi publicaffe, baftava affai la general prohibitione, & lo poteva far con modo gentile, & honorevole, fe egli è tale, qual voi mi dite. A me è ftato forza per ovviare a tanta infamia, mandar le cenſure, & le rifpofte a Lione, non perchè fi ftampino, ma perchè fi vedano, & fcrivere a qualche uomo da bene là con lamentarmi del atto del Maeftro. Il che è non poco giovato, che pur è qui, & là fi è fcemato il tanto romore, che s'era divulgato con mia gran nota. Et che voi dite, che le rifpofte pungono, non fi può (credo io) rifpondere, fe non fi redarguifcono le ragioni dell'avverfario, & le allegationi non fi dimoftrano non bene allegate, ovvero voi qualche altro modo mi infegnate, che io lo piglierò volentieri. Che per altro le mie rifpofte, con tutto il dolore, & fdegno, fon però modefte, le quali fe non fatisfanno, mi parerà ftrano, effendo ftate con tanta cura effaminate & dibattute da

N 6   huomi-

huomini non manco dotti, che sia il Maestro.
Ma come si sia, lo scrivere, & opponere è
libero a ciascuno, & io non fuggo di esser
ripreso, anzi quel che voi dite, esser chi dica, molti altri luoghi meritar riprensione,
mi sarà forte grato che mi sieno mostrati,
che sempre imparerò qualche cosa, & l'avvedermi della mia ignorantia mi sarà buona dottrina. La quale ignorantia io non la disdico
in me, sol dico, che, se quelli che vanno a
Parigi a studiare in teologia, in sei anni si
addottorano, io che l'ho studiata otto anni
continui in Carpentràs non doverei essere dalla natura sì mal dotato, che io non ne havessi
preso qualche parte, & sebben non ho studiato Durandi, Capreolo, Ochan, hò studiato
la Bibbia, San Paolo, Agostino, Ambrogio,
Crisostomo, & quei degnissimi Dottori, che
sono le colonne della vera scientia. Il mio libro come sia preso, & quel che se ne dica, io
me la passo, che la mia coscientia è netta, &
sò che l'hò fatto per giovare ad altri, non per
gloria mia; testimonio n'è, che a me ne viene
incarico, & molestia; di che Dio me ne ricompensi secondo l'animo con che l'hò composto. Nè ho cercato premio dal Re, se non
uno, che ei si mantenga nel buon volere di
estirpar le eresie, & se altro premio avessi voluto, credete a me, che non mi saria mancato,
nè mancheria quando io volessi. Di che vi potrà far fede quel che ora havete in corte il Reverendissimo Bellai (a). Che mi propongano
tanti pericoli, & contentioni; e ritrattationi,
io

(a) Joan. Bellajus Episc.Parisien, de quo in notis ad
Epist.cxtv. Par.II. pag.I.

io ho poca paura, fentendomi nella mia cofcientia non mal fondato. Benchè nel modo, che fi è prefo di procedere, tutto mi piace quel che è approvato da voi, che sò che vien da buon zelo, & cura dell'honor mio. Se 'l Maeſtro è tale qual s'è dimoſtrato verſo di me, non doveva io fare altramente, che come ho fatto. Se egli è come dite voi, modeſto & diſcreto, averà eſcuſato il giuſto dolore, che mi ha moſſo, & non lo piglierà in mala parte. Per le quali coſe tutte M. Bino mio, ringratiandovi prima, che coſì ſchietto, & fincero mi ſcrivete quel che vi par di ſcrivermi, havete ancora a penſar di me, che non mi muovo ſenza ragione. Et quando per queſta lettera haverò perſuaſo a voi prima, poi agli altri amici per mezzo voſtro, che delle cenſure, & dello ſcrivere contro di me, io non ne piglio ſdegno, anzi *æquiſſimo animo* lo porto, havrò conſeguito il mio defiderio, che ivi non ſia eſtimato altro che quello che in verità fono. Altro non ſcriverò per hora, ſe non che vi pregherò, che mi ſerbiate in memoria, & voſtra, & delli altri communi amici. Dal Buceto. A xx. d'Agoſto M. D. XXXV.

JACOBI SADOLETI

EPISTOLA CCXXIII.

JAC. SADOLETUS EPISC. CARPENTORACTEN.

Paulo III. Pontifici Maximo. (*a*)
S. P. D.   *Romam.*

Paulum Sadoletum fratris filium Romam missurus, ut suam ad eum observantiam ac benevolentiam perferat, Pontificem rogat, optimum juvenem libenter atque humane excipere dignetur.

CUM & ætas mea jam ingravescens, eademque parum firma viribus, & ratio studiorum ac consiliorum meorum me detineret, quo minus (id quod ego maxime cupiebam, atque imprimis mihi convenire arbitrabar) ad salutandam venerandamque sanctitatem tuam ipsemet me conferrem; statui ad officium meum pertinere, aliquem pro me mittere, qui meam vicem ipse hoc munere fungeretur, meamque ad te observantiam benevolentiamque perferret, animumque omnem meum exponeret, cum virtutibus optimi Pontificis, tum gloriæ & laudi summi omnium principis vehementer deditum. Nec vero in conquirendo ac deligendo nuntio diutius dubitandum mihi fuit, quin hunc juvenem potissimum mitterem Paulum Sadoletum filium fratris mei, quem ego maxima cum cura ac diligentia educavi, & in quo quicquid unquam

---

(*a*) Vide quæ de Paulo III. habentur paullo superius, in notis ad Epist. CCXX. pag. 261.

quam ex literarum ſtudiis, quicquid ex uſu rerum multarum atque magnarum conſecutus ſum (ſi modo quicquam conſequi potui) ita imprimere totum ſum conatus, ut quod hoc laborarim & ſtuduerim, ſatisfactum in eo a me naturæ, & patriæ meæ indulgentiæ erga ipſum ſuſceptæ, fuerit: quod vero mei labores ſperatum atque exoptatum exitum aſſecuti ſint, maximam hoc nomine gratiam Deo immortali debeam. Certe enim ſi quid eſt quod ego præſtare aut polliceri poſſim, audeo hoc palam commemorare & proferre, neque in optimis & modeſtiſſimis moribus, neque in ea quæ ad gerendas res apta ſit, fide, diligentia, taciturnitate, quicquam me eſſe auſum optare, in quo non hujus mihi juvenis, & ingenium, & voluntas cumulate reſponderit. Quo quidem etiam nomine, & ſpe maxima in eo virtutis adductus, meis etiam accedentibus precibus optimus Pontifex Clemens ſingulari beneficio adjutorem mihi eum in hujus procuratione Eccleſiæ, & ſucceſſorem dedit. Sed ut ad prima redeam, cauſæ mittendi hæ fuerunt, primum ut frueretur ipſe aſpectu & vultu ſanctitatis tuæ, oculiſque præſens perciperet eam voluptatem, quam ego abſens cogitatione capere non deſino. Deinde, ut coram tibi gratias meis verbis ageret, quod tui initio Pontificatus, mihi multa petenti & poſtulanti, quæ ad meam & Eccleſiæ hujus dignitatem commodumque pertinerent, nulla in re nec beneficentiam, nec liberalitatem tuam clauſam volueris eſſe. Quam quidem ego ſanctitatis tuæ benignitatem erga me, ita incluſam intimis meis ſenſibus habeo, ut ſim omnino aliquando, ſi non gratiam (abhorret enim mea tenuitas ab hujusmodi verbo) at similitudinem certe aliquam gratiæ relaturus. Postremo ob eam etiam causam a me missus est, ut sanctitati tuæ, & meo, & suo, & Christianæ Reipublicæ totius nomine, gratularetur. Quanquam hæc gratulatio, neque mea magis esse debet quam cæterorum omnium, & si quod privatum meum in gratulando officium quæritur, videor illi aliis meis ad ipsam literis fecisse satis (a). Verum, Pater sancte, in illis tunc spei, & expectationi quam de te omnes habebamus, sum gratulatus, nunc perspectæ, ac cognitæ virtuti tuæ gratulamur, & felicitati. Non enim obscurum est, nec latere jam quenquam potest, quo animo sanctitas tua Pontificatum gerat, quæ illis primis sui honoris diebus a liberalitate erga cives, a cura placandæ & ordinandæ Urbis profecta, statim orbis terræ universam salutem animo complexa est, suamque de convocando concilio voluntatem proposuit, cujus vel nomine ipso multorum antea animi terreri videbantur. Itaque seditiosis & impiis, omnibusque iis, qui dissidium & confusionem in Ecclesia Dei quærunt, videbatur hoc tutissimum esse impietatis suæ perfugium, ut cum castigarentur, cum monerentur, cum vel ad pœnitentiam, vel ad pœnam vocarentur, ipsi ad concilii nomen confugerent, illudque indici flagitarent, & poscerent: quasi non minus terroris ex eo principibus Ecclesiæ Catholicæ allaturi; quam in ipsis formidinis atque vecordiæ ex malæ conscientiæ stimulis insideret. Atque hoc

---

(a) Eas habes superius n. cc xi. pag. 268.

EPISTOLÆ FAMILIARES.

hoc magnanimi Pontificis factum, secuta illa est plena æquitatis & sapientiæ in regendis hominum cœtibus ratio: quod pluribus jam rebus & exemplis cognitum est, placere sanctitati tuæ, idque imprimis tibi curæ esse, ut jus idem sit pauperi, & diviti, ut ne potentia imbecillitatem opprimat, ut qui opibus plus possunt, iis illi ad injuriam faciendam ne abutantur. Quod institutum conveniens præcipue, & dignum optimis principibus, sed jam desuetudine pene in oblivionem adductum, tua sanctitas modo in consuetudinem & honorem retulit. Hæc & his similia multa cum sanctitas tua ad summum Pontificatum evecta esset, sperantes tum gratulabamur, nunc gratulamur experti. Nec vero minus justa ad lætandum causa est, vidisse ea quæ pulcherrime facta sint, quam sperasse futura: cum præsertim illud quoque accedat, ut hæc tempora, has actiones, hunc tuæ sanctitatis honorem atque statum, divina liberalitas perspicue comprobet. Quando enim tot jam seculis, tot conatibus, tot Pontificibus, majorum nostrorum votis atque ætatibus datum est, id quod ætati nunc est tributum nostræ, ut hostes Christianæ fidei, nostrum jam nomen, nostra arma, nostras vires timere incipiant? qui antea libere omnia depopulabantur, qui nos quotidianis damnis & cladibus affligebant, semperque finitima quæque sibi corripientes, nos angustis jam finibus retinebant inclusos: hi nunc summi atque clarissimi omnium principis Caroli Cæsaris virtute, sapientia, felicitate, tuæ sanctitatis copiis consiliisque juvantibus, toto repente mari infero depulsi, parte Africæ primaria,

maria, & urbe opulentissima Thunete spoliati, de sua reliqua salute pertimescere coguntur. Cum Christiani generis antiqua virtus, quæ jam dudum hebes facta & debilitata languebat, hoc præstantissimo duce & imperatore Carolo, non audeat nunc solum consistere adversus impios hostes, sed pestem etiam illis exitiumque minetur. Quæ ego cuncta cum animo meo cogitans, summoque meo quodam perpetuoque amore in Christianam Rempublicam incitatus, cum cuperem conferre cum sanctitate tua, & de his illi, & cum illa, Reipublicæ Christianæ gratulari, ipse vero in his locis justissimis rationibus retinerer, misi juvenem hunc, tanquam me alterum, imaginem animi sensusque mei, qui eadem istuc perferret, coramque tuæ sanctitatis pedibus advolutus, cum reliquas officii mei tibi debiti præstaret partes, tum de hac fortuna, de felicitate temporum, deque summis Dei omnipotentis erga nos beneficiis, quæ omnia cum laude sanctitatis tuæ conjuncta sunt, tibi & meo & suo nomine gratularetur. Quem ego natura pene filium, amore vero & judicio vere unicum mihi filium, rogo atque oro sanctitatem tuam, ut libenter atque humane pro sua clementia excipiat atque audiat. Nullum ipse onus sanctitati tuæ est allaturus, nec quicquam de illius fortuna ad suæ utilitatis fructum est allaturus, sumus enim ambo mediocribus rebus sat contenti. Humanitatem tantum, & benignitatem tuam nobis expetimus, in qua una nobis sunt omnia, atque ut faciles ipse aditus habeat, fitque illi & visendi, & adeundi, & interdum etiam alloquendi sui principis potestas. Nam quod ad ipsum

qui-

quidem attinet, cum ego volo, perfunctum officio suo & munere, ista urbe perspecta, moribus curiæ cognitis, veteribus amicis nostris conventis, & confirmatis, ad me protinus reverti, quod ejus pietate, & observantia, & fideliffimis officiis ad meæ subsidium senectutis vehementer indigeo. Quæ hoc mihi infestior impendere senectus videtur, quod studiorum assiduitas, a quibus avelli non possum, quotidie aliquid magis de meæ ætatis succo; & viribus corporis detrahit. Itaque illum abesse a me non facile essem passurus; nisi si qua occasio incideret hujusmodi, ut actione aliqua præclara ac laudabili, plenaque dignitatis, illius mens operaque occuparetur. In qua (quod confiderem eum egregie facturum) explicare ipse ingenium suum, declarare industriam, navare suam virtutem & Christianæ Reipublicæ & sanctitati tuæ posset. Sed hæc quæ meæ potestatis non sunt, ad Dei consilium nobis sunt rejicienda. Illud quod mihi scribenti fuit propositum, rursus deprecor sanctitatem tuam, ut & animum meum erga se, summamque observantiam agnoscere, & huic juveni de sua humanitate impartire aliquid velit, nosque ambos habere in numero eorum qui sanctitatis tuæ saluti, amplitudini, laudi omni animi studio sunt dediti. Deus sanctitatem tuam custodiat, ejusque rectissima consilia ipsi & Christianæ Reipublicæ fortunet. VI. Idus Septembr. M. D. XXXV. Carpentoracti.

EPISTOLA CCXXIV.

JAC. SADOLETUS EPISC. CARPENTORACTEN.

Paulo Sadoleto S. P. D. *Mutinam.*

Primum de negotiis quibusdam ei commissit, postea de rerum suarum familiarium statu agit, mandatque ut magistrum Carpentoractensi juventuti erudiendae quaerat.

Alteras has ad te scribo literas, provocatus tuis, quas Vighania proficiscens dedisti. Nam cum primas meas scriptas II. Cal. Octob. ad VIII. item Cal. Avenione misissem, ut celerius illinc ad te perferentur, postridie vesperi redditae mihi sunt tuae, in quibus mihi illud perjucundum, quòd te asperiorem itineris tui partem sine detrimento ullo emensum esse cognovi. Et quidem cum haec scriberem, in illam opinionem conjectura ducebar, ut te putarem jam venisse Mutinam, erat enim sextus hic dies & decimus tui discessus, ut etiam si diem unam Mediolani, alterum Parmae ponere instituisses, commodum tibi tamen fuerit eo pervenire. Ego vero non solum prosperum & fortunatum tibi iter, sed facile etiam & expeditum imprimis cupio: si rediturus es ad nos, mea etiam causa, sin id minus, utique tua, quod tamen ipsum mea maxime interest. Nihil enim est tuum, quod pro paterna mea erga te indulgentia, mihi non meis omnibus aliquanto conjunctius sit. Sed quoniam Mutinae jam mentio facta est, tametsi ego in accuratione

dili-

dilIgentiaque tua magnam fpem habeo recte a te omnia & cirumfpecte geftum iri, nihilque te prætermiffurum ejus officii, quod ad nos pertineat, tamen vellem tibi ὑπερπετρως mandaffe, quod ad Ferrarienfium ducem attinet. Quem cum tantum & colamus & diligamus, quantum illius dignitas, & erga nos benevolentia poftulat, tum etiam non mediocrem illi profecto debemus gratiam, quod is amorem fuum erga nos, fignis & rebus jam multis patefecit. Quem ego ipfum nunc abs te, nec conveniri tuo commodo, nec præteriri falvo officio poffe video. Quare etfi hæc in me non jam fuo tempore incidit cogitatio, me tamen illa folicitum vehementer habet. Quod nifi (ut dixi) in tua prudentia hujus quoque recte obeundi muneris fpem maximam ponerem, penderem animi multo magis; fed me ipfe confolor, quod tibi cenfueffe hæc venire in mentem certo fcio. Negotia Mutinenfia quòd tibi cæteris difficiliora ob animum verfari fcribis, non video caufam cur ita effe debeat. Facilis enim eft negotiorum gerendorum ratio, iis qui fideliter illa atque integre tractant. Quod fi aliqui funt aliquando, qui rationi bonæ recufent affentiri, in ipfis culpa refideat: τὸ δε καλὸν μηδέ σε, cujus tibi potiffima femper fit cogitatio. De rebus noftris hic nihil eft fane novi, quod cupias fcire, res in eodem ftatu funt, quo reliquifti. Nos victus totam rationem domi commutavimus; compulfi enim gravibus periculofifque diftillationibus, cœna abftinemus, cui folebamus libentius indulgere: ad prandia fumus converfi, idque facimus palam, tricliniumque fterni in majore aula jubemus. Quod fentimus

mus familiæ mire esse gratum, celebratur enim domus, & simul absentiæ tuæ mæror hac ratione etiam magis lenitur. Convivæ assidui Verotus, & Augustinus, aliique præterea quos interdum sors obtulit. Quin habemus materiem sat bellam hilarius nos habendi. Medicus est quidam subrufus, brevis statura, oculis disjectis, quem tu nosse fortassis potes, haud enim ita diu est quod se contulit in hanc urbem: de eo mihi cum esset dictum, acutum hominem esse, & Philosophum, jussi ad prandium vocari. Aderat Stephanus Ruffus, & cum eo cæteri ordinis illius nostri (ut tute scis) in disputationibus concertatores: Isnardus nobiscum una. Lacessivi hominem, cum se excitasset: Ruffus noster suscipit negotium. Diutius ducta contentio est. Ego spectator attentus, quid enim dicam auditor, cum omnis non audiendi, sed spectandi fuerit voluptas? Quanquam ille quidem in differendo & argumentando non imperite se habuit, sed corporis, vultus, oculorum ejusmodi agitatio, ut nihil videatur ridiculosius posse reperiri. Itaque hominem sæpius vocaturus sum. Nam quod ad valetudinem attinet, videor jam nonnihil hoc novo more, mihique insolito, esse consecutus. Urgeor enim minus, & caput non tam infestum habeo quam antea. Verum de his dies ipsa exploratius judicatura est. Nunc ades ad parendum. Recordor enim in mandatis hoc tibi a me vel præcipuum fuisse datum, ut magistrum huic juventuti erudiendæ quæreres. In qua te obtestor Paule, ut laboris & diligentiæ reliquum mihi facias, quo nostri optati compotes nos efficiamur. Nihil est hac

curatio-

curatione neque honeſtius nobis, nec civibus noſtris utilius. Quorum quidem cauſa cum cupiamus omnia, cur non in hoc potiſſimum officii honeſtiſſimo genere, omnibus nervis contendamus, ut & illis, & nobis ipſis ſatisfiat? Antea calligare illos ſolebamus, quod ad ſuum tantum bonum minus eſſent attenti, nunc viciſſim illi me appellant, atque urgent, neque dies fere ullus eſt, quin ad me accedant eorum aliqui rogatum. Quibus reſpondeo, tibi ſuſceptam eſſe hanc provinciam, neque te quieturum, quoad idoneum repereris, cum hac ſpe dimitto illos. Et ſi quæris, maximo eos ſtudio in hac re ferri video. Proinde enitere atque elabora, ut talem aliquem invenias, qualem nos cupere noſti: hoc mihi gratius facere nil potes. Plaua hodie a legato reverſus, multam mihi ſalutem illius verbis nuntiavit, eaque mihi de eo retulit, quæ certe mihi jucunda ſunt, perbelle illum valere, gratiſſimumque habuiſſe, quod ego illi juſſiſſem nuntiari, ſi qua in re tua in Urbe opera uti vellet, te ei & ſtudio omni & benevolentia præſto futurum. Egit gratias: nil ſe de noſtro animo dubitare dixit, uſurum cum res poſceret, affirmavit, & quod intelligere facile queas, habuit certe gratum. Atque ego hoc egeram dedita opera, ut ſuſpicionibus nonnullis occurrerem, de quibus ad te ſcripſi Crucianum mecum locutum fuiſſe, & tamen ſimplici animo ac ſyncero omnia a me geruntur. Quid enim minus homine ingenuo dignum, quam aliud in corde gerere, aliud habere promptum in lingua? Sequamur igitur vera rectaque conſilia, a quibus deflectere nullam in partem poſſumus. De rebus urbanis (ut ante

ante ad te scripsi) tunc & quærendum mihi abs te, & ibi præcipiendum putabo, cum te Romam pervenisse cognoro. Nunc, ut se res habet, illa cogitatione superfedendum est. Mutinensia acta expectabo interim, quæ in manibus sunt: cætera ut dies afferet, & fortuna dispensabit, sic mihi deinceps literis facias nota. Nos hic fructibus annuis condendis, non parum laboris molestiæque suscipimus, e quibus decumæ vini usque eo fuere uberes, ut eas nullæ neque cellæ neque apothecæ capere potuerint. Itaque necesse est, lacus eos ipsos, in quibus musta ferbuerunt, doliorum instar adhibere: quibus a summo munitis compactis asseribus, & ad omnem introitum externi aeris probe obstructis, confidunt ista qui norunt, vinum incolume nos servaturos. Ego hæc non tam quidem intelligo, quam quæ peculiaris mea curatio est. Hortos suburbanos ita pulchre habeo instructos omni hujusmodi copia, ut optime prospectum in æstatem proximam sit, ad quod tempus te expectabimus: &, nisi erit major isthic manendi causa, etiam accersemus. Vale mi Paule, & si nos diligis, valetudinem tuam cura diligenter. Florebello nostro & cæteris salutem. VI. Cal. Octobris M. D. XXXV. Carpentoracti.

EPI-

EPISTOLA CCXXV.

JAC. SADOLETUS EPISC. CARPENTORACTEN.

Paulo Sadoleto S.P.D. *Romam.*

Mandat ei ut Latinum Juvenalem statim ac Romam pervenerit, conveniat, hominemque sibi in amicitia adjungat.

Latinus Juvenalis, homo & ingenio & rerum usu præstans, mihi jam inde ab adolescentia notus, hac iter faciens Avenionem versus, rerum illarum, quæ ad Ecclesiam Avenionensem spectant constituendarum gratia legatus a Pontifice, mecum erat pluribus de rebus collocutus, de quibus aliis literis scriptum est a me tibi perdiligenter. Verum cum is tum a me discessisset, tanquam alio itinere rediturus ad urbem, neque me amplius visurus, nihilominus mutata sententia, heri vesperi huc se retulit, amanterque est a me hospitio acceptus. Sumus enim perdiu jam familiares. Cogitabat autem ipse hodie cum prima luce proficisci, (nam hæc ego scribebam ante lucem) & cum eo aderat Raymundus Vitalis noster. Has ei literas daturus sum ad te perferendas, quas cum acceperis, fac ut convenias hominem, eumque tibi in amicitia adjungas: probum enim virum, & integrum, & magni animi, & bonorum amantem, fautoremque cognosces. Plura ad te scribam cum tuas aliquando accepero quas avide expecto: neque enim citeriores iis habebam, quas ad Tarum dedisti. Vale.

EPISTOLA CCXXVI.

JAC. SADOLETUS EPISC. CARPENTORACTEN.

Paulo Sadoleto S. P. D. *Romam.*

Quatuor ejus Epistolis respondens, agit primum de ratione nonnulla Mutinensia negotia conficiendi, narratque quomodo fortuito magistrum, quem tantopere quærebat, invenerit. Postea Capisuccum laudat, deque causa Judæorum eum certiorem facit. Demum de suis studiis deque libro de Gloria sermonem instituit, mittitque litteras Cardinali Contareno reddendas.

Literas tuas pridie Nonas Novembris vesperi, & ipsis Nonis postridie mane, cum in prandio jam discubuissem, essentque mecum una Cæsarista, Cusanus, Oppeda, Vellarenus, multijuges accepi, & Florentiæ, & Viterbii, & in ipsa urbe jam bis datas: quarum sum mirifica cura & copia delectatus. Ac primum illud gaudeo, te itinere toto acto ex sententia, incolumem ipsum atque cæteros Romam pervenisse: ibique fuisse acceptum ut maxime volebamus. Sed quoniam mihi ad omnia rescribendum est, servabo ordinem, ut prioribus prius respondeam. Quod ergo ad negotia Mutinensia pertinet, matrem & fratres mihi commode valere, peroptatum mihi est: teque ab illis amanter fuisse acceptum. De ære alieno matris fratrisque demortui, habeo jam rationem atque consilium, quo illos expedire ab omni difficultate possim: quare audacter promitto, eam rem ut recte agatur fore tibi curæ: annuo enim ab utroque nostrum spatio sumpto, quod in tempus facultas solvendi cadere nobis possit, aureos trecentos numerabimus. Puerum quidem ipsum penes me habere cupio, si est talis, ut spes de eo nobis esse possit, in eum virum evasurum, quem quærimus, & quod de fratre tuo jam confidere cœpimus, facilem nobis ductu futurum, ut fingamus in eo formam illam, quæ sit maxime ad decus & ad dignitatem idonea. Doctorem huic juventuti & magistrum abs te quæri non puto fore amplius opus. Narrabo enim tibi, simulque tu agnosces, quanto plus sæpe fortuna polleat, quam hominis consilium. Receperam me forte in bibliothecam nudius quartus, cum esset jam nox: ibique attentius libros quosdam volvebam: cum cubicularius nuntiat, esse qui me conventum velit. Rogo quis homo? Togatus inquit. Jubeo intromitti. Accedit. Interrogo quid sibi velit, quia illa hora adeat ad me (cupiebam enim absolvere ocyus hominem, & ad studia me referre). Tum ille repetito altius principio, ita apte mecum, ita accurate & modeste locutus est, ut mihi curam injecerit cognoscendi interius, & percunctandi. Itaque clauso libro, ad eum totus conversus, sciscitari incipio, cujus sit, quam disciplinam profiteatur, quid sibi quærens in has regiones venerit. Ac ille: Scotus sum, inquit (a). Ex ultimane, inquam, orbis

---

(a) Florentius Volusenus hic est, ad quem extant Sadoleti literæ Roma an. 1546. datæ.

orbis terræ natione? Etiam. Ubi ergo disciplinis liberalibus operam dedisti? (quod ideo interrogavi, quia ejus sermo & Latinitatem, & ingenium redolebat). In patria primum inquit, complureis annos philosophiæ operam dedi: deinde Lutetiæ sum eruditus, ibique Eboracensis Cardinalis fratris filium in disciplina mea habui. Post, cum patrui mors a puero illo nos distraxisset, ad Bellajum Parisiensem Episcopum me contuli, eramque cum illo Romam profecturus, nisi morbus me gravis in itinere ab eo disjunxisset. Quid ergo tibi hic expetis? inquam. Cupiditas, inquit, primum tui visendi, quod maxime optabam, huc me compulit. Deinde cum Avenione esset mihi dictum, te alicujus hominis indigere, qui juventutem tuam hanc erudiret, si forte ego essem isti negotio aptus, offerendum tibi ego me duxi: non tam onus illud appetens quidem, quam tibi gratum facere studens: & simul intelligens, fore mihi laudi quodcunque munus apud te, & tuo jussu, hortatuque suscepissem. Quid quæris? usque eo mihi placuit, ut primo mane Glocerium consulem, atque Heliam accerserim: exposui de homine quid sperarem, & quæ mihi in eo egregie complacita essent, omnia narravi. Certe enim ejusmodi modestiam, prudentiam, compositionem oris atque vultus, vix in Italo homine talem expectare potueramus. Neque hoc contentus, ad prandium invito, cum Florentium ipsum, (hoc enim illi est nomen) tum medicum nostrum, de quo scripseram ad te antea: itemque Heliam una cum consulibus. Post prandium, statim disputationes me cohortante
in-

Inductæ sunt: argumenta physices assumpta, certatum a medico nostro acriter, obtorto vultu, magnifique anhelitibus. Ille alter, modestus, placidus, nihil non ad rem, nihil non accurate & fobrie, fane quam perite omnia, & intelligenter. Quin cum ego conclusissem argumentum quoddam adversus medicum tortuosum ac difficile, in quo erat enodando magnus illi labor; iste petita venia, solutionem protulit quam maxime fieri potuit docte, atque accommodate. Quid quæris? accensi omnes desiderio sunt retinendi hominis, consulesque eum sevocaverunt. Res pacta est aureis nummis centenis: tanta cum voluptate civium, ficuti ego audio, ut omnes novam quandam felicitatem huic urbi esse exortam putent. Quin circumferuntur sermones, quos cum confulibus habuit, ita liberales atque ingenui, ut nil possit supra. Quamobrem spero huic negotio & muneri optime provisum fore: & spero adhuc, tamen nondum compertum habeo. Sed videbimus reliqua. Habet autem iste, quod mihi maxime voluptati est, Græcarum etiam literarum, quod pueris imbuendis sit satis. Quocirca tu de eo sine cura esse potes. Mutinenses cives nostros recte habere se, tibique officia præstitisse quæ in utrunque nostrum benevolentiam significarent, maxime lætor. Quæ ad Quirinales hortos pertinent, a me tibi missa, hæc me scribente tibi jam accepta esse confido. Erat enim hic undecimus dies, quo tabellarius qui attulit, discesserat. Respondi literis Florentinis, nunc venio ad Romanas: in quibus hoc primum lætor, binas jam te ibidem meas accepisse. De Capisucco

gra-

gratissimum mihi est, & Romæ eum commorari, & habere locum quem virtus ejus meretur, quanquam non ut meretur quidem, est enim vir summis honoribus dignus: qui quod tui amantissimum se ostenderit, non est aliena illius naturæ & humanitati, hæc comitatis exercitatio. Eum ego majorem in modum diligo, & diligam semper: summasque ejus virtutes, atque imprimis humanitatem illam qua singulari est præditus, omnibus meis officiis complectar. Eam tu meis verbis & salutes centies, & amplexere etiam velim. Quod Judæorum mentionem intulisti: in causa illa omnes nunc laboramus: itaque rogatus sum a Delectis hujus præfecturæ, quorum de numero sunt qui heri mecum in prandio fuerunt, ut cum iis una ad legatum accedam: quod libenter annui. Dies dictus est accedendi ab hoc die tertius, quo etiam propero magis, ut ad te antea scribam, ne negotio illo hæc opera distrahatur. Propter quam causam etiam habiturus es literas inaccuratas, atque illepide scriptas: non enim est otium describendi. Sed ut de re: cum essent conditiones Judæis latæ a Delectis, quibus nova illorum jura restringebantur, easque illi recusassent; intervenit Latinus Juvenalis; ad quem est aditum a nostris, idque meo consilio, petitumque ut æquitatem concessionum Judaicarum inspiceret, ad Pontificemque referret. Non recusavit laborem, vocavit Avenionem Judæos: parteis ambas audivit. Correxit ipse nonnulla, quæ nos heri proposuimus Judæis, interrogavimusque, num illis stare animum inducturi essent. Tempus postularunt ad respondendum. Biduum datum est,

est, ut perendie, qui dies erat futurus VI. Idus, mane responderent: decretumque inter nos, ut responso quocunque habito, ad legatum statim proficisceremur. Atque hoc a nobis de industria factum est, ut si repudiassent illas conditiones, Latinum inimicum sibi redderent, cujus autoritatem tam parvi fecissent: quanquam intempestivum nunc quidem est de Judæis scribere. Amicum illum nostrum nondum invenisse exitum rebus suis magnopere miror, ejusque actiones minime probo, in quo tu quoque potes animadvertere Paule, quam popularis hæc quæ videtur sapientia, a vera vivendi ratione, verisque prudentiæ consiliis aliena sit. Sed hæc missa. Ego versor in studiis languidius, & de gloria quidem aliquantum processi: sed nescio quo pacto piger magis etiam sum ad scribendum, quam solebam: legendi voluptate ducor: sumque reversus ad Aristotelica scripta, quæ quotidie mihi majora, præclarioraque videntur. Procemium de gloria miseram tibi, quod postea mutavi aliquot locis, neque nunc vellem Salvatio lectum. Sed ego hoc confecto de gloria libro, optimum illum principem omnino sum explicaturus, si impedimento nullo fuero tardatus. Cum huc a me perventum esset, sustinui scripturam, si quid forte mihi in mentem venire posset, quod præterea esset scribendum. Interim convertam animum ad literas Contareno scribendas, si & tempus & ingenium mihi suppeditaturum sit, quod sane diffido. Ad Contareum non succedit quod scribo, quare in aliud tempus differamus: & sane sum aliquantum *ῥᾴθυμος*, scriptio autem ad talem virum ab animo vacuo & soluto petenda est. Tandem confeci ad Contarenum literas (*a*), quas quoniam examinare, ut soleo, non possum, neque ingenium ad judicandum attendere, tibi Florebelloque permitto, ut nisi duxeritis idoneas, ne reddatis. Vale, & salve mi Paule: Imprimisque animadverte, ne frequens tua ad primores accessio, aliquam indignam nobis ambitionis suspicionem excitet. Gallicis sane quidem illa moribus, quam Romanis est congruentior. Quocirca temperato tibi ab ea, & longiora spatia intermittito. Iterum vale, VIII. & VII. Id. Novembr.

(*a*) Eas habes inferius num. cxxx. pag. 339.

EPISTOLA CCXXVII.

JAC. SADOLETUS EPISC. CARPENTORACT.

Paulo Sadoleto S. P. D. *Romam.*

De optima erga eum Pontificis Maximi voluntate gaudet. Contareni literas sibi jucundissimas extitisse significat. Dolet quod Pontifici pollicitus fuerit, se unius mensis spatio aliquid ad sacras literas pertinens, confecturum. Mittit gratulatorias ad Cardinalem Farnesium literas. Tandem suum erga Florebellum amorem testatur, deque Pauli fratre, atque Sacrato sermonem instituens, Nigrum salvere plurimum jubet.

CUM veniffem Avenionem ad XV. Cal. Decembr. ob caufam publicam adverfus Judæos illuc evocatus, protinus mihi ex equo defcendenti, literas tuas Vitalis obtulit, III. Non. Novemb. fcriptas: quas non mediocri cum voluptate legi. Delectabat autem me in illis cum fummi Pontificis de te opinio, tot jam fignis judiciifque declarata, quam tibi & honori & ornamento fore confido, tum veterum amicorum noftrorum, fummorum hominum, erga me voluntas, non folum non extincta diuturnitate noftræ disjunctionis, ut mihi ex literis tuis confpexiffe videor, verum etiam benevolentior facta, poftquam tu tuis officiis, tuaque diligentia acriores quodammodo faces illorum animis adhibuifti. Sed præter omnia maximæ mihi jucunditati fuit Contarenus: cujus ex epiftola dici non poteft quale de eo judicium fecerim. Et re vera exemplum mihi illa attulit humanitatis ejus, probitatis, benignitatis, prudentiæ. Primum, quod ad me prior ipse scripsit. Obsecro, hoc quanti? Deinde, quod illo modo, quod tam ingenue, tam fraterne, tam amanter scripsit: & cum pro me omnia summa fecisset, non tacuit etiam in literis, in quo me sibi visum jejunorem arbitraretur. Crede mihi, amo hominem, & tanquam alterum me esse judico, quando ita sumus consentientibus sensibus, ut simplicitatem illam, quam ego tantopere amplector, & quam tibi amplectendam, semper magnopere prædico, ambo eodem quasi inducti spiritu, tenemus. Ac de magistro quidem lætor, & eum illum non esse quem fueramus suspicati, & de omnibus controversiis inter nos conventum esse: quem jam diligere incipio, tua imprimis testimonio adductus. Proinde, etsi stigmata adhuc in fronte gerimus ejus dedecoris, quod mihi ab'illo vel per illum inustum est; facile tamen & libenter obliviscimur pristini doloris, atque ad fraternam benevolentiam animum nostrum convertimus. Ad Contarenum rescribo, cui cum reddas meas literas, de meo in ipsum animo, deque maximis obligationibus, quibus illi sum obstrictus, tu quoque ea loquere, quæ ex mea fide & natura esse scis. Bellajo etiam ages meis verbis gratias: ipsiusque erga nos voluntatem neque unquam mihi incognitam, & semper optatam, atque gratam ostendes esse. Nam quod hortatur, ut in Epist. ad Galatas commenter, satis tibi exponere non possum, quam a scribendo nunc abhorreat animus, etsi hoc fortasse brevis desidia sit.

Ve-

Verum si scribendum maxime sit, num tu ad Sacrarum rerum commentationes me hortare, quarum scriptio tot insidiis & calumniis est infesta? Illud me mordet, Pontifici te esse pollicitum: quanquam hoc fuerit bonitatis. Te autem existimare, brevi a me tempore elucubrari quicquam posse, quod lectione dignum sit, id sane iu te vehementer sum admiratus, qui nosse tarditatem, & cunctationem meam maxime omnium debeas, qui crebro me desperatione suscepta, opera pene abjicientem videris. Tibi ne venisse in mentem, menstruo spatio posse aliquid a me confici? Ne tu in hanc opinionem de me discesseris unquam, neve tibi persuaseris, eum esse me semper, quem tu interdum expertus es, hoc est in potestate & arbitrio: vel (ut nonnulli dicere solent) in numerato semper orationis copiam habentem. Sed quoniam promisso satisfaciendum est, tuaque fides exolvenda, quam Pontifici adstrinxisti; magnopere velim te explicari & indagare, quo ille argumento potissimum lætaturus sit:atque utinam ipsemet mihi præscriberet: fierem enim attentior illo mihi admoto veluti stimulo. Quid autem? quicquid dummodo ne de conciliis: quod in eo genere & permulta scripta sunt, & nolo fidei meæ testimonio derogari, si forte in concilio quid sentirem de his rebus, esset mihi expromendum. Poteris igitur, si cum eo familiarius loquendi tibi potestas fuerit, sciscitari de eonet, quid sibi maxime placeat. Ad Farnesium composui gratulatorias literas (o):

serius

(o) Vide ex Iasta num. cxxxiir. pag.110.

serius fortasse, quam expectarit: sed ita accurate, ut nihil mihi in ea re videatur potuisse scribi gravius. Florebellum summopere diligo, & quanquam mihi illius absentia incommodo est, atque ut prisco utar verbo, dividiæ; tamen florere eum in celebritate magis opto, quam mecum in silentio, & quasi solitudine vivere: idque adeo illius causa, quem ego dignum omni honore statuo. Gratum ergo erit mihi intelligere, esse eum eo loci positum, ubi spem magnam capere suæ liberaliter fortunæ constituendæ possit. Nos hic sat belle habemus: asperiorem aliquanto sentimus hyemem, quam in his regionibus solita sit: annona & reliquis fructibus abundamus. Frater tuus quotidie magis & moribus honestis, quod videmus, & literis, quod speramus, proficit. Sacratus in officio est, commodamque mihi præbet operam. Amici & familiares valent. Reliqua si qua sunt, a domesticis ad te scribi copiose puto. Carpentoracti, VI. Calend. Decemb. M. D. XXXV.

 Nigrum meum salvere plurimum jubeas velim: quem ego amo mediusfidius, & in medullis habeo: ejus literis (a) non rescripsi, satis spatii non habens: & tamen nullam ei epistolam arbitror te internuncio futuram, gratiorem.

(a) Has Nigri ad Sadoletum literas habes superius num. CCXII. pag. 286.

EPI-

EPISTOLA CCXXVIII.

JAC. SADOLETUS EPISC. CARPENTORACTEN.

Paulo Sadoleto S. P. D. *Romam*

Relinquit ei liberum vel Romæ manere, vel ad se redire.

Scripsi literas ad te speciosas, quas Pontifici ostendere posses: in quibus de tua istic mansione, redituve ad nos, consilium illud do, quod unum in hujusmodi re visum mihi est dari tibi oportere. Nunc scribo has familiariores alteras, ut etiam hoc addam, quod mihi maximæ curæ est. Nam cum ego prius quietiore animo essem, reditum tuum expectans ad eam diem, quæ fuerat dicta, hoc est, circiter mensem Aprilem, postquam tu non semel, sed bis jam scripsisti ad me, cupere te anticipare illam diem, & primo quoque tempore ad nos reverti, magna sum incensus cupiditate videndi tui. Sed tamen, quod est mei paterni animi erga te proprium, semper commodum & utilitatem tuam meæ voluntati præverti volo: ut si habiturus sis splendidam occasionem illic commorandi, agas quod animo tuo lubuerit, quemadmodum tamen in alteris literis, quæ ad speciem factæ sunt, consilium meum tibi de hac tota re explicatum est. Illud tantum te admoneo familiarius & propius, ut ita statuas, idque habeas exploratum, si semel in illam nassam te injeceris, liberum tibi posthac inde exitum non futurum. Nos enim

enim ipsi, id quod tu scis, nisi divino potius quam humano certe consilio, emissi ex illis vinculis, tanquam e custodia fuissemus, adhuc impediti & constricti haereremus. Neque ego te impedio; nec deterrere te volo, quominus istic maneas, si commodum tibi sit. Sed utrumque putavi meum esse, & quod faceres approbare, & quod sentirem id vere expromere. Confeci etiam ad Pontificem epistolam: quam omnino conveniet reddi: est enim scite (opinor) satis & graviter scripta. Quam quidem ut conscriberem, illa me res praecipue impulit, quod nosci ab eo, & a caeteris omnibus volo firmum animi mei propositum, hujus qua nunc fruor, retinendae tranquillitatis, & libertatis meae, usque ad extremum spiritum conservandae. Amicos nostros quidem omnes, sed imprimis, ac praecipue Blosium omni a me salute & charitate complectere. Vale.

EPISTOLA CCXXIX.

JAC. SADOLETUS EPISC. CARPENTORACTEN.
Paulo Sadoleto S. P. D. *Romam.*

Quinque ejus Epistolis respondens, de suis amicis Romæ morantibus, deque negotiis familiaribus multis agit. Mandat, ut aliquem pro Alfonso fratre magistratum impetret, eumque hortatur, ut reditum caute instituat.

Binas a te acceperamus literas, datas mense Novembri; nunc accepimus trinas ipso natali Dei & domini nostri die. Respondebo igitur ad omnes. De tua cupiditate, ut sis mecum, & mihi audire gratum est, & te video postremis tuis cognovisse jam de eo sententiam meam, nempe te non minus avide expectari a me, quam desiderari me tibi, quamobrem ages quod quandoque tibi videbitur. Illud tantum te admonitum volo, ut caute iter facias, cum propter anni tempus, est enim hyems, tum quod cùm non maxime comitatus sis, sisque per ea loca, eosque homines transiturus, quorum mos & natura mihi valde est suspecta, non sine animi solicitudine esse possum, neque soluto animo de te cogitare. Quare fac ut omnem adhibeas cautionem & diligentiam, quo te nobis salvum atque incolumem sistas, fidosque habeas & comites, & viarum duces, in quo neque operæ, neque pecuniæ parci a te volo. Et quoniam uno aliquo egemus qui a pedibus sit, Fabritium eram desideraturus. Sed is retinetur a Florebello, cujus commodum facile antepono
meo

meo, alium adduces quemlibet, quem tu idoneum & fidelem esse judicaris. Cæsium Cardinalem (*a*), & amavi, coluique semper, (quemadmodum tute scis) & valde bene de ejus ingenio, prudentiaque judicavi, meque ab eo diligi etiam sensi, quod est caput meæ in eum observantiæ, eximiique amoris. Qui quod tibi se comiter amiceque dedat, habeatque nonnunquam de me mentionem; gratissimum mihi est, teque illi meis verbis & agere gratias, & mea in illum perpetua officia polliceri, plane volo. Lapidem autem illum quin ferat, causa nulla est, quare nisi jam fecisti, facias illi primo quoque tempore ejus auferendi, & sibi habendi potestatem. Marium nostrum (*b*) aveo scire quid agat, & quo animo proœmium nostrum acceperit, tu si ab eo aliquid, continuo facies me certiorem. Gambarum (*c*) conventum a te, & meis salvere verbis jussum, admodum lætor, illudque magis, quod tibi visum scribis fuisse, me ab eo diligi. Quod ego non parvi facio, ejus enim de ingenio, & de nobilitate animi, summaque humanitate, semper existimavi bene:

quapro-

(*a*) Est hic Paulus Æmilius Romanus, qui an. 1481, ortus, a Leone X. Kal. Julii an. 1517. Cardinalis factus est. Obiit Romæ v. Nonas Augusti an. 1537. V. Ciacc. tom. 3.

(*b*) Marium scilicet Maffeum Volaterranum, cujus nomini libros de laudibus Philosophiæ dedicavit.

(*c*) Ubertum fortasse Gambarum Brixiensem intellige, qui post obitus Leonis X. Clementis VII. & Pauli III. temporibus difficillimis multas magnasque legationes, ab ipso Paulo III. in amplissimum Cardinalium ordinem est cooptatus. Obiit Romæ an. 1546. xvi. Kal. Martii. V. Ciacc. tom. 3. col. 666.

quapropter item meis verbis ages illi de hac ejus voluntate erga me gratias. Petrum Lambertum meum, optimum sanctissimumque virum, eundemque omni virtute atque humanitate præditum, sic non amo solum, verum etiam colo ac veneror, ut nullius hominis amplitudini & dignitati plus tribuam, quam ejus unius integritati ac virtuti. Qui quod me, teque diligit, suamque omnibus in rebus ostendit adversus nos benevolentiam, tam grate accipio, ut nihil supra. Sed quando tot ejus erga nos meritis referetur a nobis gratia? utinam veniret mihi in mentem, qua re possem me illi exhibere, agereque aliquid, quod tali viro accideret optatum, testimonium meæ ardentis erga illum voluntatis. Sed, si omnia ad gratiam ostendendam nobis reliqua sunt clausa, testimonium certe tantæ virtutis ac benignitatis pro virili nostra in posteritatem propagabimus: est enim mihi ille semper in intimis medullis infixus. Tu ei a me millies salutem, vel centies millies potius: nemo est cui me magis charum & commendatum esse cupiam. Quod autem ille tibi suadet, ut munus consecrationis, vel facultatem potius ejus muneris accipias, idem ego & probo, & te hortor. Moroni Episcopi Mutinensis nostri (*a*) virtute & dignitate plurimum lætor, teque iniisse cum eo amicitiam valde laudo. Calvum habeo in memoria, fuit enim semper mei amicissimus, ipse certe (quod nosse de illo potui) ingenio animoque erectior, quam

vide-

(a) De Joan. Morono Card. infra redibit sermo in Sadoleti literis ad eum datis 1x.Cal.Julii an.1544.

videretur illius fortuna pollulare, quem salutes velim a me, eique dicas, gratum illum mihi facere, quod memoriam mei non intermittit, petereque ab eo me, ut hoc assidue faciat. Capisuccum meum (*a*), talem tibi benevolentiam ostendere, tantumque impartire amoris, quantum scribis, incredibile est, quau topere gaudeam, & certe nihil fieri potest illius virtute praestantius, humanitate lenius, familiaritate dulcius. Et tamen haec in eo antea etiam cognoram: nunc vero, quod tantam fidem praestet amicitiae, quod ita memor sit eorum a quibus ipse mirifice diligitur, quanquam longe absentium, hoc prope singulare est & summum in hac aetate optimi viri judicium: cui ego toto corde & animo penitus sum addictus. Illud doleo, quod cum ipse facultatem amplam habeat crebro nobis amorem suum ostendendi, nos nihil simile adversus eum agere possimus. Sed aliquando poterimus, aut ipse eadem virtute, animique ingenuitate, qua nos officiis omnibus prosequitur, nostram voluntatem erga se pro relata gratia accipiet. Quod ejus omnibus in rebus ope & consilio uteris, facis rectissime, idque ut semper facias tibi potissimum man-

---

(*a*) Laudat heic fortasse Paulum Capisuccum Episcopum Neocastriensem, ac Sacrae Rotae Decanum, qui Summorum Pontificum Clementis VII. & Pauli III. Vicarii, ac Signaturae Gratiae Praefecti, mox Umbriae ac Piceni Prolegati muneribus functus est. Nam ut Joan. Antonium ejus nepotem subsequentibus temporibus a Paulo IV. Cardinalem renunciatum, intelligat, verosimile non est, qui dum haec scribit Sadoletus ea erat aetate, ut omnia quae heic habentur illi convenire non possint.

mando. Ad Gonzagam (*a*) ampliſſimum virum ſuades ut ſcribam. Enimvero quid? præſertim cum aſcribas occupatiſſimum illum eſſe. Videtur tibine rectum, ut obtundamus eum inanibus epiſtolis? At delectatur ſtylo & genere meo dicendi. Primum, non video cur delectari debeat, quid enim eſt in meis ſcriptis egregium, quodque non imprimis humile & ſerpens humi ſit? Deinde, ſi maxime delectetur, juvenile eſt ſummos viros literis laceſſere, quæ nil afferant aliud, præter animi delectationem. Imo vero habeat ille hoc pignus noſtræ ſummæ erga eum obſervantiæ, maximique quo illum proſequimur honoris, quod vacuas rebus & negotiis literas ad eum dare erubeſcimus. Qui quod ſcribis omnia ſumma officia Accolto noſtro (*b*) in illius graviſſimis incommodis præſtitiſſe, lator virtute & laude ampliſſimi ac nobiliſſimi hominis, multumque ego quoque hoc nomine illi debere me intelligo. Gratum & id mihi, quod de Ubaldino nuncias, eſſe eum cum Accolto in amore & gratia, hominemque ſeſe in illius adverſis rebus præſtitiſſe. Laudo virtutem, officiumque diligo. Sed de eo ipſo eſt quod expoſtulem. Tandiune, cum in Urbe aſſiduus fuerit, nihil ad me literarum, ac ne per alios ſalutem quidem? at tu illi a me plurimum. Cui indicabis, etiam ſi ipſe me minus diligat, ſumme tamen eum a me &

amari

(a) Vide quæ de Hercule Gonzaga diximus Par.I. in notis ad Ep. LXVII. pag. 180.
(b) De Accolto vide notas in Epiſt. XCV. pag. 281. & 282. Par.I.

amari & semper amatum iri. Hortos nostros Quirinales scripsi ut redimeres, nunc si tibi videtur, commodius sinere eos uti sunt, ea ratione, ne si ab uso avellantur, in aliquem potentiorem incidant, a quo non tam facile postea possint avelli: facies quod judicaris rectum, totum enim hoc negotium tibi permitto. Latinum Juvenalem amo majorem in modum, meque ab eo amari opto: tu me illi & mea omnia, & res provinciæ hujus commendabis. Æmilius quod a me petit, neque facile id factu est, & certè alienissimum nostræ integritatis. Nos officia amicitiæ illi præstitimus, quoad licitum fuit: sinat nos nunc officii nostri habere rationem. Nam ut nos citationibus urgendis, & adversarii persona suscipienda, lites prosequamur, neque honestum, neque decorum nobis est, longeque remotum a more & professione nostra. Libellum hic retinebimus, quoad ipse inveniat qui rem exequendam curet, quem ex provincia ipsa esse oportet, & tamen magnus numerus eorum hominum solet in Urbe esse, ut futura sit ei alicujus copia, qui id agat sedulo & diligenter: quandoquidem ad talia genus illud hominum est aptissimum. Si qua re honesta Æmilius meam benevolentiam erga se expectet, experietur semper me amantissimum sui. Ain' tu Romæ esse Hieronymum Aleandrum (a)? quem ego abesse longe putabam, audieram autem esse eum Venetiis: gaudeo mediusfidius, datam tibi facultatem,
homi-

(a) Vide quæ de Aleandro diximus in notis ad Epistolas Pontificias Ep.CXVII. pag.197. & ad Sadoleti vitam p.LX.

hominis omnium doctissimi & noscendi, & visendi; quem quod scribis mei esse peramantem, moriar ni eo nuntio mirabilirer sum delectatus. Hic de illis Paule est, quos ego imprimis mirari soleo. Incredibile prope est, quæ sit hominis scientia, memoria, cognitio rerum plurimarum, de quo sæpe equidem tecum locutus sum. Sed cum nactus occasionem es, complectere hominem omnibus officiis, & te illi insinua: abibis enim semper ab illius latere & colloquio doctior: quem salutari a te meis verbis studiosissimè volo. Tantum utrumque nostrum ab amplissimo viro Contareno amari, quantum tu scribis, summæ mihi voluptati est: utinam ille modo habeat justas causas id agendi. Ipse quidem illi omni observantia jure optimo sum addictus: cujus legi adnotationes, & tamen est quiddam, in quo leviter dissentimus; in quo tamen meis rationibus allatis illius sententiæ potissimum staturus sum. Sed oporteret nos colloqui, quod aut faciemus coacto concilio, si modo unquam cogetur: nam ego quoque Christiano illi negotio pro mea parte non deero: aut si facultas ea non dabitur, & desperaro posse nos congredi, per literas accuratius & sciscitabor sententiam ejus, & explicabo meam, quamobrem tota ista res in id tempus differatur. Mendum illud in libro meo, quod ipse quoque corrigi debere dicat, probetque in eo opinionem meam, quæ tamen eadem semper fuit, neque quo pacto in verbis illis fuerit immutata scio, nec miror, & tanto magis dari a te operam volo, ut in omnibus libris, quotquot fieri poterit, error ille tollatur. Ad postremas venio literas: Salviatum

tum (*a*), Campegium (*b*), & Symonetam (*c*), quantum colam, tu optimus testis es, qua autem illi in rebus nostris benevolentia utantur, cognovi ego ex tuis literis. Agito igitur illis maximas a me gratias, omnemque meam observantiam, officium, amorem, eisdem deferto, quod commodissime facies, cum commeatum petes, ad nos revertendi gratia. Hortensium lætor bonis ingeniis probari. Octavio Pantagatho optimo atque eruditissimo viro, cujus officium gratissimum habui, meam item gratam esse & memoriam ejus officii, & erga ipsum voluntatem gaudeo. A Steuco accepi literas humanissime scriptas, quæ me majorem in modum delectarunt. Quod ad Fregosium scripsisti, laudo. De pensione illa tua petere a rege ut eam auctoritate sua comprobet, indignum est. Nostra erga illum officia ejusmodi sunt, ut si fortunam sequeremur, majora ab illo expectare deberemus. Nunc cum e fortuna non pendeamus, infringere in re parva magnitudinem animi nostri, ne cadere quidem in cogitationem nostram debet. Si pensio per Pontificem potest roborari, honesta est actio, & petere non indecorum. Si ad Regem confugiendum est, non est tanti pensio, cur hanc demissionem animi alienam a moribus & natura nostra subeamus. Nihil est

---

(*a*) De Salviato, consule notas in Epist. LXXVIII. pag. 217. Par. I.

(*b*) Vide quæ de Laurentio Campegio habentur Par. II. in notis ad Epist. CLXXXII. pag. 131.

(*c*) De Jacobo Simoneta, vide notas in Epist. e. pag. 291. Par. II.

est quod te pigeat reddidisse primò Farnesio literas, & ejus opem & gratiam implorasse; non enim dubito, quin negotium susceperus ex animo, idque quod volumus a Pontifice impetraturus sit. Quod si etiam fiat serius, semper tamen futurum est his populis gratum. Non te oblitum arbitror, quod tibi discedenti de Alfonso fratre in mandatis dederim. Id tamen, quoniam (ut debet) magnæ mihi curæ est, repetendum his literis duxi, ut instes contendasque apud Pontificem Maximum, quo magistratus ei aliquis illius virtute dignus mandetur, in quo possit & doctrinam suam, & integritatem exercere. Non enim diffido optimum Principem, pro sua clementia & erga nos voluntate, habiturum rationem rogationis nostræ, nobisque ea præbiturum, quæ communia fere sunt, cum nos, qui nihil magnum neque insigne quærimus, ac ne optamus quidem, neque ob eas res aures Principis nostri obtundimus, hoc simus, qui parva & vulgaria impetremus digniores. Ages igitur cum illo nostris verbis, & diligenter, & audacter, ut habere velit fratris mei rationem, & docti & prudentis viri, cujus jam probitas, justitia, & integritas, in aliis magistratibus, quos alias perhonorificos gessit, magna cum ipsius laude spectata est. Causas celerioris reditus tui, vel quod justæ sunt, vel quia ego rei ipsi faveo, habeo sane quam probatas. Tantum te moneo iterum atque iterum, ut cautissime iter facias. Julium puerum hoc tempore viæ committi non placet, primo vere curabitur, ut tuto & commode veniat: quod etiam ejus deducendi onus Nicolaus Capellus sibi ait impositum a mulierilicribus fuisse, qui cum illhuc cupiat redire, comitum penuria etiam nunc detinetur. Literas meas ad Pontificem Maximum, quas poscebas, cum hæc scribebam ad te, perlatas esse arbitrabar, teque illis jam usum eo quo utendum putasses. Accoltum doleo excedere ex ea urbe, in qua ego maxime eum morari vellem: ut enim nobis est amicissimus, sic pluribus rebus navare nobis posset benevolentiam suam. Sed ferenda humana. Quas quidem ad eum scripsi literas, non minore motu animi a me scriptæ sunt, quam ab illo fuerint lectæ. Claudium opto mecum esse, tametsi ego in scribendo & lucubrando factus sum segnior, itaque scito, nihil a me hac hyeme compositum fuisse, quod momenti alicujus sit. De gloria inchoaveram, sed cito intertermisi, habeo tamen in animo opus illud persequi, in quo Salviato, cui tantum debemus, referatur aliqua ex parte a me gratia, quod etiam per te illi volo exponi, & declarari. Tu semper de Blosii Palladii nostri humanitate, comitate, benevolentia erga nos aliquid ad me scribis, tibi autem quid ego rescribam? nisi illud, quod solenne & fixum est, eum a me scilicet incredibiliter amari. Quod cum summe faciam, non tamen tantum mihi videor posse facere, quantum illius erga nos officia postulant. Vellem scripsisses ad me, ecquid habeat gratum, quod ego illum in meo Hortensio intexui: & certe habere debet: non tam quod magnum aliquid propterea sit assecutus, quam quod ego illi in conspectu propemodum pono universam imaginem illorum temporum, in quibus nostræ utriusque juventæ desideria illa ardentia

tia ferbuerunt, quorum eſt recordatio utrique noſtrum jucunda. Eum tu meo nomine amplectere, & ſalutem illi plurimam dices. Florentium magiſtrum hujus juventutis quotidie magis probo, niſi quod videtur mihi factus taciturnior, & ſolitudinis amantior, in quo mihi eſt admonendus, (quod facere cogito) ut caveat, ne hoc ſit μελαγχολικὸς vitium, non animi judicium, o utque modo ad hilaritatem eſt provocandus. Ei ſtipendium publice conſtitutum eſt ſatis amplum. Cujus tertia pars illi a nobis ſolvetur, quemadmodum cum tu etiam adeſſes, eramus civibus polliciti. Frater tuus mihi admodum ſatisfacit, ſeque exhibet & facilem & cupidum obtemperandi mihi, & certe (ut ætas illa eſt) nihil, aut admodum raro delinquit. Spero de eo optime. Sacratus in ſuis ſtudiis eſt aſſiduus: cæteri familiares bene habent. Nos hic in ſuaviſſimo otio vivimus, copia rerum abundamus (præterquam pecuniæ) pene omnium. Multum mihi tuæ ad Bembum placuerunt literæ: ut, ſi homo es, magno animo dedere te debeas ad hoc latine ſcribendarum epiſtolarum genus. Ad poſtremas tuas literas nihil eſt quod reſcribam amplius. Satis enim ad omnia arbitror eſſe reſponſum. Tantum Jaccobaccio humaniſſimo viro ut gratias agas meis verbis mando, atque ut eidem omnia noſtra commendes, meque confirmes memorem ſemper & ipſius officiorum erga nos, & patruorum ejus futurum: quos ego vehementer amavi dum viverent, neque deſiſto diligere etiam mortuos. Adſcribam hoc quoque, niſi ex

tuis literis fecero conjecturam, diutius te
ifthic, quam nunc facturum te oftendis, com-
moraturum effe, nullas amplius literas me
ad te fcripturum, fed tempus & curam omnem pofiturum in facrarum literarum ftudiis, quæ narrare tibi nequeo quantopere me
delectent. Tu ut eo animo ad nos venias,
tanquam te in eadem ftudia totum immerfu-
rus fis, omnino facito. Vale etiam atque
etiam. Durando cubiculario fummi Pontificis multum intelligo me debere: fuis enim
in te officiis egregie promeruit, ut ego quoque illi devinctus effem: quamobrem ages
meis etiam verbis ei gratias, meque totum
fuum ut exiftimet, admonebis. Iterum vale.
V. Cal. Januarii, M. D. XXXV. Carpent.

EPISTOLA CCXXX.

JAC. SADOLETUS EPISC. CARPENTORACTEN.

Gasp. Contareno S. R. E. Cardinali (a)
S. P. D.   *Romam*.

Quod in Patrum Purpuratorum Senatum relatus fuerit, gratulatur, ejusque opus de Republica Venetorum laudat.

SI verbis multis, & illustribus tibi de recenti honore gratulari vellem, verendum mihi arbitrarer, ne in ea oratione nimium insistens, & fortunæ munera aliquanto plus extollerem, quam fortassis æquum sit, & pristinæ tuæ amplissimæ dignitatis, quæ ex virtute maxime pendenda est; viderer esse oblitus, dum gratulationem meam ad fortunam potius, quam ad eam ipsam virtutem adjungerem. Cum vero tu is vir sis, ea virtute, ea doctrina, prudentia, integritateque præditus, ut omni honore longe judicere superior: gratuler equidem tibi, quod habiturus sis locum tui & ingenii & animi in Christianæ Reipublicæ utilitate & commodis uberius explicandi. Et eo magis gratulor, quod raro adhuc exemplo ad obeundum summum & gerendum honorem, nihil hujusmodi cogitans,

---

(a) Vide quæ de Contareno habentur in notis ad Epist. ccxix. pag. 289. Ejus opera recenset Papadopolus in Hist. gymnas. Patav. tom. 2. lib. 1. cap. xiv. n. lxxxiv. pag. 48. Obiit Bononiæ Legatus Pontificius an. Domini 1542. ætatis 59.

gitans, alieno tantummodo Judicio fueris vocatus. In quo sane testimonium amplum est tuis præstantissimis virtutibus redditum. De ipso autem honore si gratulandum sit, honori mediusfidius magis gratulabor, quam tibi, qui quamvis splendeat, illustrisque admodum sit; tua tamen dignitate ipse effectus est ornatior. Sed ut quod sentio plane expromam; ego omni tua amplitudine & dignitate, Contarene optime, ita gaudeo & triumpho, ut nihil mihi sit optatius, quam te videre auctoritate & gratia prorsus florentissimum. Qui enim possum non incredibiliter lætari honore ejus, quem ex ipsius scriptis doctissimum, prudentissimum: ex eis officiis, quæ in me ipsum ab illo collata sunt, quotidieque conferuntur, humanissimum, liberalissimum, meique imprimis amantissimum esse cognosco? Non essem dignus eis literis, in quibus versor, non hac vita, non hoc spiritu, denique homo non essem, si aut præclarissimas tuas virtutes non agnoscerem, aut quemquam omnium pluris facerem quam te, & nisi te omni amore, studio, observantiaque complecterer. Ego cum tuam Rempublicam a Superantio accepi, cognovi tum primum quanti tu me faceres. Quare ex eo tempore mea benevolentia, quæ propter tuas eximias virtutes suscepta mihi in te erat, fieri cœpit ardentior. Nunc vero cum ex Pauli mei literis intelligam, quanta tu illum humanitate excipias, quam benevole tractes, quam multa signa des summi tui cujusdam erga nos amoris, quem in suscipienda rerum & negotiorum meorum cura magis etiam declaras; quas me tibi agere gratias, aut quibus uti verbis in meo tibi

animo penitus patefaciendo oporteat, ego plane ignoro. Tu subveni, quæso, huic hæsitationi meæ, & ea verba, quæ apta sunt ad gratiam meritam commemorandam, vicem meam excogita: quando ego tanti officii onere oppressus, minus illa despicere, & investigare possum. Quæ cum tu pro tuo summo ingenio facile & prudenter inveneris, omnibus me illis esse usum putato. Certe nihil tam ample, nec tam copiose explicare poteris, quod gratam animi mei voluntatem superet. De tua Republica quid sentiam, scripseram jam ad Paulum, ex quo judicium meum potes cognovisse. Neque id tamen faciendum tam breviter puto. Erit mihi locus ad hanc rem paratus, ut non solum tu, sed cæteri etiam intelligant, quantum tibi a me in omni genere virtutis sapientiæque tribuatur, ad quod tempus me reservo. Interea hoc affirmo, nihil me videre, quod in ea vera prudentiæ laude, quæ cum studiis doctrinæ conjuncta sit, inque eis actionibus, quæ sunt ab integro animo liberalique profectæ, quid vel in ingenio tuo, vel in virtute, vel in institutis vitæ rectius aut splendidius requiri ac desiderari possit. Sed hæc hactenus. Ego & gratulor tibi, quemadmodum ante dixi, & maximas gratias ago, teque oro, ut tuum istum susceptum erga me amorem perpetuum mihi conserves, quo nil mihi charius neque jucundius accidere omnino potest. Vale, Carpentoracti, VII. Idus Novemb. M. D. XXXV.

EPISTOLA CCXXXI.

JAC. SADOLETUS EPISC. CARPENTORACTEN.

Gasp. Contareno S.R.E. Cardinali
S. P. D. *Romam.*

Quanti ejus benevolentiam ac humanitatem faciat, ostendit, deque suis in priores D. Pauli Epistolas Commentariis, multis agit.

TUA in literis causarum commemoratio, quibus tu jampridem adductus ad me diligendum es, tantam mihi præ se ferre visa est & humanitatem simul, & erga me benevolentiam, ut nihil sit quod audeam optare prolixius. Quod eo magis gratum & optatum mihi accidit, quod tua ista eximia erga me voluntas, non amoris solum habet fructum, qui est in omni vita unus suavissimus; sed judicii quandam etiam dignitatem. Amari enim à tanto viro idem esse videtur prorsus, ac probari. Quanquam id tu quidem separatim etiam facis, ut de me commode existimare te scribas. Sed ego id ita interpretor, ut in benevolentiæ prorsus parte ponendum esse videatur. Mihi vero, qui te jam diu non diligo solum, (nam id quidem etiam mediocribus hominibus præstamus) sed propter excellentem tuam in omni genere virtutis ac literarum laudem & scientiam mirabiliter colo, atque adeo veneror: quantopere esset elaborandum, si id agere nunc vellem, ut meus animus erga te cujusmodi ille est, pateret penitus, mani-
fe-

festusque fieret? Quod quoniam & longioris temporis negotium esset, & gravioris curæ, supersedebo quidem hoc scribendi onere, meque ad commodius aliquod tempus reservabo. A te vero impræsentia petam, teque plurimum precabor, id quod & ago maxime, & maxime impetrare a te cupio, ut tu me eo incensum erga te amoris studio esse existimes, quod ego nec literis satis persequi, nec verbis commode queam exponere. Atque hactenus quod ad amorem attinet. Quod vero tuam ad humanitatem, quæ illi potest quæso oratio par inveniri? cum præsertim tu ea me omnibus partibus epistolæ tuæ ita alliges undique atque constringas, ut respirandi locus non sit. Qui te primum in nostrum ordinem adscitum esse dicis, eamque rem auxisse benevolentiam in me tuam asseveras. Quasi vero idem sit ejusdem ordinis esse, & multo superiore in loco atque honore esse positum, nisi tu cum omni mihi dignitate plurimum antecellas, humanitate parem te efficere vis. Immo ego istud gratulor & triumpho, quod tibi tuisque clarissimis virtutibus meritus honor datus est. Atque ille ita datus, ut plus tamen in te omnibus dignitatis, quam in honore ipso situm esse videatur. At ego si mediocrem hunc cum tuo si conferatur honorem (qui tamen mihi nimium magnus est) non indignissime gessero, præclare mihi a Deo factum arbitrabor. Nam quod fungar, eo uti oportet convenienfque est, ne idoneus quidem ad cogitandum sum. Sed & hoc, & omnia ad Deum a nobis referenda sunt. Paulum meum quod amas & complecteris, mirabiliter gaudeo.

Spe-

Spero enim eum, quem optavi semper & optimum & rectissimis moribus ornatum esse, tua imprimis consuetudine, summæque tuæ prudentiæ & gravitatis exemplo, futurum etiam meliorem. Quod labores non parvos mea causa susceperis, ago equidem tibi gratias. Sed (ut dixi) non magnopere audeo aggredi, quod me perficere posse diffido. In his enim omnibus tua illa apparet extatque humanitas: quæ me ita concludit, ut neque unde incipiam, neque ubi desinam, statuere satis possim. Quæ quidem in eo maxime clarissimeque se ostendit, teque mihi præbet noscendum penitus & conspiciendum, quod tu tam ingenue, tam aperte, tam familiariter quæ in meis scriptis desiderares exposuisti. Ex quo quidem ego vel maximum tui amoris erga me argumentum capio. Facit autem tua præstans doctrina atque autoritas, ut maximam mihi curam suscipiendam putem, quo tibi animi mei sensum penitus aperiam. Ego enim cum Epistolam illam Pauli mihi exponendam sumpsissem, ac in commentariis multorum interpretum diu essem volutatus; non mihi videbar assequi id quod cupiebam, ut in Apostoli sensum penitus introirem. Sed cum ingenium, & doctrinam, & pietatem illorum magnopere approbarem: erat tamen nescio quid in Paulo occultius atque abstrusius, quo illi vix dum mihi penetrasse vid bantur. Itaque alium studendi & investigandi modum secutus, in Paulo ipso legendo, atque omnibus modis pensitando atque explorando, quam maxime me, & quam diutissime exercui: laboreque tamdiu & diligentia contendi, quoad ad ejus intimum

sen-

sensum pervenire mihi visus sum. Vere, an falso, nihil nunc ad rem: non enim aliud, quam quod visum est, loquor. Sed cum arcanas quasdam illius sententias, plurimum ad pietatem & cognitionem Christiani mysterii facientes, adeptum esse me arbitrarer: non putavi charitatis Christianæ esse, qualecunque id lumen esset, diutius illud inclusum continere. Itaque commentarios illos scribere sum aggressus: in quibus quod maxime obscurum mihi, & antea fide quidem acceptum & creditum, ratione autem ignoratum esse videbatur, mortis & crucis Christi mysterium totum aperire atque illustrare sum conatus: causasque & rationes exponere, quamobrem salus nostra necessario requisivisset in mundum venire Christum: atque uti mortuus est, ita eum mori: quoquo modo non exemplum solum in eo sic a nobis agendæ vitæ, sed etiam mysterium nostræ & vitæ & salutis existeret. Atque hoc feci Pauli sententias constantes sibi semper in hoc argumento (ut mihi quidem videtur) & verba ipsa persecutus. Quod autem parcior fui in præveniente Dei gratia explicanda, quam par esset: agnosco eum errorem, cum tibi ita videatur. Sed tamen & Græcorum, & Latinorum veterum exponendi morem secutus, a proposito Pauli argumento non discessi. Scis enim ipse, quam rara de hac re mentio ac distinctio a Chrysostomo in hac Epistola quidem habeatur: quam non multa a Theophylacto, & ab Eutymio, cui ego sententias Basilii, Chrysostomique referenti, in Epistolis Pauli enodandis tribuo permultum. Ambrosius quoque non admodum sæpe ad il-

Iam

Jam divertitur. Credo, quod satis illis videbatur, ad Dei gratiam omnia universe referre, quod in eorum scriptis creberrime invenitur: præsertim cum certamen nullum propositum haberent, quod eos cogeret rem tam tenuiter distinguere: quod fuit Augustino necesse, bellum sanctum & salutare adversus Pelagium gerenti (*a*). Veruntamen ego, quibus in locis Paulus ansam mihi dedit, ita sum de Spiritu sancto locutus, ut & principia & fines Christianarum virtutum illi omnium attribuerim. Sicut illis verbis facio, quà Paulus dixit, quod charitas Dei diffusa est in cordibus nostris per spiritum sanctum, qui datus est nobis. Quo in loco (quem te relegere & ponderare vehementer cupio) non solum à Spiritu sancto hæc omnia in nobis fieri, sed quemadmodum etiam fiant, atque ut Spiritum illum vere sanctum in nobis habeamus, ponere ante oculos omnibus conatus sum. Quam quidem evidentissimis rationibus (ut puto) pene demonstrationem factam plerique interpretum cum ad eum locum venirent, collaudantes tantummodo (idque jure & merito) benignitatem summi Dei, veluti scopulum quemdam refugiebant. Habes Chrysostomum, Theophylactum, Ambrosium, quos legere potes. Sed & illo in loco, quod Spi-

---

(*a*) Universam S. Augustini de gratia Dei liberoque arbitrio doctrinam utpote a tot Summis Pontificibus comprobatam, & ab Ecclesia receptam unicuique homini Catholico esse amplectendam, vidimus superius in notis ad Epistolam CLXXXVI. pag. 132. & seqq.

Spiritum adoptationis habemus, in quo clamamus Abba pater: de hac Spiritus sancti item & vi in nobis, & gratia, loqui non prætermisi. Non sum equidem iisdem verbis usus, ut prævenientem subsequentemque gratiam appellarem. Sed sensus tamen (ut opinor) idem est. De naturæ autem nostræ imbecillitate, quæ in peccatum & mortem ab Adam inducta est, plura in eo loco verba facio, quo Paulus eandem rem de Adam & de peccati ab eo in omne humanum genus traductione loquitur. Et tamen illud tibi assentior, potuisse me opportune aliquid in locis de hoc ipso morbo naturæ nostræ, & de reparatione nostri abitrii a Spiritu sancto facta disputare. Sed si id prætermissum est, alio loco Deo juvante (ut tu prudentissime consulis) reponetur: vel potius jam ut reponam, cogito. Scripsit enim ad me Lugduno Gryphius, se librum meum iterum impressurum esse. Faciam igitur interpositionem aliquam, per quam hæc res tota breviter illa quidem, sed tamen apte, & quod satis sit, declaretur. Quod si forte liber Venetiis esset imprimendus, de quo scripsit ad me Paulus nescio quid, cuperem magnopere: idque te etiam atque etiam rogatum vellem, dares omnem operam, ut ne ante hanc secundam Lugdunensem impressionem id fieret: quo exiret in manus hominum liber correctior & purior. Hanc rem tibi ita commendo, ut veriore animi studio commendare eam non possim. Nam & hoc plus erit in Lugdunensi libro, & nonnulla quoque alia, quæ (ut fit) a me vel mutata vel interposita sunt. De initiis bonarum voluntatum, & de ejufmodi genere toto, fecutus equidem fum Græcos autores libentius, præfertim cum Auguſtinus non fatis fe explicare mihi videatur. Verum & Latini veteres eandem quam Græci fententiam tenuerunt. Nec putavi hoc fraudi religioni noſtræ fore, fi aliquid in noſtra voluntate nobis reliquerim. Neque item nunc puto, tantis & tam magnis autoribus munitus, dum illud modo ne fentiam, a quo animus abhorret, aliquid nos operibus noſtris promereri, quod a divina gratia profectum non fit. Et hactenus quidem Catholica Ecclefia nobis præfcripfit, quantum ego fcire poſſum, ne meritum ullum ex nobis tanquam ex nobis conſtituimus. De cætero Pelagianum eſſe non puto, fi in initiis aliquid retineamus, quod fit noſtrum (*a*). Sed tamen quoniam in his non humanam laudem quærimus, fed noſtram & aliorum falutem, cedendum femper eſt majorum autoritati: idque ratum habendum, quod doctiſſimus vir dixerit, hoc eſt, Gafpar Contarenus. Nam reliqua quidem objecta hominis illius, facillimam habent refponfionem. Non enim me attingunt: neque

---

(*a*) Equidem Sadoleto homini in rebus Theologicis non multum verfato, aliqua in fuis illis Commentariis de gratia Dei quum ageret, excidiſſe, quæ a Pelagianorum erroribus parum abeſſe videntur, conſtans eruditorum opinio eſt, teſte Henrico Norifio Cardinale, in celeberrima fua Hiſt. Peleg. ut non immerito a Contareno aliiſque viris illis temporibus præſtantiſſimis fuerit reprehenfus. Qui quidem Contarenus, quantum in re Theologica præſtiterit, cum eius opera, tum præfertim ea quæ de libero hominis arbitrio fapientiſſime fcripfit, abunde teſtantur.

que ego in meo libro aliud dico, quam quod ipse differit esse dicendum. Unum grave erratum nuper commentarios meos relegens ipse deprehendi, quod nescio quo pacto mihi exciderit: est enim prorsus a mea mente alienum. De quo & Lugdunum statim dedi literas ut corrigeretur, & ad Paulum scribo, tecum ut communicet, quando tu tanta benignitate, tantoque studio eam de me curam suscipis, ut si frater tuus essem, majorem suscipere non posses. Cui tuæ humanissimæ & naturæ & voluntati, utinam aliquando referam gratiam. Conabor quidem certe: nec tu me unquam ingratum aut immemorem judicabis. Vale amplissime Contarene, nosque semper dilige tui observantissimos. VI. Calend. Decembris, M. D. XXXV. Carpentoracti.

JACOBI SADOLETI

EPISTOLA CCXXXII.

JAC. SADOLETUS EPISC. CARPENTORACT.

Alexandro Farnesio S. R. E. Cardinali (a)
S. P. D. *Romam.*

De ejus honore, amplissimaque dignitate gaudet, hominemque ad summa quæque hortatur.

QUO tempore primum de tuo honore amplissimaque dignitate nuntius ex Urbe ad nos huc pervenit, etsi statim cogitans existimare cœpi, te, quanquam ætate adhuc

---

(a) Alexander Farnesius ex nobilissima Farnesiorum familia quæ principem inter Romanas locum obtinet, ex Petro Aloysio Parmæ ac Placentiæ Duce, & Hieronyma Ursina pari generis claritate fœmina an. 1520. die 7. Octobris natus, omnibusque optimis disciplinis & moribus ab ineunte ætate egregie ac liberaliter institutus, an. 1534. die vt11. Decembris a proavo suo Paulo III. Pont. Max. Cardinalis est renunciatus. Tanta dignitate auctus optimus adolescens, magnam quam de se excitaverat expectationem subsequentibus temporibus non modo sustinuit, sed etiam longe cumulateque superavit. Quod multæ ab eo res præclare gestæ testantur, quas descriptas in Ciacconii opere invenies tom. 3. col. 558. & seqq. Eas enim heic referre instituti nostri ratio non patitur. Ceterum magnopere literas Farnesium coluisse, literatosque viros magni fecisse, patet ex his quæ Hieronymus Fracastorius, Franciscus Marius Molsa, Laurentius

adhuc esses adolescens, indole tamen virtutis, commendatione ingenii dignum habitum esse, cui tantus honos jure committeretur: tamen quominus festinarem dare ad te literas, tuæque & præsenti, & speratæ amplitudini gratulari, illa res effecit, quod neque naturæ meæ, nec instituti unquam fuit, ita accurrere ad laudem & ad gratulationem, ut fortunam magis, quam judicium secutus viderer. Itaque etsi te probe noveram, quo ex genere ortus, & in qua familia educatus esses, splendoremque & nobilitatem majorum tuorum, in tuis jam nunc moribus & in tua indole ac natura lucere intelligebam: tum autem sæpe videram quo studio, quantaque cura ac diligentia optimus & maximus nunc Pontifex, tunc etiam & semper hoc principatu dignissimus, erga omnes suos optimis & studiis & moribus imbuendos uti solitus esset: ut te illius sanguine creatum, præceptisque eruditum, in eum virum quem speraremus, evasurum possemus jam confidere: tamen ne sic quidem properandum mihi duxi: sed expectare volui, quoad certius aliquid de te ipso ad nos perferretur. Postquam vero plurimorum literis
ac

---

sius Gambara, Marcus Antonius Flaminius in Carminibus; Jacobus vero Sadoletus, Petrus Aretinus, Ferrantius Gonzaga, Scipio Tolomæus, Aldus Manutius, Joannes Plaverius, Julius Percyeus, Nicolaus Ardinghellus, Paulus Sadoletus, Petrus Victorius in Epistolis, aliaque præclarissima illius ævi lumina de eo scriptis testata reliquerunt. Obiit Romæ postridie Calend. Martii an. 1589. ætatis suæ LXX.

ac nuntiis, unaque & constanti voce omnium, de tuo ingenio, tuaque modestia, deque optimis & liberalissimis moribus, illaque imprimis admirabili comitate vere nobilitatis socia, qua tu probos & doctos præcipue complecteris, fama ingens increbuit: egoque Avenione tuas quasdam legi literas diligenter scriptas, quibus cura & solicitudo animi tui indicabatur; ut in Ecclesia, quæ ad Deum, & ad cultum religionis pertinent, rite atque integre administrarentur omnia, quam ego virtutem omnium maximam esse judico: tunc demum existimavi maturum esse scribere aliquid ad te, & tibi de tuis amplissimis ornamentis gratulari: cum jam non ad incertam amplius spem, sed ad firmam & fundatam de te opinionem, mea & lætitia & gratulatio dirigeretur. Gratulor igitur tibi, & ex animo gratulor: quod tum honore isto quo es affectus, tum etiam spe quam de te eximiam summæ virtutis præbes, magnum in te præsidium simul & ornamentum, cum ætas nostra habitura esse videatur, tum Christiana universa Respublica. Non enim tibi a tantis initiis, talibusque profecto, exiguum quicquam aut mediocre sperandum est: neque opes atque imperia eo pertinent, ut angustis finibus vel actionum vel temporum, magnorum virorum animus includatur. Sed tibi de te ipso sic meditandum jam & constituendum est, ut ita te instituas atque appares, quo tua præstans virtus ac nobilitas, & publice omnibus, & privatim possit esse emolumento. Hæc enim vera dignitas est, veraque amplitudo, sic se exhibere cæteris, ingeniique, & autoritatis opes ita expositas omnium

tem-

temporibus habere, ut ad alios tuorum laborum fructus, ad te ipsum lætitia animi voluptasque perveniat. Quam recte agendæ vitæ rationem qui secuti non sunt, ii non tam honore ipso, quam vanis insignibus honoris habiti sunt ornati: sæpeque eos exitus habent, quos grave mihi est commemorare: tibi autem videre & intelligere in promptu est. Nihil enim stabile est in fortuna, neque perpetuum, quod prudentiæ, & æquitatis, imprimisque humanitatis & modestiæ quasi vinculis quibusdam constrictum non sit: & cui præpotens Deus fautor non accedat. Quo ab uno omnium bonorum & copia, & perpetuitas nobis est petenda. Atque hæc scire, agere, atque suscipere, videreque quibus consiliis quam optime & quam rectissime vita dirigatur, non minimum quidem ab ætate atque a natura, sed plurimum ex literis philosophiaque acquiritur. Est enim ea sola ars recte vivendi. Quæ e fontibus vivis, non ex rivis haurienda est, non ad instituendum duntaxat animum, sed ad ornandam quoque orationem adhibenda. Sed quid ago? ut quomodo a suscepto gratulandi officio, ad quandam præcipiendi rationem delabi me sum passus? qua tu non indiges; aut si ea tibi quoquo modo opportuna est, habes domesticum exemplum præstantissimæ virtutis, unde formare te, & fingere ad omnem excellentiam queas. Tuus enim Maximus est Pontifex, tuus iste honos, & domus tuæ gloria: ex qua qui virtute & sapientia primarius semper fuit, idem impræsentia orbis terrarum est princeps. Sed ignosces ætati meæ, eique amori quo in te mirifico

co sum incensus. Is enim me non sine ulla solicitudine esse sinit: nec de virtute tua quidem dubitantem, sed incredibilem de te hominum expectationem pertimescentem. Fecitque ut te admonerem, cum tu in hoc veluti theatrum publicæ de te lætitiæ & celebritatis ingressus sis, tantis divinis muneribus ornatus, quanta vix optari debere videantur; & cum tibi natura excellens ingenium; fortuna insignem potentiam, majorum virtus summam nobilitatem, domestica institutio morem honestum, consuetudinem splendidam, rudimenta artium ingenuarum perliberalia tribuerit: ut intuerere & cogitares, quid expectari putes a te, quid tu reddere majoribus tuis, quid omnium spei de te præstare debeas. In quo tamen confido, Dei primum immortalis ope & beneficio, tua deinde virtute cum annis una adolescente, eis te instruentibus literis, quarum tu optima & præclarissima studia tibi delegisti, cunctorum te opinioni & votis plane satisfacturum. Quod ut ita eveniat, tibique iste honos sempiternæ & laudi & felicitati sit, Deum eundem supplex omnibus precibus rogo atque oro. Vale, VI. Calend. Decembris M. D. XXXV. Carpentoracti (a).

(a) His literis respondet Cardinalis Farnesius Epistola censay. pag. 361.

EPISTOLA CCXXXIII.

JOAN. PETRUS CRASSUS EPISC. VITERBII (a)

Jac. Sadoleto Epifc. Carpent.
S. P. D. *Carpent.*

Ejus ad Alexandrum Farnefium Cardinalem scriptas literas, optimique adolefcentis ingenium magnopere laudat.

UT primum literas tuas ad Farnefium noftrum fcriptas legi, tali me ipfum beneficio tuo affectum putavi, ut gratias tibi omnino agendas duxerim. In hac enim provincia, quæ Pontificis voluntate humeris meis impofita, meas vires longe exuperat, res adhuc nulla plus adjumenti conatibus meis attulit. Gratulationem enim quam inftitueras, ea prudentia temperafti, ut gratulationi immixta exhortatio, fapientiffimis confiliis & nitidiffimo ac dulciffimo genere orationis; quemvis alieniffimum rapere atque inflammare ad fummum virtutis amorem potuerit. Itaque nihil habui prius, quam ut eas literas mecum affidue haberem, & ad omnem loci & temporis opportunitatem, auribus oculifque adolefcentis offerrem. Quid enim regendæ cufto-
dien-

(a) Hic Bononia nobili genere natus, ann. 1533. menfe Julio ex ceffione Nicolai Cardinalis Rodulphi familiaris fui, Viterbienfem Ecclefiam adminiftrandam fufcepit. Obiit circa an. 1544. tefte Ughellio tom. 1.

diendæque adolescentiæ magis necessarium, quam assidua virtutis commendatio? qua & illa boni honestique incognita oculis pulchritudo, menti atque animo proponatur: & eximia virtutum præmia, ingentia vitiorum damna, dedecora, exitia demonstrentur: præcipue vero pietas ac religio sic alte inseratur, ut divinum numen dictis, factis, cogitatis omnibus semper præsens esse intelligatur. Quid igitur talibus literis tuis opportunius? Ego quidem non magis tibi ob illas jam scriptas arbitror agendas esse a me gratias, quam te jam etiam enixe rogandum, ut si talis es, qualis ostendisti, erga maximæ spei adolescentem, erga Pontificem ipsum animo: si Christi ecclesiam, cujus vel præcipuo in præsidii loco hic adolescens positus est, ita diligis, ut tua spectata virtus omnibus persuadet: ut subinde aliquid ejusmodi vel breviter scriptum mittere perseveres. Etsi enim elegantissimo superioribus annis opusculo edito mirifice studiorum & vitæ rationem formasti, multaque ac præclara in eo non modo ad docendos, verum etiam ad impellendos animos posuisti; magis tamen apud unumquemque valent, quæ privatim ipsi, quam quæ publice omnibus traduntur. Optima quidem adolescentis natura, & diligens adhuc educatio, & jam degustata studia, præcipue vero Pontificia voluntas & cura, spem nobis vel optimam afferunt. Sed item magno ut in metu simus, lubrica ætas, corrupti publice mores, & magna hæc ipsa fortuna facit: quæ præter cætera hoc quoque habet incommodi, quod ad optimam fortunam pessimus quisque avidissime convolat. Has nos quidem infaustas aves, undique
quan-

quanta possumus vigilantia excludimus. Sed ne frustra id a nobis & parum diu fiat, multo magis animi ipsius, quam ædium aditus observandi sunt. Nec enim aut diu arceri, nisi displiceant, aut displicere vitiosi possunt, si vitia placeant. In hanc curæ ac solicitudinis partem bonos omnes libentissime advocarim. Quoniam vero huc te potissimum vel amor tuus, vel publicæ causa utilitatis adduxit: patere obsecro te precibus meis eodem nec frustra revocari, quo tu ipse primum ultro venisti. Nemo vel ob doctrinam vel ob innocentiam, vel ob nominis famam, plus hac in re autoritatis te uno habere potest. Nec tu quicquam vel publice utilius, vel Pontifici gratius potes efficere. Ego certe quantuluscunque sum, quot similis argumenti literas tuas videro, totidem me beneficiis maximis tibi devinctum putabo. Vale. Romæ, Pridie Idus Decembris, M. D. XXXV.

ANNO M. D. XXXVI.

EPISTOLA CCXXXIV.

JAC. SADOLETUS EPISC. CARPENTORACT.

Joanni Petro Craffo Epifc. Viterbii
S. P. D. *Romæ.*

Superiori Craffi Epiftolæ refpondet.

CUM ad Alexandrum Farnefium tuum dedi eas literas, quarum tu in tuis mentionem facis, & ex quibus fumptam tibi occafionem fcribendi ad me præ te fers; equidem eo volui fungi officio, quod non tam prudentia mihi, quam meus perpetuus in illam familiam amor, & quædam mihi ingenerata voluntas omnia honefta & recta cupiendi, præfcribebat. Sed vere dicam, fubvereri mihi interdum veniebat in mentem, ne parum fapienter id negotii attigiffem, quod minime omnium mihi videretur convenire. Quis enim ego fum, qui has mihi partes affumam, docendi, & commonefaciendi florentiffimi adolefcentis, quem præfertim & domeftica exempla, & optimi domi doctores ad omne ftudium virtutis quotidie erudiant? Ego autem & longe abfim, & nulla infigni facultate ad id agendum fim præditus? Sed (ut dixi) dedi illud magis ei benevolentiæ, quæ mihi erga illum jam inde a majoribus ipfius fufcepta eft: quam ut evigilato confilio, aut illi prudentiæ: fatifque me honefte difceffurum putavi, fi in perfunctione amoris, temeritas tantum mea non

re-

reprehenderetur. Tu & comprobas factum, & sæpius idem ut efficiam rogas. Fateor tuam apud me autoritatem esse plurimi, ac jure id quidem. Etsi enim nulla familiari notitia conjuncti inter nos sumus; tuum tamen ingenium, ac excellens virtus, cum multorum sæpe testimonio ad me perlata est, tum in hac recente epistola, quam ad me misisti, totam se mihi penitus patefecit. Non enim video quid potuerit scribi vel elegantius, vel gravius. Movet igitur multum autoritas me tua: sed hactenus movet, ut quod adhuc a me factum est, id (quando tu ita sentis, teque & autore utor, & approbatore) jam non imprudenter, neque temere videatur factum: simque animo æquo ea de re, de qua antea nonnihil dubitabam. Quod vero decere me arbitrer sæpius ad idem reverti, ne cadere quidem in cogitationem meam potest. Sive enim me unum maxime statuo idoneum cui obtemperetur, fidesque habeatur: quid me arrogantius? Sive curationi vestræ inegro me, atque intrudo, qui jure optimo delecti ad id muneris estis: quid imprudentius dici, aut cogitari potest? Ea quo mihi in mentem venit, mirari vim & gravitatem literarum tuarum, quæ me id videntur prudentissime rogare, quod ego præstare salva prudentia non possim. Sed tamen, mi optime Crasse, quando res magna agitur publica, ut tu disertissime scribis, cujus partes vel præcipuæ commissæ huic adolescenti sunt; demus operam omnes, quoad possumus, ut bonum illius ingenium, optimamque ad virtutem indoles, in regionibus officii contineantur. Quod summus Pontifex autoritate atque exemplo, tu opera, consilio, assiduitate, egregie præter

ter ceteros efficere potes. Nulla pars est earum, quas in eo inchoatas, & tanquam pubescentes perfici optamus, quæ non in te præclare appareat, absolutaque sit: sive meram gravitatem quærimus, sive optimarum artium scientiam. Enitere ergo, & elabora, ut in uno homine ornando, atque expoliendo, maximum a te beneficium habeat cuncta Respublica. Nos quod in nobis est, studium tuum ac laborem, precibus votisque ad deum subsequemur. Nec, si occasio fuerit, in eo quoque deerimus, in quo tu operam nostram tibi advocasti. Sed omnis spes in te est: quem ego cum antea diligebam, opinione virtutis, & multorum testimonio doctorum, proborumque: nunc meo certo exploratoque judicio ita diligo vehementer, magnique facio, nihil ut mihi neque tuis literis gratius, neque instituta benevolentia optatius accidere potuisse videatur. Quam ut tueare & conserves, abs te ita peto, si tu me mutuum facturum esse existimas. Vale, XIII. Cal. Feruar. M. D. XXXVI.

EPI-

EPISTOLA CCXXXV.

ALEXANDER FARNESIUS CARDINALIS (a)

Jac. Sadoleto Episc. Carpentoractis
S. P. D. *Carpent.*

Sadoleti Epistolæ quæ est ordine CCXXXI.
officiose respondet.

CUM de summis ac præclaris nostræ ætatis ingeniis sermo apud nos sæpius haberetur; audieram, Sadolete, ita virtutem laudari atque extolli tuam, ut te jam inde a pueritia mea incredibili quodam modo diligerem. Postea vero quam beneficio Pontificis sanctissimi atque optimi, sacerdotium mihi Avenionense est datum, eam intellexi amoris in te mei accessionem esse factam, quam & ætas jam adultior mea, & vicinitas sacerdotiorum nobis attulisset. Cum enim ad propinquas ac prope conjunctas administrationes electi essemus, videbam (id quod maxime utrique nostrum conveniebat) fore, ut amicitia quoque & amore singulari conjungeremur. Itaque dum in hac cogitatione versarer, atque instituissem scribere jam ad te, ecce mihi afferuntur a Paulo Sadoleto juvene tui similimo meique amantissimo literæ tuæ, prudentia,

---

(a) Confule quæ diximus de Farnesio Cardinale paullo superius in notis ad Epist. CCXXXI. pag. 312.

tiæ, charitatis, humanitatifque pleniſſime. Hic me, quod idem facere meditantem antevertiſſes, officioque viciſſes, pudor quidam ſuffudit. Sed tamen literis tuis lectis, adeo gravitate ipſa, conjuncta cum ſumma facultate dicendi, ſum delectatus, & illis optimis monitionibus tuis, ut eum vitæ curſum, quem tenendum mihi antea ſtatueram, addito tuo hortatu, multo ſim alacrius perſecuturus, ac ſummum Pontificem, quemadmodum tu amiciſſime & prudentiſſime mones, ſemper mihi ad imitandum propoſitum habiturus. Quod quidem conſequi ut commodius poſſim, gratiſſimum mihi feceris, ſi ſæpe me ad eorum præceptorum memoriam revocabis. Excuſationem tuam, quod gratulatio dignitatis meæ non tam ſit a te properata, quam re probata, facile accipio: vel quia ſic debeo tibi magis, vel quia literæ tuæ nunquam mihi non jucundiſſimæ eſſe poſſunt. Itaque de eo te amo plurimum, quod feciſti; non accuſo; quod reliquiſti. Honoris autem noſtri, ſic videbor fructum eſſe ampliſſimum atque optatiſſimum conſecutus, ſi multis prodero, ſi ſæpe, ſi maxime: & ſi officii mei munera parteſque tuebor. Qua quidem in re cum omnibus in locis, tum vero iſtic, quod ab eccleſia mea Avenionenſi non longe abes, magno mihi adjumento eſſe potes. Nam & multa agi illic me abſente, quæ neceſſe non eſſet, & multa omitti neceſſaria cum putem; unum te eſſe video, qui partim monendis procuratoribus meis, partim (quod commodo tuo fiat) ſcribendo ad me, valde ipſis rebus mederi queas. Quod ut facias, pro tua humanitate, & pro mea in te benevolentia, etiam atque etiam rogo. De me vero illud tibi perfuadeas velim, nemini me unquam effe, neque ftudio in rebus tuis, neque fanctitate amicitiæ conceffurum. Vale, XV. Calend. Februarii, M. D. XXXVI. Roma.

EPISTOLA CCXXXVI.

AONIUS PALEARIUS VERULANUS (a)

Jacobo Sadoleto
S. P. D. *Carpent.*

Mittit ei libros fuos de animorum Immortalitate, ejufque opus, quod Phædrus *infcribitur, laudat.*

CUM fuperioribus annis in Hetruria effem, & mihi renunciaretur te, quicum ego tam libenter viverem, quam cum Diis im-

---

(a) Aonius Palearius Verulanus anno circiter 1503. ex Matthæo Paleario & Clara Januarilla honefto loco natus, Romæ Philofophiæ aliifque feverioribus difciplinis anno 1521. operam dedit. Ea quum biennium intermififfet ftudia, anno 1530. primum Perufiam, ubi ab Ennio Philonardo Verulanorum Antiftite habuit omnia prompta & parata, poftmodum Senas venit. Ibi quum annum integrum a Bartholomæo Carolo, ac Bernardino Boninfigni (quorum & Cincii Phrygepanis opibus fe fuftentabat) retentus fuiffet, Patavium eft profectus; ubi Benedictum Lampridium Demofthenis orationes explicantem audivit, tantumque

immortalibus, Verulis eo tempore fuisse, sic animo sum affectus, ut nullas unquam a fortuna mihi injurias putarim factas esse majores. Audiebam enim te summa dignitate, & sapientia virum, Hieronymi Civis, & amicissimi mei diversoriolum sane pusillum non contempsisse: hominum vero illorum ita sermonibus fuisse oblectatum, ut nihil fieri potuisset humanius. Quo cum ego post aliquot menses rediissem, & præclare multi de tua virtute, qua nihil est uberius, prædicarent, & acclamarent: Hiccine erat ille, quem Leo,
quem

---

que ex suo in eam urbem adventu cepit voluptatem, ut quum paullo post in patriam primum, deinde Senas remigrare coactus fuerit, Patavium statim redierit. Paucis tamen annis in ea urbe versatus est. Quum enim an. 1536. Patavio suos de animorum immortalitate libros Sadoleto misisset, anno eodem est Senas profectus: atque heic sive vicinia in locis quum habitaret, fundum emit Cecinianum, ac tum denique vinci se passus ab amicis, uxorem duxit, quum annum ætatis ageret quartum & tricesimum, an. salut. 1538. Duas habemus Senis habitas a Paleario Orationes, prima an. 1536. continuo ac Patavio Senas rediit, pro Antonio Bellante; ex cujus defensione in se civium animos concitatos ipse conqueritur in altera oratione quam an. 1543. habuit pro se ipso; quum scilicet multi de eo rumores spargerentur, qui eum descivisse a fidei Christianæ sinceritate, & cum Germanis heterodoxis hominibus consentire criminabantur; de qua oratione paullo infra, quum ejus mortis causam aperiemus, redibit sermo. Ceterum Palearius Senis dum esset, juvenibus in artium optimarum studiis privatæ erudiendis operam contulit: quod postquam septennium præstitisset, publicum docendi munus petiit; sed repulsam

quem Clemens, quem docti omnes? refricabant mihi desiderium tui: itaque fuit semper meus in te amor, & observantia quædam singularis. Quam ob rem non est, quod mirere, si cum in ea quæstione, quæ de Animorum immortalitate, essem satis implicatus, & pleraque e media philosophia mihi essent petenda; veritus ne in aliquorum voculas incurrerem, te ejus sive artis, sive studii, sive disciplinæ defensorem,& propugnatorem egregium mihi amicissime non dubitarim advocare. Nam cum multa a te præclare scripta, & per-

---

sam tulit. Post id tempus Palearius nunquam ferme Senis, sed aut in municipio Bellino, aut in Argiano Bellantis, aut in arce Areolæ confedit, donec Sadoleti ac Bembi commendatione a Lucensibus propositis præmiis invitatus, conditionem accepit ann.1546.atque in eorum urbem se contulit. Lucæ quinque annorum spatio in Græcis latinisque scriptoribus interpretandis non sine Lucensis juventutis fructu versatus est. Quum enim eloquentia suo veluti regno pulsa jaceret in situ & squalore; atque ea caligo perstrinxisset hominum mentes, ut qui pejus dicerent melius loqui putarentur, qui obscurius, litteratius quam ceteri; hæc vero pestis late grassata, cum reliquas Italiæ urbes, tum Lucensem quoque invasisset; ipse primus barbarorum claustra fregit, obsessos circumvallatosque adolescentes eduxit, ac veluti e teterrimo carcere liberavit. Solutus, elapso quinquennio, ut diximus, Palearius, muneris illius publici occupatione, an.1552. suarum Epistolarum libros IV. Orationes, librosque tres de animorum immortalitate, unico volumine in 8. Lugduni a Gryphio edendos curavit; ex quibus magnum sibi eloquentiæ eruditique viri nomen comparavit. Qua hominis fama impulsus Philippus II. Caroli V. filius,

perfecta fint, cave putes aliquid (excipio semper ea, quæ de divinis rebus a te scripta sunt) Phædro tuo pulchrius potuisse excogitari: quod ex eo colligere licet, quod plurimis sato, nescio quo, amissis monimentis, quæ laudati viri majores nobis reliquerant, nihil æque ac hi libelli, fuerit desideratum: quibus ab eloquentiæ Deo M. Tullio philosophia collaudata, & defensa esset. Neque vero me hercle, quicquam erat miseris perditisque temporibus, magna facta jactura, quod magis fortissimo patrocinio indigere videretur, quam

phi-

---

filius, Palearium anno 1555. Mediolanum ultro accersivit, ut amplo magnificoque stipendio Græcas latinasque literas publicè doceret. Quum per decennium In ea urbe moram traxisset, commissoque sibi munere strenue fungeretur, Romam venire jussus est, ut causam diceret violatæ religionis. Romam quum venisset, suissetque ejus causa acta, capitis damnatum Palearium, nemo ignorat. Quamquam autem omnes qui de eo aliquid literis mandarunt, tum in anno, tum in genere mortis aut supplicii assignando rem non usquequaque acu tetigerint, constat tamen ex monumento illo egregio, quod Romæ extat in codice, in quem morte damnatorum nomina referuntur, servaturque ad *S. Joannis Decollati*, ut vocant, qnod monumentum nuper vulgarunt cll. e Soc. Jes. viri Hieronymus Lagomarsini tom. 2. Epistolar. Pogian. pag. 188. & Petrus Laseri tom. 2. Miscellaneor. pag. 184. adjectis literis, quas proxime antequam plecteretur uxori liberisque suis Lampridio ac Phædro scripsit, constat, inquam, ex laudato monumento, Palearium ad diem III. Julii an. 1570. poenas temeratæ Christianæ fidei eo mortis genere luisse, ut reste suspensus, suspensi vero & mortui corpus crematum fuerit. Neque minus in mortis causa crimi-

ne-

philofophia, cui ornamenta omnia mifere eſſent detracta: quæque olim in illuſtri doctorum hominum conſpectu poſita, jam locum in quo conſiſteret non haberet. Quo ego uno ſi te multis de cauſis non unice diligerem, ſanctiſſime quidem colorem, & obſervarem: cujus mei in te amoris, & benevolentiæ teſtificandæ cauſa curavi hoſce ipſos libellos meos, quales quales eſſent, per Lazarum tuum doctiſſimum virum, quo utor familia-

riſſi-

***

æque illo, quod virum certe eloquentiſſimum turpiſſima morti addixit, aſſignando, aberrant ceteri ſcriptores tam Catholici, quam Heterodoxi, ac nominatim Thuanus, Bailletus, Niceronius, atque is qui Eccleſiaſticam cl. Fleury hiſtoriam deduxit, ad annum 1566. Nam quod ob parum putum Lutheraniſmum, cujus convictus idoneis fuit teſtibus; Palearius damnatus ſit, probat Laderchius ex proceſſu originali, ut ipſe ait, ac nominatim ejus errorum capita recenſet: teſtes quidem ſunt prolati hujuſmodi, ut ipſe Palearius exclamaverit: *Si DD. VV. habent tot teſtes idoneos contra me, nihil eſt quod v:bis, & mihi moleſtiam diuturniorem afferatis*. Quod ſi vel ex iis quæ edita ſunt cauſam Palearii qualis fuerit æſtimare velimus; bene habet, quod eſt nunc in manibus hominum ejus *actio in Pontifices Romanos & eorum aſſeclas*. Ad hæc ſi quis orationem illam pro ſe habitam Senis viginti & amplius ante annos, quam mortem obiret, nunc quoque legat: videbit hominem, qui virus ſive grande aliquod malum in venis atque viſceribus incluſum contineat, licet effundere foras non magnopere audeat, aureſque piorum & fortaſſe quæſitorum fidei reformidet: ita ibi noſtrorum hominum, ideſt Catholicorum literas moreſque damnat, contra vero hæreticorum impenſe laudat atque emollit. Sincere Itaque potius vereque Hallbaverus homo hæreticus, qui ejus vitam

de-

rissime ad te mittendos ; cum certo scirem nihil in his esse ea industria, quæ te magnopere delectare possit perfectum, aut elaboratum. Vale, III. Idus Februarias. Patavio.

---

descripsit, primam hanc causam damnationis Palearii affert: quod cum Germanis, scilicet cum Luthero & similis sentiret. Nec sensisse tantum, sed errores suos in vulgus spargere ac propagare conatum, ex ejus scriptis, ut vidimus, liquet. Quamquam si verum quærimus; vivens ille quidem atque incolumis ab Ecclesia Romana dissensit, damnatus vero & proxime moriturus, singulari Dei beneficio, cum ea rursus, quemadmodum a puero institutus fuerat, sentire cæpit ; ut homini supplicium illud non ad interitum sed ad salutem irrogatum fuisse videatur. Hæc de Aonio Paleario longius aliquantulum, quam instituti nostri ratio patitur, idcirco in medium proferre operæ pretium duximus, tum, ut miram temporum perturbationem in ejus vita, (quam Frider. Andr. Hallbaverus Aonii operibus Jenæ editis apud Christ. Franc. Buchium an. 1728. præmisit) deprehensam, corrigeremus, tum quia ejusdem Aonii mors sanctissimi Pontificis inclementiæ atque asperitati (ut molliori quam ipsi faciunt verbo utamur) vulgo tribuatur, præsertim quum hæc calumnia ab heterodoxis hominibus, in quibus nihil habet admirationis tale aliquid de Romanis Pontificibus inveniri, nescio quomodo in nostrorum, idest Catholicorum scripta pervaserit. Vide quæ hac de re habet vir cl. Petrus Lazeri tom. 2. Miscellan. pag. 113. & seqq. in quo nonnullas ejusdem Palearii Epistolas nunquam antea editas, in lucem protulit.

EPISTOLA CCXXXVII.

JAC. SADOLETUS EPISC. CARPENTORACTEN.

Aonio Paleario (a)
S. P. D.   *Paterium.*

Ejus in scribendo elegantiam, librosque de animarum immortalitate laudat.

SErius accepi literas tuas. Datæ enim illæ III. Idus Februarias, mihi medio ferme Majo sunt redditæ. Quibus perlectis equidem valde lætatus sum, cum tali ingenio, quale tuum mihi jam perspectum est, talem etiam animum erga me plenum amoris & desiderii, conjunctum esse. Quid enim est rerum o mi- no omnium, quod mihi bonorum & doctorum benevolentia videatur optabilius? Itaque cum epistolam tuam primo legissem, eaque mihi vehementer placuisset, (est enim & suaviter, & ornate, & peramanter scripta) ab illius statim lectione ad poema tuum me contuli, totumque perlegi triduo: singulis videlicet libris in singulos dies collatis. De quo, ut tibi vere exponam quod sentio, hoc judicii feci, eorum, qui in eo genere voluerunt esse, sane quam paucos, & nostra, & superiore memoria, æque eleganter scripsisse atque tu: eruditius certe neminem. In quo mihi illud mirifice probatum est, quod hæc tua scripta non accersitis sucosisque argumentis, neque quo

---

(a) Vide quæ de Paleario habentur in notis ad Epistolam superio rem pag. 363 & seqq.

quo magis poetica videantur, a fabulosa illiusmodi Deorum vetustate repetitis, sed sancta & vera religione condita sunt. Ut quemadmodum vultus pacatus, & constans in homine, bene affectæ mentis, & probi animi est judicium, sic tua ista eximia erga Deum pietas, quæ sese in tuis scriptis primum offert ; nos cogit de te, deque omni sensu animi tui, excellentique doctrina præclare existimare. Ad cætera quidem tuum carmen mire mihi satisfecit, video enim quos imiteris, quid referre in tuis scriptis & exprimere conere, tibique neque in eligendo judicium, neque in conando fructum laboris tui abesse intelligo. Perspicio etiam verborum elegantiam, sententiarum acumen, numerique apta & varia compositione delector. Sunt enim ista omnia in te ita studio & cura elaborata, ut sint ubique nihilominus ingenii luminibus lita. Illud unum interdum (quanquam admodum raro) desidero, quod cupissem nonnulla a te differi explanatius, quibus tunc percipiendis mens nostra aliquantulum laborat. Atque illa (ne forte mihi Lucretianum modum dicendi opponas) non sunt ex eo genere, quod difficultate rerum quæ tractantur, suapte sponte obscurum prope necessario sit, in quo solet justa esse scribentibus excusatio, sed e medio quædam sumpta, compressius abs te dicta sunt, quæ dilatari, & patere melius voluissem. Neque ea tamen tam multa, ut pertimescas. Sed fortasse ut nodus robur, & ut nævus decus aliquando, atque ornatum, pulchro corpori afferre solet, sic plerisque illa potuerunt videri iccirco esse quæsita, quod cursus nostræ cogitationis, fluentis in facilitate

tate orationis, apte illis interdum, tanquam salubris, retinetur. Quod quidem ad veras laudes egregie compositi carminis pertinet, totum tibi ita tribuo, ut hoc plane confirmem, nihil me his aliquot jam annis in eo genere editum legisse libentius. Itaque te jam ne hortor quidem, ut quo itinere instituisti, eodem porro pergas. Satis enim tibi incitamenti, cum judicium de te, expectatioque hominum; tum fructus ille ingenii suavissimus, qui in pingendo maxime & in commentando percipitur, debet afferre. Qui etsi omnibus eruditis datus est, cum hi aliquid ex sese procreant atque gignunt, uberior tamen adest poetis. Quanquam ego te non poetam magis, quam oratorem esse statuo, cujus rei facio ex epistola tua conjecturam. Ea enim ita commode, & concinniter scripta est, ut facile intelligam, te utrumcumque velis, & suscipere & posse præstare. De me vero, quem tu tantopere in tuis scriptis ornas, eoque honore afficis, quo majore nemo afficere quenquam potest, quid dicam, vix reperire mihi posse videor. Nam si eas in me laudes agnoscam, quas tu mihi tribuis, timeo, ne arrogans, sin repudiem plane atque rojiciam, vereor, ne ingratus adversus te sim, cum de tuo judicio ipse detraham, eo ipso unde sim ornatus. Quamobrem ut in difficili ejusmodi causa, ad id me vertam, quod meo pudori maxime est consentaneum, ut tibi agam pro tua ista humanitate & erga me benevolentia gratias, meque tibi hoc nomine obstrictum esse confitear. Quod facio equidem, & libens facio, tibique persuasissimum esse cupio, te a me singulariter amari, vel ingenii, & virtutis, & probitatis tuæ caufa, vel ejus officii atque amoris, quo me ipfe profequeris, vel quod eorum & temporum, & hominum in tuis literis mentio facta eft, quorum meam & memoriam, & erga illos benevolentiam, dies nunquam delere oblivione ulla poteft. Ut præter id, quod tuo nomine tibi debeo, quantum etiam illos dilexi, totum in te perfequar. Quo me in te animo effe, fi ufus venerit, re ipfa experiendoque cognofces. Vale, Carpentoracti, vj.Cal. Junii M. D. XXXVI.

EPISTOLA CCXXXVIII.

JACOBUS SADOLETUS EPISC. CARPENT.

Lazaro Bonamico (a)
S. P. D. *Patavium.*

Gratias agit, quod ejus opera, Aonii Palearii amicitia auctus fuerit, eumque rogat, ut fuum Hortenfi opus diligenter corrigat.

EX tuis literis Idibus Martii datis, quas ego paulo ante Idus Majas accepi, illum facio quæftum, quod optimi & doctiffimi viri Aonii Palearii (b) amicitia auctus fum. Quem ego mehercule hominem plurimi facio, vel propter ejus virtutem atque doctrinam, in fuoque genere fcribendi elegantiam, vel quod
ea

(a) Confule quæ de Bonamico diximus Par. I. in notis ad Epift. LXXI. pag. 171.
(b) De Aonio Paleario, vide notas in Epift. CCXXXVI. pag. 263. & feqq.

ea sunt illius animi erga me indicia ac monumenta, ut non modo amare, sed gratiam illi etiam habere sim compulsus, si tamen compellitur, qui libenter quid facit, & studiose. Amo certe illum & gratiam præterea habeo, ita de me ipse meritus est. Qui etiamsi nullo suo officio me sibi devinxisset, propter ingenium tamen, propter optimarum artium scienlam mihi erit amandus. Nunc quid me facere oportet, tum tanto me obstrinxerit merito? Atque is quod tuam commendationem intercedere voluit in nostra amicitia concilianda, quanquam tu illi vere ac constanter id esse opus negasti, tamen ipse nonnihil vidit. Sive enim quod ita jure fieri a me debere intelligit, sive quod animum meum erga te habet exploratum, sensit id quod verissimum est, nullam esse tantam virtutis commendationem apud me, quæ non tuo testimonio multo fiat uberior. Ita illum, quem sponte & per se jure quidem optimo antea dilexissem, tua nunc commendatione habeo chariorem. Quid autem de eo, deque ejus scriptis sentiam, scribo ad ipsum quidem copiosius; sunt enim illa a me diligentissime perlecta; sed tibi quoque breviter dico, probari mihi mirifice cum ingenium hominis, & in scribendo elegantiam, tum illud imprimis religionis studium, quod præ se fert: quod quidem ubicunque adest, illa mihi & plena & gravia & pereruditia videntur esse. Phædrum meum, quod sis ad calculos judicii & providentiæ tuæ denuo revocaturus, valde lætor, magnamque in tua consideratione & diligentia ejus expoliendi spem habeo. Tantum a te peto pro jure amicitiæ nostræ, ut ne ambitiose, neve erga me nimium indulgenter cum corrigas. Marcum Fortiacum gaudeo tibi esse cordi: certe mihi magnæ voluptati est tuum de illo adolescente judicium cum ea opinione quam semper de eo habui, convenire. Eum tibi ne commendo quidem, video enim esse satis commendatum, vel ex eo quod contubernio tibi conjunctus est. Paulus & te amat; & memoriam tui servat quam debet, neque crebro in sermonibus nostris versaris, queis & consuetudo tua, & suavitas a nobis requiritur. Qua posteaquam carendum nobis necessario est, tuas saltem optamus crebriores, mi Lazare, literas: quod iis desiderium tui nostrum aliqua ex parte leniri sentimus. In quo nobis ut morem gerere ne gravaris, equidem te vehementer etiam atque etiam rogo, Vale, & amicis nostris communibus plurimam meis verbis salutem dic. VI. Calendas Junii, M. D. XXXVI.

EPISTOLA CCXXXIX.

AONIUS PALEARIUS (a)

Jacobo Sadoleto S. D. *Carpent.*

Rogat eum ut suos de animorum immortalitate libros, Gryphii diligentiae per literas commendet.

ETSI ea tua est humanitas, ut tantum in altero tanta dignitate viro vix reperias, Patavio tamen discedens epistolam meam ad te non sine Lazari tui literis volui mittere: non quod iis admodum egere me arbitrarer, sed quod ille ultro polliceretur, aperturum se mihi fores benevolentiae tuae: nolui ego aspernari boni viri, meique studiosissimi officium. Erant cum iis libelli mei de animorum immortalitate, qui etsi digni non videbantur, ut a te homine doctissimo legerentur, putabam tamen cum te amantissime in secundo libro appellarim, aliquid hoc ad amorem erga te meum declarandum posse attinere. Itaque cum illi ipsi ab Orgetorige mihi missi essent, & tabellarius Gallus quidam Legati Regii istuc venire diceretur, & temporis satis non haberem, ut eos legerem, misi ad te non emendatos; quos cum post aliquot dies legissem deprehendi errata quaedam typographi culpa, quae me maximis molestiis affecerunt. Ea quae
sint

(a) Vide quae de Paleario dicta sunt, paullo superius in notis ad Epist. CCXXXVI, pag. 363. & seqq.

fiat ex libellis his, quos ad Gryphium mittimus, cognoscere poteris, & illos ipsos quos ad te miseram emendare: hoc animi angore, qui melius me liberare possit, quam Gryphius, novi neminem: turpe enim mihi videtur in his, quæ primum legenda nostris hominibus dedimus, posse multa desiderari. Itaque petii ab eo per literas, ut in re mihi tam necessaria deesse nolit; potest enim suo commodo poematis nostrorum hominum, qui Christianas res scripserint libellos nostros adjungere, quod ego me consecuturum omnino non puto, nisi cum his fuerint aliquæ literæ tuæ ad illum commendatitiæ. Quamobrem, etsi a viro uno omnium doctissimo, & sanctissimo, quid quisque petat, est etiam atque etiam cogitandum, non tamen dubito id a te petere, quod mihi maxime est utile, maximeque necessarium, ut intelligat Gryphius, non deesse his libris patrocinium, & gratiam tuam, qua in re pluribus ego te orarem, nisi libellis ipsis ornandis aliquid te quoque præstare debere existimarem, non quod preclarum sane aliquid habeant, sed quod sint illi quidem testes amoris erga te mei. Vale, Senia.

EPISTOLA CCXL.

JAC. SADOLETUS EPISC. CARPENTORACT.

Sebastiano Gryphio (a)
S. P. D.   *Lugdun.*

Palearii libros de immortalitate animorum laudat, hominemque orat, ut eos diligenter suis formis exprimendos curet.

SUperioribus proximis diebus, cum esset allatus ad me liber Aonii Palearii, de immortalitate animorum, praeclaram inscriptionem prae se ferens, eamque rem totam heroico carmine complexus, legere eum statim perquam avide coepi, quasi tentaturus, an promisso satisfaceret, qui tam sublimem titulum operi suo praeposuisset. Atque ibi video, id quod mihi primum summae voluptati, deinde pene incredibili admirationi fuit, rem tantam quanta altera nulla est, quae quidem scriptorum ingeniis proposita sit, tam graviter, tam erudite, tam etiam & verbis & numeris apte atque eleganter tractatam esse, nihil ut ferme nostrorum temporum legerim, quod me in eo genere delectarit magis. Nam nec sententiarum orationisque ubertas, in tam difficili ac pene spinosa materia, ulla desideratur, nec in exponendis rebus reconditissimis lux atque facilitas. Numerus porro

carmi-

(a) De Sebastiano Gryphio, vide cl. Mettaire in eximio Annalium typographicorum opere.

carminis is est, ut videatur Lucretium velle
Imitari, redolet enim antiquum illud: sed
ita sapore humanitatis conditus est, ut asperitate dimissa, vetustatis tamen auctoritas
salva remaneat. Atque hæc in universum. Illa
jam partium singularum propria, nihil non
latine dictum, nihil non accurate, quove Judicium & diligentiam adhibitam esse non pateat, multaque præterea ubique nitentia ingenii & venustatis luminibus, &, quod ego
pluris quam reliqua omnia facio, Christiana
mens, integra castaque religio, erga Deum
ipsum honos, pietas, studium, in eo libro
vel maxime, non solum docere mentes errantium, sed etiam animos incendere ad
amorem puræ religionis possunt. Sed quorsum hæc, mi Gryphi? Primum volui dare
testimonium apud te doctissimo viro, ut quid
de eo sentirem tu plane cognosceres, deinde
a te petere, id quod ipse quoque, cujus volo
causa, & petit a te per literas, & summe flagitat, ut ejus hosce treis libellos tuis formis
exprimendos cures. In quo ille valde suo
honori, ego meæ cupiditati satisfactum fore
abs te arbitraturi sumus. Noli enim putare
non apud Italos omne tuum esse nomen in
magna gratia. Quicquid prodit ex officina
tua, id ita demum & rectum & probatum
habetur omnibus, si in eo tuum nomen sit
præscriptum. Nota est enim probitas, & diligentia tua, nota eruditio. Quid igitur restat, nisi ut tu & bonis & amantibus tui morem libenter geras? Quod tamen semper
sponte tua facis, nunc mea etiam causa facere propensius debes, qui meam fidem atque
officium in hac re agi judico. Sum enim, ut

su

tu scias in hoc ipso libro honorificentissime appellatus, secundo (ut opinor) volumine, ut tibi hæc opera mihi quoque una cum Aonio, non ipsi soli præstanda sit: quandoquidem tu me amore jampridem, atque observantia tua mirifice es complexus. Nec erit cur te pœniteat, hunc talem librum Actii Synceri, & Vidæ doctissimorum hominum, ac præstantissimorum poetarum scriptis adjunxisse, cum quibus certe hic jure comparari potest. Nam & in eadem argumenti sententia sanctitateque ornatissime versatur, & philosophiæ præterea rationibus uberius est instructus. Sed hoc tu per te æque bene cognosces. Illud utique tibi persuasum habere debebis, quicquid in hac re ex mea & Aonii voluntate effeceris, id utrique nostrum fore gratissimum. Eadem hac de re, quo eam magis mihi curæ esse intelligas, meis verbis tecum aget vir optimus, ac vetere mecum amicitia conjunctus, Thomas Sertinus, sic enim ei a me mandatum est. Qui & ut in me semper perofficiosus fuit, & pro eo studio, quo probos & eruditos homines sui similes prosequitur, non dubito quin diligenter officio functurus sit. Vale, mi Gryphi. Carpentorachi, III. Calend. Julii, M. D. XXXVI.

JACOBI SADOLETI

EPISTOLA CCXLI.

JAC. SADOLETUS EPISC. CARPENTORACTEN.

Joanni Bellajo S. R. E. Cardinali
S. P. D. (a) *Romam.*

Ejus in se suosque collata beneficia commemorat, aliumque fratris sui filium, in illius clientelam ac domum receptum, eidem commendat.

Nihil quidem ad me novum, sed tamen & optatum semper & gratum ex urbe rediens attulit Paulus, cum de tua erga præsentem se, meque absentem humanitate, benevolentia, comitateque, plurima commemoravit. Quæ ego audiens, meaque vetera & perpetua studia erga te, & fratres tuos, animo recogitans, facile mihi persuadebam, quod tantum vobis honoris semper atque observantiæ tribuissem, quod tantum vos adamassem, omnibusque meis officiis vestram præcipue familiam ex omni Gallica nobilitate fuissem prosecutus, positam a me operam perbene, idque judicium, quod de vobis fecissem, non tam vobis laudi, quam mihi ipsi ornamento esse intelligebam. Fortes enim viros & liberales, eosdemque magni animi, etiam consilii, tum autem omnibus artibus ingenuis egregie instructos, florentes gratia, honore, nobilitate, cum amare cœpi, non solum favi illorum virtutibus, sed meæ quoque

---

(a) Vide notas in Epist. CXLV. part. II. pag. 1.

que laudi confului, cum ex eorum amicitia factus ipfe fum honeftior. Neque hoc tamen malitiofe fpectavi, ut ad meum commodum ifta revocarem, fed vero veftri me mores, veftra virtus, veftra dignitas ad fingulare quoddam de vobis judicium adduxit. Et fi (quod cum pudore quodam loquor) eos ex tua benevolentia fructus percipio, ut quafi hoc ipfum ante providiffe & fpectaffe quodammodo videar, ut quod egifti proxime in altero illo fratris mei filio, quem in clientelam & domum tuam receptum, non folum opibus fuftentas, quod ipfum per fe magnum eft, fed & (quo nullum fignum amoris nobis illuftrius præbere potuifti) confilium ipfe dedifti Paulo, auctorque fuifti, ut eum potiffimum familiaritate tua devinciret, quo mores adolefcentis, qui videbantur effe inconftantiores, tuæ gravitatis nutu coercerentur. Hæc res, etfi præter animi mei fententiam fic acta eft (ego enim aliam quandam vitæ rationem adolefcenti ipfi præfcripferam) tamen poftquam id ita uti fieret, tua graviffima interceffit auctoritas, debeo exiftimare, nihil non optimo a vobis factum effe confilio. Tantum a Deo peto, ut adolefcens, quem ego certe diligo, dignum fe tuo hoc beneficio, & infigni humanitate præbeat. Quod autem ego plurimi facio, quodque mihi ad lætitiam animi, & ad voluptatem maximum eft, habere tam illuftre monumentum tui erga me amoris, de eo tibi optime atque ampliffime Bellai, tantas habeo agoque gratias, quantas maximas & animus meus capere, & lingua verbis proferre ac nuncupare poteft. Sed tu

fortaffortaſſe hos vocabulorum ſonitus non poſtulas, animum meum requiris, quem tibi ſemper deditiſſimum, quotidie etiam magis magiſque conſtrictum atque obligatum habiturus es. Qui, quidem ita tuus eſt, ut fere ſine te, & ſine dulciſſima recordatione tui, mecum nunquam eſſe poſſit. Eum ego mecum una, cumque omnibus meis, qui omnes tui ſunt, dedo tibi atque trado, teque oro, ut tuam iſtam voluntatem erga me, quæ eſt mihi rerum omnium chariſſima, conſerves & tueare, fratriſque mei filium, ætate etiam nunc & moribus adoleſcentem, ita tibi commendatum habeas, ſi ſe dignum patrocinio tuo præbuerit. Vale, III. Idus Martii, M. D. XXXXVI.

EPISTOLA CCXLII.

JAC. SADOLETUS EPISC. CARPENTORACTEN.

Joanni Lothatingio Cardinali, (a)
S. P. D. *Parif.*

Florentium Volufenum ei commendat, rogatque ut mercedem annuam, quam illi jampridem conflituerat, falvam homini relinquat.

ETSI eæ sunt curæ & occupationes tuæ in hoc tempore, ut magis tu votis precibusque noſtris apud Deum adjuvandus, quam literis interpellandus eſſe videaris, propterea quod hæc de pace actio, præclaraque tractatio, tota tuæ fidei diligentiæque permiſſa, in alias cogitationes minime derivanda eſt; tamen cum veniret mihi in mentem, te eum eſſe, qui ſummam nobilitatem tuam, quam a majoribus accepiſti, virtute etiam & humanitate tua feceris ampliorem, ingenii autem tui magnitudinem noſſem, qua tu obire simul multa, & conficere paratus es, non putavi moleſtum tibi me facturum, ſi eum hominem tibi commendaſſem, quem imprimis dignum tua benevolentia eſſe arbitror. Florentius Volufenus, natione Scotus, elegantia morum, & literis latiniſſimus, de quo homine ſane agendum paucis tecum eſt, quippe qui tibi
pro-

(a) De eo confule notas in Epiſt. CXLVII. part. 2. pag. 8.

probe notus fit, & tuæ bonitatis ope ac subsidio, literarum studiis Lutetiæ aliquantum tempus operam dederit. Is cum superioribus mensibus urbis Romæ visendæ studio flagrans, de tua voluntate cum collega tuo Joanne Bellajo, viro ornatissimo, in viam se dedisset, atque Avenionem usque esset pervectus; ibi adversa valetudine, & inopia rerum necessariarum subsistere est compulsus, pauloque post ad me se contulit, quem ego, quanquam pertenuis, & magnis rei familiaris difficultatibus affectus, jucunde tamen, comiterque recepi, cognitoque mox hominis ingenio, & natura ingenua liberalique perspecta, etiam in honore deinde habui. Etenim nihil est quod agam libentius, quam ut opituler, quoad possum, doctis viris, & eorum animos ita sustentem, ut ne eos studium suum in optimis artibus posuisse unquam pœniteat. Quod si meæ huic voluntati fortuna benignius esset suffragata, nemo me (opinor) istam vel laudem, vel voluptatem bene de bonis promerendi, studiosius appetisset. Nunc in hoc meæ vitæ statu, qui, etsi multis externis rebus deficitur, eas tamen habet insitas animi jucunditates, ut mea maxime fortuna contentus vivam; interdum tamen illud me angit, quod non possum quemadmodum quidem cuperem, bonis & doctis hominibus prodesse. Quod iccirco ad te scribo, ut tu, qui potes, & qui hanc liberalitatis ac beneficentiæ laudem libentissime soles usurpare, gaudeas isto tuo tam excellente bono, hocque ita statuas, quod præclare intelligis; nihil esse beatius, quam habere bene de multis promerendi facultatem, cum istiusmodi

natu-

natura, & magnitudine animi, & nobilitate conjunctam. Sed ut eo redeam unde diverti, Florentius mecum nunc Carpentoracti est, maximoque animo, & incredibili assiduitate optimis literis, præsertimque Philosophiæ dat operam: mihique in quotidiana consuetudine admodum jucundus & gratus st. Te porro dominum & patronum suum prædicat ipse, ac profitetur: inque ea parte semper futurus est, quacunque tu jusseris. Eum ego tuæ fidei, bonitati, liberalitatique commendo, & abs te vehementer peto, ut quando ipse non minus hic studia doctrinæ persequitur, quam si Lutetiæ esset, velis pro tua præstanti liberalique natura, eam mercedem annuam illi salvam abs te esse, quam jampridem constituisti. Hoc cum tua amplitudine, generisque tui, ac virtutis gloria maxime dignum est, tum mihi certe facturus es gratissimum: quia ea observantia, qua cœpi, te assidue prosequor, amoremque meum semel erga te, optimo quidem jure susceptum, fidelissime conservo, Deumque immortalem supplex oro, ut cum tibi salutem perpetuamque incolumitatem, tum fructum & laudem bene confecti istius muneris, in quo honorificentissime & summa omnium cum expectatione versaris, præbeat & largiatur: ut tua ope, prudentia, labore, autoritate conciliata pax, nos non solum in otio, & in tranquillitate constituat, sed ab iis periculis, quæ mihi videntur multa & gravia impendere, reddat tutos. Vale, M.D.XXXVI.

JACOBI SADOLETI

EPISTOLA CCXLIII.

JAC. SADOLETUS EPISC. CARPENTORACTEN.

Paulo III. Pontifici Max. (a)
S. P. D. *Romam*.

Maximas ei agit gratias pro beneficiis sibi Pauloque collatis, testaturque nihil sibi gravius accidere posse, quam ex sua Ecclesia avelli: tamen si sua opera & praesentia, Pontifici necessaria videbitur, se ad parendum promptum esse profitetur.

CUM Pauli reditus ad nos, magna per se laetitia me affecit, tum vero multo uberius gaudium meum factum est, humanitate earum literarum, quas sanctitas tua rescribere mihi dignata est. In illis enim non solum benefici Principis erga fideles suos studium, sed optimi parentis indulgentia quaedam plane mihi esse expressa videtur. Itaque ego quemadmodum gratias sanctitati tuae agam, non reperio. Nec enim ad magnitudinem illius beneficiorum par a me ingenii vis, aut verborum copia afferri ulla potest. Neque vero ipsa rescripsit mihi solum liberaliter; sed liberalius etiam mecum egit, nullasque meas preces irritas accidere auribus suis passa est. In Paulo autem ipso, quod maxime cupiebam, id mihi in omnem partem cumulate praestitit, & ut illum meo te-

(a) Vid. notas in Epist. CCXL. pag. 262

stimonio benignitate sua libenter complecteretur, & illius mox ingenio probitateque perspecta, assensu suo gravissimo comprobaret in eo fidem testimonii mei. Ita si mihi liberalitas optimi principis quæsita est, nihil fieri potuit beneficentius erga me, quam a sanctitate tua factum est, si judicium atque honor, nihil ego expectare potui honoratius. Atque hæc, Pater sancte, indicia tam perspicua voluntatis erga me tuæ, si mihi ita tributa essent, ut aliqua ex parte merito meo viderentur data: haberem aliquid fortasse, in quo mihi ipse jure gratularer. Sed cum nihil sit in me hujusmodi, per quod sanctitas tua ad tantum benignitatis adducta esse videatur, quantum esse onus illius gratiæ debet, quam ego sustineo? & quam conceptam & inclusam intus in animo gerens, nullis eam verbis neque factis apte queo expromere? Sed quoniam & summo Principi decorum est, superare operibus suis hominum prædicationem, & nobis infimis hominibus non inhonestum, illius amplitudini majestatique concedere: ago quidem gratias sanctitati tuæ quantas possum maximas, agamque semper: nec quin eas studeam referre (quantum in me quidem erit situm) ulla me unquam rei difficultas deterrebit. Sed si illæ minores & leviores fuerint, quam aut merita tua, aut gratissima mea voluntas postulat, quæso obtestorque, ut id non naturæ meæ, sed magnitudini tuæ, & beneficiorum tuorum attribuatur. Cetera quæ Paulus mecum tuæ sanctitatis verbis egit, accurateque collocutus est: etsi ea quoque ab eodem fonte benignitatis profecta sunt, injiciunt tamen mihi gravem curam respondendi, ne aut vendere operam meam iis, quibus debita jamdudum atque obligata est; aut occultam aliquam in me ambitionem dissimulare velle videar. Sed opinor agam quod ingenuo & libero animo maxime dignum est, sicque sine omni fuco pure respondebo. Ego, pater sancte, nullum gravius incommodum sentire possum, quam ex his locis avelli, in quibus sum & sanctissimo voto & perpetuo firmoque animi judicio non locatus solum, verum etiam affixus. Sed tamen ubi res & tempora postulabunt, gerenturque ea & administrabuntur, quæ ad communem Christiani nominis concordiam consensionemque spectantia, magis ex bonitate & prudentia sanctitatis tuæ, quam ex conditione temporum possunt expectari; non deero officio, nec dignitati meæ, nullamque operam, nullum diligentiæ, observantiæ & pietatis studium, neque a Christiana Republica, neque a sanctitate tua frustra desiderari ex me sinam. Extra hanc occasionem, cui rei possim valde utilis esse, non video. Sed tamen si quid præterea fuerit ad sanctissima consilia de republica Christiana pertinens, in quo mea opera & præsentia sanctitati tuæ necessaria esse videatur (quæ quomodo esse possit suspicari equidem non possum, totumque gravissimo judicio tuo permitto) sed si quid fuerit, ita ipsa de me merita est, ut & ad vocantem accedere, & imperanti parere prompto animo sim paratus. Confido enim eam pro sua æquitate & sapientia, sine magna, & maximè necessaria causa, me ex his locis non evocaturam.

Unum

Unum illud semper excipio mihi, & reservo, ut nullam in partem commutato meæ fortunæ statu, eis confectis rebus quæ mihi mandatæ fuerint, reditus mihi liber ad ecclesiam meam; exoptataque studia, & ad eam animi tranquillitatem pateat, quam ego omnibus opibus atque honoribus longissimè antepono. His de rebus ipsis, scripsi ad amplissimum virum Gasparem Contarenum Cardinalem(a),qui sanctitati tuæ omnem animi mei sensum copiosius exponet. Valeat, agatque omnia feliciter sanctitas tua, quam omnipotens Deus sua semper cura custodiaque tueatur. III. Id. Martij, M. D. XXXVI. Carpentoracti.

(a) Epistola quæ sequitur; ordine Geut IV. pag.] 99.

EPISTOLA CCXLIV.

JAC. SADOLETUS EPISC. CARPENTORACT.

Gasp. Contareno S. R. E. Cardinali (a)
S. P. D. *Romam.*

Causas aperit, quibus sero ejus literis rescripserit, deque nonnullis suorum in priorem D. Pauli Epistolam Commentariorum locis sermonem habet. Dolet ejus fratrem e vivis ereptum; suamque in credita sibi Ecclesia permanendi voluntatem, multis explicat.

Longum jam intervallum est, ex quo accepi tuas humanissimas literas, quas tu ad quartum Calendas Januarii dedisti : quæ mihi in omni genere mirabiliter satisfecerunt. Nulla enim est res in illis prætermissa, quæ vel ad sapientissimum hominem, vel ad amicum officiosissimum, vel ad gravem & sanctum autorem Christianæ pietatis pertineat. Certè nunquam tuæ literæ ad me perveniunt, quin deferant secum effigiem ejus viri, quem ego talem esse posse vix unquam credidi, his præsertim moribus, & his temporibus. Itaque incredibili sum amore incensus, & novo quodam inflammatus studio, tui colendi, amplectendi, in oculis ferendi. In quo habeo propositum

---

(a) Vide quæ de hujus Cardinalis doctrina habentur cum alibi, tum in notis ad Epist. CCXXX. pag. 289.

tum mihi exemplar eius vitæ virtutifque imitandæ, qua maximè beata vita contineri mihi videtur. Sed cum tu initio tuarum literarum tantum labores in excufanda tarditate refponfionis tuæ, quam ad meas fuperiores literas diftuleras, qua in re quidem peccati nihil fuit: quid mihi nunc reo veri criminis agendum eft? Faciam breve opinor, & ad tuam facilitatem clementiamque confugiam, teque orabo & deprecabor, ut mihi lapfo in hunc errorem veniam des. Nec tamen velim exiftimes me aut negligentia, aut oblivione tui, aut quod officii immemor fim factus, duobus jam menfibus refcribere ad te diftulifse. Nihil horum eft. Sed cum fcripfiffet Paulus ad me, quædam te fecum de me locutum, quæ vehementer ad me pertinerent, eaque ipfe nonnihil in literis fignificaffet, uberius autem coram fe communicaturum diceret; expectare illius adventum ante volui, quam ad te fcribere: ne fi nihil ad te refcripfiffem de illis rebus, aut tacere ingrate, aut diffimulare callide viderer. Omnia autem quæ opus effent, fcribere plane tunc non poffem. Eo factum eft, ut ad hunc diem ufque fuerim retardatus. Quæ utrum idonea fit excufatio, necne fit, ego ignoro: vera quidem certe abs te accipienda, fi tuæ fingulari humanitati, eximiæque æquitati conftare voles. Quod te facturum effe non dubito. Nunc eis partibus Epiftolæ tuæ omiffis, quibus tu humaniffime fimul & modeftiffime meum de te judicium imminuis atque elevas: tuum de me amplificas, atque auges: cum jam decretum & judicatum inter nos fit, quod ego abs te diligar, totum id effe humanitatis tuæ; quod vero ipfe te co-

jam

Iam atque admirer, tuis præstantissimis virtutibus omne deberi; veniamus ad ea quæ rem ipsam continent. In quibus illud primum de commentariis meis: qui quod missi aliquanto ante Lugdunum erant, quam inter me & hominem illum res convenisset, iccirco non fuerunt correcta omnia loca, quæ ab eo adducta in controversiam sunt. Sed quod tu me admonuisti, de eo missa est ad Gryphium additio. Et erant alia nonnulla, quæ ego sponte mutaveram. Neque tamen video, in his ipsis quæ notata sunt, quid jure reprehensum esse videatur: cum verborum meorum sensus, id quod patet Latine intelligenti, in plerisque locis fugerit reprehensorem. Quod a me tibi duntaxat uni indicatum volo. Locum illum Esaiæ correxi libello misso ad Gryphium, cum jam liber ad exitum ferme adductus esset: cetera fere eodem modo se habent. Et quoniam nunc de hoc genere rerum inter nos sermo est: cum scripsissem ad Paulum, me quadam in re leviter a te diffidere, idque mihi dixerit, cupere te scire, ubi, & qua de re sit dissentio: primum tibi prædico, me in illa de libero arbitrio sententia non omnino assentiri Augustino, qui libertatem nostræ voluntatis perspicue aufert: dumque Dei gloriam maxime complecti vult, videtur mihi illi derogare aliquid potius, quam quod debeatur, tribuere (*a*). Hæc si es-

---

(*a*) Falsa ista omnia quidem. Ea autem refellere, neque hujus loci est, neque instituti nostri ratio patitur. Quare ad egregios, quæ hac de re, in omnium manibus sunt, Theologorum libros, lectores delegamus.

essemus una, librosque in manibus haberemus, facile me tibi probaturum confiderem, Sunt enim in eo ipso, de quo loquimur, doctissimo nimirum sanctissimoque doctore, prorsus manifesta, qui in illam extremam & remotissimam sententiam se contulit, odio hæreticorum & contentione disputandi (ut ego quidem arbitror) magis, quam considerata, & quieta ratiocinatione adductus. Nec tamen si non consentio cum Augustino, iccirco ab Ecclesia Catholica dissentio (*a*): quæ tribus tantum Pelagii capitibus improbatis, cætera libera ingeniis & disputationibus reliquit. De quibus ego meam sententiam in Commentariis protuli, nihil mihi arrogans: (absit enim hoc a me) sed tantum ingenue quid sentirem, exponens. Quod vero tu affers, moveri te verbis illis, quæ ad Paulum sunt, qua ille ait, Deum ut notas faceret divitias gloriæ suæ in vasa misericordiæ, quæ præparaverat in gloriam, & quæ sequuntur: hæc ego verba quemadmodum interpreter atque explanem, ne longum sit epistola complecti;

(*a*) Errare heic quidem toto cœlo, ac magnopere falli Sadoletus noster videtur. Quicumque enim universæ S. Augustini de Gratia liberoque arbitrio doctrinæ non acquiescit, ab Ecclesia Catholica omnino dissentit, quæ eam doctrinam tot sanctissimorum Pontificum testimoniis apertissimis ita comprobavit, ut quidquid D. Augustinus de Gratia Dei & libero hominis arbitrio docuit, tanquam ab ipsa Catholica, hoc est Romana Ecclesia profectum, comprobatum, servatumque tenere debeamus, ut superius vidimus in notis ad Epist. CLXXXVI. pag. 152. 153. & 154.

ad meam expositionem horum ipsorum verborum in Commentariis meis te rejicio. Quæ quod abs te leguntur, gratum mihi est, sed tuis gravissimis studiis atque occupationibus parum arbitror accommodatum: cum præsertim fontes a rivis non mutuentur, legereque te nostra magis mihi honorificum sit, quam tibi utile. Sed tu ut voles. Ego quidem hoc labore & onere, quod propter tuam admirabilem humanitatem mea causa suspicis, prorsus te libero. Fratrem tuum mortuum, non noveram: sed quia tuus erat frater, cum præclare de ejus virtute ac natura sentio, tum illum nobis ereptum esse doleo, quem ego amo mediusfidius etiam vita functum, Deumque immortalem deprecor, ut illi ipse propitius & liberalis suæ cœlestis gratiæ sit. Tuam quidem animi firmitatem, sapientiam, religionem, & miror & meritis laudibus in cœlum fero, qui tam mansuete & patienter decreta Dei accipias. Verum de his satis: responsum enim ferme est ad omne argumentum tuarum litterarum. Nunc veniamus ad ea quæ pertinent ad me, pluribus mihi verbis exposita a Paulo, accurateque narrata. In quibus illud non novum, quod tua insignis erga me benevolentia omnibus locis se ostendit: cui aliquando utinam referam meritam gratiam: hoc novum, quod tu de honore meo atque ornamentis cogitans, id agis ac moliris, quo nil meis rationibus inveniri potest inimicitius. Ego enim vitam beatam in libertate animi, & in tranquillitate, eisque agendis & suscipiendis rebus, quæ e libera nostra voluntate dependeant, positam esse duco. Cujus etiam generis facultatem quandam nactus, exerceo me in illa, quoad quidem possum quantulumque mihi tenuitas mea, Dei adjuta ope, suppeditat & elargitur. Quæ ab hoc genere vitæ diffident alienaque sunt, tanquam adversaria mihi & molesta multum, abjicio atque repudio: neque ullum eorum appetitum atque sensum ad animum meum introire sino. Quod acriore etiam judicio facere mihi videor, quod utriusque vitæ vim conditionemque expertus, statuere facile possum, quantum hæc illi in omni ratione beatitudinis antecellat. At interest Reipublicæ (cognovi enim ex eodem Paulo rationes omneis & disputationes tuas, plenissimas nempe & pietatis & doctrinæ). O doctissime, & optime Contarene: utinam te ista spes nunquam deceptura sit. Tu eximia adhuc quadam bonitate veraque prudentia & integritate ad hoc sperandum adduceris: cum quod optimum factu esse intelligis, & illis ipsis salutare, quorum causa es solicitus, id jam factum iri confidis, & existimas. Quod secus longe est, atque utinam ne esset. An tu arbitrare, si esset spes aliquid præclare salutariterque agendi, quin ego memetipsum essem expositurus atque oblaturus, non dico ad honores, (improbi enim illud hominis est & non Deo, sed sibi faventis & inservientis) sed in mortem atque crucem, ut caput Apostolorum dixit: cum quicquid meo incommodo & damno Reipublicæ paretur, ego maximum meum lucrum existimaturus essem? Sed (crede mihi) temporum horum vitia, & corrupta studia, istam probitatem sapientiamque non recipiunt. Caput (ut spero) egregie probum habemus: hoc est Pontificem ipsum, cogitantem & cupientem

ea quæ se digna sunt. Sed non plus ille potest, quam temporum perversitas. Ægrotat enim corpus Reipublicæ & eo morbi genere ægrotat, quod præsentem medicinam respuit: magisque esset longo circuitu ad partem aliquam sanitatis revocandum: sicut ipsum paulatim curriculo temporum in hanc tabem delapsum est. Multis (inquam) vigiliis, plurimis remediis, dissimulatisque sæpenumero consiliis, salus esset & dignitas Christianæ Reipublicæ restituenda. Ac quoquo modo res quidem successura sit, si conventus is agetur, de quo expectatio est; adero una vobiscum, nec deseram partes meas, quantulæ illæ cunque sunt, meumque officium pium & debitum, tum Deo atque Reipublicæ tum isti Sanctæ Sedi Apostolicæ præstabo: teque & videbo, & complectar ita libenter, ut nullam majorem lætitiam animo meo sim percepturus. Interea onus hoc feram, quod ab Deo mihi injunctum atque impositum est, si non apte, & robuste, ut integrum & fortem decet, ac certe non contumaciter. In quo pro mea parte sane inserviam Reipublicæ cum meum pensum curabo. Aliquantumque hic tamen proficiam: qui si istic essem, nec proficere quicquam possem, & proprium meum munus curationemque relinquerem. Quamobrem si me amabis (quod profecto facies) consules huic otio & tranquillitati meæ. Quæ si mihi salva permanebit, uberius erga te potero esse gratus, quam si in illos fluctus, & turbidas rerum agitationes me conjicerem. Itaque rogo te atque obsecro, per fidem amicitiæ nostræ, quam sancte inter nos constitutam, ad extremum diem usque inviolatam
per-

perducturi sumus, ut suscipias otii & libertatis meæ patrocinium: atque ab ea mente, de me quam suscepisti, desistas: meumque hunc statum, qui mihi maxime cordi est, & quo vitam ipsam non habeo chariorem, salvum mihi præstes, atque incolumem: de quo plurimum spei in tua autoritate, & prudentia, & amore adversum me, repositum habeo. Ego de hac re ad summum Pontificem scribens, ingenue illi quidem animum meum expono. Sed ut tu subsequare literarum mearum sententiam tuis amantissimis verbis atque consiliis (sic enim te facturum Pontifici pollicitus sum) peto a te magnopere etiam atque etiam. Paulus tuus jam magis quam meus, nonnulla ad te meis verbis perscribit, ad rationes horum temporum spectantia: quorum vel supprimendorum, vel proferendorum tua erit potestas. Vale, III. Id. Martii, M.D.XXXVI. Carpentoracti.

JACOBI SADOLETI

EPISTOLA CCXLV.

JAC. SADOLETUS EPISC. CARPENTORACTEN.

Nic. Archiepisc. Capuæ S.R.E. Card. (*a*)
S. P. D. *Romam.*

*Ejus literis amoris humanitatisque plenis
respondet, suumque gratum adversus
illum animum, propensamque
voluntatem declarat.*

Literæ tuæ perbreves, sed amoris humanitatisque plenissimæ, hòc mihi etiam fuerunt jucundiores, quod manu tua scriptæ, illud

---

(*a*) Est hic Nicolaus a Schomberg natione Svevus, patria Misnensis Theodorici filius. Quum Romam adolescens religionis ergo venisset, dum in patriam reverteretur, Florentiæ an. 1497. sacro Prædicatorum ordini nomen dedit. Ibi Hieronymum Savonarolam præceptorem nactus, haud mediocres in optimis artibus ac in Philosophiæ studiis progressus fecit. Theologiam inde aggressus, tantam sibi doctrinæ ac probitatis famam comparavit, ut graviora ordinis munera ejus fidei crederentur. Itaque Cœnobii S. Marci *Prior* renunciatus, mox a Joanne Clareto Magistro ordinis, Terræ Sanctæ Provincialis, demum universi ordinis in Romana Curia Procurator Generalis factus, mirifice ab omnibus ac præsertim a Summis Pontificibus Julio II. & Leone X, & dilectus & probatus est. Atque a Leone quidem an. 1520. Archiepiscopatu Capuano auctus, nunciique Apostolici munere summa cum laude cum in Hungaria, tum in Hispania functus, a Clemente VII. (qui eum & in prosperis & in
adver-

illud ipsum testimonium de quo scribis nostræ perpetuæ & constantis amicitiæ, gravius multo faciebant. Etsi illud in eis nimis liberaliter, quod mihi ea honorum cognomina attribuis, quæ ego vobis summatibus libenter facileque concedo. Nam mihi sane parvitas meæ est voluptati, quæ in tranquillitate animi, otioque literario posita lætatur. Florere autem amplis titulis, & honorum ea insignia obtinere, quæ cum magnis curis & negotiis conjuncta sint, magis in te, cæterisque amicis meis, quam in memetipso gratum mihi est. Vestro enim patrocinio, vestro labore & opera, nos vivimus pacatiores. Quanquam nullus quidem mihi amicus est te antiquior, ac ne benevolentior quidem. Ita enim & ad me scripsit, quoad in urbe mansit, Paulus, & reversus ad nos illud idem vehementius

---

adversis omnium consiliorum participem semper habuit; ad Franciscum Galliæ regem pro firmanda cum Cæsare pace missus fuit: quæ quidem pax sua dexteritate ac in rebus gerendis prudentia, summo Christianæ reipublicæ bono sancita est. Romam reversus eam de se, cum apud cujusque ordinis homines, tum præcipue apud purpuratos Patres opinionem existimationemque excitavit, ut Clemente e vivis erepto quod & in Hadriani vi. comitiis acciderat nedum Cardinalis, parum abfuerit quin eveheretur ad fastigium summæ dignitatis. Quare Paulus III. qui jam hominis probatissimi virtutes noverat cum anno 1535. die 20. Maii in Sacrum Cardinalium Senatum retulit. Obiit Romæ an. Christi 1537. ætat. LXV. quinto Idus Septembris, sepultusque est in æde S. Mariæ supra Minervam. Extant orationes ejus quinque, de admiranda Christi pugna cum diabolo in deserto coram Julio II. Pont. Max. habitæ, nonnullæque Epistolæ inter litteras Principum. V. Ciaccon. tom.3. col. 567.

tius confirmavit, nullum sibi a te studium, nullum indicium amoris, quod quidem optari potuerit aut debuerit, defuisse: cum & in deferenda ope tua, insignem in se benevolentiam, & in communicandis maximis rebus, summam fidem, & in omni sermone usuque familiari, egregiam tuam comitatem se expertum esse, plurimumque adamasse testificetur: Quæ mihi omnia jucunda auditu, ipsa re pergrata, non quidem præter spem, sed tamen supra spem mihi tributa sunt: ut tantum tibi pro illis gratiæ debeam, quantum nostra amicitia patitur. Ea porro vult, ut animo magis quam verbis gratam memoriam officiorum comprehendamus: quod tibi quidem a me, & amplitudini tuæ nunquam deerit. Tu quando mihi omne tuum studium & autoritatem & operam amantissimis verbis polliceris atque defers, summo me omnium beneficio afficies, si amorem istum tuum erga me conservaveris. Vale, III. Idus Martii, M. D. XXXVI. Carpentoracti.

EPISTOLA CCXLVI.

JACOBUS SADOLETUS EPISC. CARPENT.

Mario Maffæo Volaterrano, Episcopo
Cavallicenſi (a) S. P. D.

Quod comiter, laute, ac liberaliter Paulum exceperit ei gratias agit, veteremque ſuam cum eo familiaritatem commemorat. Demum de opere, quod Phædrus *, ſive etiam* Hortenſius *inſcribitur, nonnulla habet.*

PAulus ad nos reverſus, tanta ſe abs te comitate, ac tam laute & liberaliter acceptum eſſe narrat, eoſque ſe lepores in te perſpexiſſe ingenii, urbanitatis, elegantiæ, ut difficillimum omnium rerum ſibi fuiſſe affirmet, iſtinc ſe avellere, & ad nos proficiſci, cum inexplicabili pene glutino admirabilis cujuſdam ſuavitatis teneretur. Quod ego, Mari, uſu illi veniſſe non miror: eſt enim hoc.

(a) Hic Volaterris nobili Maffæjorum genere natus, Raphaelis cognomento Volaterrani, viri doctiſſimi conſanguineus extitit. Volaterranæ Eccleſiæ Archipresbyter, & Baſilicæ Principis Apoſtolorum de urbe *Canonicus* quum eſſet, an. 1516. die 5. Novembris a Leone X. Pont. Max. Epiſcopus Aquinas eſt renunciatus. Quam quidem Eccleſiam uſque ad annum 1525. pie ſancteque adminiſtravit, quo anno Cavallicenſi Pontificatu auctus eſt a Clemente VII. Diſceſſit e vita Volaterris, VIII. Calend. Qu/ntilis anno ſalutis 1537. ætatis LXXVIII. ſepultuſque eſt in æde Cathedrali. Vide Ughell. in Ital. Sac. & Sammarthanos in Gallia Chriſt. tom. 2. pag. 511. edit. vet.

hoc proprie tuum, & semper fuit, ut Syrenarum modo, non Mutianarum illarum, quibus Savoja noster illudebat (recordaris enim profecto & hominum illorum & temporum) sed earum, quarum ex ore Homerus mellitissimas narrationes rerum gestarum manare dicit, homines captos tibi vinctosque detineas. Nam si ego cum Romæ ambo essemus, semper te appetebam, assidueque tecum esse cupiebam, cum repellerer a te, & absterrerer, omnibusque modis congressus meos devitares, quod nativam illam tuam suavitatem sumpta ad tempus vocis, vultusque asperitas obscurare non poterat, quid nunc debuit evenire Paulo, cui tu non solum omneis venustates tuas, quæ & plurimæ sunt & amabilissimæ; sed animum, domum, penum omnem patefecisti? Etsi est in eo quiddam quod me mordet. Quo enim fato mihi infortunato contigit, ut te ita facili & hospitali non sim usus? cum nemo unquam fuerit alienis coenis tantopere addictus, ut ego eram tuis, quarum unum illud condimentum erat potissimum, quod te frui ipso, ac vesci tum maxime licebat. Itaque putasne me tantam jacturam leporum, omnisque amoenitatis, æquo etiam nunc animo perferre posse, quibus tuarum sui paucitate coenarum privatus? Sed alia ne agamus. Quod tantam humanitatem in Paulum ostenderis, valde mihi gratum, qui quidem tuus jam est magis, quam meus: semperque in ore nomen tuum habet, neque loquendo, neque prædicando de te, satiari unquam videtur. Ab eo etiam accepi tuas literas, amanter quidem scriptas, sed nimis festinanter. Video enim tibi propositum fuisse,

ut

ut cito te exolveres. Utut eſt, gratia tamen eſt habenda, quod abs te dignatus ſi n ſonantibus illis vocabulis, in quibus me uſque eo revereris, ut magnus eſſe homo videar: ſed tantiſper dum tuas lego. Nam ut a lectione earum digreſſus ſum, ſtatim irrideo ipſe memet, nec tantam in me potentiam autoritatemque reperio, ut tu tam graviter revereri debeas. Sed omiſſo joco; ego mihi abs te familiariſſime ſcribi volo, atque ita, ut noſtra vetus conjunctio plena jucundiſſimæ libertatis etiam nunc quoad poteſt, in literis redoleat. Phædri inſcriptionem, quem modo ad te miſi, gratam tibi eſſe gaudeo vehementer (a). Gratiarum actionem reſpuo, meum enim fuit relinquere aliquod monumentum amicitiæ noſtræ, meique ſummi & perpetui erga te amoris; idque, niſi feciſſem, magis agreſtis, quam cum id feci, officioſus debeo exiſtimari. Sed tu agis mecum liberaliter, cum de iis gratias agis, quæ a me prætermitti ſalvo officio non poſſunt. Illud magis expecto a te, ut quando ego tantum tuo judicio tribuo, quantum certe pauciſſimorum, ita legas librum, atque expendas, ut quoad ejus fieri poterit, nihil obtrectatione dignum in eo relinquatur. Quod tuo imprimis acumine, & earum rerum præſtanti ſcientia, de quibus in libro agitur, me aſſequi poſſe confido. Quod mihi extremis tuis literis gratularis, quod dignum & benemeritum ſucceſſorem mihi delegerim, id etſi ego feci bono (ut videbar)

conſi-

(a) Vide quæ de hoc Sadoleti opere diximus in notis ad ejuſdem Sadoleti vitam pag. XXXIV. & XXXV.

consilio adductus, tamen actiones meas tibi probari mirabiliter lætor. Etenim tunc maxime nostris operibus delectamur, cum ea ab optimo quoque laudari intelligimus. Utinam Deus nostra consilia fortunet. Nos certe id spectabimus, ut in ipso amore nostro & judicio, majores tamen virtutis partes, quam consanguinitatis existerent. Sed hæc hactenus. Ego & sat recte, ut nunc est, me habeo: & tibi semper rectissime esse cupio, petoque a te ut tibi certo persuadeas, te a me constanter & singulariter diligi. Vale, IV. Calend. Aprilis, M.D.XXXVI. Carpent.

EPISTOLA CCXLVII.

JAC. SADOLETUS EPISC. CARPENTORACTEN.

Johanni Salviato Cardinali (a)
S. P. D. *Romam.*

Quod suum de Paulo judicium comprobaverit, vehementer gaudet, seque opus quoddam ejus nomini inscribendum suscepisse narrat. Tandem de propensa ejus in eumdem Paulum Sadoletum voluntate illi gratias agit.

CUM in omnibus dictis factisque, quæ tu pro me unquam, aut mecum egisti: tum vere in his præcipue literis, quas proxime accepi a te, omnis tua humanitas patefacta mihi est,

---

(a) De Salviato egimus in notis ad Epistolam LXXVIII. pag. 217.

est, plena amicissimæ erga me voluntatis. Nam & comprobatio tua mei de Paulo Judicii, vehementer grata mihi extitit, & quod tu eum in amorem tuum, & in familiaritatem tam libenter receperis, id quoque intelligo meo amori a te fuisse datum. Quanquam meum quidem de eo testimonium, illius actionibus, ingenio, modestia, apud te confirmatum esse summe gaudeo. Certe enim aut nemo est, aut omnino perpauci, quibus meæ actiones atque consilia, æque ac tibi probata esse cupiam, quem ego & propter insignem prudentiam, ac integritatem, omni honore cultuque, & propter animum eximium erga me incredibili quadam benevolentia prosequor, atque complector. Quod autem scribis gratum tibi a me fieri, quod nomen tuum meis scriptis concelebrare sim aggressus (b), non est de eo cur mihi gratiam debeas. Ego enim id reputans quod verum est, ex tuo nomine & commemoratione clarissimi atque ornatissimi viri, omnique virtute præstantissimi, non parum luminis in mea scripta derivatum iri, suscepi negotium non tam tui (non enim virtus tua eget testibus) quam mei honoris causa, atque ut literæ meæ, quæ sua sponte obsoletiores sunt, tuæ & autoritatis, & laudis gloria illustrarentur. Nec me tamen oblitum existimes velim ejus orationis, quam habui tecum, cum tu apud nos Carpentoracti esses. Non enim si in alio argumento nunc versor,
illud

(b) Librum de Gloria hele a Sadoleto significari, quem Salviato dedicare statuerat, patet ex alia Epist. ad eumdem Salviatum data v. Idus decembris an. 1539. Vide notas ad Sadoleti vitam pag. xxxii.

illud propterea abjeci, quod tibi oftenderam me fufcepturum effe. Sed cum & difficilius illud opus, & longioris multo temporis exifteret, noftra autem feftinatio amoris mei erga te aliquo indicio tibi declarandi moram tantam non ferret, ad id elucubrandum me converti, quod videbatur mature confici poffe. A quo tamen ipfo & hyemis afperitate, & tenuitate meæ valetudinis aliquandiu fum retardatus. Sed repetam curfum, ut opinor: hocque acrius inftabo & connitar, quo major mea cupiditas perficiendi facta eft. Tua in meæ fororis filium propenfa beneficaque voluntas graviffima mihi eft, eaque cumulum affert tuis erga me meritis, quibus jam plurimis tibi fum obftrictus. Ego tuis literis ferius refpondi, quod cum te Neapolim profectum effe conftaret, de reditu tuo ad urbem nihil ante hoc tempus audieramus. Vale, IV. Calend. Aprilis, M. D. XXXVI.

EPISTOLA CCXLVIII.

JACOBUS SADOLETUS EPISC. CARPENT.

Hieronymo Nigro (a)
S. P. D. *Romam.*

Nonnullos veteres amicos plurimum salvere jubet. Contareni virtutes laudibus extollit, seque ad Concilium affuturum profitetur.

Legi literas tuas, ad Paulum quas mifisti, in quibus amor tuus priftinus erga me fe oftendit; novus ille quidem mihi nunquam, fed tamen femper & optatus, & dulcis: quem & feci, & facio mi Niger plurimi. Salus ad me per te miffa a veteribus amicis, mihi jucundiffima fuit. Nec quicquam eft omnium rerum quod libentius faciam quam ufurpare crebro memoriam eorum, quos clariffime femper conftantiffimeque dilexi, Efini, Colotii, Petrafanctæ, Thebaldæi, Blofii noftri, etiam Savolæ mirifici hominis, quem audio magnis de Republica occupationibus impeditum, quotidie minus fe vobis fruendum præbere poffe, te vero mi Niger amo ut debeo, abs teque peto, ut eos amicos a me refalutes, quos modo nominavi, & omnes præterea reliquos, quos antiquæ academiæ effe cognoveris. Contarenum patronum tuum non amo folum, fed etiam veneror: & cum hoc ei tribuo, ut neminem illi in optimarum artium cogni-

---

(a) Confule quæ de Nigro habentur in notis ad Epiftol. LXX. pag. 189. & ad Epift. LXXII. pag. 198. Part. I.

cognitione præponam: tum vero Deum immortalem, divosque omnes contestans, sic plane statuo, nec meliorem virum, nec sanctiorem hominem, nec amantiorem veritatis, pietatis, finceritatis reperiri quempiam posse. Itaque tanto & amore & cultu illum profequor, quantum tantarum & tam præstantium virtutum excellentia postulat. Me ad Concilium affaturum esse, si id habebitur, dubitarene potes? Quanquam enim magno mihi ea res erit incommodo; tamen dare operam Deo, & illius honori ac nomini defervire, quantum quidem in me erit, ita mihi constitutum est, ut etiam si sit vita mihi in illo opere profundenda, mecum præclare iri actum putem. Tu vale, & nos ama, tibique perfuade, te vicissim a me fingulariter amari. Ex hortis nostris fuburbanis, IV. Nonas Junii, M. D. XXXVI.

EPISTOLA CCXLIX.

JACOBUS SADOLETUS

Antonio Florebello fuo S. (a)

Ejus orationem a se perlectam laudat, eumque hortatur, ne unquam pedem ab inita studiorum ratione revocet.

ET prius Epistolam tuam libenter legeram, & post oratione tua huc ad nos allata mirifice ejus sum lectione delectatus. Est enim

---

(a) Vide Antonii Florebelli vitam a nobis descriptam, quæ extat ad calcem Pontificiarum Sadoleti Epistolarum.

enim ornate atque ample scripta, teque ipsum mihi ante oculos constituit: cujus ego ingenium & copiam admodum semper probavi. Pauca sane quædam adnotavi in ea, quæ haud magni momenti sunt. De quibus mandavi Paulo, ut certiorem te faceret. Nunc, mi Antoni, quando eos cursus cœpisti, qui ad summam laudem deducere te possunt, perge porro atque enitere, ut spes nostra de te in dies fiat erectior, magnumque ex te accedat nostræ communi patriæ ornamentum. Non eges tu quidem hortatione: sed tamen amor meus non patitur a me prætermitti ac hoc officium quidem, ut te horter & admoneam, ut instare atque urgere tantam gloriam ne cesses. Ego ita faveo tibi, ut filio: ita in tuis laudibus acquiesco, ut illis me quoque existimem ornari. Quare si hoc animo fueris, ut & meam & tuam vicem tibi conandum atque elaborandum esse putes; non dubito quin ad summum honorem hujus facultatis sis perventurus. Vale, ex hortis nostris IV. Non. Junii, M. D. XXXVI.

EPISTOLA CCL.

JAC. SADOLETUS EPISC. CARPENTORACTEN.

Clarissimo Juris utriusque Doctori
Joanni de Lopis.

*Joanni de Lopis qui opusculum quoddam
suum ei nuncupaverat, officiose
respondet.*

AMor tuus erga me omnibus in rebus se ostendit, idem ille quidem semper, & inveteratus jam inter nos, sed aliis quotidie operibus ac officiis novus. Nam ut ego principio, tuæ virtutis atque doctrinæ fama commonitus, cum essem absens, atque in urbe Roma degerem, te ad meæ procurationis Episcopalis onus mecum una subeundum vocavi, vicariumque meæ diligentiæ constitui; primum illud fuit indicium tui amoris, quod libenter & studiose meam vocantis auctoritatem secutus es, totumque te mihi & meis commodis dedisti atque exposuisti: alterum etiam præstantius quod tanta integritate & diligentia munus illud curasti, ut tuam singularem juris utriusque scientiam non minore cum fide & justitia conjunctam omnes experiremur. Veni in Ecclesiam meam, hic quidem commorandi, & Deo uni inserviendi causa: quid nostra consuetudine quotidiana dulcius? cum ego omnia tibi plane credens ac committens, quæ & probitatem, & consilium doctrinamque requirerent, nusquam opinionem meam de te, & de virtute tua decipi

cipi sum expertus. Addidisti etiam illud, ut missa patria & parentibus tuis, quo esses mihi prior atque adjunctior, sedem omnium fortunarum tuarum Carpentoracti constitueres. Qua quidem in re declarasti prorsus quanti me faceres, & quo amoris studio accensa esset erga me voluntas tua. Atque hæc tot ac tanta testimonia tui animi sat magnam vim profecto habere videbantur ad me omni tibi benivolentia devinciendum; cum tu recenti quotidie munere aliquo afficere me studens, repititionem legis: *Si pater C. de hæredib. instituend.* quam summa cum cura & diligentia lucubrasti (a), & in qua tuum præstans inge-

---

(a) Opusculi hic est titulus; *Solemnis repetitio utilissima L. si pater C. de Hæred. instit. per clariss. J. U. Doctorem D. Joan. de Lopis Vicerectorem Comitatus Venayssini edita.* In qua ultra principalem materiam multa instruuntur, quæ ad rectorum animarum mores pertinent. Lugduni apud Seb. Gryphium 1536. in 4. Post nuncupatoriam epistolam ipsius Joannis de Lopis, ibidem edita est hæc ipsa Sadoleti epistola. Eam tamen maluimus heic repræsentare, quod in paucorum manibus sit ille liber; quem Fontana *Bibl. Legal. part.6.* solum memorat ex testimonio Freymonii. Qualis quantusque vir fuerit Joannes, Sadoletus, qui eum Vicarium sibi delegerat, testatur. Sadoletum vero vicissim laudat Joannes, ac de eo inter cetera, hæc habet in nuncupatoria illa epistola. ,, Accedunt ad bonarum disciplinarum tua-
,, rum splendorem tot præclaræ animi dotes, tamque sin-
,, gularis virtus, ut omnibus, qui te norunt, te ad-
,, mirari difficile, te imitari impossibile videatur. Fe-
,, cerunt hæc, Reverende Pater, ut tu muneri, cui
,, merito præes, non prece, aut precio, non poten-
,, tum instantia, minus etiam tua, ne dicam importu-
,, nitate, sed neque petitione pervectus sis, sed mera
,, Leonis X. providentia, qui ex urbe Roma multis mil-
a) lia-

genium rerumque copia elucet meo domini inscribere adortus es; quod ego donum tale esse existimo, ut debuerit id potius majoribus viris conferri, quique tui & ornandi & illustrandi facultatem majorem haberent; quando & tu, tua virtute sic postulante & gravioribus apta rebus, qui universæ huic provinciæ jus dicas his paucis annis electus es. Sed sive id tu benivolentia tantum adductus fecisti, sive judicio; habeo tibi omnino magnam gratiam, a teque peto, ut tibi certo persuadeas, te a me non solum diligi vehementer, sed etiam magni fieri. Vale.

,, liaribus absentem, huic Ecclesiæ pastore distitutæ, de
,, te potius, quam tibi voluit providere: teque ex longa
,, rerum experientia eum esse sciens, cui Pastoris offi-
,, cium congruebat, ad acceptandum compulit reniten-
,, tem.... Hæc tua tam præclara virtus, tuique mores
,, probatissimi, Antistes dignissime, me a natali solo,
,, dulcissimaque Avenionensi patria in tuum servitium
,, evocarunt; & cum tuæ amplitudini, cui pro susceptis
,, a te beneficiis plurimum debeo aliquas lucubrationum
,, mearum primitias offerre honestum existimarem, in-
,, terim dum argumentum quod tibi gratum esset, cogi-
,, to; relatum est, te causam duorum civium tuorum,
,, qui jam annis plurimis litigarunt, componendam
,, suscepisse; unde non indignum existimavi legem il-
,, lam, in qua totius processus summa consistit repetere,
,, non ut tuæ amplitudini ac plenitudini aliquid adji-
,, ciam; sed cum in causa illa ego jus dixerim, ut omni-
,, bus innotescat quam examinatum & circumspectum in
,, ea re fuerit judicium, adduco etiam (nec extra pro-
,, positum) aliqua quæ ad Presbyterorum & rectorum
,, animarum rem multum pertinent, ut eos, quos in
,, solicitudinis partem vocasti, ad tui imitationem ex-
,, citarem ,,. Ex quibus habes, præter Sadoleti lau-
dem, Joannis patriam, & libri scribendi causam plane cognitam atque perspectam.

EPISTOLA CCLI. (a)

PETRUS BEMBUS
Jacobo Sadoleto Episcopo
S. P. D.   *Carpent.*

Suum cum videndi desiderium, amoremque erga Paulum testatur. Mittit ei Epistolas Leonis X. nomine scriptas, laudatque Federicum Fregosium.

Accepi tuas literas, quas e Vico Sandonino dedisti, fideliter mihi ab illo, qui tibi casu sese obtulit, perlatas. Quibus literis me certiorem facis, te iter flectere, ut ad me Patavium accederes, propter festinationem tuam non potuisse. In quo etsi dolui hoc quidem tempore, mea me spe videndi tui lapsum, & dejectum fuisse, tamen gaudeo, quod ineunte vere tibi non defuturum confirmas, quin me visurus sis quoquo modo. Ego vero tametsi te ita facturum puto (non enim dubito, quin me ames, & videre cupias) tamen etiam atque etiam abs te peto, primum quidem, ut antequam in Galliam Transalpinam revertare, huc te conferas, ut una esse commodius possimus. Deinde si tibi id erit difficilius, scribas ad me, cum Roma proficisci cogitabis, quem ad locum, qui quidem sit in via, quamque ante diem ipse ad te veniam. Statutum enim mihi est tecum biduum, aut triduum, antequam omnino a eas conficere. De Paulo tuo quæ adscribis, ea mihi gratissima, jucundissimaque sunt. Non
enim

(a) Extat Epistolar. Bembi Familiar. lib.III. ep.32.

enim ego illum minus diligo, quam ille me. Multo etiam justius meus in illum amor proficiscitur, quam in me illius: qui plane adolescens, & doctrina, & virtutibus excellit. Rescripsi fere ad tuas literas. Nunc venio ad id, quod ante etiam, quam illas dares, ipse te scire magnopere cupiebam. Librum Epistolarum, quas Leonis X. Pont. Max. nomine scripseram, cum in eo munere collega meus esses, edidi proximis diebus (a). Is tibi Romae a procuratore meo afferetur, de eo scire aveo quid sentias, nihilo sane minus, quam si editus non esset. Nam iterum, & saepius cudi poterit. Etiam aliis in scriptis hoc idem feci. Tu modo ne gravere, quae tibi displicebunt, quae non probabuntur aperte ad me omnia, fraterneque praescribere. Caeterum Federicum Archiepiscopum Salernitanorum te jam vidisse sane puto. O festivos congressus vestros! Omnino facere non possum, quin tibi tantam voluptatem invideam. Cujus meae mediusfidius aegritudinis una tantum sanatio est, si te videro. Vale mi frater, Vale, & salve, VII. Calend. Novembr. M. D. XXXVI. Patavio.

(a) Atque hoc quidem titulo: *Petri Bembi Epistolarum Leonis X. Pont. Max. nomine scriptorum lib. XVI. ad Paulum III. Pont. Max. Romam missi, impressi Venetiis ab Johanne Patavino, & Venturino de Ruffinellis X. Cal. Sextilis, Cola Bruno procurante.* Idem opus pluries deinceps editum est, tum seorsum Lugduni 1540. Basileae an. 1539. & 1547. Venetiis 1552. Coloniae Agrippinae 1534. tum etiam cum ceteris ejusdem Autoris latinis operibus Basileae 1556. & 1567. Argentorati 1562. & 1611. nec non Venetiis 1729. in fol.

EPI-

EPISTOLA CCLII.

JAC. SADOLETUS EPISC. CARPENTORACT.

Laurent. Granæ Signiæ(*a*), & Mario Aligero(*b*) Rheatis, Episcopis S. P. D.

Utrique gratias agit pro acceptis beneficiis.

CUM digressus a vobis, Romam versus iter facerem, eoque itinere assidue ob animum vestra mihi virtus atque humanitas esset versata: simul ut urbem attigi, paulu-

lum-

(*a*) Laurentius Grana Romanus, antequam Signinus a Clemente VII. Episcopus factus esset (quod an. 1528. die 3. Junii contigit) Lateranensis Basilicæ Canonicus extitit. Obiit Signiæ an. 1539. Sepultusque est in æde Cathedrali in sacello S. Michaelis, quod ipse an. 1533. instauraverat exornaveratque. Vid. Leandrum Albertum in Italiæ descriptione & Ughellium in Ital. Sacr. tom. I. col. 133. edit. vet.

(b) Marius hic Aligerus Reatinus apud Pompejum Columnam Cardinalem S. R. E. Vicecancellarium (cujus a Secretis fuit) auctoritate & gratia adeo valuit, ut ejus favore ac patrocinio Patris Pontificatum anno 1529. die 17. Augusti a Clemente VII. Pont. Max. obtinuerit. Anno 1535. A Paulo III. Generalis Montis regalis Gubernator renunciatus, mox Bononiam Prolegatus missus, eas Provincias sancte prudenterque administravit. Mortuus est Reate prid. non. Octobris an. 1535. annos natus LXIII. atque in templo Cathedrali conditus. Vid. Ughellium in Ital. Sac. tom. I. col. 224. edit. vet.

lumque otii mihi datum est, nihil habui antiquius, quam ad vos scribere, & facere vos de mea omni voluntate certiores. Vere enim dicam ; cum venissem Bononiam, ac multa antea ipse de benevolentia in me vestra essem mihi pollicitus: re tamen ipsa expertus sum, superatam etiam opinionem meam vestris officiis, nihilque esse a vobis praetermissum, quod vel hospiti & peregrinanti officiosus homo, vel amicissimus amicissimo praestare posset. Itaque illo primo occursu congressuque vestro, omnis ea moestitia quae animum meum obsederat, prope depulsa est. Cum enim subinvitus, & contra animi sententiam iter illud suscepissem, pietatem atque officium in eo, non ullum meum commodum secutus, etsi constanter id faciebam, quod recti consilii nequaquam mei poenitebat: tamen insidebat in animo quidam dolor, quod studiis meis, atque ea tranquillitate vitae, quam ego maxime expeto amoque, vacare me aliquandiu necesse esse intelligebam. Incidi igitur in eos, qui & primi, & praecipue illa me cura levare potuerunt. In vestris enim vultibus, vestrisque sermonibus plenissimis officii, suavitatis, benevolentiae, tunc primum conquievi, vidique & perspexi, quod fidelis amicitiae est proprium, mei nominis charitatem nequaquam apud vos ex diuturna absentia mea imminutam fuisse. Quo quid mihi potuit accidere optatius? Etsi enim alter vestrum vetusta mihi familiaritate, alter recente est copulatus; tamen eandem prope vim habet naturae bonitas in nova amicitia conglutinanda, quam fides in vetere conservanda.

da. Ferme enim ad fummum celeriter pervenit, quod firmis & validis radicibus eft nixum. Quo in genere virtus magnas partes obtinet. Quæ cum excellat in ambobus vobis, in me autem ipfo non tam expreffa illa quidem, quam quibufdam quafi lineamentis fit inchoata; quid mirum fi & tu, optime ac doctiffime Grana, perpetuo me conftanterque dilexifti; & tu Mari fuaviffime vix dum defacie cognitum, amare tamen cœpifti? Quanquam hujus quidem amoris erga me, omnifque officii quod mihi tribuiftis, caufa in veftra fingulari humanitate pofita eft. De qua habeo vobis magnam gratiam: neque recufo, nifi pari vobis benevolentia refpondero, quin me ex hominum non effe numero judicetis. Refpondebo enim certe, neque patiar me ullo in amicitia officio a quoquam vinci: cum id præfertim non tam in rebus atque factis, quæ plerunque fortunæ & occafionis funt, quam in fideli & benevola voluntate fit pofitum. Quæ nunquam vobis a me deerit, neque ulla unquam efficiet dies, ut talium & virorum & amicorum memoria apud animum meum obfolefcat. Atque hujus promiffi animique mei quo benevolentiam meam vobis dedidicoque, has literas volui effe teftes: ut intelligeretis, quæ ftudia in me contuliftis, ea longe mihi gratiffima accidiffe. Reliquum eft, ut vos rogem (id quod minime videmini effe rogandi, fed tamen id more & confuetudine faciendum eft) ut priftinum erga me amorem confervetis, plurimamque meis verbis Sfortiæ noftro legato ampliffimo nuntietis falutem, gratiafque illi agatis, quod ab eo

& hu-

JACOBI SADOLETI
& humanissime acceptus, & hospitalibus illius donis, quibus me opipare muneratus est, edoctus plane sum, meum illi adventum & gratum & jucundum exitisse. Valete, VI. Nonas Novembris, M. D. XXXVI. Ex Urbe.

EPISTOLA CCLIII.

JAC. SADOLETUS EPISC. CARPENTORACT.

Mario Maffæo Volaterrano Ep. Cavallicensi (a) S. P. D.

Suum ejus videndi desiderium declarat, hominemque ut ad se veniat hortatur.

CRedo jam ad te esse perlatum, me accitum a Pontifice Maximo, statuisse suscipere hoc iter, accedereque ad eam Urbem, in quam a me olim certo consilio relictam, nulla alia ratio, præter eam quæ nobis proposita est, si forte videlicet succurri per nos possit periculis communibus, me valuisset retrahere. Quanquam ad hoc quidem tanti ponderis negotium, mea & autoritas tenuis, & ingenii facultas admodum exigua est. Sed sit hic illius fortasse error, qui hoc de me judicium fecit: mihi quidem optima adest voluntas, cetera ab aliis meliora quærenda sunt. Nec tamen hoc mihi fuit propositum,

ut

(a) Vide notas in Epist. CCXLVI. pag. 401.

ut de hisce rebus ad te scriberem. Illud meæ proprium argumentum est epistolæ, ut cum ego sine te, neque urbem hanc, neque eam quam vivo vitam, aut vitam esse, aut urbem existimem : quod omnis mea suavitas, omne perfugium curarum molestiarumque mearum, omnis denique animi mei lætitia in tuo mihi optatissimo complexu conspectuque prorsus reposita est; te quidem orem atque obsecrem, uti facias mihi tui præsentis copiam. Etsi quid ejus amoris adhuc residet in te, quem erga me sæpe ostendisti, ne graveris capere breviusculum hoc iter, quod ego longissimum sum emensus, quantis meis incommodis & detrimentis non dico : illud tantum dico, in quo satis incommodi est, adversus certe omnem animi mei sententiam : sed & officio serviendum, & religioni fuit. Illud tibi confirmo, me toto hoc itinere incredibilique illa, quam capiebam itineris molestia ; te mihi unum propositum semper habuisse, in cujus benevolentia & suavitate omnem essem angorem & solicitudinem animi depositurus. Itaque quoties revocare me a tristioribus curis ad aliquam animi hilaritatem & lætitiam instituebam, ad te ipsum protinus cogitatione revertebar; meusque erat unus in mente mihi & in sermone Marius. Ille consolator mœstitiæ meæ, ille animi confirmator : in hoc denique dulcissimo & mihi carissimo nomine acquiescebam. Postea vero quam veni ad urbem, neque te hic offendi : quid dicam Mari? pudet me proferre, quam perculsus animo & destitutus fuerim : ut mihi sordere & jacere omnia viderentur, cum tu decesses unus, qui tamen mihi es pro omnibus.

bus. Etsi cæterorum quidem officia amicorum mihi non desunt: sed illa mihi sic grata & jucunda futura sunt, si sale condita fuerint venustatis tuæ. Itaque in maximo desiderio tui videndi & complectendi sum: neque aliam spem ullam habeo reliquam hujus non longi temporis, quo Romæ sum mansurus, cum aliqua levatione molestiæ traducendi, nisi tu dederis hoc vel amicitiæ nostræ, vel humanitati tuæ, ut nos tibi visendos esse statuas, conferasque te aliquantisper in hanc urbem: quæ privata conspectu tuo, cæteris qui te diligunt, ornamento suo spoliata, mihi uni deserta & penitus derelicta visa est. Nam si in itinere, inanis illa de te cogitatio tantum potuit, ut meos omnels labores faceret leviores; quid faciet viva vox, quid vultus, quid ista significatio amoris, si tu mea causa adductus huc te retuleris? Credas mihi velim, non possum tantum exprimere, quantum mihi in animo est, vel studii, vel benevolentiæ, vel ardoris, ut te tuaque & sperata & expetita consuetudine aliquandiu perfruar. Quod quidem minime longum futurum sit: statutum enim mihi est, secundum Martium mensem urbanas res relinquere, & vel proficisci Mantuam, si agetur conventus is, qui indictus est, vel in Galliam reverti, ubi jucundum habeo & studiorum meorum, & omnis mei otii ac tranquillitatis domicilium. Quæ res cum ita sese habeat, & hac occasione amissa, deinde facultas nulla futura sit, quæ sustentet animos utriusque nostrum spe iterum congrediendi inter nos & amplectendi: quo me dolore affectum iri putas, si hæc me expectatio, ac spes, quam nunc

EPISTOLÆ FAMILIARES.

nunc pene in manibus habeo, fruendi tui, fuerit frustrata? qui te unum omnium plurimum & dilexi femper, & diligo: tecumque cum fum, quod creberrime fum expertus, nulla omnino moleftia, neque graviore folicitudine foleo opprimi. Quamobrem Mari optime atque humaniffime, erit non humanitatis folum tuæ, fed etiam ejus virtutis & integritatis, quam in colenda amicitia femper adhibuifti, dare hoc noftris precibus, ut te hic præfentem quamprimum habeamus; facilitateque tua efficere, ut quamvis mea animi incitatio longiorem orationem defideret, tua tamen natura propenfa ad morigerandum, breviore contenta fuiffe videatur. In quo & tui ipfe fimilis eris, & urbanis omnibus facies gratum: me quidem ipfum incredibili quadam lætitia & fummo beneficio affeceris. Vale, V. Nonas Novemb. M. D. XXXVI. Ex Urbe.

EPI.

JACOBI SADOLETI

EPISTOLA CCLIV.

JAC. SADOLETUS EPISC. CARPENTORACT.

Antonio Suriano Patricio Veneto (*a*)
S. P. D.

Gratias Illi agit, quod se absentis famam innocentiamque defenderit, suamque erga eum benevolentiam ostendit.

CUM venissem ad Urbem, a Pontifice Maximo (quod te non ignorare arbitror) accersitus, atque ibidem de tua erga me benevola voluntate complurium & gravium mihique amicissimorum hominum testimoniis cognovissem; faciendum mihi putavi, id quod meæ & naturæ & instituti est, ut scriberem ad te, ageremque tibi pro tua præstanti humanitate gratias. Vere enim tibi confirmo, cum multa eveniant in vita, quæ hominibus grata accidere solent, nihil tamen mihi contingere potuisse optatius, quam a te tali viro, omnibus & virtutis ornamentis, & fortunæ ac nobilitatis prædito, mei absentis famam in-
no-

(*a*) Fuit hic eques D. Marci Procurator, atque inter claros Patavini Gymnasii moderatores recensetur a Papadopolo in Historia Gymnasii ipsius Patavini tom. 1. lib. 1. sect. 11. cap. 2. Eum et. Zenus in vit. Parutæ tom. 3. p.8. not. d. edit. Venet. Hist. virum appellat doctissimum, & sua ætate gerendæ Reipublicæ scientissimum.

nocentiamque defensam esse, cum essem injustis criminibus appetitus. Quid enim a me alienius, quam velle deflectere ab eis majorum nostrorum sententiis, in quibus constanter & firme retinendis salus & beata nostra vita consistit? Sed sive ille fuit quorundam error, sive religionis, ut videbatur, defendendæ studium: (non enim adducor, ut malevolentiam fuisse credam) tu mihi ea officia præstitisti, quæ vel frater fratri, vel filio præstare indulgens pater solet. Nam & testimoniis tuis meam integritatem commendavisti, & illas falsas quorundam de me suspiciones ægerrime ferre præ te tulisti. Quæ si aliquo meo erga te merito tributa mihi abs te essent, permagni tamen essent æstimanda. Cum vero tu nullis meis provocatus officiis, ita tamen parteis meas tutandas susceperis, ut si frater tuus fuissem: quo me studio gratiæ, quove obligationis vinculo tibi esse obstrictum putas? Equidem gaudeo te eum virum esse, cui optimo jure omnis honos debeatur, etiam si nulla forte deberetur gratia. Quid enim ingenio & doctrina tua, quid prudentiæ & virtutis laude illustrius? Cum vero ad hæc tot tamque eximia in te ornamenta, illud etiam accedat, ut maximo tuo beneficio tibi devinctus sim; crede mihi, Antoni Suriane optime atque ornatissime, inter eos qui te amant & colunt, quorum, cum tu talis, tamque benefica & liberali natura præditus sis, magnam profecto necesse est esse copiam, me ita primas apetiturum esse partes, ut nihil sis unquam in me ipso quod in constanti & fideli amicitia requiratur

tur, defideraturus. Itaque & quantum virtuti debetur honoris, id tibi a me nunquam deerit, & quantum beneficio gratiae totum tibi a me ita paratum eſt, ut omnia mea officia & ſtudia in te potiſſimum ſemper ſim collaturus. Quod ſi aliqua mihi oblata fuerit occaſio, qua me tibi gratum & memorem probare poſſim, agam id ipſe per me: ſin a te fuero admonitus, efficiam ut intelligas, neminem te habere, cui aut fidentius imperare quae velis, aut de quo plura tibi & majora polliceri queas. Quae quidem non ab opibus fortunae, quae tenues mihi funt, ſed ab amore & fide conſtantis amicitiae poſſint proficiſci. Interea jucundam nominis tui memoriam fumma cum fide benevolentiaque conſervabo. Vale, IV. Non. Novembris, M. D. XXXVI. Romæ.

EPISTOLA CCLV.

JACOBUS SADOLETUS EPISC. CARPENT.

Antonio Pulleoni Siculo
S. P. D.

Reddit rationem ſui ad urbem itineris, ad quam ſe incolumem perveniſſe eum certiorem facit.

Jucundiſſimas accepi tuas literas XVIII. Calendas Octobris datas: quibus perſpexi curam & ſolicitudinem animi tui, quam de ſalute mea ſuſcepiſſes, cum audiviſſes (ut ſcribis)

bis) totum ferme id bellum, quod in Gallia provincia gestum est, ad nos esse translatum. Quod autem adjungis in eisdem literis, gaudere te, quod a summo Pontifice accersitus, honestissima ratione ex illis periculis essem emersurus; equidem recognosco amorem tuum pristinum erga me, teque in ea sententia esse plane mihi persuadeo. Sed profecto mi Pulleo alio ego modo metior pastoris & Episcopi officia, ac tu fortasse putas esse metienda. Non enim illi terrores aut pericula terrere me debuerunt, ut discedere illinc cuperem; sed magis gregis mei timor ac perturbatio, in ejus me custodia retinere, ut in vigilando & gubernando tali ejus tempore essem attentior. Quod & feci, omnemque rationem & periculi, & salutis meæ cum civibus meis communicavi: nec ab illis cepi separatim ullum consilium, quod mihi uni præsidio esse posset. Itaque cum in medio ipso tumultu belli ac periculo literæ Pontificis ad me essent allatæ, quæ me huc accirent; eo animo fui, ut nisi prius Cives meos extra omne discrimen positos viderem, non fuerim venturus. Sed Dei immortalis benignitate ac clementia, haud ita multo post pacatis rebus paceque illis regionibus reddita, non duxi tergiversandum, quin me conferrem ad hanc urbem. Invitus quidem & gemens, quod nil mihi magis contra animi sententiam potuit accidere, quam cogi relinquere studia & literulas meas in pace, in quibus antea bello fuissem interpellatus. Verum tamen ea causa afferebatur accersendi mei, atque is mihi proponebatur optimorum consiliorum fructus, ut me impium ad-

adversus Deum judicaturus fuerim, si non paruissem ejus mandatis, qui me ad præclarissimas actiones vocandum censuisset. Itaque hoc animo è meis locis sedibusque egressus, Romæ nunc sum: expectoque quam mox aliquid agatur, non modo dignum optimi Pontificis virtute ac prudentia, sed etiam levandis horum temporum calamitatibus necessarium. Eo enim statu, (quod te non latet) Christiana est Respublica, ut nisi aliquid novi remedii adhibeatur, omnia omnino ruitura sint. Sed hoc Deus viderit, cujus ego numini & voluntati totum me dedo permittoque. De me autem ipso, meoque animo erga te, sic existimare debes, Pulleo (quod tamen te facere tuæ indicant literæ) nihil te mihi esse in amore amicitiaque conjunctius. Nam & judicium quod semper de te feci, cum de tua integritate, virtute, prudentia, honorificentissime judicavi, permanet idem apud me: & in suscepta erga te benevolentia constantissime maneo, partim sponte, & consuetudine naturæ meæ, partim vero maxime tuo in me perpetuo atque insigni amore provocatus. Cognovi enim te in omni tempore mihi esse amicissimum. Itaque quam me putas cupere, ut tu nobiscum una hic adesses? atque his interesses negotiis (si modo ullum tractabitur negotium) cum intelligam tuam præstantem prudentiam magno Reipublicæ posse esse adjumento? Quod si mea pondus haberet autoritas, contenderem & eniterer, ut tu vocarere, tuaque nobiscum consilia conferres. Nunc optare id licet, sperare haud ita licet. Quanquam te honore & administratione honestissimi muneris a summo Pontifice ornatum

esse

esse, tua causa vehementer gaudeo, tibique eam rem laudi atque emolumento esse opto. Sancius tuus ægrotabat, cum ego ad Urbem veni, neque adhuc morbo satis levatus est: itaque eum nec videre potui, nec alloqui. Quod sane mihi fuit incommodum: hominis enim & probi, & experientis, opera atque opportunitate carendum fuit: quem ego mediusfidius & tua & ipsius causa non mediocriter diligo. Paulus nobiscum est una, magnopereque me in rebus omnibus adjuvat, participesque est curarum consiliorumque meorum. Is tibi præstat benevolentiam quam debet, nec mentionem tui fere intermitti sinit. Nos ambo te singulariter amamus, salvumque & florentem esse cupimus, petimusque a te more tamen magis, quam quod necesse sit, ut solitam tuam erga nos benevolentiam tueare, atque conserves. Vale. Idibus Novembris, M. D. XXXVI. Ex Urbe.

JACOBI SADOLETI

EPISTOLA CCLVI.

Jac. Sadoletus Episc. Carpent.

Benedicto Accolto Cardinali *(a)*
S. P. D. *Florentiam*.

Mutuam cum eo veteremque amicitiam,
ac benevolentiam commemorat.

NON potuit amantius neque liberalius scribi, quam scriptum est a te in eis literis, quas IV. Non. Novembris, ad me dedisti. Plane enim refertæ illæ fuerunt humanitatis, suavitatis, benevolentiæ: & (quod in ejusmodi re mihi prope admirabile visum est) singularis etiam prudentiæ. Video enim te, cum fortiter & invicte feras casus humanos, in commemoratione tamen nostræ necessitudinis, & in amicitiæ memoria remollescere animo, quod est bonitatis: molesteque ferre, quod me & videre, & alloqui prætereuntem non potuisse. Quo mihi quoque ipsi nihil accidere potuit durius. Cum enim redirem ad eam urbem subinvitus, unde bonis etiam rebus meis, certo consilio discesseram; una illa consolatione sustentabar, quod revisurum eram amicos veteres, & in eorum congressu ac colloquio mærorem omnem depositurus, quicunque mihi jucundissimum otium relinquenti, & in eosdem, quos prius,

---

(a) Vide quæ de Accolto habentur supra pag. 281. Part. 1. In notis ad Epist. XCVI.

prius, fluctus è tutissimo ac tranquillissimo portu me referenti, ad animum obrepsisset. Quod etsi mihi aliqua ex parte contigit (certe enim multorum sum & vultu & animo amicissimo exceptus) te tamen unum abesse, caput amicorum omnium, molestissime ferebam. Itaque te tanto intervallo videre amplectique incredibiliter cupio : quod appetente vere faciundum mihi est. Constitui enim in Urbe hyemem hanc manere. Qua confecta, aut ad Conventum publicum profecturus Mantuam sum, si modo ullus is agetur : aut in Galliam meam, ad propriam stationem reversurus. Istac utique iter facturus, ut optatissimo conspectu & sermone tuo ad arbitrium meum perfruar. Quanquam non diffido summum hunc Pontificem, ut est singulari bonitate & clementia, honoris tui, ac dignitatis rationem quandoque habiturum. Quod autem scribis ad me, jucundum tibi esse, me in pristina erga te observantia voluntateque permanere ; ego mi amplissime Accolte, si is esse volo qui debeo, colam te atque amem summopere necesse est. Cujus enim habeo plura erga me amoris & liberalitatis indicia ac monumenta ? Quid virtus tua ? Quid humanitas ? Quid illa & crebro & vehementer repetita amoris tui erga me significatio ? Quid doctrina ? Quid literæ ? per quas suavissimo vinculo communium studiorum conjuncti inter nos sumus, parumne ista valent ad animum meum tibi obligandum, totumque in ditionem & potestatem tuam tradendum ? De tua autem in me benevolentia, hoc velim tibi persuadeas, neque me existimare honorificentius quicquam me assequi posse, quam abs te sic diligi: nec aliquid animo meo accidere poſſe jucundius. Lodovicus medicus tuus, homo (ut mihi viſus eſt) & peritus, & prudens; idemque ſtudioſiſſimus tui, offendit me in via, cum lectica veherer, quod nondum etiam eram ex recente morbo confirmatus. Cum eo ſermonem habui de te, quem illum ad te pertuliſſe arbitror. Iter item mecum ad Urbem faciebat Molſa, ſummo ingenio & ſumma eloquentia vir, atque is quoque amantiſſimus rerum omnium tuarum. Sed eſt quod mihi ignoſci a Ludovico pervelim. Egi enim cum eo parum ſane humaniter: qui cum ſermones inter nos confereremus, ſiſti lecticam non juſſerim. Cujus me mei errati acriter poſtea pœnituit. Conſideranti enim poſt mihi, nihil viſum eſt agi potuiſſe magis ruſtice. Sed ſive torpor quidam mentis atque ingenii ex morbo (ut arbitror) contractus, ſive ipſa commemoratio de te, plena lætitiæ partim, partim etiam doloris, ita conſilium mihi excuſſit, ut quid tum deceret, nequierim perſpicere. Hujus meæ culpæ, cujus recordatio etiam nunc mihi moleſta eſt, & abs te, & ab illo veniam peto dari, mihique ignoſci peto. Reliqua mea officia in te, atque in omneis tuos fideliſſime ſemper amantiſſimeque conſtabunt. Vale, XII. Calend. Decemb. M.D.XXXVI. Ex Urbe.

EPI-

EPISTOLA CCLVII.

JAC. SADOLETUS EPISC. CARPENTORACTEN.

Cofmo Gerio Fani Epifcopo (a)
S. P. D.

Refpondet Gerio, qui fe ad hofpitium invitarat.

LUdovicus Beccadellus (b) familiaris tuus convenit me, multamque tuis verbis falutem mihi nunciavit: adjunxitque in fermone,

---

(a) Cofmus Gherius Piftorienfis, Gorii Gherii clariffimi præfulis nepos, an. 1513. nobili genere natus, tanta in primo adolefcentiæ flore prudentia, probitatis, doctrinæ, eloquentiæ laude claruit, ut vix annos pubertatis egreffus a Clemente VII. an. 1530. die 14. Iunii Fani fortunæ Epifcopatum obtinere meruerit. Extant ad eum Epiftolarum familiar. lib. VI. Bembi Epiftolæ quatuor, in quibus cum ejus in latine fcribendi elegantiam nitoremque, tum fingularem eruditionem commendat. Tantam de fe opinionem exiftimationemque adeptus, dum ad fummam gloriam properabat, vixque ætatis an. quartum & vigefimum attigerat, immatura morte præreptus, trifte bonis omnibus fui defiderium reliquit. Vid. Ughellium in Ital. Sac. tom. 1. col. 714. edit. veteris.

(b) Ludovicus Beccatellus Bononiæ nobili genere ortus eft an. 1501. patre Pomponio, Prudentia Mamellina matre. Optimis difciplinis in patria primum excultus, Jurifprudentiæ Carolo Ruino præceptore, operam dedit. Inde Patavium profectus, adeo in Græcis latinifque literis profecit, ut doctorum virorum gratia in ea urbe unus omnium maxime floruerit. Nam Petro Bembo, Reginaldo Polo, Lazaro Bonamico familiariter ufus eft, & apud Gafpa-

ne, te moleste ferre, quod cum ego per ista loca ad Urbem proficiscens iter facerem, tu istic non affuisses cupereque te in meo reditu, si eadem via iter facerem, videre me, & alloqui, hospitioque excipere, quem jam ante in amorem & in benevolentiam tuam recepisses. Quæ cuncta mi optime Geri mihi abs te jucunda & grata accidere. Nam cum de te jam pridem in eam opinionem venerim, ut de virtute & humanitate tua mirifice sentiam, multorum bonorum testimoniis in hunc sensum adductus: tum vero hæc significatio tuæ erga me voluntatis & meum pristinum de te judi-

---

Gasparem Contarenum adeo auctoritate valuit, ut Cardinalis factus, Beccatellum omnium suorum consiliorum participem esse, semperque secum quoad vixit tum Romæ, tum in Germania, tum Bononiæ eum habere voluerit. Contareno e vivis erepto apud Joan. Mornnum Cardinalem eodem gradu fuit: tum a Paulo III. ad efformandos Ranutii Farnesii mores adlectus, atque ad alia gravissima negotia cum Romæ, tum Tridenti in Synodo adhibitus, tantam prudentiæ ac integritatis famam sibi comparavit, ut Julius III. statim ac Pontificatum iniit, illum Apostolicum *Nuntium* ad Rempublicam Venetam miserit. Quo munere egregie perfunctus, Cardinali Morono in Germaniam Legato, additus comes, comitiis Augustinis interfuit. Inde reducem Paulus IV. Epidaurensibus sacris Archiepiscopum in Dalmatia præfecit, Tridentinoque Concilio, Pio IV. Pont Max. interfuit. Demum a Magno Etruriæ duce Florentiam accersitus an. 1563. pingui Sacerdotio Pratensi in Etruria Ecclesiæ ditatus est, ibique XII. Kal. Novembris an. 1572. extremum diem obiit. Beccatelli vitam (quam quidem nescio an unquam fuerit edita) scriptis mandarunt Seraphinus Pazzius, & Antonius Gygas Fornsempronjensis, teste Papadopolo in Hist. Gymnas. Patav. tom. 2. lib. 1. cap. X: 1. num. CXXVI. pag. 74. qui Beccatelli operum Catalogum in medium profert.

judicium confirmat, & facit, ut te etiam mihi magis præcipua quadam benevolentia diligendum putem, quem antea communi illo studio, quod virtuti debetur, tantummodo diligebam. Siquidem nihil est, quod me vehementius impellat ad amandum, quam cum intelligo me amari. Quod quoniam mihi abs te contigit, sic velim tibi persuadeas, neque in fide amicitiæ, neque in benevolentiæ studio, quicquam a viro bono desiderari convenire, quod tibi a me non promptum & paratum futurum sit; meque & tuam istam voluntatem, quam erga me eximiam ostendis, maximi facere, & tuis tantum tribuere virtutibus, ut existimem hanc modo inter nos initam amicitiam, mihi non solum voluptati, sed honori etiam permagno fore. Quare ita sentias & constituas volo, me tibi prorsus esse amicissimum. De hospitio quod mentionem facis; crede mihi, si te præsentem istic offendissem, perlibenter certe ad te divertissem. Quid enim mihi tuo aspectu & familiaritate occurrisset dulcius? Neque recuso, si in reversione mea in Galliam per eadem ista loca transiero, per quæ, ut nunc est, transiturum me arbitror: quin ad te recte me conferam, tecumque & apud te diem & noctem sim. Sed & pueri familiaresque tui, te absente eam mihi sedulitatem diligentiamque præbuerunt, ut facile appareret ex disciplina domestica, qui tu, & quam liberalis hospitum receptor esses. Nullum enim certe officium prætermiserunt, quod tam brevi tempore, & peregrino, & hospiti potuerit præstari. In quo declararunt, cum me tam studiose invitarent & colerent, quantopere illud

tibi

tibi gratum judicarent fore. Quæ cum omnia redeant eodem, ut sint amoris erga me tui indicia atque signa: ne vivam, mi Geri, si concessurus tibi sum, ut tu plus me diligas, quam ego te diligo. Itaque & pro collegio & pro amicitia, paria tibi a me studia polliceor ac defero, atque illa sunt, quæ tu in me contulisti: & si fieri poterit, etiam ampliora. Sed de his satis. Ego genus tuum vitæ, consiliumque in Ecclesia tua commorandi, usque adeo probo, ut non desinam id & laudare, summe, & admirari, Deumque immortalem quæso, ut dignum tua ista virtute animique constantia fructum atque eventum consilio tuo largiatur. Vale, 1II. Calend. Decembris, M. D. XXXVI. Ex Urbe.

EPISTOLA CCLVIII.

JAC. SADOLETUS S. R. E. CARDINALIS

Herculi II. Duci Ferrariæ,
S. P. D.

Narrat se a Paulo III. Cardinalem renunciatum.

Quoniam habeo te inter eos, quos mihi eximie semper colendos observandosque proposui; ideo putavi mihi faciendum esse, ut ad te mea manu scriberem nuntiaremque id quod mihi contigit. Heri enim nihil cogitans, ac ne cupiens quidem, sed præter omnem opinionem meam creatus sum Cardinalis. Cujus honoris magnum onus & splendidum, meis tamen humeris perquam
gra-

grave est: non enim videtur meæ fortunæ tenuitas id posse perferre. Sed tamen feram ut potero: & si copiis opibusque deficiar, in eo elaborabo, ut fide, integritate, amoreque in Rempublicam muneri meo satisfaciam. Tibi vero præstantissime Dux, cujus nomini clarissimæque familiæ jam pridem valde deditus sum, ita mea studia officiaque polliceor ac defero, ut tibi cupiam persuasum esse, ea tibi imprimis præsto semper fore: meque eorum nemini qui te amant & colunt, quorum pro amplitudine & nobilitate tua, magna copia est, unquam concessurum, semperque ea libentissime facturum, quæ honori tibi & ornamento esse possint. Sed hæc, cum usus venerit, re magis præstabo, quam verbis. Tu ut me diligas, habeasque in numero tuorum, vehementer a te peto. Vale. Ex Urbe, X. Calend. Januarii, M.D.XXXVI.

EPISTOLA CCLIX.

JAC. SADOLETUS S. R. E. CARDINALIS

Rodulpho Pio Carpensi S.R.E. Cardinali (a)
S. P. D.

Idem argumentum.

CUM me tecum una, Paulus Pontifex Maximus in amplissimum S. R. E. Cardinalium ordinem cooptaverit; non tam res ipsa mihi

---

(a) Inter praestantes pietatis ac doctrinae laude viros, quos anno 1536. 21. Calend. Januarii a Paulo III. Pont. Max. in amplissimum Cardinalium ordinem una cum Sadoleto relatos, laudavimus in notis ad ejusdem Sadoleti vitam pag. LIX. & LX. merito haud postremum obtinet locum Rodulphus Pius Leonelli Carporum Principis filius. Natus enim VI. Nonas Maii an. 1500. summam generis nobilitatem, tantis divinarum humanarumque literarum scientia, tantis virtum ornamentis locupletavit, ut adolescens adhuc an. 1527. a Clemente VII. Faventiae Pontifex factus, difficillimis legationibus tum ad Carolum V. tum ad Franciscum I. egregie fuerit perfunctus. Cardinalis vero dignitate auctus, & ad gravissima Sacerdotii ac Imperii negotia a summis Pontificibus Paulo III. Julio III. Paulo IV. Pio IV. & Pio V. continuo adhibitus, adeo praeclaram, fidelem, ac diligentem Reip. operam navavit, ut praecipuum in eo Catholicae Ecclesiae praesidium atque ornamentum constitutum esse videretur. Obiit Romae an. salutis 1564. VI. nonas Maii, sepultusque est in aede SS. Trinitatis ad montem Pincium, addita praeclara inscriptione, quam S. Pius V. homini de Christiana Republica Jeque S. Apost. Sede peculiari ratione optime merito, posuit. V. Ciacc. tom. 3. col. 619. Ughell. tom. 2. p. 506. & Papadopolum tom. 2. lib. I. cap. XIX. p. 64.

mihi Jucunda accidit, propter prioris vitæ meæ (ut ego arbitror) beatioris desiderium, quam summi benignissimique Pontificis tale de me judicium, & jucundum & gratum extitit. In quo auxit permultum animi mei lætitiam, quod te socium, vel potius ducem habiturus sum in omnibus præclaris actionibus, quæ per nos ad Dei omnipotentis gloriam, & Christianæ Reipublicæ salutem, & suscipiendæ fuerint, & tractandæ: ut etiam si virtute tibi impar, voluntate tamen proximus sim futurus. Sed de his alias. Nunc tibi ex animo gratulor, teque videre quam primum opto; ut mutua nostra benevolentia, quæ semper animo potius retenta, quam officiis inter nos usurpata est, propter disjunctionem videlicet nostram & vitæ, & locorum, nunc assiduitate consuetudinis, & communicatione consiliorum, uberiorem multo amoris fructum nostrum utrique afferat. Tu vale, & ignosce brevitati meæ: plura enim scribere meæ occupationes non sinunt. Iterum vale. Romæ, V. Cal. Januarii, M. D. XXXVI.

EPISTOLA CCLX.

JAC. SADOLETUS S. R. E. CARDINALIS

Mario Aligero Rheatis, & Laurentio Granæ Signiæ Epifcopo S. P. D. (*b*)

Idem argumentum.

CUM me nihil tale cogitantem, ac præter omnem expectationem meam, optimus Maximufque Pontifex in facrum collegium S.R.E. Cardinalium cooptaffet, non exiftimavi tantum mihi curarum & folicitudinis ab ipfo honore, qui certe maximis occupationibus eft impeditus, afferri oportere, ut officii oblivifcerer, quo mihi videor ambobus vobis effe obftrictus. Tanta eft humanitas earum literarum, quas mihi refcripfiftis; adeoque veftram propenfam & benevolam erga me voluntatem vifus fum agnofcere. Quod profecto gratiffimum mihi accidit. Talibus enim viris, quales eftis vos, probatum me effe, præcipuum præmium mihi videtur effe virtutis. Quæ quidem virtus fi tanta in me exifteret, quanta a vobis magis prædicatur, quam a me ipfo agnofcitur, gauderem majorem in modum judicio doctiffimorum & amiciffimorum. Nunc etfi opinionibus de me veftris imparem effe me fentio, amore tamen erga me veftro nihilominus lætor: facileque patior,
vide-

(a) Vide quæ de Mario Aligero, deque Laurentio Grana diximus paullo fupra in notis ad Epift. CCLII. pag. 423.

EPISTOLÆ FAMILIARES. 419
videri vobis majora quæ benevolentia vobis depingit, quam quæ veritas ipsa fert. Sed de his satis. Ego hoc honore factus sum vobis non amicus melior, sed aliquanto ornatior. Qui quidem honor magis mihi erit & optatus & gratus, si ex eo facultas mihi affuerit, bene de vobis, & de vestri similibus promerendi. Non enim alium ex illo fructum aut specto, aut percipere cupio. Vos si pristinam vestram benevolentiam erga me conservabitis, & humanitati constabitis vestræ; & facietis mihi gratissimum. Valete.

Scriptæ erant hæ literæ, cum tuas eodem die, Mari doctissime, accepi literas, & simul alteras ad Paulum Granæ nostri, utrasque honori nostro gratulanteis: quas nimirum libentissime legi. Gratulatio vestra optimi animi index mihi pergrata est. Utinam ego talem me præstare possim, qualem vos describitis. Conabor quidem certe, & si aliud nihil, egregiam utique voluntatem ad Christianam Rempublicam afferam, cujus salus atque amplitudo semper erit mihi mea vita charior. Vobis autem duobus hoc nunc habeo quod polliceor ac spondeam, vos neque constantiam in benevolentia erga vos mea, neque in amicitia fidem esse desideraturos. Sicuti quidem & virtus vestra, & meæ vitæ perpetua consuetudo a me postulat. Iterum ac sæpius valete. Romæ.

JACOBI SADOLETI
EPISTOLA CCLXI.

JACOBUS SADOLETUS CARDINALIS

Alexandro Farnesio Cardinali (a)
S. P. D.

Narrat se in Cardinalium numerum a Paulo III. relatum fuisse, eaque de caussa toti Pontificis familiæ gratum se fore ostendit, ejusdemque Alexandri gratulatoriis literis rescribit.

NISI tuæ prorsus amplitudini deditus essem, non sumpsissem hanc curam in hoc tempore scribendi, & tibi de nostro honore significandi, quo sum ab tuo Avo maximo præstantissimoque Pontifice in sacrum ordinem vestrum paullo ante cooptatus. Quid enim tua quasi interesset, me summi Principis judicio fuisse ornatum, nisi hic meus honos aliqua etiam ex parte ad te pertineret. Nam cum & hoc tantum beneficium mihi a tuis sit, & ego pro mea natura, gratissimaque voluntate, non solum illi, qui me ornavit, sed ejus cognatis, necessariis, affinibus, ita sim obstrictus, ut omnibus plane sempiternam gratiam debere me confitear; non putavi alienum, & scribere aliquid ad te, & declarare amplitudini tuæ, quem erga vos animum geram, quos habituros semper sum, & vitæ meæ arbitros, & consiliorum auctores. Certe enim

---

(a) Vide quæ de Farnesio habentur superius in notis ad Epist. CCXXXII. pag. 350.

enim, si quid mea mens, meusque animus, aut cogitatione valere, aut ingenio potest: si mei labores, operæ, vigiliæ, quippiam agere idoneæ sunt, quod ab homine non stulto, neque inerti videatur profectum, omnia mihi in eo impendenda sunt, ut gratus in tanto Avi tui beneficio, in omnibus autem vobis, qui ex illo estis, colendis, tuendis, observandisque & diligens & constans esse videar. Quod quidem tanto studio semper faciam, ut non recusem perfidiæ crimen, si quid non modo malitia, verum etiam negligentia inductus prætermisero, quod tam beneficis patronis ab homine gratissimo debitum esse videatur. Hæc pauca volui scribere ad te, (nam plura quominus scriberem, occupationes meæ non sinebant) tantum ut tibi persuasissimum haberes, me inter multos, qui tibi dediti addictique sunt, maxime omnium esse tuum. Quod si firmiter animo comprehenderis, meque ita, uti spondeo, tuum esse constitueris; nunquam fallam opinionem tuam. Vale. Romæ.

P. S. Scripta jam Epistola, litteræ mihi abs te sunt redditæ plenæ amoris, & verissimæ gratulationis: quas ego præter modum gratas, jucundasque accepi, deque iis ago tuæ amplitudini maximas gratias. Nam & animum in illis tuum erga me recognosco, & eo, quod de me facis judicio valde lætor. Tu (ut jam dictum ante est), si me in primis numeraveris tuum, omniaque de me tibi pollicitus fueris, quæ ab homine memore & grato debent expectari; dabo operam ut nequaquam spe & judicio tuo deceptus esse videare. Vale iterum ac sæpius.

JACOBI SADOLETI

EPISTOLA CCLXII. (*a*)

LAZARUS BONAMICUS (*b*)

Jacobo Sadoleto Cardinali
S. D. *Romam.*

Quod in sacrum purpuratorum Patrum senatum fuerit cooptatus, magnopere gaudet, simulque Pauli III. Pont. Max. singularem in ornandis ea dignitate optimis præstantissimisque viris sapientiam, laudibus extollit.

INcredibilem antea voluptatem ceperam ex reditu tuo in Italiam, & ipsi Italiæ, Romæque gratulabar, quæ te aliquot jam annos carentes, tui nominis gloria quodammodo carere, eamque sibi Galli vindicare videbantur: qua in lætitia, dolore tamen non mediocri afficiebar, quod subverebar, ne iterum nobis eriperere, & transalpes usque evolares. Sed proxima reuunciatione Cardinalium audita, Dii immortales! quanto gaudio exultavi, sublato timore, quo angebar: & cum summi Pontificis judicium & virtutem admirabar; tum sperabam, aut confidebam potius, omnia in re christiana fore lætissima. Quid enim post hominum memoriam aut cogitatum sapientius, aut gloriosius in urbe factum est? Non enim de voluntate principum, ut sæpe, in amplissimum ordinem asciti: at sapientissimi,
inno-

(*a*) Extat inter Epistolas clarorum virorum pag. 10. edit. Venetæ an. 1562.
(*b*) Vide notas in Epist. LXXI. pag. 174. Par. I.

EPISTOLÆ FAMILIARES. 445

innocentiſſimi, clariſſimi, & ſumma auctoritate præditi viri evocati, rogati, facti ſunt Cardinales (a)! O præclara comitia! O his difficillimis temporibus neceſſaria! O Pauli III. ſapientiam, & bonitatem ſingularem! Chriſtiano itaque nomini, & tibi gratulor, mihi gaudeo, & tibi reliqua ex ſententia evenire cupio. Nam quæ ſentis, quæque optas omnia ſemper cognovi ad religionem, veramque pietatem referri ſolere. Quæ cauſa fuit, ut de adepta tibi dignitate tuenda, nihil ſcriberem hoc tempore. Quid enim te poteſt latere in tanto ingenio, tantaque doctrina, uſu denique, & tractatione rerum divinarum? ſi quid tamen es admonendus, illud te non dubitaverim admonere, ut veterem conſuetudinem tuam conſerves & te ipſe imiteris. Ita enim, ut omnes ad iſtam te dignitatem jure, & cum ipſius dignitatis pulcherrimo ornamento perveniſſe judicant: ſic multo ampliore digniſſimum exiſtimabunt. Vale, Patavii, III. Cal. Jan. M. D. XXXVI. (b)

(a) De optimis præſtantiſſimiſque viris quibuſcum Sadoletus die XI. Cal. Januarii an. 1536. Cardinalis a Paulo III. factus eſt, vide quæ diximus in notis ad ejuſdem Sadoleti vitam pag. LIX. & LX.

(b) His Bonamici literis reſpondet Sadoletus Epiſtola CCLXXVII. pag. 471.

T 6 EPI-

JACOBI SADOLETI

EPISTOLA CCLXIII. (a)

PETRUS BEMBUS

Jacobo Sadoleto Cardinali
S. P. D. *Romam.*

De adepta dignitate gratulatur.

Quanta me lætitia is nuncius affecerit, qui te a Paulo Pont. Max. in Cardinalium collegium fuisse conptatum, his diebus ad nos attulit, profecto intelligis ipse etiam tacente me: qui quidem quam te ab ineunte tua ætate constanter, atque unice amaverim, quantique semper fecerim, nullo non tempore cognovisti. Sed nostra necessitudo tam illustrem cursum habuit, ut non te modo ipsum, sed omnes etiam homines existimaturos putem, nihil mihi accidere optatius potuisse eo nuncio. Gratulor igitur tibi, mi Sadolete, non tam quidem quod sis nullo ambitu, nulla postulatione tam egregium dignitatis, amplitudinisque gradum cousequutus: nam eo tu quidem multo ante te dignissimum præstitisti, quam quod campum es nactus ejusmodi, in quo tuæ se plurimæ excellentesque virtutes exercere aptius atque commodius poterunt, & ad cæterorum hominum utilitatem, & ad tui nominis famam, gloriamque sempiternam. Equidem amabam antea

---

(a) Extat Epistolarum Bembi Familiarium lib. III. Epist. 33.

antea Paulum plurimis maximifque de caufis, atque ut ei omnia in Pontificatu faufte, atque feliciter evenirent a Deo Optimo Maximo fummis precibus expetebam. Hoc vero nomine tantum acceffit ad meum veterem erga illum cultum, ut flagrare, atque ardere amore illius, & pietate, mihi ipfe nunc demum videar, antea caluiffe. Ex Hieronymi Nigri, qui nos utrofque diligit literis, cognovi, ei tibi meo nomine gratulanti te dixiffe, nihil tibi de pervetere benevolentia noftra novam iftam dignitatem detraxiffe, nihil novi addidiffe: eundem te mecum deinceps futurum, qui antea femper fueris, germanum fcilicet fratrem, aut fi quid eo fieri poteft arctius, atque conjunctius. Quæ tua fane vox meam voluptatem magnopere auxit, non quod aliter futurum exiftimarim (novi enim conftantiam in tuendis amicitiis tuam), fed qnia nihil libentius jampridem audio, quam me abs te amari. Tibi magiftratum dii fortunent. De quo etiam Paulo tuo, atque adeo majorem in modum gratulor. Vale, Quarto Calend.Januarii, M. D. XXXVI. Patavio.

ANNO M. D. XXXVII.

EPISTOLA CCLXIV. (a)

JAC. SADOLETUS S. R. E. CARDINALIS

Petro Bembo S. P. D. *Patavium.*

Narrat se Cardinalem a Paulo III. factum, queriturque suam famam ac tranquillitatem in maximum discrimen adductam esse nova dignitate.

NEque (*b*) hilariter possum, neque tristibus etiam verbis ad te scribere, quod in altero mihi animus meus repugnat (*c*), in altero hominum opinio atque judicium. Qualecunque tamen id sit quod mihi accidit, scire te volo, me his proximis comitiis a Paulo III. Pont. Max. in amplissimum ordinem S.R.E. Cardinalium esse cooptatum (*d*). Quod sit ne laetandum, necne sit, equidem ignoro (*e*). Scio enim me alias hujuscemodi occasiones vitasse (*f*), & nunc quidem certe quod factum est, neque ex voluntate mea, & praeter omnem expectationem factum est. Ac singularis (*g*) quidem Pont. Max. voluntas,

decla-

(a) Extat etiam inter literas clarorum viror. pag. 17. edit. Venet. an. 1568. cum eaque editione eam contulimus.
(b) In eadem edit. *Nihil.*
(c) Ibid. *mea voluntas mihi repugnat.*
(d) Ibid. *quidquid sit quidem, factus sum Cardinalis.*
(e) Ibid. *quod si laetandum sit, ego adhuc ignoro.*
(f) Verba haec in laudata editione desiderantur.
(g) Ibid. *summa.*

declarata est (*a*) adversum me, qui judicavit eo honore me dignum, quo forsitan non sum dignus, vel potius plane non sum (*b*). Quis enim est tam arrogans, qui audeat ipse de se facere judicium dignitatis ? Sed quod ego sine ambiguitate & sine ullo errore judico, onera quæ honorem eum consequuntur, mihi ita gravia sunt, ut non videam, quo pacto possim ea sustinere ac ferre. Te quidem rogo mi optatissime Bembe, ut me amare non desinas. Minor apud te sum factus, quam fuerim antea. Hoc enim & ego suspicor & reipsa ita est. Sed noli hoc quæso, meæ culpæ adscribere (*c*), potius fortunam accusa, quæ me compulit in ejusmodi vada & cautes (*d*), ut aut fama omnis prudentiæ abjicienda mihi fuerit, aut libertas confringenda (*e*). Ego vero pudore & timiditate ingenua quadam malui constringi, quam stultus judicari. Si lapsus judicio sum, ignorantiæ id meæ tribuendum est (*f*). Si vero mea ratio habet aliquam rationem, eam tu si defendendam susceperis, potero sperare, me omnibus purgatum & probatum fore (*g*). Te quidem ego in dies magis magisque diligo, plurimique facio. Lazarum meum meis verbis salvere jube: item-

---

(*a*) Ibid. *benignitas declarata est*,
(*b*) Quæ sequuntur verba usque ad vocem *sacra*, in eadem editione non extant.
(*c*) Ibid. *sed noli adscribere hoc mihi*.
(*d*) Ibid. *quæ me in ea vada compulit*.
(*e*) Ibid. *at eam famam, aut libertas mihi fuerit confringenda*.
(*f*) Ibid. *ignoranter feci*.
(*g*) Ibid. *probatumque futurum*.

itemque ceteros, quos amicos fere habemus communeis. Me quo minus plura scribam, meæ molestæ gravesque solicitudines, & cura rerum necessariarum avocat. Vale. Romæ, Calen. Januarii, M. D. XXXVII.

EPISTOLA CCLXV. (a)

PETRUS BEMBUS

Jacobo Sadoleto Cardinali
S. P. D.   *Romam.*

Superiori Epistolæ respondet, hominemque hortatur, ut sese in ea vitæ ratione confirmet, quam a Paulo III. coactus, susceperat.

EGO vero amo probitatem tuam, vel potius verecundiam, qua te perturbari video, verentem ne non recte feceris, qui amplissimum a Paulo Pont. Max. delatum tibi munus non respueris. Ostendis enim in eo, te iis honoris, & dignitatis insignibus non magnopere commoveri, a quibus plerique clari, & præstantes viri ita ducuntur, ut etiam insaniant. Tui autem magni antea, & erecti animi nova ista contractio, ac debilitas, ut vere dicam quod sentio, mihi non probatur. An qui omni tempore nullum laborem recusaveris, ut prodesse hominibus posses, cum exemplo, & institutione eorum (quos te regere oportuit) populorum, tum lucubrationibus,

---

(a) Extat Epistolarum Bembi Familiarium lib. XII. ep. 34.

bus, & scriptis, quæ plurima, longeque præstantissima confecisti, nunc cum te Deus Opt. Max. ad rem suam una cum reliquis Principibus præcurandum evocavit, quid te deceat facere ignorabis, aut ambiges? neque lætus, atque alacer in commune bonum hoc quod tibi oneris imponitur sustinebis, & perferes? Omnino tanquam fabulæ, sic vitæ posteriorem quemque actum esse optimum, atque luculentissimum oportet. Itaque qui adolescens, qui vir semper te laudabiliter gessisti, nunc cum ætas ingravescat jam tua, profecto omnes veræ gloriæ partes tibi sunt, cumulique colligendi, ut non hominum modo expectationi, quam de te recte agendo, recteque sentiendo excitasti, sed tibi ipsi quoque decenter, atque magnifice respondeas. Etiam times, ne quid de mea pristina existimatione tui, opinioneque amiseris? Amisisses, si oblatam dignitatem rejecisses, suscepta, multo te prudentissimum fuisse, & rectissime judico, & agnosco libentissime. Illud quidem, quod ais, ipse si te defendendum suscepero, purgatum te omnibus hominibus fore confidere, nihil fuit necesse te adscribere. Tua te anteacta vita, mores, probitas, doctrina, munus ipsum Episcopale, quo multos jam annos fungeris, te tuentur, atque ita quidem tuentur, ut aliter statuisse, salva constantia non poteris. Me abs te in dies magis, magisque diligi, valde mediusfidius gaudeo: teque videre, atque amplecti incredibiliter cupio, ut etiam hac ætate qua sum, Romam cogitem. Cardinali Capuano si plurimam salutem dixeris meis verbis, erit mihi gratum. Vale. Prid. Non. Jan. M. D. XXXVII.

JACOBI SADOLETI
EPISTOLA CCXLVI.

JACOBUS SADOLETUS S. R. E. CARDINALIS

Petro Bembo S. P. D. *Patavium.*

Duabus Bembi Epistolis, quæ sunt ordine CCLXIII. & CCLXV. officiose respondet, seque ejus authoritate adductum, in suscepta vitæ ratione multo firmiorem constantioremque factum esse profitetur.

Redditæ a te brevi tempore epistolæ mihi sunt duæ, quarum in una honori nostro amicissime gratularis, altera habet defensionem facti nostri, ita accuratam & gravem, ut summus in ea amor tuus cum singulari prudentia certare videatur. Sic enim occurris omnibus dubitationibus nostris, sic omnia quæ contra dici possunt, rationibus tuis diluis atque refutas, ut animus noster ambiguus antea & vacillans, metuensque ne quid admisisset in sese, quod a reliqua via me videretur discrepare, tua nunc autoritate firmior, & in suscepta ratione constantior multo factus sit. Quanquam illa gravissima omnium ad consolandum est ratio: si mihi in hoc loco constituto, tribuerit fortuna facultatem bene de bonis & doctis promerendi: hoc si contigerit, cætera moderate feremus. Nam quod ad ipsum me attinet, noli existimare, mi Bembe, non me aliquantum animo commoveri, cum considerem qui fuerim, quam beate, & quam meum ad arbitrium olim vixerim.

xerim. Nunc autem ex illis ampliſſimis atque amœniſſimis libertatis ſpatiis, in brevem gyrum ſervitutis ſim redactus: præſertim, cum hic etiam honos non majorem modo virtutem & ſapientiam, quam mea eſt, ſed longe opulentiorem fortunam requirat & poſtulet. Sed quoniam tuis præceptis conſtantia animi ſuſcipienda eſt, & mollicies abjicienda; ſimus ſane in omni hujuſmodi perturbatione fortes. Noſtram perpetuam benevolentiam inter nos, amoremque incredibilem ac ſingularem quo conjuncti ſumus, equidem a mea parte tueor, tueborque diligentiſſime, citiuſque a vita deſerar, quam ut is ullum unquam detrimentum apud me vel minimum patiatur. Tu ut eodem animo erga me ſis, quo ſemper fuiſti, non equidem te rogo: (non enim vereor ut ſecus facturus ſis) ſed tamen neſcio quo pacto, ut optem mihi in mentem venit. Vale mi chariſſime atque humaniſſime Bembe, xv. Calend. Februar. M. D. XXXVII. Ex Urbe.

JACOBI SADOLETI

EPISTOLA CCLXVII. (*o*)

PETRUS BEMBUS

Jacobo Sadoleto Cardinali
S. P. D. *Romam.*

Gaudet Sadoletum in suscepta vitæ ratione confirmatum, seque Vbaldini Bandinelli excusationem libenter accipere ostendit.

TE confirmatum esse in ea vitæ ratione, quam tibi Pauli Pont. Max. erga te benevolentia, vel potius de tuis maximis virtutibus judicium, nuper ut susciperes, coegit, illustrem illam quidem, & in ipso orbis terrarum theatro positam, valde gaudeo. Neque vereor, quin uberrimam ea de re voluptatem atque fructum, & capias ipse & amicis tuis, ac reipublicæ des, afferasque prudentia, & sapientia tua. Sed maturitate opus est. Itaque iter tibi patefactum esse video ad summam laudem, summamque gloriam. Reliqua pariet, atque accumulabit dies. Cures modo ipse valetudinem tuam, in qua una sunt omnia: teque ad tuorum, publicamque utilitatem conserva, & tuere. Quod amorem arga me tuum una cum vita tibi retinendum statuisti, facis ut te dignum est, & probitate illa tua, qua nulla cujusque major, nulla

---

(*o*) Extat Epistolarum Bembi Familiarium lib. III. ep. 35.

nulla candidior. Id mihi quidem certe æque maximum, atque jucundissimum abs te proficiscitur. Neque tamen vinci me in eo, si potero patiar: amaboque te deinceps mutuo, ut semper quidem feci, sed aliquanto etiam ardentius, ut quo tu major dignitate es, eo tibi ego quoque non sane plus amoris, (qui enim fieri potest?) sed plus vel curæ vel diligentiæ ad te amandum impartiam. De Ubaldino quæ in extrema epistolæ pagella tua manu adscripsisti, ea mihi grata acciderunt (*a*). Valde enim cupio, ut is non minus innocentia, & bonitate, quam doctrina, & literarum elegantia excellat. Equidem habeo ejus rei, de qua illum purgas, locupletissimum testem, quod te scire video. Sed nemo mihi est te ipso locupletior. Faciam igitur quod vis, exuamque omnem illam, quam indueram, de hominis in me maledictis opinionem: neque ulli majorem habeo fidem, quam tibi: benevolentia, & etiam amore si jusseris, prosequar. Nihil enim facio libentius, Vale. V. Id. Febr. M. D. XXXVII. Patavio.

(*a*) Vide quæ hac de re habentur in Epistola ipsius Ubaldini Bandinelli ad Petrum Bembum, quæ extat inter Epistolas clarorum virorum p. 48. a ter. edit. Venetæ.

JACOBI SADOLETI

EPISTOLA CCLXVIII.

HIERONYMUS NIGER (a)

Jacobo Sadoleto Cardinali
    S. D.   *Romam.*

Ejus literis officii humanitatisque plenis respondet, causasque aperit, offensionis a se adversus Ubaldinum Bandinellum pro Bembo susceptæ.

ERam in suburbano meo Patavi, cum redditæ mihi fuerunt a te literæ officii atque amoris in me tui plenissimæ. Habeo tibi immortaleis gratias, quod incolumem me ad meos revertisse gratulere, nec incompertum mihi est quam sis in omni vitæ ratione, præsertim in amicitia constans ac semper idem. Quod autem in extremo literarum tuarum petis a me, ut offensionem illam adversus hominem petulantissimum (b) a me conceptam, tibi concedam ac donem, fateor id quidem mihi præter orationem accidisse, ut te auctorem, quem Imprimis sequi debeo, causam tam justam, tam necessariam desererem. Quid enim tam Justum atque adeo è Republica videbatur esse quam improbationem maledici hominis infrin-

---

(a) Vide quæ de Nigro habentur in notis ad Epistola am LXX. & LXXII. pagg. 189. & Par. I.

(b) Loquitur heic Niger de Ubaldino Bandinello. Omnis autem hujus offensionis causam habes, ut dictum est, in literis ipsius Bandinelli ad Bembum datis, quæ extant inter clarorum virorum Epistolas pag 46. a tergo.

infringere? Quid tam necessarium, quam me ipsum defendere? Nam hæc quidem causa non jam Bembi est, sed mea; cum me egregius ille vir testem veritatis delatoremque appellaverit. Sed tantum abest ut consilium reprehendam tuum, ut etiam fatear me nonnisi abs te monitum potuisse ab ea indignatione vestra residere, quam jure optimo mihi videbar concepisse. Quamquam enim genus istud hominum maledicum & petulans non ita parce nec molliter tractandum videtur, ne certi homines pari spe impunitatis adducti nullum obtrectandi finem faciant, tamen sapientius agere videntur ii, qui censuram hanc, aliorum judicio atque imprimis posteritati relinquunt. Quod in mea ipse causa libentius fecissem, quam in aliena. Nosti cujus viri defensionem suscepissem, doctissimi scilicet atque amantissimi adversus hominem maledicentiæ crimine infamem, cujus ego arrogantiam reprimere constitueram, etiam edito volumine, nisi me de ipso prope scribendi cursu tua auctoritas deflexisset. Quamobrem utar consilio tuo, modo me nihil a principio inique aut inconstanter fecisse persuasum habeas, idque potissimum beneficii loco, peto a te majorem in modum, ut si æquo animo ferre statui, quod fortasse ferendum non erat, nolis me probare, quod probandum non est; cetera omnia tuæ voluntati arbitrioque permitto. Vale.

EPISTOLA CCLXIX.

JACOBUS SADOLETUS CARDINALIS

Hieronymo Nigro
S. D. *Patavium.*

Ejus se literas Theatino Cardinali reddidisse narrat, sermonibusque suis ejus humanitatem virtutemque subsecutum se fuisse significat, deque Christianæ Reipublicæ discrimine queritur.

Quas ad Joannem Petrum Caraffam Theatinum Cardinalem mihi misisti literas, eas quamprimum reddidi, feramque tuam gratulationem apud hunc, quoad potui, appositis verbis excusavi. Qui ea qua præditus est in dicendo gravitate, & qua in te est benevolentia, facile me hoc excusandi onere levavit, illudque addidit mirari se vehementer, cum tot alii clarissimi viri ad juvandam Rempublicam huc undique accersiti fuerint, te fuisse præteritum, quem imprimis idoneum, atque oportunum agnosceret; proinde se non commissurum, quin hac de re admoneat eos qui rerum arbitri sunt & moderatores. Ego vero respondi, nullo me loco defuisse, ut te vocato rationibus Reipublicæ consuleretur, quod te ex meis literis jampridem nosse intelligo. Sed existimasse nonnullos minime ad hanc rem opus esse juris Pontificii scientia, quæ tota a Germanis jam explosa, & ejecta sit, veluti in gratiam Romanorum Pontificum composita atque confecta. At Theatinus

nus non est, inquit, ex illa juris peritorum
fece Callistus noster, quippe quem inter summos Theologos recte connumerare possumus, non modo ob veram solidamque doctrinam, qua eminet, sed etiam ob integritatem vitæ, singularemque ipsius in ecclesia regenda solertiam. Hæc & multo plura de te colloquuti fuimus summa cum prædicatione virtutum tuarum, qua potes contentus esse, potius quam his honoris insignibus, quæ multi sine virtute sunt assequuti. Hodie Reginaldus Polus Britannus Cardinalis, & Jo. Mathæus Gibertus tuus in legationem suam profecti sunt. Adsit eis divina bonitas & clementia, qua maxime indigent, provinciam enim difficillimam sunt aggressi. Nunciatum nuper est Augustam civitatem Germaniæ primariam penitus a Christiana pietate descivisse, ejectis sacerdotibus, sublatis divorum imaginibus, disjectisque templis: vides quemadmodum de auctoritate Romani Pontificis aliquid semper in dies detrahatur, nec quicquam nobis prosit indictio Concilii, quod valde verendum est, ne Germani nobis aut vocatis, aut spretis, in sua ipsi regione celebrent & decreta sua contra nos prosequantur armis. Parte alia Turcharum Tyramnus nostrum jugulum petit. Hic ego nihil adhuc parati video præter talaria ad fugam, quæ omnia in causa sunt, ut multo libentius & citius quam institueram ad vos sim convolaturus (a). Vale, & me ad Idus Martias expecta.

(a) Id tamen præstare non potuit Sadoletus noster, propterea quod haud multo post in gravissimum incidit morbum.

JACOBI SADOLETI

EPISTOLA CCLXX.

JACOBUS SADOLETUS CARDINALIS

Paulo III. Pontifici Max. (a)
S. P. D.

Dolet Hieronymum Alcandrum proximis comitiis Cardinalem non fuisse renun- ciatum, cujus scientiam, merita, virtutesque commendat.

Cogit me ratio temporum, & sanctitatis tuae bona existimatio, quae jam in animis omnium gentium & nationum insita est, eademque mihi omni alia re longe est charior: ut quoniam colloquendi facultas commoda nondum fuit, scribam ad te id quod animum meum stimulat, & quod ad tuam summam laudem, publicamque utilitatem valde judico pertinere: satis fidens, te pro tua singulari humanitate & sapientia, libertatem hanc meam in optimam partem esse accepturum. Cum enim, Pater sancte, appetere jam incipiant agendi concilii dies, idque intelligam ab universo terrarum orbe tantopere expeti, atque omni ratione flagitari, ut nullo pacto differri sine pernicie, aut gravi saltem periculo posse videatur: nondum tamen bene parata aspicio ea arma, quibus muniti contra adversarios esse possimus. Ac video id quoque, multa

etiam

(a) Vide quae de Paulo III. habentur in notis ad epist.CCXI. pag.262.

etiam forsitan impendere quæ hic nos retineant: sed adversus ea, difficile illud quidem, veruntamen aliquod invenietur remedium: propria enim hæc sapientiæ tuæ futura est consolatio. Ego tantum nunc de eo, quod ad concilii rationem attinet, munere atque officio loquor: in quo etsi spe bona sum Deum omnipotentem bonis & veræ atque honestæ causæ non defuturum: idque ego pro mea parte ut ita fiat contendam & elaborabo, cæterosque item pro sua spero esse facturos; tamen angit me, & solicitum vehementer habet, quod unum opportunissimum & imprimis utile membrum nostri corporis video languere. Non utar circuitionibus, neque obscure aut oblique tecum agam, sed aperte, atque ut veritas ipsa & fides mea fert. Incredibile est, Pater sancte, quantum dolorem acceperim, quod summus & doctissimus vir Hieronymus Aleander Brundusinus Archiepiscopus ab eo honore exciderit, ad quem ego vocatus sum (a): quo adjutore & socio, ambobusque nobis, ut etiam apud Homerum est, studio locoque conjunctis, alacris animo eram, planeque Deo fretus, confidebam, nos non modo apertos impetus hostium, sed absconditas etiam insidias facile propulsaturos. Multa enim collecta sunt in eo homine magna atque præstantia, quæ in cæteris singula vix insunt, eaque omnia maxime & huic tempori, & huic causæ necessaria. Linguarum summa cognitio: conciliorum, rerumque quæ ad eam rationem pertinent omnium memoria, scien-

---

(a) Vide notas ad Sadoleti vitam pag. LX. & LXI.

tiaque admirabilis : usos & consuetudo cum exteris nationibus, ac cum Germanica natione præsertim, in qua diu, & acriter, addo etiam feliciter, negotia Catholicæ fidei tractavit. Quo ergo tantum bonum a nobis rejectum est? Nollem detrahere cuiquam, non enim id naturæ, nec consuetudinis est meæ.: sed tamen Sedis Apostolicæ amor, qui mihi penitus insitus est, vincet in hoc loco naturam. Etenim si confidit sanctitas tua res bene processuras horum Theologorum ope, qui in doctoribus istis recentioribus tantum exercitati sunt; credat mihi ipsa, in quo mentiri cupio, acerbiore dissidio, & multiplicatis hæresibus nos ex concilio esse discessuros. Quamobrem & quomodo hoc futurum putem, aut alias dicam, aut res ipsa indicabit. Doleo igitur, & vehementer doleo, quod Aleandrum comitem mihi fortuna inviderit. Nam cum in me aliquid fortasse insit, quanquam exiguum id & tenue, attamen publicæ causæ non inopportunum, id illo comite & adjutore amplius & valentius certe erat futurum. Omnino semper consilium tuum sapiens, nihilque nisi summa ratione abs te agi solet : mihi tamen & dolere, & timere necesse est, quod vereor, ne sit non levis plaga publicæ causæ injecta. Atque hic Deum testor inspectorem cordium, me hoc testimonium de illo viro, neque gratiæ dare, neque ulli cupiditati meæ : sed unam mihi veritatem, unam utilitatem publicam, unam rationem honoris ejus & nominis quod tibi eximium & memorabile partum est, esse propositam. Neque tamen audeo a sanctitate tua postulare, id quod postulandum est, neque rogare

gare quod rogandum: prohibet enim pudor meus, præfertim ab eo Principe, cui omnia debeo: ne temerarius a fapientiffimo exiftimer, impudens ab optime de merito. Hoc folum affirmare non dubito: fi fanctitas tua fuam prudentiffimam atque optimam mentem ad hunc honeftandum hominem deflexerit, præter rei Chriftianæ commodum & tuam fummam laudem, omnes & res & homines tale tuum judicium atque factum fummopere effe comprobaturos. Romæ, M.D.XXXVII.

EPISTOLA CCLXXI.

JACOBUS SADOLETUS CARDINALIS

Mario Maffæo Cavallicenfi Epifcopo (a) S. P. D.

Certiorem Marium facit, fe ignarum, & nil tale cogitantem in Cardinalium ordinem fuiffe cooptatum, hominemque præfentem habere defiderat.

ETfi nihil adhuc abs te ad meas priores literas erat refponfum, quibus ita flagitabam adventum tuum, ut nihil fieri poffet ardentius: tamen cum poftea fato nefcio quo, aut ne fato quidem, fed optimi ac præftantiffimi Pontificis nimis benevola erga me voluntate, ignarus, & incogitans, in facrum ordinem S. R. E. Cardinalium cooptatus effem, non duxi prætermittendum, quin ad te lite-

---

(a) Vid. notas in Epiftolam CCXLVI. pag. 401.

literas hac ipfa de re darem, quamquam eram, quod te intelligere puto, maximis curis occupationibufque diftentus. Sed tamen amor meus erga te, & officii ratio, ejus quod noftræ amicitiæ debitum eft, nullo impedimento teneri potuit, quin communicarem tecum hoc quicquid effet, five gratulandum id fit, five non gratulandum, ut ambo id una communiterque faceremus. Non enim quicquam a te fejunctum mihi effe poteft: nec tu aliena tibi ea, quæ mihi accidunt, debes exiftimare. Sed cum jam diu mutuus inter nos amor animos noftros in unum quodammodo conflaverit, debet uterque noftrum in altero femetipfum æftimare & pendere. Ergo fi ornatior ego hoc honore factus fum, quam antea, horum mihi ornamentorum pars æqua tecum eft: fi minus ornatus, minorifque faciendus, (nam certe liber minus, & minus beatus redditus fum) tu levare debes onus noftrum, æqua oneris parte mecum fubeunda. Sed quoniam res impræfentia ad judicandum difficilis eft, egetque difceptatione majore & tempore, illud utique fcire interim te volo, fi te præfentem hic habuero, maximas partes lætitiæ & hilaritatis mihi fore reftitutas. Nam & erit in cujus amore confiliifque requiefcam: & nulla tan gravi cura folicitudineque opprimar, quam afpectus tuus, & familiaris fermo nofter non continuo tollat, atque auferat. Tu ut valetudini tuæ fervias, mi fuaviffime Mari, & te huc aliquando conferre mea caufa animum inducas, vehementer a te peto. Vale, V. Non. Januarii M. D. XXXVII.

EPI-

EPISTOLA CCLXXII.

JAC. SADOLETUS S. R. E. CARDINALIS

Claudio Rangono Comiti
S. P. D.

Ejus literis respondet, quibus de accepta dignitate gratulabatur.

Quas ad me & ad Paulum meum misisti literas, gratæ mihi majorem in modum fuerunt. Recognovi enim in illis pristinam illam tuam erga nos benevolentiam, quam ego amare tantopere sum solitus. Præsertim adjunctis maximis virtutibus & animi & ingenii, quas ego in te ab ineunte tua adolescentia prospexi, easdemque ad frugem bonam postea perductas cognovi. Quod honore nostro lætatus sis, tam facile tibi credo, quam mihi ipsi. Quod vero honos ipse magni estimandus sit, disputas tu quidem & ornate & subtiliter. Sed, crede mihi, alia erant potiora, quæ quidem ego magno animo eram persecutus. Nunc vereor ne me ipso factus inferior sim. Sed si erit locus Deo inserviendi, navandæque Reipublicæ operæ fortiter atque constanter, maximo me honore affectum arbitrabor. Quod quidem aut hoc optimo prudentissimoque Pontifice gubernacula tenente sperandum est fore, aut nullo alio. Quotus enim quisque in hunc altissimum honoris & dignitatis gradum jam dudum sublatus est, cui Respublica fuerit cordi? Sed hæc Deus viderit, cujus potestate & arbitrio reguntur omnia.

omnia. Te ego amo, ut debeo, meque a te amari vehementer opto. Imprimisque id cupio, ut de meo optimo animo & voluntate erga te perfuasissimum tibi habeas. Vale. Romæ, III. Idus Januarii, M.D. XXXVII.

EPISTOLA CCLXXIII.

JAC. SADOLETUS S. R. E. CARDINALIS

Achilli Bocchio Bononien. (*a*)
S. P. D.

Ejus gratulationi respondet.

NUlla fuit antehac mihi tecum familiaritas. Verum literæ tuæ, quas proxime ad me misisti, eam inter nos benevolentiam conci-

---

(*a*) Achilles hic Bocchius eques Bononiensis, non modo in poetica facultate, ut ex editis nonnullis ejus carminibus patet, magnopere præstitit, sed etiam in soluta numeris oratione, quod ex aliquibus ejusdem ineditis lucubrationibus, quas me jamdiu legisse memini, perspicuum est: adeo ut de latinæ eloquentiæ laude cum præcipuis sæculi XVI. scriptoribus non immerito videatur posse contendere. Si quis enim ejus orationem, quam an. 1522. habuit Bononiæ mense novembri, pro dictatore Reipublicæ Oratorio deligendo, commentariosque in M.T. Ciceronis orationem pro lege Manilia legat, facile profecto intelliget, homini neque ingenium, neque antiquitatis eruditionem, neque eloquentiam defuisse. Summum quidem oratorem M. Tullium potissimum sibi ad imitandum proposuisse, ipsemet fatetur in Epistola nuncupatoria eorumdem scriptorum ad Altobellum Averoldum Præsulem Polensem, Bononiensique Reipublicæ moderatorem his verbis: ,, Interea vero libens Oratiunculam ,, hanc nostram ut accipias etiam atque etiam rogo,
,, quam

conciliaverunt, quæ inſtar antiquæ neceſſitudinis haberi poſſit. Ita patuit mihi animus tuus, & vera viſa eſt gratulatio, quæ ab optimo animo profecta eſt. Itaque te plane exiſtimo hoc honore noſtro vehementer eſſe lætatum. Qui quidem honos utinam ſit ejuſmodi, ut ex eo ego, & Chriſtianæ Reipublicæ (ſicut tu ſanctiſſime atque amiciſſime optas) prodeſſe poſſim, & doctis una & probis viris, in quos mea ſemper fuit propenſa & eſt voluntas. Sed vereor ne quod pie volo, id re præſtare minus idoneus ſim. Non enim ea virtus in me, neque ea eſt doctrina, quam tu fortaſſe arbitraris. Sed cum ad præpotentem Deum & tu omnia referas, & ego ad eundem confugiam: ſpes eſt, ſi is nobis faverit, fueritque adjumento, aliquid aliquando nos effecturos eſſe, quod ad illuſtrandam ipſius gloriam, & ad aliquod commodum Reipublicæ pertineat. Verum hoc, ut illi fuerit placitum. Ego & gratulationem tuam gratiſſime accipio, & te in ſuſcepta erga me benevolentia cupio permanere. Quod ut conſtantius facere debeas, pari ego te compenſabo voluntate. Vale. Idibus Januarii, M. D. XXXVII. Roma.

,, quam tibi propterea deberi exiſtimo, quia tu primus
,, omnium (fatendum eſt enim) me jam olim adole-
,, ſcentulum adhuc, tam benigniter atque humaniter
,, admonuiſti, ut omni ſtudio, cura, ac diligentia
,, unum Ciceronem, & Ciceronis æquales conarer imi-
,, tari, præterea neminem, primuſque veram illam no-
,, bis viam quaſi divinitus oſtendiſti, quam qui igno-
,, rant, tantum hercle ab eloquentiæ ratione abſunt,
,, quantum a rerum divinarum cognitione ſuæ &c.

JACOBI SADOLETI
EPISTOLA CCLXXIV.

Jacobus Sadoletus Cardinalis
Augustino Beatiano (*a*) S. P. D.

Idem argumentum.

Elegans tuum carmen mira quadam suavitate me demulsit: vel propter lumina ingenii, quæ in eo multa extant: vel ob memoriam nostræ mutuæ benevolentiæ dulcissimæque consuetudinis, quæ nunquam mihi quidem ex animo lapsa est, sed nunc grata recordatione repetitur. Quod gaudeas honore meo, non mihi novum est, neque inopinatum: eodem enim tempore tuo ipsius honore lætaris. Quid enim est amicitia, nisi communio rerum & secundarum, & adversarum? Utinam modo hæ secundæ sint, per quas avulsum me a rebus mihi jucundissimis video. Sed si quid hic boni erit, in eo fuerit, si & Reipublicæ & amicis ego usui potero & ornamento esse. In quo dabo utique operam, ut quæ didici in otio, in negotiis expromam. Potestas modo detur agendi aliquid, quod sit viro dignum, meam constantiam & studium non desiderabis. Ego tuæ gratulationi ago gratias: maximeque opto, ut eadem qua fuisti erga me voluntate, semper sis: de meque ita constituas, neminem te habere, in amore tui superiorem me, paucos pares. Vale. Romæ.

(*a*) Fuit hic civis Venetus, atque inter egregios seculi xvi. poetas haud postremum obtinet locum. Extat enim liber, cui tit. *Delle cose volgari & latine del Beaziano*, *in Venet. per Bart. Zannetti in 8.* Vide quæ de eo habentur apud Hieron. Bardi *delle cose notabili della città di Venezia* pag. 233.

EPISTOLA CCLXXV.

JAC. SADOLETUS S. R. E. CARDINALIS

Lilio Gregorio Gyraldo (a)
S. P. D.   *Ferrariam.*

Idem argumentum.

Gratæ mihi tuæ literæ, testes tui perpetui erga me amoris, qui semper mihi jucundus accidit. In quibus quod honori meo gratu-

---

(a) Lilius Gregorius Gyraldus Ferrariæ nat. 1479. honesto loco natus, iisque artibus, quibus pueritiæ ætas impertiri debet, a M. Verguanino & Luca Ripa grammaticis Rhegiensibus eruditus, adolescens sub Baptista Guarino viro doctissimo atque optimo bonis literis operam dedit. Ferraria discedens, profectus primum Carpos ad Albertum Pium Carporum, necnon ad Franciscum Picum Mirandulæ principes, inde Mediolanum, (ubi per annum a Demetrio Chalcondyle græcas didicit literas) postquam Mutinæ aliquantulum cum Rangoniis Comitibus mansisset, Romam demum se contulit. Ibi ab Hercule Rangonio Cardinale amplissimo in familiaritatem & contubernium receptus, multaque a Cæsarianis militibus in Urbis direptione passus, illud homini ad cæteras calamitates incommodum accessit et dolor, quod Rangonius Cardinalis eo tempore fuerit immatura morte præreptus. Itaque omni spe & facultatibus spoliatus, sese ad Picum recepit. Sed neque apud eum diutius esse Gyraldo licuit. Miser enim ille Princeps paullo post a fratris filio vita & Mirandula imperio privatus, multa Lilius graviora passus est ab ipsis conjuratoribus, quam in urbana direptione. Nam & in extremum vitæ discrimen adductus, vix ab eorum manibus evasit, & rebus omni-

gratularis, agnosco eandem benevolentiam tuam: & in eo etiam magis, quod me existimas alicui usui fore Christianæ Reipublicæ, quod utinam ita eveniat. Non enim tum me beatiorem vitam amisisse existimabo, quæ mihi in otio & tranquillitate posita erat: si aliqua via operis & negotii, eandem beatitudinem potero consequi. Non enim minus ad felicitatem labore honesto, quam quiete animi pervenitur. Cujus facultatis si dederit mihi Deus occasionem, non committam, ut frustra quisquam meam operam, & officium boni viri videatur requisivisse. Te cupio valere, & me a te diligi etiam opto, sicut ego quidem te diligo: quod re tibi declarabo, si acciderit, ut aliquando possim. Vale. Ex Urbe.

---

omnibus iterum exutus est. Quare in patriam reversus, cum Manardo & Cælio Calcagnino viris doctissimis aliquot annos conjunctissime vixit; donec articulari morbo oppressus, eo paullatim ingravescente ita demum omne manuum ac pedum, ceterorumque membrorum munus amisit, ut non modo ori manus admovere, sed ne tantillum quidem absque famuli obsequio sese in grabato excutere posset. Tanta vi morbi implicitus, usque ad extremam senectutem patientissime vixit a Joanne Salviato Cardinale omni ope subsidioque adjutus. Opera ejus omnia duobus in fol. voluminibus edita sunt Basileæ per Thomam Guerinum an. 1580. Scripsit enim multa eleganter atque adcurate cum soluta, tum vincta numeris oratione, de quibus Laurentius Frizzolius in dialogismo quodam, qui extat ad calcem xxx. ipsius Gyraldi dialogismorum, Venetiis editorum apud Gualterum Scotum an. 1553.

EPISTOLA CCLXXVI.

JACOBUS SADOLETUS CARDINALIS

Joanni Bellajo S.R.E. Cardinali (*a*) S. P. D.

Idem argumentum.

Literæ tuæ non minus scriptæ sapienter, quam eleganter, dici non potest, quam valde me delectaverint. Habuerunt enim non honoris hujus, quo nuper affectus sum, gratulationem, (id enim vulgare admodum & quorumvis hominum est) sed quod & tua prudentia acutissime perspexit, & causa maxime postulabat mea, consolatione potius mecum es usus. Vidisti enim omnium hominum fere unus, quid mihi extracto ex illo beatissimo otio, in quo cum omnibus artibus & studiis honestissimis dulcis mihi consuetudo, & commercium erat quotidianum: libertate præterea adempta, ad levandam animi mei molestiam opus esset. Itaque tuum excellens ingenium, quod ego imprimis admirari sum solitus, eo potissimum adhibuisti, ut lenires dolorem meum, non ut augeres lætitiam: quæ nulla a me sane suscepta est. Etsi intelligo divinis consiliis esse nobis acquiescendum, eaque res una ad æquitatem animi me revocat. In quo usque adeo mihi profuerunt literæ tuæ, ut quoniam non datur mihi tui præsentis potestas, illæ tuam vicem me & consolaturæ semper sint, & quemadmodum in hoc munere me gerere debeam, ad omne tem-

---

(*a*) Consule notas in Epist. CXLV. pag. 1. Par. II.

tempus eruditura. Quanquam, quod tui in me amoris maximum argumentum est, videris mihi tu plus aliquanto tribuere, quam ego agnoscam. Quod me libere atque integre dicturum in senatu sententias putas, in eo minime falleris. Quod vero aut mea eloquentia (sic enim scribis) aut apud summum Pontificem autoritas multum sit profutura Reipublicæ, in neutra re video quid assentiri possim. Nam neque consilio & oratione tantum valeo, quantum fortasse esset opus: & si maxime valerem, tamen Pontifex optimus & sapientissimus non aliorum consilio in rebus agendis utitur, sed suo. Sed tamen utcunque est: ego certe, quod partium est mearum, neque studio unquam, neque fide, neque opera, neque perpetua mea ut recte omnia agantur voluntate, Christianæ Reipublicæ deero. Utinam haberem te auctorem, & moderatorem consiliorum meorum, præclare profecto inter nos conveniret. Sumus enim ambo ab eisdem prope disciplinarum fontibus profecti: tua & dignitas & doctrina longe est illustrior: sed certe animis non dissimiles sumus. Verum hæc viderit Deus, qui nos agit & versat, in quamcunque illi partem est placitum. Ego, mi præstantissime Bellai, de me tibi sic persuadeas volo: cum te antea semper coluerim atque amaverim, ut quem maxime: nunc in hac nova status mei conditione, amori meo & observantiæ erga te, potius additum permultum, quam quicquam detractum esse. Sicut tamen & tua eximia virtus, & ea qua me prosequeris benevolentia postulat, a te peto, ut eadem sis voluntate erga me, qua esse consuesti. Vale. Romæ, M.D.XXXVII.

EPISTOLA CCLXXVII.

JACOBUS SADOLETUS CARDINALIS

Lazaro Bonamico (a)
S. P. D. *Patavium.*

Bonamici literis quæ sunt ordine CCLXII. *officiose respondet.*

Binis abs te acceptis commendatitiis literis, iis quos mihi commendaveras, & vultu & verbis ostendi, quantum valeret apud me tua commendatio. Atque illi cum adiissent ad me primo, responsumque tulissent, tua me causa omnia quæ ex me vellem, libenter esse facturum: reversi postea non sunt. Credo, quod me vidissent, & sese noscendos mihi obtulissent, satis putasse impræsentia se esse consecutos: redituros, cum opus fuerit. Tu vero ita constitue de me, & tibi ita persuade, quicquid tua agere causa contigerit mihi, id gratius mihi semper futurum, quam tibi ipsi. Secutæ sunt postea tuæ gratulatoriæ literæ, qua Deus bone eloquentia! qua copia, quibus ingenii, & amoris refertæ luminibus! quæ cum mihi redderentur, casus intervenit mirificus. Eramus enim in senatu, & prope me amplissimi viri Contarenus & Polus: a quibus lectæ, laudatæque mirabiliter. Farnesio lectissimo adolescenti deinde sunt traditæ, qui postridie domum mihi eas remisit.
Ad

(a) Vide quæ de Bonamico diximus superius in notis ad Epist. LXXI. pag. 174. Part. I.

Ad eas quemadmodum debeam respondere, ego plane ignoro. Video enim te tantum permittere amori, ut ex judicii tui, alioquin recti & boni, regionibus, non parum egrediaris. Tu ne tanti me facis, & usque eo de me bene existimas, ut statuas magnum aliquod ex me commodum Christianæ posse evenire Reipublicæ. Utinam hoc ita esset. Essem enim & fortunatior mihi ipse, & certe amicus tibi ornatior. Quid enim est quod magis cupiam in vita, quam huic tali tuo de me judicio satisfacere? Quod si tu de voluntate mea ita judicas, nihil profecto falleris. Sin autem de facultate; quid, quæso, tantum est in me virtutis & sapientiæ, ut huic muneri obeundo egregie aptus sim? Sed tamen cum voluntas sæpe si acriter sit incensa, invenire sibi viam ad res gerendas possit, dabo equidem operam, ut si non omnino, at aliqua ex parte opinioni tuæ industria mea respondeat. Quod de Paulo Tertio optimo maximoque Pontifice & sentis præclare, & prædicas: certe mi Lazare hoc novum exemplum a præstantissimo Pontifice in Rempublicam introductum est, vel revocatum potius ex ipso more majorum, & longo intervallo repetitum, ut in mandandis honoribus non gratiæ, sed virtutis ratio habeatur. Quod in meis Collegis maxime patet. Quis enim est eorum non singularibus atque eximiis virtutibus ornatus & præditus? quorum ego numero utinam adscribi dignus essem, constaretque in me summi Pontificis judicium, sicut in aliis constitit, qui item ab eo sunt in hunc amplissimum ordinem adlecti. Sed (ut dixi paulo ante) hoc diligentia utar majore, quo

inge-

ingenio imbecillior sum . Tibi porro quid ego scribam ? nisi & agere me tibi gratias , qui tantopere meo honore gavisus sis , priftinumque tuum amorem erga me , omni mihi tempore probatum & perspectum , hac etiam in re totum expofueris atque oftenderis , & tibi polliceri , meam illam benevolentiam , qua te semper mirifice sum complexus , non modo ftabilem & salvam confiftere apud me , sed factam etiam , quam antea , aliquanto auctiorem . Siquidem magna ex parte spes lætius traducendæ vitæ in hoc ipso honore , qui mihi cæteroqui gravem servitutem affert, in eo mihi pofita eft , fi amicis & familiaribus tuis , in quibus tu principem pene locum obtines , & lætitiæ potero efle & commoditati. Vale . xv. Calend. Februar. M,D. XXXVII; Romæ .

EPISTOLA CCLXXVIII.

JAC. SADOLETUS S. R. E. CARDINALIS

Andreae Gritto Duci Venetorum (a)
S. P. D.   *Venet.*

Respondet gratulatoriis literis de adepta dignitate.

CUM accepissem amplitudinis tuae literas, & Laurentii Bragadeni hominis virtute & sapientia ornati, legati vestri verba audissem, qui suo sermone egregie subsecutus est gravitatem earundem literarum: equidem non mediocriter sum laetatus, tale fieri judicium de me abs te, & ab isto amplissimo senatu, in quo ego vestigia antiquae dignitatis atque autoritatis residere intelligo, ut me quoque non inutilem ministrum ad subveniendum Christianae Reipublicae esse existimetis. Verum ista laetitia affert profecto secum majorem

---

(a) Andreae Gritti Venetorum ducis, & Laurentii Bragadeni Veneti apud Pontificem Oratoris, qui Serenitatis suae officia Sadoleto detulit, illustria admodum in Annalibus Venetiis nomina, conjungunt pariter Lazari Bonamici literae, quae inter select. Claror. Viror. inscriptae visuntur Instauratoribus Gymnasii Patavini. De laudibus Gritti Orationem conscripsit Jovita Rapicius, quam laudat Cardinalis Quirinus in lib. *de Brixiana literatura*. Bragadenum autem eo Oratoris munere Romae fungentem, Romanis antiquitatibus maxime studuisse, patet ex Epist. Hieron. Nigri data ad M. Ant. Michaelem vol. I. literar. Italicar. ad Princip.

forem etiam folicitudinem. Magis enim video mihi laborandum effe, ut judicio veftro refpondeam, quam lætandum, quod fic de me vos judicetis. Quod fi recta adminiftratio hujus honoris ac muneris, quod mihi nullo meo merito, fed quadam bonitate præpotentis Dei fufcitantis de terra inopem, & de fimo pauperem erigentis, delatum eft, a me ipfo mihi fperanda atque expectanda effet, diffiderem profecto, a vobifque peterem, ut ne talem de me opinionem haberetis. Quid enim ego fum, fi per memetipfum æftimer, nifi plebis abjectio? Sed quoniam ad clementiffimum Deum toto animo converfus, illius unius & benignitati confido, & opem expeto: cupioque illi, quanquam peccatis oppreffus, ftudio tamen bonæ voluntatis infervire: fpe teneor poffe me divino auxilio fretum, aliquando & Reipublicæ afflictæ, & bonorum de me expectationibus aliqua ex parte fatisfacere. Præfertim cum hæc nova atque inaudita multis jam pene feculis fummi pontificis Pauli Tertii bonitas ac fapientia, & collegarum meorum præftantiffimorum hominum virtus ac religio, animum meum excitet atque erudiat: quorum ego veftigiis confectandis, virtutibufque imitandis, errare minime potero. Quare in hoc mihi novum vitæ genus hoc animo fum ingreffus. Primum, ut Deo omnipotenti, ejufque fanctæ fidei, omni ftudio, opera, labore, fanguineque deferviam; deinde, ut fanctam Sedem Apoftolicam præfidemque illius Paulum ita meritum de me, ut omnes fciunt, quantum in me erit, in omni fua autoritate ac dignitate tuear atque confervem.

Ter-

Tertio loco, ut ea agam, & mediter, quæ probis, & doctis, & amantibus mei, possint & honestati esse & commodo. Quo in genere gratias amplitudini tuæ agens, quod ad me tam humane & tam amanter scripserit, & tibi & isti amplissimo Senatui ita mea studia polliceor ac defero, ut quoad per me recte fieri poterit, paucos mihi pares in amore & cupiditate vestrarum rerum secundarum sitis habituri. Vale. xv. Cal. Februarii, M. D. XXXVII.

EPISTOLA CCLXXIX.

JAC. SADOLETUS S. R. E. CARDINALIS

Andreæ Alciato (a)
S. P. D.

Idem argumentum.

PLenas amoris atque officii tuas accepi literas: quæ & quod profectæ a te, & quod amice atque eleganter erant scriptæ, plurimum mihi voluptatis attulerunt. Gaudebam enim, Alciate, tibi tali viro honorem nostrum probari: quo cum juncta quidem est repentina propemodum totius vitæ commutatio, & ea mihi molesta, nisi interdum solicitudinem animi mei doctissimorum hominum atque amicissimorum, cujusmodi es tu, gratulatio & lætitia levaret. Etenim scis ipse profecto, quam vitam antea vivere eram solitus, quam beatam,

---

(a) Vide quæ de Alciato habentur in notis ad Ep. xcv. pag. 277. Par. I.

beatam, quam liberam, quam omnibus fruentem rebus, quæ jucundæ hominibus in vita accidere folent. Quibus omnibus nunc carere eſt neceſſe, longeque diverſa & ſtudia &inſtituta fequi. Sed ſi hoc mihi uni incommodum, cæteris fortaſſe utile, ac Chriſtianæ imprimis Reipublicæ futurum eſt, ut tu ſuaviſſime atque amantiſſime auguraris: ſubeatur omne onus, & cuivis jugo cervices ſubdantur. Quanquam nil video eſſe in me aptum publicis commodis, præter bene & recte faciendi voluntatem: quæ mihi quidem nunquam aberit. Eſt enim non cura mea aliqua, ſed divino in nobis beneficio innata, quæ ſi ſola & eis nuda præſidiis quæ ab ingenio & prudentia ſuppeditantur, poteſt quicquam prodeſſe rebus communibus, opera quidem mea non deſiderabitur. Cætera in poteſtate Dei erunt, ad quem nos omnia ſumus relaturi. De te vero, mi Alciate, nunquam dubitavi quin ſummam lætitiam eſſes capturus quacunque ex re: quam mihi honeſtam & utilem fore arbitrareris. Novi enim animum tuum tum propenſum erga me, tum ſuapte ſponte bonis omnibus faventem. Neque id me primum literæ tuæ docuerunt, ſed hæ tamen jucundæ atque gratæ quod teſtes extiterunt, non benevolentiæ ſolum, verum etiam memoriæ mei tuæ. Quas ego legens, videbar tecum loqui, tanta in illis ſuavitas, tantaque declaratio amoris tui erga me inerat. Quare te etiam oro, ut interdum ad me, cum otium tibi erit, ſcribere ne gravere. Ego quod meæ voluntatis in te proprium eſt, ſic te ſtatuere, & tibi perſuaſum eſſe volo, qui te pluris quam ego faciat habere te neminem. Quamobrem

quic-

quicquid ego sum, aut esse unquam potero, totum tibi confidas & tuis commodis paratum. Vale. XIV. Calend. Februarii M.D.XXXVII. Ex Urbe.

EPISTOLA CCLXXX.

JAC. SADOLETUS S. R. E. CARDINALIS

Romulo Amaseo S. P. D. (a)

Idem argumentum.

NON erat opus mecum tot uti excusationibus: non enim unquam dubitavi quin tu me diligeres. Sed tamen in te quodammodo

---

(a) Romulus Amaseus Bononia oriundus, sed Utini in Carnia na'us an. 1499. Venetiis humanioribus literis operam dedit, Græcamque didicit linguam a Joan. Calphurnio Brixiensi; quem Patavium secutus, Musurum audivit. Bononiam deinde profectus, ex discipulo doctor factus; domi ludum aperuit, tantaque nominis celebritate Græcas latinasque literas docuit, ut paullo post *Secretarii* Senatus honestum obtinuerit munus; uxoremque duxerit nobilem ex familia Guastavillana. Patavium inde ad Græcos publice explicandos auctores accersitus, Bononiam postea rediit: donec Romam a Paulo III. evocatus, eloquentiam docuit, annuo sexcentum nummum aureorum stipendio decreto. Ab eo Pontifice, quum Alexandro Farnesio Cardinali præceptor esset datus, adeo ea ex re non modo doctrinæ fama, sed etiam auctoritate a prudentia crevit, ut ad Imperatorem, Germaniæque principes, & ad Poloniæ regem magnis de rebus a Pontifice missus fuerit. Paulo e vivis erepto, Julii III. Pont. Max. *Secretarius* fuit. Quem locum tenuit annos duos. Mortuus est enim an. 1552. uti constat

do excufando cum adhibuifti non mediocrem diligentiam, fimul & illud, quanti tu me faceres, oftendifti. Quo ego tuo vel de me judicio, vel erga me animo mirifice delector. Virtutem tuam, quam amabam & excellens ingenium, quo es præditus, totum expreffum vidi in tuis literis: quibus nihil elegantius nec eruditius legi a me potuit. Omnino egregie fuftines nomen quod adeptus es. De quo tibi non minus gratulor, quam tu honori meo es gratulatus. Cui ego honori utinam par effe poffim, ut ne obruar expectatione eorum, qui magna a me poftulent, & majora quidem, quam queam præftare. Sed in hoc mifericors Deus nos adjuverit. Ego te diligo, Romule, & de tuis virtutibus honeftiffime fentio: meque viciffim cupio a te amari, paratus, fi quid forte uti opera mea volueris, ea tibi præftare, quæ ab amiciffimo homine jure expectanda funt. Pompilium tuum hic fæpe video, ejufque probitate, & ingenio, ac in meipfum obfervantia, fummopere delector. Vale. Romæ.

---

conftat ex Epiftola Antonii Seronis, quæ extat in collectione Epiftolarum Italicarum, quam emifit Francifcus Torchius. Vixit autem annos LIII. Scripfit Orationum volumen, Scholas duas de ratione inftituendi, libros duos de dignitate linguæ latinæ adverfus Hetrufcos, & epiftolas aliquot, quarum extant nonnulla inter Epiftolas clarorum virorum felectas, Coloniæ editas anno 1569. Paufaniæ defcriptionem Græciæ, & Xenophontis de Expeditione Cyri libros feptem latine vertit. Quod tamen majore elegantia præftitiffe exiftimatur, quam fide.

JACOBI SADOLETI

EPISTOLA CCLXXXI.

JACOBUS SADOLETUS CARDINALIS

Hieronymo Vidæ Albæ Epifcopo (*a*)
S. P. D.

Idem argumentum.

GRatiſſimæ mihi fuerunt literæ tuæ: quæ & veteris noſtræ amicitiæ memoriam mihi renovarunt & declararunt, in te non parum

---

(*a*) Hieronymus Vida Cremonenſis, Patavii ab ineunte adoleſcentia Græcis Latiniſque literis imbutus eſt a Romulo Amaſæo & Bernardino Donato. Canonicorum Regularium familiæ nomen quum dediſſet, in patriam primum rediit, poſtea Ticinum eſt profectus. Ibi tantos in divinarum humanarumque rerum ſtudiis progreſſus fecit, ut non minus pietate & religione, quam ingenio ac doctrina, unus omnium maxime floreret. Qua fama impulſus Clemens VII. illum an. 1539. Albæ Pompeiæ in Inſubria Ciſpadana Pontificem fecit. Eam provinciam quum multorum annorum ſpatio ſancte prudenterque adminiſtraſſet, obiit Albæ an. 1566. ad v. Kal. Octobris. Multa ſcripſit atque edidit, ligata præſertim numeris oratione, nimirum de geſtis, morte, atque anaſteſi Chriſti ſervatoris, de ludo latrunculorum, deque miro naturæ opificio in Bombyce, aliaſque de quibus Ghilinus in theatr. vol. 1. p. 167. Imperialis in Muſ. Hiſt. p. 15. & Ariſius in Cremona literata tom. 2. p. 100. Maximo quidem in pretio habita ſemper ſunt atque habentur Vidæ carmina non a vulgo ſolum, cujus judicium leve, fallax, inſtabile, ſed etiam a viris doctiſſimis, & ab iis, qui alienam induſtriam parce admodum laudare ſolent, ne ſuæ quodammodo detrahere vi-

EPISTOLÆ FAMILIARES. 481

tum adhuc amoris erga me ipsum residere, quo mihi nihil optatius, neque jucundius accidere potuit. Nam cum te semper ingenii & virtutis tuæ causa plurimum dilexi: tum vero optavi vicissim diligi a te. Id recte existimans, conjunctionem tecum meam mihi magno honori semper fore: quod tuum de quoque homine judicium in utranque partem magnam vim haberet, neque solum impræsentia honorificum existeret, sed illucesceret in omnem etiam posteritatem. Quanquam hæc quæ notissima sunt, nova commemoratione mea non indigent. Venio nunc ad gratulationem tuam, quæ mihi magis propter animum tuum propensum & benevolum erga me, quam propter rem ipsam, de qua gratularis jucunda extitit. Gaudeo enim a te tali viro honorem meum comprobari: ipso autem honore non tantopere delector. Qui etsi magnus, & expetendus omnibus videtur, mihi tamen boni multo plus abstulit, quam dedit. Abstulit enim otium, quietem, libertatem. Alia quædam addidit, quæ nequaquam cum illa felicitate prioris vitæ, meo quidem judicio erant comparanda. Sed quoniam oppressi subito optimi Pontificis beneficio, spatii ad consulendum ac deliberandum nihil habuimus: pareamus sane Deo, qui nos huic subjectos one-

Ep.Fam.Pars II. X ri esse-

---

re videantur. Adeo enim in heroico carmine Virgilii magnitudinem, in elegiis vero Propertii lepores, nitorem Catulli, Ovidii suavitatem facilitatemque est æmulatus, ut nemo ex recentioribus ad veterum illorum poetarum laudem, (G Sannazarium, Fracastorium, aliosque paucos excipias), propius accessisse visus sit.

ri esse voluit. Illud tamen curemus, in eoque elaboremus, ut quoad vires nostræ ferre poterunt, hæc nostræ dignitatis accessio, Christianæ Reipublicæ, & huic sanctæ Apostolicæ Sedi possit esse utilis. Quod conabimur quidem certe. Quantum autem præstare efficereque possimus, id jam ad Deum ipsum referendum totum est: qui faciat nos idoneos ministros suæ voluntatis. Sed de his satis. Ego te doctissime Vida & amavi semper, ut paulo ante dictum est, & tuo præstantissimo ingenio, eximiæque doctrinæ plurimum tribui. In qua etiam nunc & opinione eadem sum, & voluntate. Tibique hoc de me esse persuasum volo, si quem mihi aliquando locum tibi gratificandi dederis, magno me abs te affectum beneficio esse arbitraturum. Tu ut valeas, & me ut diligas, magnopere a te peto. III. Idus Februarii, Romæ.

EPISTOLA CCLXXXII.

JACOBUS SADOLETUS CARDINALIS

Germano Brixio (*a*)
S. P. D.

Idem argumentum.

SEmper hoc fere evenit in tuas literas, mi humanissime Brixi, ut longo intervallo postquam a te datæ sunt, ad me illæ perferantur. Velut has, quas recens acceptas, plenissi-

---

(*a*) Vide quæ de Brixio habentur Par. I. in notis ad Epist. ccxxiii. pag. 378. & Par. II. ad Ep. cclxx. pag. 86.

nissimas amoris, humanitatis, officii, summa cum voluptate perlegi. Scriptæ enim a te XIII. Calend. Februarii, octavo Idus Martias mihi sunt redditæ. Credo, ut quo suaviores mihi & jucundiores sunt, hoc me diuturniore expectatione torqueant. Sed nihil agit fortuna: cum enim tuas literas non habeo, neque lego, tui tamen memoria cogitationeque delector: quæ ita mihi infixa est intimis in medullis, ut avelli non possit. Neque vero fructum in vera amicitia, qualis profecto nostra est, esse uberiorem ullum puto, quam habere amicos animo suo præsentes, quos locorum longinquitas ab oculis distraxit. Hoc ego in te cum faciam assidue ac perdiligenter, quod te idem in me facere arbitror: utrumque videor mihi consequi, ut neque cruciet tuarum literarum desiderio: & cum eas accipio, vehementissime gaudeam. Itaque quibus quæso, putas me elatum esse lætitiis, cum eas legerem quas proxime accepi, copiosas, graveis, suavissime atque ornatissime scriptas: quodque pluris est quam cætera omnia, ea indicia amoris præ se ferentes, ut jam non benevolentiam erga me tuam videar agnoscere, sed singularem quandam atque eximiam charitatem? Quid enim prætermissum est in declarando amore tuo erga me, cum vel tantum de honoris nostri accepto nuntio lætatum esse scribis, quantum vix alius quisquam? vel de me ita laboras, ut cum extimescas (timidus enim solet esse amor, præsertim in viris prudentibus, & circumspicientibus omnia) ne meus hic mihi honos animum commutet, aliamque personam, tanquam in scena, inducere me faciat hoc extremo jam vitæ actu, atque a principio indutus fuerim: non solum monitis, sed precibus etiam agis mecum, ut me eundem præstare studeam in celebritate, qui fuerim in frequentia: & quem Romana ambitio florentiore ætate non moverit, eadem deflexa jam, & pene exacta, ne moveat. Fateor hoc tuum consilium, prudens, & imprimis fraterni animi a me existimari. Sed tamen mi Brixi, res longe aliter se habet, ac tu suspicatus es. Non enim mihi adhuc videris perspicere, qui sit status causæ meæ, & quam mihi hac amplificatione dignitatis (sic enim populus fortasse existimat) non modo non lætandum, sed etiam dolendum esse putem: qui a vere beata & plena jucunditatum vita, me hac inani specie, gravi ea quidem & molesta certe, distrahi sim passus. Qanquam non ego ita sum passus, ut me æquo animo duci permiserim. Sed cum ignarus omnium & nihil minus cogitans, nocte ea primum quæ antecessit comitia, certior Pontificis voluntatis ipsius nuntio factus essem, nec temporis haberem ad deliberandum satis: animo autem incredibiliter æstuarem, quod neque res tota admodum mihi placebat: & tamen tantam voluntatem Pontificis optimi erga me, illudque quod de me faciebat judicium repudiare atque aspernari superbum existimabam, detuli rem ad amicos, non tam quidem de re, ut sententias illorum exquirerem, (eram enim prorsus ad recusandum paratus) quam ut recusandi modum honestiorem quærerem: quem ego animo perturbato videre satis non poteram. Maxima autem afficiebar cura, ut me ita gererem tractaremque in recusando, ut & justam pene iracundiam optime meriti de me

Pon-

Pontificis ex repudiato illius beneficio, & famam stultitiæ ab omnibus hominibus vitare possem. Atque hic illi qui a me consulti sunt, cum me graviter increpuissent, quod resistere conarer vocanti me Deo: cujus ego consilium & voluntatem sequi deberem, etiam si quo illa tenderet minus perspicerem: cumque sanctissimum mihi Reipublicæ Christianæ nomen opponerent, neque concederent ullo modo, ut meas privatas rationes anteponerem publicis: fecerunt, ut ego e meis pristinis consiliis, depulsus, ex tranquillissima vita, & jucundissima rerum omnium libertate, commoditateque, non in honorem amplitudinemque, cujus minima cura mihi semper fuit & si ulla fuisset, non difficile fuisset superioribus temporibus eadem hæc assequi, quæ ego tum sponte libensque fugi: sed in durissimam (ut ego intelligo) servitutem prudens ac sciens coniici me sim passus. Quæ ego iccirco ad te scribo, quod tu, qui utranque vitam nosse deberes, & quid intersit huic ab illa optime callere, quippe qui utranque es expertus: addo etiam, cum tantum ingenio valeas, tantum literis atque doctrina: cumque probitate & religione erga Deum sis admodum præditus, eosque fructus ex te quotidie ingenii & studiorum tuorum feras, quibus nihil dulcius neque uberius sentiri possit: debuisti (ut mea opinio fert) potius ad me consolationem mittere, quam gratulationem: hortarique ut ferrem forti animo, quod tot suavitatibus pristinæ vitæ ejusdemque multo beatioris, essem privatus. Nam ut tu scias, quod juratus tibi confirmo, vixisse ego mihi videor, non jam amplius vivere. Non enim appellanda vita est, quæ tota ad alienum ar-

bi-

bitrium ita degenda est, ut nihil tibi liberi, neque vacui temporis ad animo obsequendum tuo relinquatur. Quanquam potest ea quoque habere suas partes voluptatis ac lætitiæ, alio tamen ex genere: si usus forte veniat, ut servire Reipublicæ & satisfacere præpotenti Deo, & agere aliquid dignum viro possis: studiumque tuum ac industriam; adde etiam autoritatem, si placet, in utilitatibus publicis collocare, quo genere actionum majores nostri sanctissimi homines, maximas sibi apud homines laudem, apud Deum gratiam gloriamque comparaverunt. Quorum ego vestigiis insistere, factaque imitari summopere cupio. Quanquam cæteris rebus omnibus longe impar, (agnosco enim imbecillitatem ipse meam) sed nemini tamen studio & voluptate concedo. Itaque hac mente novam hanc vivendi viam sum ingressus, ut me a libera, vera, honestaque sententia, nihil unquam omnino deflexurum sit. Sed studia interea nostra, mi Brixi, quo abierunt? illa inquam studia, in quibus & tu judicas, & ego sentiebam, beatam vere vitam esse repositam? In hac tu vita, in hac solicita fortuna, & misera prope dicam conditione rerum, etiam veteris, ne quid arrogantiæ mihi aut durioris ambitionis obrepat? qui sum quam ante fui, multo abjectior, & mihi metipse vehementissime displiceo: habeoque jam nihil in quo libenter acquiescam. Sed etsi hæc omnia ita sese habent, amorem tamen tuum valde exosculor, tibique de prudentibus monitis tuis atque consiliis gratias ago, habeoque pignus animi erga me tui. Nisi enim me summe diligeres, nunquam tantum de me curarum ac solicitudini
suscе

suscepisses. In quo mihi præstitisti id quod frater debet fratri, tametsi in nostra conjunctissima voluntate & amicitia, cum fraterna ipsa charitas, tum omnia sanctarum necessitudinum nomina inclusa sunt. Quam quidem ego amicitiam & meam perpetuam benevolentiam erga te, sancte semper atque inviolate conservaturus sum. Tu ut idem adversum me facias, etsi minime rogandus es (quid enim te fieri potest constantius ?) tamen consuetudinis causa, te mi doctissime Brixi, enixe atque vehementer etiam atque etiam rogo. Gratissimum quoque mihi feceris si eos omneis præstantes viros atque doctos, qui tibi de nostro honore gratulati sunt, meis verbis salvere plurimum jusseris. Vale, & scribe ad nos quam creberrime. Ex Urbe.

EPISTOLA CCLXXXIII.

JACOBUS SADOLETUS CARDINALIS

Friderico Nauseæ S. P. D.

Idem argumentum.

CUM propter diuturnam absentiam meam ab hac Urbe, minus mihi noti essent docti atque insignes viri, qui in ista Germanica natione florerent: atque ego nuper Romam evocatus a summo Pontifice præter omnem etiam expectationem meam, in hunc sacrum ordinem S. R. E. Cardinalium adscitus essem: accepi tuas literas, plenissimas amoris, humanitatis, officii: quarum lectione mirifice delectatus (erant enim & pie & eleganter scriptæ)

ptæ) consului Antistitem Brundusinum, quod is diu in istis locis versatus est, hominem, ut tute nosti, summi judicii, optimi animi, excellentisque doctrinæ, atque eum de te accurate percontatus sum, qui mihi ea de te narravit, tuasque egregias virtutes tot apud me laudibus prosecutus est, ut non solum tibi rescribere, sed gratias etiam agere, quod prior ad me scripseris, debere me confitear. Quid enim mihi optatius, quam adipisci bonorum benevolentiam, vel ipsorum humanitate, vel meis studiis atque officiis erga illos, conciliatam mihi atque paratam? Quod quoniam mihi in te, atque adeo per te contigit (non enim ulla merita antecesserant erga te mea) crede mihi, mi Nausea, ad te amandum non mediocriter sum accensus. Facit enim apud me hoc virtus, ut quod in cæteris usus & longa efficit consuetudo, ea repente me ad eos in quibus ipsa inest, diligendos alliciat. Atque ego, qui ad instituendas cum bonis amicitias promptus & facilis sum, idem in eis tuendis soleo esse constantissimus. Quare sic tibi volo esse persuasum, omnia officia, quæ ab amico vetere, & multis in rebus probato, jure expectari possunt, tibi & esse a me, & fore semper parata: quemadmodum re ipsa, si usus venerit, cognosces. De concilio quod quæris, Pontifex stat in sententia. Et quanquam permulta sunt, quæ nos hic retineant, imprimisque discordiæ nostrorum principum, atque ejus periculi suspicio, quod a Turcis graviter impendet; quoque omnia itinera omnibus pene in locis infesta sunt, ut qui conveniant ad concilii diem futuri non sint, præter admodum paucos: sicut & vobis Germamanis patere ac perspicuum esse non dubitamus; tamen & de profectione Pontifex loquitur, & jam ad iter aliqua parare incipit: nosque sumus moniti, ut expediti ad tempus esse debeamus. Itaque puto fore, ut exacto tempore jejunii hinc proficiscamur. Utinam, mi Nausea, auspiciis bonis, hoc est, favente bonis cogitationibus Deo: quanquam ille quidem semper iis favet. Sed tamen multa mihi veniunt in mentem, quæ tibi item venire certo scio, quamobrem de toto exitu rerum timendum magis mihi, quam sperandum esse videatur. Etenim partim mores hominum, partim etiam majorum opiniones ita corruptæ sunt, ut medicinam nullam salutarem inveniam, præsertim exasperatis animis & adversus verum contumacibus. Quod tu malum, quoniam istices, & ab errorum fontibus propius abes, facilius potes & sentire, & noscere. In quo tua quidem præstans atque eximia laus elucet, quod vir doctissimus, idemque concionator eloquentissimus, recta semper, firmaque tenuisti summi Dei, & sanctæ ac Catholicæ religionis vexilla: quo etiam nomine ego tibi plurimum debeo. Habes de concilio sententiam meam: quod si tu mihi scripseris, qui sint habitus animorum apud vos: & quid istic agant, & moliantur, qui novitates, & dissidia in fide Catholica quærunt: & sint ne ad æquitatem animi modestiamque parati, nec ne sint: cum nos certe æqui, & faciles ad obsequendum, & indulgendum, quoad recta perscribet ratio, futuri simus: dabis mihi materiem sæpius ad te scribendi. Quod quidem & libenter, & studiose faciam, tecumque hanc societatem libentissime inibo, ut ambo

& conjuncte, & pro sua parte uterque huic tanto incendio, quantum nobis datum fuerit, subvenire studeamus. Sed jam de his satis. Tua mei honoris gratulatio gratissima mihi est, proficiscitur enim ab optimo animo, & studiosa mei voluntate: quam ego potiorem ipso honore duco. Nam honor sæpenumero temere a fortuna datur: talia autem studia talium virorum, qualis tu es, assequi solius virtutis est, cujus ego fructum cæteris rebus omnibus antepono. Vale VIII. Calend. Martias M. D. XXXVII. Ex Urbe.

EPISTOLA CCLXXXIV.

JAC. SADOLETUS S. R. E. CARDINALIS

Francisco Bellencino Mutinensi
S. P. D.

Respondet gratulatoriis ejus literis, quarum elegantiam nitoremque commendat, gaudetque ex patria sua, veluti ex quadam bonarum artium officina, tot eruditos eloquentesque viros prodire.

Audieram sæpe ex Paulo meo, qualis tu vir & quam mirifice deditus liberalioribus studiis esses, ad quæ ab jure Civili, in quo eras multis jam annis omni cum laude versatus, etiam curam omnem animumque transtulisses. Quod quidem erat apud me animi ingenui & præstantis indicium. Sed crede mihi, tuæ literæ non modo confirmarunt opinionem de te meam, verum etiam auxerunt. Ita enim perfectæ atque elaboratæ in omnem

par-

partem funt, ut ftatuere fatis non poffim, utrum elegantius fcriptas putem, an amantius: ita omnia in illis & ingenii luminibus & amoris funt lita. Ex quo gratulari mihi in mentem venit communi patriæ, quæ tot ingenia ex fefe, & talia effert in hoc tempore, ut artium eam optimarum tanquam officinam quandam effe videamus. Quare quod mihi eloquentiæ laudem tribuis, feci equidem quod in me fuit, ut digitum intenderem in eam viam, per quam ad fummum humanæ dignitatis gradum perveniri poffe fum arbitratus, primus hanc ipfe, aut certe cum paucis inirem. Sed nunc tam multi tanto cum ftudio in eam fe iniiciunt, ut mirabilis concurfus fit. In quo ego æquiffimus fpectator aliorum laudis, multos partim antecedentes jam me, partim etiam confequentes, mira cum voluptate confpicio, faveoque impenfius bonis ingeniis. Quo in munero cum te vel imprimis conftituam, debes exiftimare, gratum mihi accidiffe iftud ftudium quod præ te fers, & colendi (ut tu ais) & diligendi mei. Nam quod honorem mihi hunc novum gratularis, agnofco benevolentiam tuam: fed magis jure medius fidius illam priftinam meam vitam mihi effes gratulatus; qua ego beatiorem aliam nunquam judicavi reperiri poffe. Ut nunc res fe habet, quando in hunc locum evectus fum, dabitur opera a me Deo bene juvante, ut nofter honos neque inutilis Reipublicæ, nec bonis & doctis viris infructuofus fit. Quibus quidem fi non re & fortuna, at opera certe & voluntate non deero; nullumque majus præmium me affecutum effe putabo, quam fi facultatem ero nactus bene de illis quacun-

que

que ratione promerendi. Tu ut valeas, nosque diligere pergas magnopere a te peto. Vale XII. Cal. Aprilis, M. D. XXXVII. Romæ.

EPISTOLA CCLXXXV. (a)

JACOBUS SADOLETUS S. R. E. CARDINALIS

Rodulpho Pio Cardinali Carpensi (b)

Officiosis ejus literis pari officio ac benevolentia respondet.

INcredibilem cœpi voluptatem ex tuis literis; vidi enim in illis, & perspexi, meam in te summa benevolentiam, insignemque observantiam, & cognosci a te, & in primis grate accipi: quo nihil mihi potest evenire optatius. Certe enim ego, quo ex tempore nosse te cœpi, statim de te feci id judicium, quod præstans virtus tua & nobilitas postulabat: quorum utrumque etiam mihi videbatur in te esse illustrius, quod cum integritate animi, & quadam religionis erga Deum constantia erat conjunctum; quam ego virtutem omnium statuo esse maximam. Itaque & antea semper amavi te, & colui, & nunc hac Collegii necessitudine adjuncta, etiam enixius veneraturus sum: sed hæc factis melius præstabo, quam verbis. Ex literis ad Paulum, quas dedisti, cognovi quam amanter & quam diligenter officio pro me functus apud Memoran-

---

(a) Extat Miscellan. tom. I. pag. 585.
(b) Vide quæ de Rodulpho Pio habentur paullo superius in notis ad Epist. CCLIX. pag. 436.

rantium magnum Magistrum fueris, de quo ago tibi maximas gratias. Illum ego certe virum jampridem honore magno atque observantia sum prosecutus, non tam quicquam expetens ab eo (non enim tum egebam, cum Illam vivebam vitam, cujus etiam nunc desiderio non mediocriter afflictor:erat enim prorsus beatissima) sed virtus hominis, & prudentia, quam in maximis rebus admirabilem perspexeram, totum me illi vinctum, adstrictumque tradiderat, ut nihil mihi esset in amore ardentius. Nunc cum tantum ipse erga me humanitatis, benivolentiæque ostendat, idque bonitate tantum sua, nullis meis meritis, flagitationibusve compulsus; infinitum est profecto, quod illi debeo: cujus utinam persolvendi aliqua saltem ex parte aliquando mihi offeratur occasio; sed hoc dies ipsa, & satin temporum gubernabit. De subveniendo fortunis meis, quod tam liberaliter pollicitus est, gratissimus mihi est animus; res autem ipsa, etsi necessaria est, quod hic locus atque honos uberiorem fortunam postulat, quam mea sit; tamen judicio magis summi viri, quam munere lætabor; cum præsertim ipse sponte sua in hanc venerit cogitationem, ut & ipsius liberalitas illustrior, & mea modestia, qua ego semper a petendo ac flagitando deterritus sum, incorruptior possit permanere. Sed de his satis. Ego in te, amplissime Carpensis, & ut in amicissimo fidem omnem meam, & ut in dignissimo honorem, atque cultum jamdudum collocavi; tu ut me diligas, tibique deditissimum suspicias, magnopere te rogo. Vale, XII. Kal. Apr. M. D. XXXVII. Roma.

JACOBI SADOLETI

EPISTOLA CCLXXXVI.

JACOBUS SADOLETUS CARDINALIS (a)

Joanni Salviato S. R. E. Cardinali.
S. P. D.

De rebus in Senatu actis quoad Concilii Sedem statuendam, eum certiorem facit, Paulumque Sacratum eidem commendat.

JAM diu nihil literarum ad te dedi: quod cum non haberem ferme quid fcriberem (quæcunque enim hic agerentur, ad te perfcribi a tuis fciebam) nolui te inanibus literis meis obtundere, & me hercule etiam id caufæ fuit, quod hoc novo mihi vitæ genere a ftudiis meis abftractus, ægre ad fcribendum referre me poteram, & tamen quæ quotidie in fenatu agerentur, admonitu meo ad te Antonius tuus fcribebat: neque ea fane multa, nofti enim ipfe quam pauca nobifcum communicet Princeps. Nunc prorogata Concilii die, & ea collata in Calend. Novembris, has ad te duxi dandas effe literas, ut tuas elicerem, atque ex te fcirem; quid conftitutum haberes: rediturusne effes ad nos, an iftic ubi es, aliove quopiam loco per æftatem manfurus. Alterum meæ cupiditati tui videndi magis aptum eft: alterum toæ forfitan valetudini, cui tamen potius inferviendum eft. Salubrem igitur & amœnum locum aliquem tibi deligas

cen-

(a) Vide quæ de Salviato habentur in notis ad Epiftolam LXXVIII. pag. 217.

censeo, in quo æstatis tempus transigas: cum præsertim de nostro adventu in istæc loca, animo jam possis esse ociosò. Ita enim prorogatum Concilii tempus est, ut certus locus nullus ad conveniendum constitutus sit. Id accidit ex ea causa, quod Dux Mantuæ concursum tot advenarum in urbem suam reformidans, hoc (ut scribit ipse) turbulento & suspiciosissimo tempore Mantuam se conventui sine firmo militum præsidio commissurum negavit. De hoc præsidio actum bis in senatu, omniumque sententiis decretum nullum omnino militare præsidium esse dandum, ne Lutherani, qui nos suspectos sibi esse nunc simulant, si intra arma & præsidia nostra venturi essent, vere atque ob rem id facere viderentur. Ejus igitur loci spe adempta, alius erat nimirum constituendus locus, quod fieri commode inconsultis Christianis principibus non poterat. Porro cum adesset jam Concilii dies, neque ad eam diem de voluntate principum constare nobis posset, visum est necessario Concilium esse prorogandum. In hanc sententiam discessere fere omnes. Una duntaxat Campani sententia, & mea, prorogationem dissuasit, cum videretur nobis plus multo utilitatis in Concilio habendo, quam detrimenti in loci mutatione existere. Eligebamus autem ego Placentiam, Campanus Bononiam: ille commodiorem nobis locum secutus, ego Germanis oportuniorem. Ita enim Placentia Cæsarianis est propinqua, qui armis atque exercitu in præsentia valent, ut abstergere omnem metum eo advenientibus Lutheranis possit. Etsi illi quidem diserte conventu Scalmadæ habito, negaverunt se venturos. Uterque

au-

autem nostrum in eo consentiebat, ut quem nobis locum non voluntas nostra, sed necessitas offerret, eum nos non statam Concilii sedem, sed diversorium tantisper vocaremus: quoad ibidem de cunctorum consensu eorum qui adessent, certum agendi conventus locum constitueremus. Altera non mediocris opinionum dissensio: quod ego in urbe Pontificem retinebam, legatosque mittendos esse censebam: ille eum ipsum quoque Bononiam extrudebat. Sed, ut dicebam, nobis frustra dissuadentibus, decreta nihilominus est prorogatio. Utinam consilio bono, & prospero Christianæ Reipublicæ eventu: vehementer enim extimesco, ne hæc procrastinatio nostra aliquod magnum malum sedi Apostolicæ pariat. Certe enim quos adhuc ex illa prope adversa & alienata natione in officio retinemus, vereor ne amittamus. Sed nos fortasse Deus benignius juverit. Paulum Sacratum sororis meæ filium, propediem illic affuturum esse confido: quem & fidei commendo & liberalitati tuæ: ut quoniam semel nos omneis tua benevolentia complexus es, mihique recepisti te illius rationem, cum affuisset occasio, esse habiturum: meminisse velis, nos tibi ita obstrictos esse, ob tua erga nos merita, ut tu humanitati ac liberalitati tuæ, nos tibi ipsa omnia debeamus. Antonius tuus funebrem Christi Domini nostri orationem in delubro (ut mos est) ædium Vaticanarum habuit sane luculente. Ea nunc oratio versatur inter manus, & summa cum laude ab omnibus legitur: in quo tui quoque absentis honorem & memoriam non mediocriter intelligo versari. Vale, Romæ, M. D. XXXVII.

EPI-

EPISTOLA CCLXXXVII.

Jac. Sadoletus S. R. E. Cardinalis
N. N. S. D.

Narrat caufas fui ad Urbem acceſſus, queriturque ſe nova dignitate auctum in graves moleſtaſque curas, atque in tumultuoſam & plenam ſtrepitus vitam fuiſſe traductum. Demum hominis ingenio doctrinaque laudata, ſuam propenſam ac benevolam erga cum voluntatem multis explicat.

Carpentoracti cum eſſem, quo in loco ſtatutum habere me credens domicilium perpetuum vitæ, fortunarumque mearum omnium, repente tamen inde decedere, & Romam redire juſſu Pontificis Maximi ſum coactus: ſed cum ibi eſſem accidebat mihi ferme quotidie, ut aliquid nanciſcerer de ſcriptis tuis, quæ ego & propter excellens Ingenium tuum, & propter elegantiam ſtyli atque orationis libentiſſime legere ſolebam. Id cum ſæpius facerem, magnaque in legendo delectatione afficerer, ſenſi paulatim mihi incendi animum ad quamdam benevolentiam nominis tui, uſque eo quidem, ut miro quodam ſtudio tecum ineundæ amicitiæ tenerer. Etſi enim nonnulla erat inter nos opinionum diſſenſio, ea tamen, animorum diffidium apud ingenue eruditos minime faciebat. Jamque erat mihi deliberatum ſcribere ad te, primaſque aperire amicitiæ fores, cum ſubito, ut dicere cœperam, ad urbem accerſitus, &

per

per causam appropinquantis Concilii, earumque rerum tractandarum & consultandarum, quas mox in Concilio agi oporteret, e mea Ecclesia, ubi decennio manseram, evocatus, Pontificis hujus optimi & prudentissimi judicio tacito, inscius, atque imprudens in amplissimum ordinem S. R. E. Cardinalium cooptatus sum. Hæc res effecit, ut meæ voluntati in dandis ad te literis obsequerer tardius. Non enim dici potest, ut ex illa pristina, pacata atque felice vita, in hanc tumultuosam & plenam strepitus traductus sum, quæ solicitudines, quam multæ & graves curæ, eædemque permolestæ me exceperint. Quam quidem mihi necesse fuit accidere. Hanc enim ego vitam & prius judicio fugeram, & alteram illam item judicio fueram persecutus. Quarum nunc utraque cum mihi contra animi sententiam ceciderit, nec lætari possum habere me quod noluissem, & necessario doleo amisisse quod diligebam. Sed quoniam Deo parendum est de nobis sic statuenti; dabimus nos operam, quantum per ejus auxilium opemque licebit, ut honorem hunc recte integreque administremus. Quod autem nostræ institutæ est scriptionis, non est passus meus in te animus diutius hoc a me officium differri, quin ut primum e turba & molestiis animus emergere cœperat, literas ad te darem, pignus meæ propensæ in te voluntatis, & invitamentum in me tuæ: si id quod ego in te amando meæ existimationi de tuis eximiis virtutibus tribuo, tu humanitati tuæ, ut me pari benevolentia complectaris, esse dandum duxeris. Quod quidem te rogo, uti facias, neque me sitientem familiaritatis tuæ deseras.

ras. Non ego enim is sum, qui ut quisque a nobis opinione dissentit, statim eum odio habeam. Arrogantis est hoc & elati animi, non mansueti & comis, quas me potius ad partes natura mea vocat. Sed faveo ingeniis, virtutes hominum colo, studia literarum diligo. In quibus tu, ut doctrinæ & ingenii, sic amoris mei non mediocres partes possides, nec dubito, quin tu eadem mente & voluntate sis præditus. Isto enim animo, qui tam liberaliter artibus ingenuis expolitus sit, nihil agreste, neque asperum inesse potest. Quo etiam majorem mihi spem virtus tua facit, meas hoc apud te ponderis literas habituras, ut qui locorum spaciis disjuncti sumus, animis tamen & benevolentia conjungamur. Quod ego maxime aveo, expectoque, tibique prorsus persuasum cupio, in numero eorum qui te diligunt, & florentem cupiunt, quorum magna est profecto pro tui nominis celebritate, multitudo, me principem locum appetere, nihilque vehementius cupere, quam dari mihi locum probandi tibi reipsa, & declarandi amoris erga te mei. In quo tu si ansam mihi aliquam occasionemve meæ explendæ hujusce cupiditatis præbueris, magno me abs te beneficio affectum arbitrabor. Omnia quidem quæ tibi grata esse sensero, tanto studio ac dlligentia exequar, ut nec fide quisquam majori, nec benevolentia possit. Sicut & mea natura officii imprimis colens, & susceptus jam erga te amor, & perpetuum meum erga doctos viros studium postulat. Vale, & nos tui amantissimos dilige. Romæ decimo quinto Cal. Julii, anno M. D. XXXVII.

JACOBI SADOLETI
EPISTOLA CCLXXXVIII.

JAC. SADOLETUS S. R. E. CARDINALIS

Georgio Duci Saxoniæ
S. P. D.

Ejus amicitiæ cupidum sese ostendit, deque suæ vitæ ratione & Reipublicæ Christianæ incommodis multis agit.

Miraberis fortasse, Dux præstantissime, quod ego nunc volens, literas ad te dederim: qui neque ulla tibi familiaritate conjunctus, nec nomine ipso pene sim notus. Faterer mirandum hoc esse, nisi illud magis mirum futurum fuisset, cum nihil ad alliciendum amorem virtute præstantius sit, si tua virtus insignis & spectata, tuum excellens Christianæ pietatis studium, tua religio, non me & jam pridem in amorem tui impulisset, & nunc animum tibi meum, quando coram non possum, literis ut indicarem, suaderet atque hortaretur. Non enim veritus sum, ne tibi ingratum officium hoc meum accideret, nec dubitavi, quin tu, qui virtutibus reliquis excellis, etiam humanitatis, quæ cæterarum decus lumenque virtutum est, non maximas partes feras. Hac spe de te fretus, quod facere sæpe cogitavi, ut & meum amorem tibi patefacerem, & tuum conciliarem mihi, id agere nunc aggredior, incensus cupiditate tecum ineundi sanctissimi illius fœderis, quod amicitiam appellamus: cujus inter nos auspex & confirmator Deus futurus sit, quandoquidoquidem ambo illi puro corde, & religione integra servire cupimus. Etsi in hac quidem conjunctione amicitiae nostrae, tuam ego mihi duntaxat benevolentiam expeto: ea enim mihi maximi muneris loco futura est: a me vero tibi non solum benevolentiam deberi confiteor, sed summam etiam observantiam & pietatem. Cur autem in hunc usque diem dilata sit mea haec voluntatis erga te, & benevolentiae significatio, patere, quaeso rationem a me repeti aliquanto longius; quo & ipse tibi notior fiam, & tu intelligas melius qua mente ad scribendum nunc sim adductus. Ego cum apud Leonem Decimum Pontificem Maximum (quod te meminisse aliqua ex parte arbitror) honestissimum locum tenerem: atque illo tempore exorta essent nova haec & turbulenta Lutheranorum dogmata: aliqua hinc quidem etiam culpa, sed tamen majore temeritate eorum, qui ab odiis hominum, ad inimicitias Dei sunt progressi, ut qui essem Christo & Christianae fidei vehementer addictus, sanctumque & inviolate servandum morem majorum esse ducerem, maximo ex illis rebus afficiebar dolore: neque quicquam unquam vidi mea in vita tristius, quam illud factum esse inter nos dissidium, quo non religionis solum unitas atque concordia, sed salus tota Christiani nominis in discrimen vocabatur. Augebat dolorem meum, quod multa quoque ab hac parte fieri videbam parum accommodata temporibus illis. Nam neque ea, quae huic malo apta poterant afferri remedia, ulla afferebantur: nec vox audiebatur bene monentium & suadentium: ut qua man suetudine, & a quibusdam rebus abstinentis nentia temperantiaque poterant vulnera sanari, ea ne ferro & asperioribus quasi medicamentis incrudescere cogerentur. Excessit e vita Leo, brevique interjecto Adriani tempore, successit Clemens: vir natura bonus, idemque colens recti atque honesti, si perpetuo constare sibi ipse, & in consiliis suis manere potuisset. Hoc ego Pontifice speravi modum repertum iri pacandis dissensionibus. Nam & ipse hoc maxime agebat, volebatque, & ego assiduus hortator illi aderam. Tunc agi cœptum est de convocandis Episcopis ex omni regione orbis terrarum, quorum & doctrina emineret & integritas, ut eorum quasi opera atque consilio, sacerdotum mores, qui vehementer videbantur esse labefactati, in veterem statum redintegrarentur. Tunc cœpta jaci fundamenta sanctius colendæ & servandæ religionis, sacerdotiique ex sordibus & maculis extrahendi. Res denique procedere cœperat: cum bonus, & mitis & religiosus Pontifex, verum idem in suis consiliis retinendis aliquantulum imbecillior, quorumdam artificiis, qui nimio plus apud eum, quam Principi honestum sit, poterant: in bello & Principum inimicitias descendere, & a sanctis suis cogitationibus descicere est coactus. Hic ego spe erepta, posse amplius per me Reipublicæ consuli: privatum autem meum commodum, neque in honore, neque in fortuna admodum quærens, potiusque eligens, & Deo, & mihi, & peculiaribus populis meis satisfacere, trans alpeis me meam ad Ecclesiam Carpentoracte contuli, adjutus tum etiam singulari Dei beneficio, quod viginti diebus ipsis ante Roma sum egressus, quam clades illa horribilis ac

dire-

direptio huic urbi incideret. Jam quemadmodum in Ecclesia mea per decem annos manserim, quomodo populos mihi creditos gubernarim, si non religione exemploque præstabili, at animo pio & benevolo certe, quantopere optimis atque honestissimis cum philosophiæ, tum sacrarum literarum studiis fuerim deditus, nil me commemorare nunc attinet, cum nec tua intersit illa intelligere. Illud commemorabo, quod huic tempori magis est appositum: me, cum animo obfirmato constitutum haberem, nunquam amplius abire ex eis locis, in quibus essem Deo quasi consecratus, nec stationem illam relinquere, in qua me volens ipse libensque collocassem: coactum tamen Concilii nomine, & binis hujus sapientissimi & optimi Pontificis literis ad Urbem me evocantibus, per causam quæ erat ascripta, ut tractarentur ante & deliberarentur ea, quæ mox in Concilio agi expediret, & ut morum ecclesiasticorum honestati ac decori consuleretur, Romam revertisse, mœrentem quidem & invitum, si spectentur cætera; hoc uno me consolantem, quod tantæ causæ Dei omnipotentis pro mea parte non adesse, alienum mihi ab officio & pietate Christiana esse videbatur. Veni igitur, & imperio parui, atque ibi paucis illis diebus cum essent comitia augendo numero S.R..E. Cardinalium facta, ego quoque inscius & nil tale cogitans, judicio tacito Pontificis Maximi in amplissimum ordinem cooptatus sum. Habes seriem & rationem rerum mearum gestarum. Nunc ad ea quæ principio mihi fuerunt proposita revertar. Ego, Georgi clarissime & optime, cum semper tuum nomen, tuaque fidei

Catho-

Catholicæ propugnatio, jam inde ab initio temporum & dissensionum illarum omnibus in ore & in sermonibus esset, celebrarenturque aures quotidie meæ tuorum dictorum, factorum, consiliorumque ad unitatem concordiamque spectantium nuntiis & fama: cumque & splendorem nobilitatis tuæ intuerer, & reliqua in te cognoscerem nobilitati paria: illam autem constantiam, & virtutem, & magnitudinem animi tui vel imprimis semper essem admiratus, quod in tantis Germaniæ motibus, tantis defectionibus eorum, qui excursum & licentiam suis cupiditatibus quærentes, sobrium illum & abstinentem morem majorum aspernabantur passim & rejiciebant, quorum etiam nonnulli honoribus tibi & propinquitate erant conjuncti: tu tamen perpetuo in optima ratione constans, & in sanctis consiliis fortissimus extitisses · tantum jam tunc erga te amoris observantiæque suscepi, nihil ut vehementer cuperem, quam aliquo tibi facto meo posse, aut dicto, incredibile animi mei studium declarare. Fecit autem discessus meus, & longum absentiæ nostræ intervallum, ut minus adhuc id agere, moremque in eo mihi ipsi gerere potuerim. Nunc autem non modo retractus in hanc Urbem, quam sponte prius reliqueram, verum etiam in ea honore hoc munereque affixus cum manendum mihi posthac in hac sententia quasi vigilia esse intelligam, tempestivum duxi scribere ad te, meque ipsum totum tradere tibi, atque dedere. Itaque omni studio animi mei te rogo, si amor, si officium, si observantia erga te mea, si par atque idem in utroque nostrum sensus, & religionis tuendæ sancta conspiratio, si denique amicissimi & benevolentissimi hominis voluntas, in tua illa nobilissima mente, omnibus ornata, & virtutis & humanitatis laudibus, locum reperire sibi aliquem ad animum tuum mihi conciliandum potest; primum, ut me in amicitiam tuam recipias: deinde, quoniam nihil mihi magis est propositum, quam fidem meam & operam Deo omnipotenti dicare, consiliis etiam tuis, & monitionibus juves: mihique significes, quid tibi per me agi suscipive posse, ad subveniendum his afflictis rebus, & perturbatis temporibus videatur. Polliceor enim tibi, si ad me interdum scribere, & tui consilii prudentiam mecum communicare volueris, me effecturum, ut appareat nullius unquam hominis autoritatem apud quenquam plus valuisse, quam apud me tuam. Quod hoc fidentius tibi promitto, quod cum habeamus summum Pontificem nil aliud cogitantem dies & noctes, quam quo pacto ista, quae dissidiis & alienationibus animorum distracta sunt, in unum rursus quasi corpus coalescant, eundemque consilio & sapientia singulari hoc tanto munere Dei immortalis, ad commune bonum Christiani nominis, omnibus uti nobis licebit. Extremum illud est, quod fidelis benevolentiae est proprium, ut omnia mea tibi officia ac studia, omnemque quantula ea cumque est in me, autoritatem deferam atque pollicear. Proinde scito, nullo me abs te majore affici beneficio posse, quam si occasionem mihi dederis in tuis & tuorum commodis atque honoribus operam, curam, laboremque omnem meum in hac urbe & curia ponendi atque impendendi, si quid scilicet acciderit;

in quo amici tibi nominis diligentia requiratur. Etsi enim qui majoribus opibus, amplioreque gratia tibi affuturi sint, multos habiturus es: tamen qui pari amore ac studio id agat, habebis profecto neminem, sicut tamen eadem probitas tua præstans & admirabilis, meumque perpetuum de tuis maximis virtutibus judicium, requirit & postulat. Vale. Romæ, XIIII. Cal. Julii, M. D. XXXVII.

EPISTOLA CCLXXXIX.

JACOBUS SADOLETUS S. R. E. CARDINALIS

Reginaldo Polo S. R. E. Cardinali
S. P. D.

Causas affert cur nullas ad ipsum literas dedisset post ejus discessum. Laudat Pontificis consilium & sapientiam in comparandis præsidiis adversus Turcas. Doletque Poli conatus non cum, qui optabatur, exitum habuisse.

POst discessum tuum, nihil adhuc ad te dedi literarum, quod de publicis rebus acta omnia ad te mitti sciebam. De tuis autem nihil mihi nominatim mandaras proficiscens, quod me tua causa facere aut sentire oporteret. Quod si fecisses, benevolentiam tibi meam & præstitissem re ipsa, & literis sæpe declarassem: etsi ad meum tibi amorem testificandum, non opus puto esse literis. Hic nos in magno metu Turcarum assidue sumus: præsidia tamen adhuc nulla, quæ quidem appareant, comparata habemus: nisi illud unum

maxi-

maximum nobis est præsidium, quod positum est in Principis consilio & sapientia: qui jam sæpius nobis confirmavit, se in communi tuenda salute, animo excubare. Et tamen arbitror a rerum peritis dictum, nisi extremo Sextili mense liberum ad nos cursum classem habere hostium (*a*) non posse. Tuos conatus non eum habuisse exitum quem cuperemus, doleo equidem vehementer. Sed hoc æquiore fero animo, quon ita fore prævideram. Tu modo salvum te nobis exhibeas, atque restituas: occasiones aliæ non deerunt. Non enim eundem tenere statum diu possunt, quæ tantopere sunt commota. Nos hic in fortuna tenui sustinemus tamen onus dignitatis, quoad possumus: rectam adhibemus voluntatem, reliqua Deo permittimus. Te amamus & colimus, ut debemus, amarique item abs te cupimus. Tu si quid forte mihi per literas mandaveris (*b*), efficiam, ut te non frustra id fecisse intelligas. Episcopum Veronensem nostrum, plurimum meis verbis salvere jubeas, velim. Vale. Romæ, IV. Non. Julii, M.D.XXXVII.

(*a*) In edit. Quiriniana *hostium*.
(*b*) Ibid. *demandaveris*.

Y 2   EPI-

JACOBI SADOLETI

EPISTOLA CCXC.

HIERONYMUS NIGER (a)

Jacobo Sadoleto Cardinali
    S. P. D.   *Romam.*

Narrat se Romam venire properantem, retardatum fuisse a nuncio, qui Pontificem Maximum, quamprimum ex Urbe migraturum attulit; Matthaeumque Piramanum nobilem adolescentem ei studiose commendat.

COgitabam Romam, cum nunciatum nobis est Pontificem Maximum ineunte Januario istinc migraturum (b), quod etsi non satis compertum esset propter varia principum virorum consilia, dubiosque rerum eventus, tamen suspensum me atque ancipitem in hunc usque diem tenuit is rumor, quem auxit in dies perspectus mihi mos Pontificis Maximi emigrandi & vagandi: sane visum est mihi satius esse continere me domi, praesertim hoc anni tempore peregrinationibus haud satis opportuno, quam venire istinc, unde paulo post sit recedendum. Quamquam permolestum mihi est carere tua jucundissima consuetudine, quam semper omnibus opibus atque honoribus anteponendam duxi, tamen solabor ipse me
                                    ac

(a) Vide quae Nigro habentur Par.I. in notis ad Epist. xxx. pag. 189. & ad Epist. lxxii. pag. 198.

(b) Et sane die xiii. Februarii an. 1538. Roma Pontifex discedens Niceam versus iter aggressus est. Vid. Rayn. in Annal. tom. xxi. p. 1.

ac fuftentabo hac fpe, quod congreffus noftri hac intermiffione, poftea futuri fint Jucundiores. Dedi has literas ad te Matthæo Piramano adolefcenti fummo loco nato, atque optimarum literarum ftudiis erudito, qui factus eft eft contubernalis ac ftudiorum focius Farnefii Card. ita jubente Pontifice Maximo. Is tanto tui videndi & colendi defiderio eft incenfus, ut hoc nomine inprimis fateatur fe relicta patria in urbe ifta fibi domicilium ftatuiffe. Non dubito qua es in omneis bonos & literarum ftudiis deditos humanitate, quin hunc ipfum quibufcunque poteris officiis complectare. Multos tibi commendavi, quorum merita, tua beneficentia fuperafti. Hunc fi præcipue amaveris, ornaverifque, id ego non tam benevolentiæ in me tuæ, quam hujufce adolefcentis virtutibus tributum putabo, erit tamen, quod tibi gratias habeam, atque omnia tua in Matthæum officia innumerabilibus officiis, quæ in me contulifti, libenter accumulabo. Vale.

EPISTOLA CCXCI.

JAC. SADOLETUS S. R. E. CARDINALIS

Friderico Naufeæ S. P. D.

Excufat tarditatem literarum fuarum, optimumque confilium fuum, quod ad hominem quemdam hæreticum comiter officiofeque literas dederit, explicat.

Titubans, infirma manu, contra valetudinis commodum, hæc ad te mi Naufea fcribo, ut fuccenfere mihi definas. Etenim fcito, scito, biduo post, aut triduo, quam accepi tuas literas, & illam eruditissimam orationem, qua me nihil unquam delectare potuit magis, me in gravem morbum incidisse, febribusque vexatum & adductum fuisse, ut aliquando de mea vita desperatum sit. Quo tamen periculo Dei clementia liberatus, in ipsa remissione morbi nondum nec mente nec corpore satis consisto. Quod si tu humanos casus considerare voluisses, omnia prius cogitare debebas, quam me neglecti officii accusare: etsi gratum id quidem mihi accidit. Video enim & benevolentiam erge me tuam & desiderium literarum mearum. Ad hominem illum scripsi, bono, ut mihi visus sum, consilio: sancto quidem, & pio certe. Neque enim aliud quæsivi, nisi conciliare mihi ejus voluntatem. Quod si ex sententia mihi successisset, crede mihi, aliquo præclaro munere Christianam Rempublicam affecissemus. Cur autem eæ literæ tantopere reprehendantur, causa certe non est: nihil enim est in illis, nisi privata familiaritate perscriptum. Fortasse aliquanto humilius, quam nostra dignitas ferat, sed ego inter homines gravitatem meam conservo, in causa Dei depono. Siquidem & David ante aram Dei pietatis memor fuit, non dignitatis. Nam quod ego ad Lutheranos desciscam, quis suspicari ex illa epistola potest? cum testificer in ea, me opinionibus ab eo dissentire? Amo ingenium hominis, doctrinam laudo, sententias certe non probo. Ex quo mirum mihi valde accidit, id quod tu scribis: videri me iis literis & summum virum Symonetam, & totum collegium nostrum quasi perstringere. Hoc tu, quæso, qui-

quibus ex verbis epistolæ meæ colligere potuisti? Ego collegis meis omnem ubique honorem defero, & in Catholica veritate constantissimus sum, eroque quoad vivam: potiusque de vita, quam de sententia decedam. Cupiebam plura, sed languor animi corporisque prohibet. Cum valetudinem recuperaro, crebritate literarum tibi satisfaciam. Interea quando in imprimenda epistola mea id agere cœpisti, de quo ago tibi gratias, famam & existimationem meam tibi commendo. Vale mi Nausea. Vale, & nos perpetuo dilige. Romæ. x. Calend. Decembris, M.D.XXXVII.

EPISTOLA CCXCII. (a)

PIETRO BEMBO

A Monnsig. Jacopo Card. Sadoleto. *a Roma.*

Quod negotium quoddam suum apud Pontificem Maximum egerit, confeceritque ex sententia, magnas ei gratias agit.

PER lettere del nostro M. Carlo Gualteruzzio ho inteso, quanto non solo prontamente, ma anchora desiderosamente V. S. s'è mossa; tosto, che ella per la sua indispositione ha potuto farlo ad andare a N. S. supplicandolo a dar fine al mio piato col Palenzuola, con tutta quella più viva forza d'honorate parole & piene d'amore, & d'affetto, che raccorre havete saputo per giovarmi: ne

---

(a) Extat Epistolarum Bembi Italicarum tom. I.

ne per altro conto alcuno havete quella fatica presa, che per questo: & quanto anchora N. S. vi ha risposto sopra ciò con molta dolcezza promettendovi di voler mandare a fine questo desiderio nostro: & così dato ordine, che si segua, & fornisca. Del qual pieno & rilevato ufficio vostro & cortesia, concioßiacosache il tormi d'addosso quel piato, che mi turbolava, è un tornarmi dallo inferno al paradiso; rendovi hora quelle maggiori gratie, che io posso, con questa penna, che è tuttavia molto debole & oscura a così grande vostro & illustre merito. Quelle poscia, che io debbo, vi renderà in ogni tempo il mio animo tra se stesso estimando, quanto singolare amore è quello, che a ciò spinto v'ha: & quanto io habbia da tenermi fortunato d'un così vero & fedele amico & così alto, come voi siete. Et come tutto ciò cosa nuova non mi sia, che dal principio della nostra amistà insino a questo dì; tra i quali termini XL. & più anni sono varcati; sempre siete meco egualmente & buono & cortese stato: pure il vedervi hora, che in tanta dignità, & sì alto grado salito siete; quello stesso di tutti gl'altri tempi, ne haver la fortuna in parte alcuna alterato, & cangiato il vostro purissimo, & costantissimo animo: m'è sì dolce, che niuna cosa più. N. S. Dio ve ne renda quel guiderdone per me; che alla vostra incomparabile virtù è richiesto: & a me doni tanto di vita, ch'io veder possa questa opera della sua Maestà sopra voi: & che tanta sia l'autorità vostra, quanta è la bontà. State sano. V. S. si degnerà salutarmi il mio M. Paolo. A XXVI. di Decembre, M. D. XXXVII. di Padova.

EPI-

EPISTOLA CCXCIII.
JACOBUS SADOLETUS CARDINALIS
Georgio Duci Saxoniæ S. P. D.

Ejus literis humanissime officiosissimeque respondet.

Quod non tam cito tuis literis rescripserim, præsertim tam accurate, tamque prudenter scriptis, ignosce (quæso) mihi. Non ea mea fuit culpa, sed cum emergere cœpissem ex gravi morbo, quo quatuor pene mensibus oppressus, periculum vitæ non semel adii, allatæ eæ mihi sunt, meque summa & incredibili quadam voluptate affecerunt. In eis enim non solum recognovi tuam pristinam virtutem, & sapientiam, quam semper antea sum admiratus: sed singularem etiam & novam quandam humanitatem cognovi. Sic enim benigne atque amanter me in amicitiam tuam recipis, ut mihi qui hoc summe semper concupivi, ut tibi aliquo amoris vinculo conjunctus essem, nihil accidere potuerit optatius. Non enim ego, Georgi præstantissime, divitiarum aut pecuniæ amator sum, nec honores & potentiam magno studio requiro, sed amo viros animo & virtute excellentes, inque eorum amicitia & mutua erga me benevolentia incredibiliter acquiesco. Itaque tua nunc erga me voluntate perspecta, crede mihi tanto in te studio sum accensus, ut nemini unquam concessurus sum, qui aut ardentius te diligat, aut majore cultu atque honore tuas præclarissimas virtutes prosequatur.

tur. Quod si locis disjuncti, congredi una & colloqui coram inter nos non possumus, literis tamen & crebris scriptionibus idem propemodum assequemur. Sed de rebus, quæ in tua epistola graves, & magnæ, & graviterscriptæ sunt, tunc tibi respondebo, cum summum Pontificem fuero allocutus, atque ipse quoque factus ero firmior. Nunc cum nec mente adhuc, nec corpore satis consistam, accipe (quæso) brevem hanc epistolam, testem animi & amoris erga te mei. Cum primum facultas dabitur, uberius ad te scribam: nec te patiar officium in eo meum desiderare. Tu ut valetudini operam des, nosque diligere pergas, magnopere a te peto. Vale. Romæ. IV. Cal. Januarii, M. D. XXXVII.

EPISTOLA CCXCIV.

CÆLIUS CALCAGNINUS (a)

Jacobo Sadoleto Cardinali S. Romam.

Quod in amplissimum Patrum purpuratorum Senatum fuerit cooptatus, gratulatur, Paullique Pont. Max. sapientiam singularem in augendo ea dignitate præstantissimis quibusque viris, laudibus extollit.

Quum primum rumor & multorum literæ nobis significarunt, te frequentibus comitiis & magno bonorum consensu Cardinalem designatum esse, expressit mihi proti-

---

(a) Cælius Calcagninus Ferrariæ nobili paterno genere natus, inter eruditos sui sæculi viros non postremum

EPISTOLÆ FAMILIARES: 515
protinus magnitudo lætitiæ has literas, quibus tibi recentem hanc dignitatem gratulor, non ea fane caufa, quod illam tibi magno admodum ornamento futuram putem, fed ob id multo magis, quod hanc ipfam tua virtute pofthac multo fore illuftriorem atque ampliorem video. Nam (nifi mea me fallit opinio) quum Paulus Pontifex Maximus, idemque fapientiffimus, de te ac aliis quibufdam tui fimillimis cogitabat in ampliffimum iftum ordinem recipiendis, non illud primum habuit in confilio, quomodo vos homines tantæ virtutis vel promereretur, vel ad excelfum honorem proveheret; fed qua

---

mum obtinet locum. Quum enim fœcundum miteque ingenium, & elegantes mores ad literas attuliffet, diu in patria magna nominis celebritate juventutem docuit, multaque fcripfit atque edidit tam fapienter, tum etiam non ineleganter, quamquam Jovius in elogiis num. CXXIX. eum *in pedeftri oratione jejunam & fcabram & fine dulcedine numerorum affectatam babitum fuiffe* affirmet. Magnam quidem fibi invidiam conflavit apud eloquentiæ ftudiofos homines, editis difquifitionibus in libros Ciceronis de officiis. Erafmus in Ciceroniano pag. 167. ,, Calcagninus (inquit) Rhodiginoginum tum eruditione tum eloquentia fuperior, fti-,, lus elegans & ornatus, fed nonnihil refipiens Phi-,, lofophiam Scholafticam; quæ res hactenus officit, ,, ut non poffit inter facundos numerari, fed nec in-,, ter Ciceronianos ,,. Ejus opera impreffa funt Bafileæ apud Frobenium an. 1544. tom. 1. in fol. Ceterum magnopere Cælium hunc Calcagniuum apud Herculem Ateftium Ferrariæ ducem (a quo ;Sacerdotio donatus eft) authoritate & gratia valuiffe, virifque illis temporibus eruditiffimis Lilio Gregorio Gyraldo, Lazaro Bonamico, Bartholomæo Riccio familiariter ufum fuiffe, ex XVL ejus Epiftolarum libris in vulgus editis, liquet.

qua ratione dignitatem multa superiorum Pontificum indulgentia labefactatam & prope in ordinem redactam, invectis tot clarissimis facibus ad pristinum splendorem revocaret. Quare si recte atque ordine gratulandum sit, non jam dignitatem tibi, sed te dignitati potius gratulari oportet, præsertim quum tu illi multo plus existimationis, quam illa tibi sit allatura. Nisi ea forte ratio cuipiam persuadeat, eo justius gratulationem tibi deberi, quod tua virtus alioqui per se antea celeberrima, non habebat tamen theatrum satis dignum sua magnitudine, in quo vires explicaret suas. Quod quum nacta sit modo, jam se in isto orbis Christiani proscenio majore plausu ostendet, & publicæ omnium expectationi uberius atque illustrius suam actionem approbabit. Quando & sol ille aureis invectus quadrigis, quamvis habeat ignis ac radiorum plurimum, nisi tamen mortalibus affulgeret, nisi naturæ procurationem suscepisset, certe nec tot haberet suorum beneficiorum æstimatores, nec tantos suæ lucis admiratores invenisset. Bene vale, & me tum ob tuam dignitatem, tum multo maxime propter tuam virtutem tibi addictissimum esse ac fore persuadeas. III. Calend. Jan. M.D.XXXVII. Ferraria.

FINIS.

www.ingramcontent.com/pod-product-compliance
Lightning Source LLC
Chambersburg PA
CBHW031948290426
44108CB00011B/719